Hohagen | Strafrecht AT

Strafrecht AT

Von
Marc-Philipp Hohagen
Polizeibeamter und Jurist, Dozent für Strafrecht
an der Polizeiakademie Oldenburg (Niedersachsen)

2025

Verlag Franz Vahlen

Zitiervorschlag: Hohagen StrafR AT Rn.

vahlen.de

ISBN Print 978 3 8006 6878 6
ISBN E-Book 978 3 8006 6923 3

© 2025 Verlag Franz Vahlen GmbH
Wilhelmstraße 9, 80801 München
info@vahlen.de
Druck und Bindung: Beltz Grafische Betriebe GmbH
Am Fliegerhorst 8, 99947 Bad Langensalza

Satz: R. John + W. John GbR, Köln
Umschlag: Martina Busch, Grafikdesign, Homburg Saar

vahlen.de/nachhaltig
produktsicherheit.vahlen.de

Gedruckt auf säurefreiem, alterungsbeständigem Papier
(hergestellt aus chlorfrei gebleichtem Zellstoff)

Alle urheberrechtlichen Nutzungsrechte bleiben vorbehalten.
Der Verlag behält sich auch das Recht vor, Vervielfältigungen dieses Werkes
zum Zwecke des Text and Data Mining vorzunehmen.

Vorwort

Dieses Lehrbuch soll den Studierenden der Rechtswissenschaften und der Polizeiakademien das Materielle Recht in einer verständlichen Art und Weise näherbringen. Der Fokus liegt dabei insbesondere auf der Bearbeitung und Bewertung von strafrechtlichen Sachverhalten. In diesem Lehrbuch werden Sie zudem sehr viele Beispiele vorfinden, um das zuvor erlangte Wissen zu verfestigen und zu veranschaulichen. In meiner eigenen Prüfungsvorbereitung musste ich immer wieder feststellen, dass es wenig zielführend ist, die gesamte Materie abstrakt zu verstehen – die praktische Umsetzung des erlangten Wissens ist mindestens genauso wichtig. So habe ich versucht, auch schwierige Probleme einfach darzustellen und mit Fällen zu hinterlegen. Ich bin hierbei bewusst nicht immer in das letzte Detail bzw. in die kleinste Meinungsstreitigkeit vorgedrungen, damit der Gesamtüberblick nicht verlorengeht. Ich erhebe mit meinem Lehrbuch den Anspruch, dass Sie in der Materie des Allgemeinen Strafrechts sich verbessern werden, wenn Sie meinen Ausführungen aufmerksam gegenübertreten und das Erlernte immer wieder in Übungssachverhalten nachvollziehen.

Sie werden an einigen Stellen auch komplette Lösungen vorfinden (gekennzeichnet als **Sachverhalt**). Hier habe ich meinen eigenen Ausdrucksstil gebraucht. Versuchen Sie bitte nicht, diesen im Rahmen des Auswendiglernens zu kopieren. Sinnvoller wäre es, meine Lösungen als Anhaltspunkt zu verstehen und sich seine eigenen Formulierungen anzueignen. Auch sind nicht alle Sachverhalte im Gutachterstil verfasst. Ich habe bewusst darauf verzichtet, um etwaige Wiederholungen weitestgehend zu vermeiden und die Lektüre nicht unnötigerweise „in die Länge zu ziehen".

Ich wünsche Ihnen viel Freude und Erfolg beim Lesen und in den Klausuren!

Oldenburg, im Juli 2024   Marc-Philipp Hohagen

Inhaltsverzeichnis

Vorwort V

Abkürzungen XVII

§ 1 Einteilung der Delikte/Grundbegriffe des Strafrechts 1

A. Strafrecht. Allgemeiner Teil/Strafrecht Besonderer Teil 1
B. Straftat/Rechtswidrige Tat 1
C. Vergehen/Verbrechen 2
D. Erfolgsdelikte/Tätigkeitsdelikte 3
E. Verletzungsdelikte/Gefährdungsdelikte 4
F. Begehungsdelikte/Unterlassungsdelikte 4
    I. Begehungsdelikte 4
    II. Unterlassungsdelikte 5
        1. Echte Unterlassungsdelikte 5
        2. Unechte Unterlassungsdelikte 5
            a) Eintritt des tatbestandsmäßigen Erfolges 6
            b) Unterlassen einer Handlung (gegebenenfalls Abgrenzung Tun/Unterlassen) 7
            c) Tatsächliche physisch-reale und rechtliche Möglichkeit zur Vornahme der objektiv gebotenen Handlung 8
            d) Kausalität (Quasi-Kausalität) und objektive Zurechnung (Pflichtwidrigkeitenzusammenhang) 8
            e) Rechtspflicht zum Handeln (sog. Garantenstellung, § 13 StGB) 9
                aa) Beschützergaranten 9
                bb) Überwachergaranten 10
            f) Gleichstellung der unterlassenen Handlung mit einem aktiven Tun 12
            g) Vorsatz auf den objektiven Tatbestand (insbesondere auf die Garantenstellung) 12
            h) Rechtfertigende Pflichtenkollision 12
G. Allgemeindelikte/Sonderdelikte/eigenhändige Delikte/Pflichtdelikte 13
    I. Allgemeindelikte/Sonderdelikte 13
    II. Eigenhändige Delikte 15
    III. Pflichtdelikte 16
H. Unternehmensdelikte 16
I. Vorsatz/Fahrlässigkeit 17

J. Phasen einer Straftat ... 17
    I. Tatentschluss ... 17
    II. Vorbereitung ... 17
    III. Versuch ... 18
    IV. Vollendung ... 18
    V. Beendigung ... 18

K. Dauerdelikte/Zustandsdelikte ... 19

L. Auslegungsmethoden ... 20
    I. Grammatikalische Auslegung ... 20
    II. Teleologische Auslegung ... 21
    III. Historische Auslegung ... 21
    IV. Systematische Auslegung ... 22

M. Grundtatbestand/Qualifikationstatbestand/besonders schwere Fälle/Privilegierungen ... 23
    I. Gemeinsamer Aufbau Grundtatbestand/Qualifikation ... 24
    II. Getrennter Aufbau Grundtatbestand/Qualifikation ... 25
    III. Aufbau Straftatbestand/Regelbeispiel ... 25

N. Dreigliedriger Verbrechensaufbau ... 27

O. Deskriptive und normative Merkmale ... 28

P. Merkmale, die außerhalb der Wertungsebenen liegen ... 29

Q. Strafrechtliche Handlung ... 30

R. Kausalität ... 31
    I. Reserveursachen ... 32
    II. Atypische Kausalverläufe ... 32
    III. Überholende/abbrechende Kausalität ... 33
    IV. Kumulative Kausalität ... 33
    V. Alternative Kausalität ... 33

S. Objektive Zurechnung ... 34
    I. Grundsätze des erlaubten Risikos/allgemeines Lebensrisiko ... 35
        1. Grundsätze des erlaubten Risikos ... 35
        2. Allgemeines Lebensrisiko (insbesondere mangelnde Beherrschbarkeit) ... 35
    II. Risikoverringerung ... 36
    III. Atypische Kausalverläufe ... 37
    IV. Schutzweck der Norm ... 37
    V. Pflichtwidrigkeitenzusammenhang ... 39
    VI. Eigenverantwortliche Selbstgefährdung ... 40
        1. Abgrenzung Selbst- und (einverständliche) Fremdschädigung ... 41
        2. Merkmal der Eigenverantwortlichkeit ... 43
            a) Exkulpationsregeln ... 43
            b) Einwilligungslösung ... 43
        3. Retterfälle bei Brandstiftungsdelikten ... 44
    VII. Dazwischentreten Dritter ... 45

§ 2 Tatbestand	47

A. Objektiver Tatbestand	47
B. Subjektiver Tatbestand	51
I. Allgemeines	51
II. Vorsatz	52
1. Zeitpunkt des Vorsatzes (sog. Simultanitätsprinzip)	52
2. Vorsatzformen	54
a) Dolus eventualis (Eventualvorsatz)	54
b) Dolus directus I (Absicht)	57
c) Dolus directus II (Wissentlichkeit)	58
d) Differenzierung der verschiedenen Vorsatzarten (anhand eines Beispiels)	58
III. Vorsatz und Kausalität	59
1. Der Erfolg tritt früher ein als geplant	60
2. Der Erfolg tritt später ein als geplant	60
3. Der Erfolg tritt an anderen Tatobjekten ein als geplant	62
a) Error in persona vel objecto	62
b) Aberratio ictus (Fehlgehen der Tat)	63
IV. Zusammentreffen von mehreren Vorsatzformen	64
1. Dolus alternativus (Alternativvorsatz)	64
2. Dolus cumulativus (Kumulativer Vorsatz)	65

§ 3 Fahrlässigkeit	69

A. Prüfungsrelevanz	71
B. Prüfungsaufbau einer Fahrlässigkeitstat	72
I. Eintritt des tatbestandsmäßigen Erfolges	72
II. Kausalität zwischen Handlung und Erfolg	73
III. Fahrlässigkeit	73
1. Objektive Sorgfaltspflichtverletzung	73
2. Objektive Vorhersehbarkeit	77
IV. Objektive Zurechnung (insbesondere Pflichtwidrigkeitenzusammenhang und Schutzzweck der Norm)	77
1. Pflichtwidrigkeitenzusammenhang	78
2. Schutzzweck der Norm	79
3. Eigenverantwortliche Selbstschädigung/Selbstgefährdung	80
4. Dazwischentreten Dritter	81
V. Subjektive Fahrlässigkeit	82

§ 4 Rechtswidrigkeit	87

A. Allgemeines	87
B. Notwehr/Nothilfe, § 32 StGB	88
I. Prüfungsrelevanz	88

II. Prüfungsaufbau		89
1. Notwehrlage		89
a) Angriff		89
b) Gegenwärtigkeit des Angriffs		91
c) Rechtswidrigkeit des Angriffs		92
2. Notwehrhandlung		92
a) Erforderliche Verteidigung gegenüber dem Angreifer		92
b) Gebotenheit der Notwehrhandlung		94
aa) Krasses Missverhältnis		94
bb) Verschuldete Notwehrlage		94
(1) Absichtsprovokation		95
(2) Unabsichtlich provozierte Notwehrlage		95
cc) Schuldlos Handelnde		96
dd) Familiäre Beziehungen		96
ee) Abwehr rechtswidriger Polizeimaßnahmen		97
3. Subjektives Rechtfertigungselement		97

C. Rechtfertigender Notstand, § 34 StGB ... 101
  I. Prüfungsrelevanz ... 102
  II. Prüfungsaufbau ... 102
    1. Notstandslage ... 103
    2. Notstandshandlung ... 104
      a) Erforderlichkeit der Notstandshandlung ... 104
      b) Güter- und Interessenabwägung ... 104
    3. Angemessenheit der Notstandshandlung ... 105
      a) Nötigungsnotstand ... 105
      b) Eingriff in Freiheitsrechte ... 106
      c) Rechtsstaatliche Verfahren ... 107
    4. Subjektive Rechtfertigung ... 107

D. Defensivnotstand, § 228 BGB und Aggressivnotstand, § 904 BGB ... 110
  I. Prüfungsrelevanz ... 110
  II. Prüfungsaufbau ... 110
    1. Notstandslage, §§ 228, 904 BGB ... 111
    2. Notstandshandlung, §§ 228, 904 BGB ... 111
      a) Erforderlichkeit der Notstandshandlung ... 111
      b) Güter- und Interessenabwägung ... 112
    3. Subjektives Rechtfertigungselement ... 112

E. Rechtfertigende Einwilligung ... 116
  I. Prüfungsrelevanz ... 116
  II. Prüfungsaufbau ... 118
    1. Disponibilität des Rechtsgutes ... 118
    2. Einwilligungserteilung vor der Tat und Fortbestehen zum Tatzeitpunkt ... 119
    3. (Ausdrückliche oder konkludente) Kundgabe der Einwilligung nach außen ... 119
    4. Einwilligungsfähigkeit des Einwilligenden ... 119
    5. Freie Willensbildung und Willensentscheidung ... 120
    6. Keine Sittenwidrigkeit, § 228 StGB ... 122

F. Subjektives Rechtfertigungselement	123
G. Mutmaßliche rechtfertigende Einwilligung	125
H. Festnahmerecht für Jedermann, § 127 Abs. 1 StPO	126
I. Prüfungsrelevanz	127
II. Prüfungsaufbau	127
1. Festnahmelage	128
a) Auf frischer Tat betroffen oder verfolgt	128
b) Fluchtverdacht oder die Identität ist nicht sofort feststellbar	129
2. Festnahmehandlung	130
a) Erforderlichkeit der Festnahmehandlung/Verhältnismäßigkeit	130
b) Subjektives Rechtfertigungselement	130
I. Selbsthilfe, §§ 229, 230 BGB	132
J. Besitzwehr, § 859 BGB	133

§ 5 Schuld 135

A. Altersgrenzen	135
B. Schuldunfähigkeit wegen seelischer Störung, § 20 StGB/Verminderte Schuldfähigkeit, 21 StGB	136
C. Actio libera in causa (a.l.i.c.)	138
I. Ausdehnungsmodell	140
II. Ausnahmemodell	140
III. Tatbestandsmodell	140
IV. Modell der mittelbaren Täterschaft	141
D. Entschuldigender Notstand, § 35 StGB	143
I. Prüfungsrelevanz	144
II. Prüfungsschema	144
1. Notstandslage	144
a) Gegenwärtige Gefahr für Leben, Leib oder Freiheit	144
b) Für sich selbst, einem Angehörigen oder einer anderen nahestehenden Person	145
2. Notstandshandlung	145
a) Erforderlichkeit, dh Geeignetheit und relativ mildestes Mittel	145
b) Kein krasses Missverhältnis zwischen dem Erhaltungsgut und dem Eingriffsgut	146
c) Keine Zumutbarkeit, § 35 Abs. 1 S. 2 StGB	146
d) Subjektives Entschuldigungselement	146
III. Nötigungsnotstand	147
E. Übergesetzlicher entschuldigender Notstand	150
F. Notwehrüberschreitung, § 33 StGB	152

I. Intensiver Notwehrexzess	....	152
II. Extensiver Notwehrexzess	....	153
III. Putativnotwehrexzess (sog. Doppelirrtum)	....	153

G. Verbotsirrtum, § 17 StGB/Erlaubnistatbestandsirrtum, § 16 Abs. 1 S. 1 StGB analog 154

§ 6 Versuch 155

A. Prüfungsrelevanz 155

B. Prüfungsschema 156
  I. Vorprüfung 156
    1. Strafbarkeit des Versuchs 156
    2. Fehlende Vollendung 156
  II. Tatentschluss 157
  III. Unmittelbares Ansetzen 158

C. Versuch von Qualifikationen 160

D. Versuch von Regelbeispielen 161

E. Versuch der Erfolgsqualifikation 161
  I. Grundtatbestand versucht/schwere Folge bleibt aus 162
  II. Grundtatbestand vollendet/schwere Folge bleibt aus 162

F. Erfolgsqualifizierter Versuch 163
  I. Strafbarkeit des erfolgsqualifizierten Versuchs (insbesondere tatbestandsspezifischer Gefahrzusammenhang) 164
  II. (Vorgeschlagenes) Prüfungsschema anhand der § 223 Abs. 1, 2 StGB, §§ 22, 23 Abs. 1, 227 Abs. 1 StGB als erfolgsqualifizierten Versuch 165

G. Unmittelbares Ansetzen bei der actio libera in causa 166

H. Untauglicher Versuch, § 23 Abs. 3 StGB/Strafloses Wahndelikt ... 166

I. Versuch bei mehreren Beteiligten 167
  I. Versuch bei der Mittäterschaft, § 25 Abs. 2 StGB 167
  II. Versuch bei der mittelbaren Täterschaft, § 25 Abs. 1 S. 2 StGB . 168
  III. Versuchte Anstiftung, § 30 Abs. 1 StGB 169
  IV. Verbrechensverabredung, § 30 Abs. 2 StGB 170

J. Versuch bei unechten Unterlassungsdelikten 171

§ 7 Rücktritt 173

A. Prüfungsrelevanz 173

B. Prüfungsschema 173
  I. Kein fehlgeschlagener Versuch 174
    1. Einzelaktstheorie 174

2. Gesamtbetrachtungslehre	175
II. Abgrenzung unbeendeter/beendeter Versuch	175
1. Unbeendeter Versuch, § 24 Abs. 1 S. 1 Var. 1 StGB	175
2. Beendeter Versuch, § 24 Abs. 1 Var. 2 StGB	177
3. Beendeter Versuch, § 24 Abs. 1 S. 2 StGB	177
III. Freiwilligkeit	178

C. Rücktritt bei mehreren Beteiligten, § 24 Abs. 2 StGB ... 179
  I. Rücktritt im Vorbereitungsstadium ... 180
  II. Rücktritt, § 24 Abs. 2 S. 1 StGB ... 181
  III. § 24 Abs. 2 S. 2 Var. 1 StGB ... 181
  IV. § 24 Abs. 2 S. 2 Var. 2 StGB ... 182

D. Rücktritt von Qualifikationen ... 182

E. Rücktritt bei einem erfolgsqualifizierten Versuch ... 183

§ 8 Täterschaft/Teilnahme ... 185

A. Abgrenzung Täterschaft/Teilnahme ... 185
  I. Subjektive Theorie ... 185
  II. Tatherrschaftslehre ... 185
  III. Eigenhändige Delikte/Sonderdelikte/Pflichtdelikte ... 186
    1. Eigenhändige Delikte ... 187
    2. Sonderdelikte ... 187
    3. Pflichtdelikte ... 187

B. Mittäterschaft, § 25 Abs. 2 StGB ... 188
  I. Mittäterschaftlicher Exzess ... 189
  II. Sukzessive Mittäterschaft ... 189
  III. Prüfung der Mittäterschaft
    Trennungsmodell/Kombinationsmodell ... 190
    1. Prüfungsaufbau Trennungsmodell ... 190
    2. Anwendbarkeit Trennungsmodell ... 191
    3. Prüfungsaufbau Kombinationsmodell ... 192
    4. Anwendbarkeit Kombinationsmodell ... 192

C. Mittelbare Täterschaft ... 193
  I. Vordermann handelt tatbestandslos ... 193
  II. Vordermann handelt unvorsätzlich/ohne Absicht ... 194
  III. Irrige Annahme eines Rechtfertigungsgrundes durch den
    Vordermann ... 194
  IV. Vordermann handelt schuldlos ... 195
  V. Täter-hinter-dem-Täter ... 195
    1. Vermeidbarer Verbotsirrtum beim Vordermann ... 195
    2. Organisationsherrschaft ... 196
    3. Manipulierter error in persona vel objecto ... 196
  VI. Irrtümern bei der mittelbaren Täterschaft ... 197
    1. Auswirkung des error in persona vel objecto des Vordermanns auf den Hintermann ... 197

| | | | | 2. Irrtum des mittelbaren Täters über die Werkzeugqualität | 197 |
| | | VII. | Prüfungsaufbau | | 198 |

D. Teilnahme ... 199
I. Anstiftung ... 200
1. Prüfungsrelevanz ... 200
2. Prüfungsaufbau ... 200
   a) Objektiver Tatbestand der Anstiftung ... 200
      aa) Aufstiftung (Hochstiftung) ... 201
      bb) Abstiftung (Abwiegeln) ... 202
      cc) Umstiftung ... 202
   b) Subjektiver Anstiftervorsatz ... 203
      aa) Abweichungen des Haupttäters ... 204
         (1) Der Haupttäter macht mehr als er soll (Exzess) ... 204
         (2) Der Haupttäter macht weniger als er soll (Minus) ... 204
         (3) Der Haupttäter macht etwas anderes als er soll (aliud) ... 205
      bb) Irrtümer im Rahmen der Anstiftung ... 205
II. Beihilfe ... 206
1. Prüfungsrelevanz ... 206
2. Prüfungsaufbau ... 206
   a) Objektiver Tatbestand der Beihilfe ... 207
      aa) Beihilfe durch neutrales Verhalten ... 208
      bb) Kausalität der Beihilfe ... 209
      cc) Zeitpunkt der Beihilfe ... 210
         (1) Unterstützung bei der Vorbereitung der Haupttat ... 210
         (2) Unterstützung nach Versuchsbeginn der Haupttat ... 210
         (3) Unterstützung zwischen Voll- und Beendigung der Haupttat (sog. sukzessive Beihilfe) ... 210
   b) Subjektiver Tatbestand der Beihilfe ... 211
III. Kettenteilnahme ... 212
1. Anstiftung zur Anstiftung (sog. Kettenanstiftung) ... 212
2. Anstiftung zur Beihilfe ... 212
IV. Akzessorietätslockerung ... 213

§ 9 Irrtumslehre ... 219

A. Formen der Irrtümer ... 219

B. Irrtümer auf Ebene des Tatbestandes ... 219
I. Tatbestandsirrtum, § 16 Abs. 1 S. 1 StGB ... 219
1. Irrtum über das Tatobjekt ... 219
2. Irrtum über ein normatives Merkmal ... 221
3. Irrtum über den Kausalverlauf ... 221
4. Irrtum bei echten Unterlassungsdelikten ... 222
II. Umgekehrter Tatbestandsirrtum ... 223
III. Irrige Annahme eines privilegierenden Umstandes ... 223

C. Irrtümer auf Ebene der Rechtswidrigkeit ... 224

    I. Handeln in Unkenntnis von Rechtfertigungsgründen (sog. umgekehrter Erlaubnistatbestandsirrtum) 224
    II. Irrtum über die rechtlichen Grenzen eines Rechtfertigungsgrundes (sog. umgekehrter Erlaubnisirrtum) . . . 225
    III. Irrige Annahme über das Vorliegen von Rechtfertigungsgründen . . 225
        1. Erlaubnisirrtümer (indirekter Verbotsirrtum) 225
           a) Erlaubnisgrenzirrtum 225
           b) Erlaubnisnormirrtum 226
           c) Rechtsfolge eines Erlaubnisirrtums 226
        2. Erlaubnistatbestandsirrtum 227
           a) Strenge Vorsatztheorie 227
           b) Lehre von den negativen Tatbestandsmerkmalen 227
           c) Strenge Schuldtheorie 228
           d) Eingeschränkte Schuldtheorien 228
               aa) Rechtsgrundverweisende eingeschränkte Schuldtheorie 229
               bb) Rechtsfolgenverweisende, eingeschränkte Schuldtheorie 230

D. Irrtümer auf Ebene der Schuld 230
    I. Verbotsirrtum, § 17 StGB 230
        1. Handeln in Unkenntnis der Verbots- oder Gebotsnorm 231
        2. Täter hält die Verbotsnorm für ungültig 231
        3. Verengung eines Straftatbestandes zu eigenen Gunsten (sog. Subsumtionsirrtum) 231
        4. Rechtsfolge eines Verbotsirrtums 231
    II. Umgekehrter Verbotsirrtum (sog. Wahndelikt) 231
        1. Irrige Annahme der Existenz eines strafbaren Tatbestandes . . 231
        2. Überdehnung eines gesetzlichen Tatbestandes zu seinen Ungunsten 232
        3. Irrige Annahme des Nichtvorliegens der Voraussetzungen eines Rechtfertigungsgrundes 232
    III. Irrtum über das Eingreifen von Entschuldigungsgründen, § 35 StGB 232
        1. Irrige Annahme der tatsächlichen Voraussetzungen von § 35 Abs. 1 StGB 232
        2. Fehlen des subjektiven Entschuldigungselementes bei objektiv vorliegenden Voraussetzungen von § 35 Abs. 1 StGB 233
        3. Fehlerhafte Bewertung der Grenzen des tatsächlich vorliegenden Entschuldigungsgrundes (trotz Kenntnis der Notstandslage) 233

E. Doppelirrtum 234

§ 10 Konkurrenzlehre 237

A. Konkurrenzen nach §§ 52–55 StGB 237

B. Handlungseinheit/Handlungsmehrheit 237

I. Handlung im natürlichen Sinn 238
  II. Rechtliche (juristische) Handlungseinheit 238
    1. Tatbestandliche Handlungseinheit 238
      a) Mehraktige Delikte/zusammengesetzte Delikte 238
      b) Dauerdelikte 238
      c) Unechte Unterlassungsdelikte 239
    2. Verklammerte Delikte 239
  III. Natürliche Handlungseinheit 240
  IV. Handlungsmehrheit 241
C. Spezialität/Subsidiarität/Konsumtion (bei Handlungseinheit) 241
  I. Spezialität 241
  II. Subsidiarität 242
  III. Konsumtion 242
D. Die mitbestrafte Vor- und Nachtat (Handlungsmehrheit) 243
  I. Mitbestrafte Vortat 243
  II. Mitbestrafte Nachtat 244
E. Tateinheit (sog. Idealkonkurrenz)/Tatmehrheit (sog. Realkonkurrenz) 244
F. Vorgehen in einer Klausur 245

Nachwort 247

Abkürzungen

aA	anderer Auffassung
Abs.	Absatz
aF	alte Fassung
AG	Amtsgericht
a.M.	am Main
AT	Allgemeiner Teil
Aufl.	Auflage
BAK	Blutalkoholkonzentration
BayObLG	Bayerisches Oberstes Landesgericht
BeckOK	Beck'scher Online-Kommentar
BeckRS	Beck-Rechtsprechung
BGB	Bürgerliches Gesetzbuch
BGH	Bundesgerichtshof
BGHSt	Strafrechtliche Entscheidungen des BGH (Amtliche Sammlung)
BT	Besonderer Teil
BT-Drs.	Bundestagsdrucksache
BtMG	Betäubungsmittelgesetz
BVerfG	Bundesverfassungsgericht
bzw.	beziehungsweise
ca.	cirka
DAR	Zeitschrift für Deutsches Autorecht
dh	das heißt
etc	et cetera
EUR	Euro
f.	und folgende(r) Seite/Paragraph
ff.	und folgende Seiten/Paragraphen
FS	Festschrift
GA	Goltdammer's Archiv für Strafrecht (Zeitschrift)
gem.	gemäß
GG	Grundgesetz
hA	herrschende Ansicht
HK-BGB	Handkommentar Bürgerliches Gesetzbuch
hM	herrschende Meinung
Hs.	Halbsatz
HundehVO	Verordnung über das Führen und Halten von Hunden (Hundehalterverordnung)
idR	in der Regel
iRd	im Rahmen der/des
iSd	im Sinne des/der
iSv	im Sinne von
iVm	in Verbindung mit
JA	Juristische Arbeitsblätter (Zeitschrift)
JGG	Jugendgerichtsgesetz
JR	Juristische Rundschau (Zeitschrift)

Abkürzungen

JURA	Juristische Ausbildung (Zeitschrift)
JuS	Juristische Schulung (Zeitschrift)
JVA	Justizvollzugsanstalt
JZ	Juristenzeitung
KCanG	Konsumcannabisgesetz
krit.	kritisch
LG	Landgericht
LHundG	Landesgesetz über gefährliche Hunde (Landeshundegesetz)
LK-StGB	Leipziger Kommentar Strafgesetzbuch
mAnm	mit Anmerkung
MDR	Monatsschrift für Deutsches Recht (Zeitschrift)
mkritAnm	mit kritischer Anmerkung
MüKoStGB	Münchener Kommentar zum Strafgesetzbuch
nF	neue Fassung
NJOZ	Neue Juristische Online Zeitschrift
NJW	Neue Juristische Wochenschrift (Zeitschrift)
NJW-RR	Rechtsprechungsreport Zivilrecht (Zeitschrift)
NK-StGB	Nomos Kommentar zum Strafgesetzbuch
Nr.	Nummer
NStZ	Neue Zeitschrift für Strafrecht
NStZ-RR	Rechtsprechungsreport Strafrecht (Zeitschrift)
OLG	Oberlandesgericht
PK	Polizeikommissar
POK	Polizeioberkommissar
RDG	Rechtsdepesche für das Gesundheitswesen (Zeitschrift)
RG	Reichsgericht
RGSt	Entscheidungen des Reichsgerichts in Strafsachen
Rn.	Randnummer
Rspr.	Rechtsprechung
S.	Seite; Satz
s.	siehe
sog.	sogenannt
StGB	Strafgesetzbuch
StPO	Strafprozessordnung
StraFo	Strafverteidiger Forum (Zeitschrift)
StrafR	Strafrecht
StV	Strafverteidiger (Zeitschrift)
StVO	Straßenverkehrsordnung
usw	und so weiter
uU	unter Umständen
Var.	Variante
VersR	Versicherungsrecht (Zeitschrift)
VGH	Verwaltungsgerichtshof
vgl.	vergleiche
Vor	Vorbemerkung
WaffG	Waffengesetz
wistra	Zeitschrift für Wirtschafts- und Steuerstrafrecht

zB	zum Beispiel
ZIS	Zeitschrift für Internationale Strafrechtsdogmatik
ZJS	Zeitschrift für das Juristische Studium
ZStW	Zeitschrift für die gesamte Strafrechtswissenschaft
zT	zum Teil
ZWH	Zeitschrift für Wirtschaftsstrafrecht und Haftung im Unternehmen

§ 1 Einteilung der Delikte/Grundbegriffe des Strafrechts

Um die Normen aus dem Besonderen Teil des StGB besser nachvollziehen zu können, müssen Sie zunächst die Einordnung der Straftaten in Deliktstypen und bestimmte Fachbegriffe sicher beherrschen.

A. Strafrecht. Allgemeiner Teil/Strafrecht Besonderer Teil

Das StGB teilt sich in den Allgemeinen und in den Besonderen Teil auf. Der Allgemeine Teil (AT) umfasst die §§ 1–79b StGB und der Besondere Teil (BT) die §§ 80a–358 StGB.

Der Allgemeine Teil bildet das „Regelwerk" des Strafrechts. Dieser findet nicht nur Anwendung auf das StGB, sondern auch auf die strafrechtlichen Nebengesetze (so zB auf das WaffG und das BtMG). Hier finden sich allgemeine Bestimmungen bezüglich (unter anderem) Vorsatz/Fahrlässigkeit, Täterschaft/Teilnahme, Unterlassen, Versuch, Rücktritt, Verjährung, Tateinheit/Tatmehrheit, Milderungsgründe, Gesetzeskonkurrenzen etc. Die eigentlichen Straftaten sind im Besonderen Teil geregelt.

> **Hinweis:** Seit dem 1.4.2024 gilt zudem das Konsumcannabisgesetz. Dieses enthält zwar ein generelles Umgangsverbot mit Cannabis, regelt aber in Bezug auf den Besitz und den Anbau von Cannabis teilweise Ausnahmetatbestände (s. insbesondere § 3 KCanG). Seit dieser Regelung ist pflanzliches Cannabis nicht mehr unter das BtMG zu subsumieren.

> **Hinweis:** Der Besondere Teil teilt sich klassischerweise in zwei Teile auf (Vermögensdelikte und Straftaten gegen Persönlichkeits- und Gemeinschaftswerte).

Zum Gesamtverständnis des Strafrechts müssen Sie zunächst den Allgemeinen Teil in seiner Komplexität verstehen, um darauf aufbauend die Delikte aus dem Besonderen Teil besser nachvollziehen zu können.

B. Straftat/Rechtswidrige Tat

In einigen Vorschriften wird zwischen einer Straftat und einer rechtswidrigen Tat (§ 11 Abs. 1 Nr. 5 StGB) unterschieden. So verlangt zB die Hehlerei gem. § 259 Abs. 1 StGB als Anschlussdelikt eine rechtswidrige Tat. Eine rechtswidrige Tat muss nicht alle drei Wertungsebenen einer Straftat (I. Tatbestand, II. Rechtswidrigkeit, III. Schuld) erfüllen. Allein die Verwirklichung des Tatbestandes und der Rechtswidrigkeit reichen aus. Die Tat muss also nicht zwingend schuldhaft sein. Gleiches gilt für die Begünstigung aus § 257 Abs. 1 StGB, bei der es sich um ein weiteres Anschlussdelikt handelt.

> **Beispiel:** Die Anstiftung und die Beihilfe (§§ 26, 27 StGB) knüpfen an eine vorsätzliche und rechtswidrige Haupttat an, zu der ein Abhängigkeitsverhältnis besteht (sog. Akzessorietät). Diese muss nicht zwingend schuldhaft sein (sog. limitierte Akzessorietät).

§ 1 Einteilung der Delikte/Grundbegriffe des Strafrechts

C. Vergehen/Verbrechen

8 Straftaten lassen sich in Vergehens- und Verbrechensdelikte unterteilen (§ 12 Abs. 1, 2 StGB). Gemäß § 12 Abs. 1 StGB sind **Verbrechen** Taten, die mit mindestens einem Jahr Freiheitsstrafe bedroht werden. **Vergehen** sind Delikte, die mit einer Freiheitsstrafe unter einem Jahr oder einer bloßen Geldstrafe versehen sind.

9 So ist der § 242 Abs. 1 StGB ein Vergehen, da der Diebstahl im Grundtatbestand mit einer Freiheitsstrafe bis zu fünf Jahren oder einer Geldstrafe bedroht wird. Auch der Qualifikationstatbestand aus § 244 Abs. 1 StGB ist ein Vergehen (Freiheitsstrafe von sechs Monaten bis zu zehn Jahren). Die §§ 244 Abs. 4, 244a StGB sind hingegen Verbrechen (nicht unter einem Jahr Freiheitsstrafe).

10 **Hinweis:** Bei einem angedrohten Strafrahmen von nicht unter einem Jahr liegt die Dauer der Freiheitsstrafe im Höchstmaß bei 15 Jahren (§ 38 Abs. 2 StGB).

11 Bei den Körperverletzungsdelikten sind die §§ 223 Abs. 1, 224 Abs. 1 StGB jeweils Vergehen, und §§ 226 Abs. 1, 2, 226a Abs. 1 StGB sowie § 227 Abs. 1 StGB Verbrechenstatbestände.

12 § 12 Abs. 3 StGB beschreibt, dass für die Einteilung der Delikte in Vergehen und Verbrechen minder schwere und besonders schwere Fälle außer Betracht bleiben. Somit ändert der § 227 Abs. 2 StGB als minder schwerer Fall der Körperverletzung mit Todesfolge nicht dessen Deliktsnatur als Verbrechen. Gleiches gilt zB für § 226 Abs. 3 StGB. Auch der Raub ist bereits im Grundtatbestand ein Verbrechen. Der minder schwere Fall aus § 249 Abs. 2 ändert nichts an dieser Bewertung. Regelbeispiele (zB §§ 243 Abs. 1, 263 Abs. 3, 267 Abs. 3, 177 Abs. 6 StGB) gehören nicht zum Tatbestand und sind für die Einteilung Vergehen/Verbrechen ohne Bedeutung. Nur der Tatbestand entscheidet über diese Einordnung.

13 **Klausurhinweis:** Regelbeispiele werden in der Klausur erst im Anschluss an die Schuld im Rahmen der Strafzumessung geprüft, da es sich nicht um tatbestandliche Abwandlungen handelt. Regelbeispiele sind weder abschließend noch für den Strafrichter zwingend.

14 Die Einteilung in Vergehen und Verbrechen ist an einigen Stellen sehr entscheidend:

So ist die versuchte Anstiftung aus § 30 Abs. 1 StGB nur dann strafbar, wenn der Haupttäter zu einem Verbrechen bestimmt werden sollte.

Die ernstliche Willensübereinkunft von mindestens zwei Personen als Vorstufe zur mittäterschaftlichen Begehung einer Straftat ist gem. § 30 Abs. 2 StGB nur bei einer Verbrechensverabredung strafbar.

Gemäß § 23 Abs. 1 StGB ist der Versuch eines Verbrechens stets strafbar, der eines Vergehens nur bei ausdrücklicher Regelung innerhalb der Straftat. Der § 211 StGB als Verbrechen enthält somit im Tatbestand keine Versuchsstrafbarkeit, da sich diese bereits aus § 23 Abs. 1 StGB ergibt. Im § 242 Abs. 1 StGB als Vergehenstatbestand ist hingegen im Abs. 2 der Versuch explizit geregelt. Die Vergehen Beleidigung gem. § 185 StGB und Aussetzung gem. § 221 Abs. 1 StGB enthalten keine Versuchsregelung, daher ist nur deren Vollendung strafbewehrt.

15 **Beispiele** für Verbrechen: §§ 212, 211, 239a, 239b, 249, 244 Abs. 4, 244a, 252, 253/255, 226, 227, 239 Abs. 4, 221 Abs. 3, 306, 306a, 178, 176c, 176d StGB usw.

Beispiele für Vergehen: §§ 242, 244 Abs. 1, 223, 224, 303, 263 Abs. 1, 267 Abs. 1, 274, 265a, 323c, 16
142, 201, 201a, 202 StGB usw.

D. Erfolgsdelikte/Tätigkeitsdelikte

Einzelne Delikte lassen sich in Erfolgsdelikte und Tätigkeitsdelikte einteilen. **Er-** 17
folgsdelikte setzen für die Vollendung der Tat einen „negativen Erfolg" in der Außenwelt voraus.

> **Hinweis:** Ein „Erfolg" im strafrechtlichen Sinn ist kein positives Ereignis. 18

So ist bei § 223 Abs. 1 StGB die körperliche Misshandlung bzw. die Gesundheits- 19
schädigung der tatbestandliche Erfolg. Sollte der Erfolg nicht eintreten, weil zB der vorsätzliche Schlag auf das Opfer sein Ziel verfehlt, so kann der Täter nicht wegen einer vollendeten Tat bestraft werden. Als tatbestandlichen Erfolg setzen §§ 212, 211 StGB die Tötung einer anderen Person voraus. Überlebt das Opfer, kann nur der Versuch sanktioniert werden. Der Betrug aus § 263 Abs. 1 StGB verlangt als Erfolg einen Vermögensschaden. Bei der Nötigung aus § 240 StGB ist ein abgenötigtes Opferverhalten (Handeln, Dulden oder Unterlassen) tatbestandliche Voraussetzung. Die Besonderheit bei diesen Delikten ist die zu prüfende Kausalbeziehung zwischen der Tathandlung und dem Tatererfolg. Der § 223 Abs. 1 StGB setzt zB voraus, dass zwischen der Verletzungshandlung (zB Faustschlag) des Täters und der Verletzung des Opfers (zB Nasenbeinbruch) eine Kausalität besteht (sog. Äquivalenztheorie). Der vollendete Betrug kann ferner nur vorliegen, wenn alle Merkmale des objektiven Tatbestandes in einem Ursachenzusammenhang zueinanderstehen. Die Täuschung muss hierbei einen Irrtum hervorrufen, aufgrund dieses Irrtums muss der Getäuschte eine Vermögensverfügung vornehmen, wodurch, darauf basierend, ein Vermögensschaden entstanden sein muss. Bei der Nötigung muss der tatbestandliche Erfolg (Handeln, Dulden oder Unterlassen) auf die Nötigungshandlung (Gewalt oder Drohung mit einem empfindlichen Übel) zurückzuführen sein.

> **Hinweis:** Die objektive Erfolgszurechnung begrenzt als Korrektiv die Kausalität (→ § 1 Rn. 260 objek- 20
> tive Zurechnung).

Von den Erfolgsdelikten sind die Tätigkeitsdelikte abzugrenzen. Dabei reicht es aus, 21
dass die im Gesetz beschriebene Handlung vorgenommen wird. Auf einen tatbestandlichen Erfolg kommt es nicht an. So macht sich der Täter wegen einer Trunkenheitsfahrt gem. § 316 StGB strafbar, wenn er mit mindestens 1,1‰ mit einem Kraftfahrzeug am Straßenverkehr teilnimmt. Kommt es infolge der Trunkenheit zu einer Gefährdung anderer Personen oder Sachen von bedeutendem Wert (Untergrenze 750 EUR)[1], so verwirklicht der Täter den § 315c Abs. 1 Nr. 1a StGB, der als konkretes Gefährdungsdelikt konzipiert ist.[2]

> **Hinweis:** Bei den konkreten Gefährdungsdelikten muss der Täter grundsätzlich vorsätzlich in Bezug 22
> auf die Gefährdung des jeweiligen Rechtsgutes handeln. So macht sich der Täter nur dann wegen ei-

---
1 BGHSt 48, 119 = BeckRS 2003, 423.
2 Geppert JURA 2001, 559 (563); Fischer § 315c Rn. 2; Lackner/Kühl/Heger § 316 Rn. 1; NK-StGB/Zieschang § 315c Rn. 2; Schönke/Schröder/Hecker § 315c Rn. 1.

§ 1 Einteilung der Delikte/Grundbegriffe des Strafrechts

ner schweren Brandstiftung gem. § 306a Abs. 2 StGB strafbar, wenn er zumindest billigend in Kauf genommen hat, dass durch die Inbrandsetzung oder die Inbrandlegung eine Person gefährdet wurde. Bei § 315c Abs. 3 StGB ist hingegen auch die fahrlässige Gefahrenverursachung strafbar.

23 Der § 153 StGB ist ein weiteres Tätigkeitsdelikt. Sollten Sie als Zeuge oder Sachverständiger vor Gericht falsch aussagen, machen Sie sich unabhängig davon strafbar, ob dadurch ein fehlerhaftes Urteil herbeigeführt wurde oder nicht.

E. Verletzungsdelikte/Gefährdungsdelikte

24 Es wird weiter unterschieden in Verletzungsdelikte und Gefährdungsdelikte. Bei Verletzungsdelikten muss das jeweilige Rechtsgut tatsächlich beeinträchtigt worden sein. Bei Gefährdungsdelikten reicht eine Gefährdung des Rechtsguts zur Erfüllung des Tatbestandes aus. So ist § 223 Abs. 1 StGB ein Verletzungsdelikt. Es muss zu einer Beeinträchtigung der körperlichen Unversehrtheit kommen oder eine Gesundheitsschädigung vorliegen. Allein die Gefährdung reicht nicht aus, um das Delikt zu vollenden.

25 **Hinweis:** Denken Sie bei Nichtvollendung der Tat jedoch an die Versuchsstrafbarkeit.

26 Es wird bei den Gefährdungsdelikten zwischen abstrakten und konkreten Gefährdungsdelikten unterschieden. Bei den konkreten Gefährdungsdelikten fordert das Gesetz eine tatsächlich eingetretene Gefährdung des Rechtsgutes. So ist § 315c StGB ein konkretes Gefährdungsdelikt. Nimmt ein Fahrzeugführer am öffentlichen Straßenverkehr teil, obwohl er infolge alkoholischer Getränke fahruntüchtig war und infolgedessen eine andere Person oder eine Sache von bedeutendem Wert gefährdet, macht er sich wegen einer Gefährdung des Straßenverkehrs gem. § 315c Abs. 1 Nr. 1a StGB strafbar. Bei abstrakten Gefährdungsdelikten bestraft der Gesetzgeber per se bestimmte Verhaltensweisen, die als generell gefährlich einzustufen sind, ohne dass tatsächlich eine Gefährdung eintreten muss. Dies ist auch der Unterschied zwischen dem § 316 StGB als abstraktem Gefährdungsdelikt und § 315c StGB als konkretem Gefährdungsdelikt. Bei § 316 StGB muss keine und bei § 315c StGB muss eine Gefährdung eintreten.

F. Begehungsdelikte/Unterlassungsdelikte

27 Im Strafrecht können die Delikte in Begehungs- und Unterlassungsdelikte eingeordnet werden.

I. Begehungsdelikte

28 Im Allgemeinen Teil des StGB handelt es sich bei den überwiegenden Delikten um sog. Begehungsdelikte. Zur Erfüllung des Tatbestandes bedarf es einer Aktivität durch den Täter. So ist die Sachbeschädigung aus § 303 Abs. 1 StGB ein Begehungsdelikt. Der Täter muss hierbei aktiv eine Sache beschädigen bzw. zerstören. Auch der Totschlag aus § 212 Abs. 1 StGB ist ein Begehungsdelikt, da der Täter zur Erfüllung des objektiven Tatbestandes eine andere Person aktiv töten muss.

F. Begehungsdelikte/Unterlassungsdelikte

Beispiel: T tötet O, indem er ihm mehrfach das Messer in den Bauch stößt. 29

II. Unterlassungsdelikte

Es gibt im Gesetz Delikte, bei denen ein Nichthandeln bestraft werden kann. Hierbei 30
wird zwischen echten und unechten Unterlassungsdelikten differenziert.

1. Echte Unterlassungsdelikte

Kommt der Täter an einem Verkehrsunfall vorbei und hilft trotz Zumutbarkeit und 31
Erforderlichkeit nicht, so kann er sich, unabhängig von seiner Beziehung zum Opfer,
wegen einer unterlassenen Hilfeleistung gem. § 323c Abs. 1 StGB strafbar machen.

Sollte der Täter von einem noch verhinderungsfähigen geplanten Mord erfahren, so 32
muss er diesen bei einer Behörde zur Anzeige bringen. Bleibt er inaktiv, so macht er
sich wegen Nichtanzeige geplanter Straftaten gem. § 138 Abs. 1 Nr. 5 StGB strafbar.

Ist der Täter Beteiligter eines Verkehrsunfalls im öffentlichen Verkehrsraum und ent- 33
fernt er sich berechtigt oder entschuldigt oder nach Ablauf einer Wartefrist, so muss
er nachträglich (unverzüglich) Feststellungen zum Unfall ermöglichen. Kommt er
dem nicht nach, so droht eine Bestrafung wegen Verkehrsunfallflucht gem. § 142
Abs. 2 StGB.

Hinweis: Die Länge der Handlungsfrist in Bezug auf nachträgliche Feststellungen bemisst sich nach 34
Art und Zeit des Unfalls, der Schadenshöhe sowie der Aufklärungsbereitschaft der zivilrechtlichen
Verantwortlichkeit.[3] Die Beweissituation der Berechtigten darf nicht durch vermeidbares Zuwarten
gefährdet werden.[4]

Sie sehen also, dass das Gesetz im Besonderen Teil Delikte normiert hat, bei denen 35
ausnahmsweise eine Inaktivität strafbar ist. Sobald die Norm die Untätigkeit im jeweiligen Tatbestand ausdrücklich regelt, handelt es sich um sog. echte Unterlassungsdelikte.

Hinweis: Im Unterschied zu unechten Unterlassungsdelikten verlangen echte Unterlassungsdelikte 36
keine Garantenstellung (s. §§ 323c Abs. 1, 142 Abs. 2, 138 StGB, 123 Abs. 1 Var. 2 StGB etc).

2. Unechte Unterlassungsdelikte

Die Begehungsdelikte sind auch durch ein Unterlassen möglich. Die Regelung in Be- 37
zug auf unechte Unterlassungsdelikte findet sich in § 13 StGB (zB Körperverletzung
durch Unterlassen gem. §§ 223 Abs. 1, 13 StGB). Im Unterschied zu den echten Unterlassungsdelikten fordern die unechten Unterlassungsdelikte stets eine Garantenstellung. Der Täter muss die Garantenstellung (sog. Erfolgsabwendungspflicht) aufweisen, sonst kann er sich nicht nach dem unechten Unterlassungsdelikt strafbar
machen.

Beispiel: T leistet seiner leiblichen Mutter O nach einem Verkehrsunfall keine (ihm zumutbare) 38
Hilfe. Durch das Untätigbleiben verstirbt O.

---
3 OLG Hamm NJW 1977, 207.
4 Fischer § 142 Rn. 54.

39 T macht sich wegen eines Totschlags durch Unterlassen gem. §§ 212 Abs. 1, 13 StGB (unechtes Unterlassungsdelikt) strafbar. Die unterlassene Hilfeleistung § 323c Abs. 1 StGB (echtes Unterlassungsdelikt) wird im Rahmen der Gesetzeskonkurrenz verdrängt.[5]

40 **Hinweis:** Hat T seine Mutter nicht erkannt, liegt ein vorsatzausschließender Tatbestandsirrtum gem. § 16 Abs. 1 S. 1 StGB vor. Übrig bleibt der § 323c Abs. 1 StGB.

41 Zumindest bei polizeilichen Klausuren spielt die Prüfung von unechten Unterlassungsdelikten eine eher marginale Rolle. Sollte es dennoch zu einer Prüfung kommen, dann meistens in Verbindung mit Körperverletzungs- oder Totschlagsdelikten. Bei der Teilnahme ist die Beihilfe durch Unterlassen möglich (eine Anstiftung durch Unterlassen wird überwiegend abgelehnt).[6] Da es sich bei der Garantenpflicht um ein besonderes persönliches Merkmal handelt, ist zudem der § 28 Abs. 1 StGB zu beachten (→ § 8 Rn. 217).

42 **Prüfungsschema, vorsätzliches unechtes Unterlassungsdelikt**
I. Tatbestand
   1. Objektiver Tatbestand
      a) Eintritt des tatbestandsmäßigen Erfolges
      b) Unterlassen einer Handlung (gegebenenfalls Abgrenzung Tun/Unterlassen)
      c) Tatsächliche physisch-reale und rechtliche Möglichkeit zur Vornahme der objektiv gebotenen Handlung
      d) Kausalität (Quasi-Kausalität) und objektive Zurechnung (Pflichtwidrigkeitenzusammenhang)
      e) Rechtspflicht zum Handeln (sog. Garantenstellung, § 13 StGB)
      f) Gleichstellung der unterlassenen Handlung mit einem aktiven Tun
   2. Subjektiver Tatbestand
      a) Vorsatz auf den objektiven Tatbestand (insbesondere auf die Garantenstellung)
      b) Gegebenenfalls besondere Tendenzen/Absichten
II. Rechtswidrigkeit (insbesondere rechtfertigende Pflichtenkollision)
III. Schuld (insbesondere Gebotsirrtum)

a) Eintritt des tatbestandsmäßigen Erfolges

43 Zunächst muss der im Tatbestand festgelegte Erfolg eintreten. Sollte es noch nicht zur Vollendung gekommen sein, kommt ein strafbarer Versuch in Betracht.

44 **Beispiel:** Der vierjährige Sohn K des T droht im Freibad zu ertrinken. T bleibt untätig, obwohl ihm eine Rettung seines Sohnes möglich ist. K kann durch das beherzte Eingreifen des Bademeisters F gerade noch gerettet werden.
T macht sich wegen versuchten Totschlags durch Unterlassen gem. §§ 212 Abs. 1, 22, 23 Abs. 1, 13 StGB strafbar.

---

5 BGHSt 39, 164 (166) = BeckRS 1993, 1685.
6 Schönke/Schröder/Heine/Weißer § 26 Rn. 4; Jescheck/Weigend StrafR § 64 Abs. 2 S. 6; Rengier StrafR AT § 51 Rn. 13 f.

b) Unterlassen einer Handlung (gegebenenfalls Abgrenzung Tun/Unterlassen)

Der tatbestandliche Erfolg muss auf eine Inaktivität zurückzuführen sein. Gegebenenfalls muss hier zwischen einem Tun und einem Unterlassen differenziert werden. Grundsätzlich ist die Unterscheidung unproblematisch, wenn der Täter Energie freigesetzt hat, um den Erfolg zu bewirken (dann Begehungsdelikt) oder keine irgendwie geartete Energie durch den Täter aufgebracht wurde (dann Unterlassen). 45

> **Beispiel:** T kommt seiner Schneeräumpflicht an seinem Haus bewusst nicht nach und vertraut darauf, „dass alles gut gehen wird". Postzusteller O rutscht auf dem Schnee vor der Haustür aus und bricht sich ein Bein. 46

Hier blieb der T inaktiv. Somit macht er sich gem. §§ 229, 13 StGB strafbar.

> **Hinweis:** Die Unterscheidung zwischen einem Tun und einem Unterlassen ist von wesentlicher Bedeutung, da nur bei einem Begehungsdelikt, mit Ausnahme der echten Unterlassungsdelikte, keine Garantenstellung gefordert wird. 47

Bei mehrdeutigen Verhaltensweisen ist die Abgrenzung zwischen einem Tun und einem Unterlassen schwieriger. Zur Abgrenzung wird auf den sog. Schwerpunkt der Vorwerfbarkeit abgestellt. 48

> **Beispiel:** T fährt nachts ohne Licht mit seinem Fahrrad durch die Innenstadt. Er übersieht den Passanten O und verletzt ihn.[7] 49

Es ist fraglich, ob der Schwerpunkt der Vorwerfbarkeit (bzw. der Großteil der Vorwerfbarkeit) in einem Tun (Fahren ohne Licht) oder in einem Unterlassen (Nichtanschalten der Beleuchtung) liegt.[8] Der Großteil der Vorwerfbarkeit liegt hier in der erfolgsverursachenden Teilnahme am Straßenverkehr und nicht im Nichteinschalten der Beleuchtungseinrichtung. T macht sich gem. § 229 StGB strafbar. 50

> **Hinweis:** Zu differenzieren ist ferner bei einem Abbruch **eigener** Rettungsmaßnahmen durch den Täter. Ein Unterlassen liegt vor, wenn die Rettungsmaßnahme abgebrochen wird, bevor sie das Opfer erreicht.[9] Ein Begehungsdelikt ist hingegen gegeben, wenn die Rettungshandlung bereits effektiv geworden ist und dem Opfer eine realisierbare Rettungsmöglichkeit eröffnet hat.[10] 51

> **Beispiel:** O bricht auf einem zugefrorenen See ein und droht zu ertrinken. T wirft ihm ein Seil zu, zieht es jedoch wieder zurück, bevor O das Seil erreichen kann. O ertrinkt. 52

Der Schwerpunkt der Vorwerfbarkeit liegt hier in einem Unterlassen, da die Rettungshandlung das Opfer noch nicht erreicht hat und diesem noch keine realistische Möglichkeit der Rettung eröffnet wurde. Mangels Garantenstellung ist T nur gem. § 323c Abs. 1 StGB strafbar. 53

> **Beispiel:** O bricht auf einem zugefrorenen See ein und droht zu ertrinken. T wirft dem O ein Seil zu. Als O sich daran hochzieht, lässt T das Seil los und O fällt zurück in das Eiswasser. O ertrinkt. 54

Hier wurde die Rettung bereits eingeleitet und hat den O erreichen können. Das Loslassen des Seiles ist ein aktives Verhalten. T macht sich gem. § 212 Abs. 1 StGB strafbar.

---

7 RGSt 63, 392 – Radleuchten-Fall.
8 BGHSt 6, 46 (59) = BeckRS 1954, 20.
9 Wessels/Beulke/Satzger StrafR AT Rn. 1162.
10 Schmidt StrafR AT Rn. 771.

55 Der Abbruch **fremder** Rettungsmaßnahmen infolge der Ausübung von Zwang oder Täuschung ist als aktives Handeln zu bewerten.[11]

56 **Beispiel:** O bricht auf einem zugefrorenen See ein und droht zu ertrinken. F lehnt sich über das Eisloch und versucht O herauszuziehen, wird jedoch von T niedergeschlagen. O ertrinkt.

T macht sich gem. § 212 Abs. 1 StGB an O strafbar.

c) Tatsächliche physisch-reale und rechtliche Möglichkeit zur Vornahme der objektiv gebotenen Handlung

57 Die rechtlich geforderte Rettungshandlung muss physisch-real möglich und dem Unterlassungstäter zuzumuten sein.

58 **Beispiel:** Nichtschwimmer O stürzt in einen tiefen See. Seine am Ufer stehende Freundin F kann ebenfalls nicht schwimmen. Sie bleibt daher untätig. O verstirbt.

59 Hier kann von der F nicht verlangt werden, dem O nachzuspringen. Sie hat nicht die Möglichkeit, den O zu retten. Es muss daher geprüft werden, ob die Unterlassungstäterin F gegebenenfalls andere Rettungsmöglichkeiten (Hilfe anderer herbeirufen etc) wahrnehmen kann.

60 Eine Unzumutbarkeit der gebotenen Rettungshandlung kann bei Gefährdung des eigenen Lebens vorliegen.

61 **Beispiel:** O liegt bewusstlos in seiner brennenden Erdgeschosswohnung. Sohn T könnte ihn retten, jedoch droht ein Zusammenbruch der Wohnungsdecke. Zudem erschwert dichter Rauch die Sicht. T bleibt daher untätig. O verliert sein Leben.

Hier kann dem T nicht zugemutet werden, das Leben des Vaters zu retten, da er sich selbst in akute Lebensgefahr bringen würde.

d) Kausalität (Quasi-Kausalität) und objektive Zurechnung (Pflichtwidrigkeitenzusammenhang)

62 Problematisch bei einem unechten Unterlassungsdelikt ist, dass die „normale Formel" der Kausalität (→ § 1 Rn. 236 ff.) nicht weiterhelfen kann, da eine Handlung bei einem Unterlassungsdelikt nicht hinweggedacht werden kann. Daher bedarf es bei den unechten Unterlassungsdelikten einer Modifikation der gängigen Kausalitätsformel. Danach ist ein Unterlassen ursächlich für den Erfolg, wenn die rechtlich geforderte Handlung nicht hinzugedacht werden kann, ohne dass der tatbestandsmäßige (konkrete) Erfolg mit an Sicherheit grenzender Wahrscheinlichkeit entfiele.[12]

63 **Beispiel:** Radfahrer O ist schwer gestürzt. Sohn T verzichtet auf Rettungsmaßnahmen. Der O verstirbt am Unfallort. Der Rechtsmediziner gibt zu erkennen, dass der O aufgrund schwerster Kopfverletzungen vermutlich eh nicht mehr gerettet werden konnte.

64 Hier war das Unterlassen des T nicht kausal, da der Erfolg bei Hinzudenken der Rettungshandlung (wohl) nicht mit an Sicherheit grenzender Wahrscheinlichkeit entfallen wäre. Zu denken ist hier jedoch an eine versuchte Unterlassungstat (§§ 212 Abs. 1, 22, 23 Abs. 1, 13 StGB).

65 **Hinweis:** Wäre der Erfolg nur möglicherweise durch ein Hinzudenken der Rettungshandlung ausgeblieben, macht sich T dennoch nicht gem. §§ 212 Abs. 1, 13 StGB strafbar, da in dubio pro reo davon ausgegangen werden muss, dass der Erfolg trotz Rettungshandlung nicht verhindert worden wäre.

---

11 Wessels/Beulke/Satzger StrafR AT Rn. 1161.
12 Schönke/Schröder/Bosch § 13 Rn. 61.

Im Rahmen der objektiven Erfolgszurechnung wird ein spezieller Pflichtwidrigkeitenzusammenhang gefordert. Dabei wird danach gefragt, ob die Vornahme der gebotenen Rettungshandlung in der konkreten Gefahrensituation mit an Sicherheit grenzender Wahrscheinlichkeit zur Erhaltung des gefährdeten Rechtsgutes, dh zur Vermeidung des nunmehr tatbestandlichen Erfolges oder jedenfalls zu einer wesentlich geringeren Verletzung geführt hätte. Wäre der gleiche tatbestandliche Erfolg lediglich in anderer Gestalt auch bei einem pflichtgemäßen Verhalten eingetreten, wird der Pflichtwidrigkeitenzusammenhang und damit die objektive Erfolgszurechnung verneint.[13]

66

Beispiel: Sohn K stürzt ins Nichtschwimmerbecken und droht zu ertrinken. Vater T unterlässt jegliche Rettungsmaßnahmen, obwohl ihm diese möglich und zumutbar sind. K ertrinkt daraufhin.

67

Der Tod des K hätte bei Hinzudenken der Rettungshandlung des T mit an Sicherheit grenzender Wahrscheinlichkeit verhindert werden können (sog. Quasi-Kausalität). Zudem basiert der Erfolg auf der Pflichtwidrigkeit des Täters, da der gleiche Erfolg in anderer Gestalt bei einem pflichtgemäßen Verhalten nicht eingetreten bzw. ausgeblieben wäre.

68

e) Rechtspflicht zum Handeln (sog. Garantenstellung, § 13 StGB)

Dem Unterlassungstäter muss eine Rechtspflicht zum Handeln treffen (sog. Garantenstellung).

69

Unterteilt werden die Garantenpflichten aus § 13 StGB in Beschützer- und Überwachergaranten.

70

aa) Beschützergaranten

Beschützergaranten ergeben sich aus einer engen Verbundenheit von bestimmten Personen zueinander, bei denen der eine Teil für den anderen schutzpflichtig ist. Ferner kann ein Beschützergarant aus der Übernahme von Schutz- und Beistandspflichten resultieren.[14]

71

Zu den Beschützergaranten **können** unter anderem Ehegatten,[15] Verwandte gerader Linie,[16] Geschwister (soweit diese in häuslicher Gemeinschaft leben),[17] Verlobte,[18] Lebens- und Gefahrengemeinschaften (zB bei eheähnlichen Lebensgemeinschaften,[19] Weltumsegler, Tiefseetaucher, Bergsteiger etc), Hebammendienst,[20] Babysitter, Bergführer, Bademeister etc zählen.

72

Auch Polizeibeamte trifft im Rahmen ihrer Dienstausübung die Pflicht zur Verhinderung von Straftaten und zum Schutz der Rechtsgüter des Einzelnen oder der Allgemeinheit, soweit eine sachliche und örtliche Zuständigkeit vorliegt.[21]

73

---

13 Wessels/Beulke/Satzger StrafR AT Rn. 1129.
14 Schönke/Schröder/Bosch § 13 Rn. 10.
15 BGH NStZ 2017, 219.
16 BGH NStZ 2017, 401.
17 Wessels/Beulke/Satzger StrafR AT Rn. 1180.
18 Otto FS Herzberg, 2008, 264.
19 Kretschmer JR 2008, 51.
20 OLG Dresden StV 2015, 120.
21 BGHSt 38, 388 (390) = BeckRS 1992, 1270.

74 **Beispiel:** Polizist T beobachtet einen Wohnungseinbruchsdiebstahl seines besten Freundes. Trotz Abwendungsmöglichkeit reagiert er nicht und lässt den Einbruch untätig geschehen. Die Straftat hätte durch ein Eingreifen des T ohne weiteres verhindert werden können.

Neben § 258a Abs. 1 StGB macht sich T wegen §§ 244 Abs. 4, 13, 27 StGB strafbar. Die Garantenstellung ergibt sich aus dem Legalitätsprinzip.

75 **Hinweis:** Bei Ehegatten kommt es nicht allein auf die rechtliche Bindung aus § 1353 Abs. 1 S. 2 BGB an, maßgeblich ist das tatsächliche Verhältnis. Die Garantenstellung endet (grundsätzlich) mit der endgültigen Trennung.[22] Bei ernsthafter Aufgabe der ehelichen Lebensgemeinschaft, kann dies auch vor Ablauf des Trennungsjahres der Fall sein. Hingegen kann die Garantenpflicht trotz Trennung weiterbestehen, wenn zwischen den getrennten Eheleuten eine freundschaftliche Beziehung aufrechterhalten wird.[23]

76 Bei der freiwilligen Übernahme von Schutz- und Beistandspflichten (zB Babysitter) kommt es für die Begründung der Garantenstellung nicht auf die vertragliche Wirksamkeit, sondern auf die tatsächliche Übernahme der Schutzpflicht an.[24]

77 Keine Beschützergaranten sind unter anderem bloße Zufallsgemeinschaften (zB von Zechkumpanen[25] oder Rauschgiftkonsumenten[26]).

bb) Überwachergaranten

78 Der Überwachergarant beherrscht eine Gefahrenquelle und muss die Allgemeinheit vor daraus herrührenden Gefahren schützen. Die Garantenpflicht ergibt sich also nicht aus einer bestimmten Beziehung zu einer anderen Person (→ § 1 Rn. 71 ff. Beschützergarant), sondern aus der Verpflichtung gegenüber der Allgemeinheit, Schädigungen zu verhindern.[27]

79 Verpflichtungen zum Handeln **können** sich aus einem pflichtwidrigem bzw. rechtswidrigem Vorverhalten (sog. Ingerenz), aus allgemeinen Verkehrssicherungspflichten (Hausbesitzer, Grundstückseigentümer, Halter eines Kraftfahrzeuges, Inhaber eines gefährlichen Betriebs für die in seinen Verantwortungsbereich fallenden Gefahrenquellen),[28] aus der Pflicht zur Beaufsichtigung Dritter oder aus dem Inverkehrbringen von Produkten ergeben.

80 So muss zB ein Hausbesitzer als Überwachergarant darauf achten, dass von seinem Dach keine Ziegel herunterstürzen und dadurch andere Personen gefährden.

81 Bei Inverkehrbringen von Produkten, die sich im Nachhinein als gefährlich herausstellen, kann eine Rückrufaktion erforderlich sein.[29]

82 Die wichtigste und wohl klausurrelevanteste Garantenstellung ergibt sich jedoch aus der sog. Ingerenz.

83 **Beispiel:** T überfährt mit seinem Auto das Kind K. Durch den Unfall erleidet K schwerste Verletzungen. T war durch ein Telefonat während der Fahrt abgelenkt und konnte nicht rechtzeitig rea-

---

22 Vgl. BGHSt 48, 301 = BeckRS 2003, 7807; Ceffinato NStZ 2021, 65.
23 Wessels/Beulke/Satzger StrafR AT Rn. 1180.
24 Wessels/Beulke/Satzger StrafR AT Rn. 1181.
25 BGH NJW 1954, 1047.
26 OLG Stuttgart NJW 1981, 182.
27 Schönke/Schröder/Bosch § 13 Rn. 11–13.
28 Wessels/Beulke/Satzger StrafR AT Rn. 1187.
29 BGHSt 37, 106 = BeckRS 2003, 7807 – Ledersprayfall.

gieren, um den Unfall zu vermeiden. T entschließt sich dazu, den Ereignisort zügig zu verlassen. K stirbt an seinen Verletzungen, hätte jedoch bei unmittelbarer Hilfe mit Sicherheit überlebt.

Die Garantenstellung des T in Bezug auf den Totschlag durch Unterlassen könnte sich aus einem pflichtwidrigen Vorverhalten (sog. **Ingerenz**) ergeben, denn derjenige, der pflichtwidrig handelt, muss die daraus resultierenden drohenden Erfolge bzw. Gefahren abwenden. Die überwiegende Ansicht erkennt die Möglichkeit einer Garantenstellung kraft Ingerenz für den Fall an, sodass durch ein Vorverhalten die nahe, adäquate Gefahr für ein Rechtsgut geschaffen wird.[30] Die schweren Verletzungen des K basieren auf dem pflichtwidrigen Verhalten des T. Als Garant muss er dem K Hilfe leisten und den drohenden Tod abwenden. Da die Rettungshandlung unterblieben ist, macht er sich gem. §§ 212 Abs. 1, 13 Abs. 1 StGB strafbar. Die ebenfalls verwirklichten §§ 223 Abs. 1, 13 Abs. 1 StGB (→ § 1 Rn. 85 Hinweis unten) und § 323c Abs. 1 StGB (sog. **Handlungseinheit**) werden im Rahmen der Gesetzeskonkurrenz verdrängt. Zwischen § 142 Abs. 1 StGB und §§ 212, 13 Abs. 1 StGB ist Tateinheit (§ 52 StGB) anzunehmen, da beide Delikte unterschiedliche Rechtsgüter schützen. 84

> **Hinweis:** Gemäß der sog. Einheitstheorie ist davon auszugehen, dass jede vollendete Tötung objektiv eine Körperverletzung als notwendiges Durchgangsstadium voraussetzt, weshalb auch subjektiv im Tötungsvorsatz stets ein Körperverletzungsvorsatz enthalten ist.[31] Die Körperverletzungsdelikte werden vom Unrecht der vollendeten Tötung vollständig erfasst und daher gesetzeskonkurrierend im Zuge der Subsidiarität verdrängt.[32] 85

Die Garantenstellung aus Ingerenz sollte abgelehnt werden, wenn das Vorverhalten des Täters gerechtfertigt war. 86

> **Beispiel:** T wird auf offener Straße durch F überfallen. T gelingt es den Angriff abzuwehren, indem er F niederschlägt. F prallt durch die Wucht des Schlages gegen eine Parkbank und schlägt sich den Kopf auf. Bewegungslos und aus einer Kopfplatzwunde stark blutend bleibt F auf dem Boden liegen. Trotz der Möglichkeit, Rettungshandlungen vorzunehmen, entschließt sich T, den F liegen zu lassen. F wurde daher erst einige Zeit später durch Passanten aufgefunden und in ein Krankenhaus gebracht. Durch das langwierige Ausbleiben ärztlicher Hilfemaßnahmen war das Gehirn des F zeitweise unterversorgt, wodurch er in eine geistige Erkrankung verfiel. 87

Gegen T könnte gem. §§ 226 Abs. 1 Nr. 3, 13 Abs. 1 StGB ermittelt werden. Das Niederschlagen des O (Begehungsdelikt) war gem. § 32 Abs. 1, 2 StGB gerechtfertigt. Die §§ 226 Abs. 1, 13 Abs. 1 StGB fordern als unechtes Unterlassungsdelikt eine Garantenstellung zwischen T und F. Mangels persönlicher Bindung scheidet ein Beschützergarant aus. Infrage kommt wieder die Ingerenz. Nach überwiegender Ansicht kann ein gerechtfertigtes Vorverhalten allerdings keine Garantenpflicht begründen.[33] Diese Meinung ist konsequent, denn letztendlich hat der Angreifer die Situation hervorgerufen und nicht der Angegriffene. Es wäre auch nicht nachvollziehbar, dass der Angegriffene aus §§ 212 Abs. 1, 13 Abs. 1 StGB haftet, obwohl sein Verhalten im Vorhinein durch die Rechtsordnung akzeptiert wurde. Übrig bleibt für ihn daher nur der § 323c Abs. 1 StGB. 88

---

30 BGHSt 23, 327 = BeckRS 1970, 106821.
31 Schönke/Schröder/Eser/Sternberg-Lieben § 212 Rn. 18.
32 BGHSt 16, 122 = BeckRS 1961, 105164.
33 BGHSt 23, 327 = BeckRS 1970, 106821.

§ 1 Einteilung der Delikte/Grundbegriffe des Strafrechts

f) Gleichstellung der unterlassenen Handlung mit einem aktiven Tun

89 Gemäß § 13 StGB muss das Unterlassen der Verwirklichung des gesetzlichen Tatbestandes durch ein Tun entsprechen. Die sog. Entsprechungsklausel ist nur bei verhaltensgebundenen Delikten von Bedeutung. Bei reinen Erfolgsdelikten (zB § 223 Abs. 1 StGB oder § 212 Abs. 1 StGB) entspricht die Verwirklichung eines gesetzlichen Tatbestandes ohne weiteres der Verwirklichung durch ein Tun und muss daher nicht erwähnt werden.

g) Vorsatz auf den objektiven Tatbestand (insbesondere auf die Garantenstellung)

90 Der Täter müsste bei einem vorsätzlichen unechten Unterlassungsdelikt mit Vorsatz auf die Verwirklichung des objektiven Tatbestandes handeln. Er muss dabei erkannt haben, dass ihm die Abwendung des Erfolges möglich ist und sein Nichthandeln den Erfolg kausal bewirken kann. Zudem bedarf es der Kenntnis über die Umstände, die zu seiner Garantenpflicht führen.

91 **Hinweis:** Handelt der Täter in Unkenntnis seiner bestehenden Garantenstellung, weil er zB sein ertrinkendes Kind mit einer anderen Person verwechselt, so handelt er unvorsätzlich (Tatbestandsirrtum gem. § 16 Abs. 1 S. 1 StGB). Zu denken ist dann an § 323c Abs. 1 StGB. Ein Irrtum über das Bestehen einer Garantenpflicht ist gem. § 17 StGB als Gebotsirrtum zu bewerten. Dies wäre zB der Fall, wenn der Vater seinen ertrinkenden Sohn zwar erkennt, jedoch irrig davon ausgeht, ihm gegenüber keine Schutzpflicht zu besitzen. Da dieser Irrtum für ihn vermeidbar ist, kann seine Strafe gem. § 17 S. 2 StGB fakultativ gemildert werden.

h) Rechtfertigende Pflichtenkollision

92 Bei den unechten Unterlassungsdelikten kommt neben den bekannten Rechtfertigungsgründen (§§ 32, 34 StGB etc) die rechtfertigende Pflichtenkollision als besonderer Rechtfertigungsgrund in Betracht. Diese ist gesetzlich nicht geregelt, sondern gewohnheitsrechtlich anerkannt.[34]

93 **Hinweis:** Das Gewohnheitsrecht entsteht durch eine lang andauernde und von allgemeiner Rechtsüberzeugung getragene Übung der an der rechtlichen Regelung interessierten Bevölkerungsteile.[35] Der Rückgriff auf das Gewohnheitsrecht zur Straftatenbildung oder Straftatenverschärfung ist allerdings unzulässig. Gleiches gilt für eine Analogie zulasten des Täters.[36]

94 Die rechtfertigende Pflichtenkollision beschreibt Fälle, in denen eine Person Adressat zweier Handlungspflichten ist, von denen sie aber nur eine erfüllen kann. Der Täter handelt dann nicht rechtswidrig, wenn er bei rangverschiedenen Pflichten die höherrangige auf Kosten der zweitrangigen Pflicht erfüllt bzw. bei gleichwertigen Pflichten sich für eine entscheidet. Zwingend erforderlich hierbei ist, dass der Täter nur einer Handlungspflicht nachgehen kann, und dies auf Kosten der anderen geschieht.[37]

95 Das Rangverhältnis hängt von der Wertigkeit der bedrohten Rechtsgüter (Leben und körperliche Unversehrtheit vor Sachgütern), der rechtlichen Stellung des Täters (zB Beschützergarant vor der allgemeinen Hilfspflicht aus § 323c StGB), der Unmittelbarkeit der Gefahr für die jeweils bedrohten Rechtsgüter und der Wahrscheinlichkeit des Schadens ab.

---

34 Matt/Renzikowski/Engländer Vor § 32 Rn. 29.
35 BVerfGE 22, 114 (121) = BeckRS 1967, 105430.
36 Wessels/Beulke/Satzger StrafR AT Rn. 79.
37 Schönke/Schröder/Sternberg/Lieben Vor §§ 32 ff. Rn. 73; Lackner/Kühl/Kühl § 34 Rn. 15.

Beispiel: Im Haus des T brennt es. Seine beiden Kleinkinder befinden sich im 2. Stock. Beide Kinder sind akut gefährdet. Er hat nur die Möglichkeit, eines der Kinder zu retten. Das andere Kind stirbt in den Flammen.

Das Verhalten des T hinsichtlich §§ 212 Abs. 1, 13 Abs. 1 StGB ist gerechtfertigt (sog. rechtfertigende Pflichtenkollision). Für beide Kinder lag zwar eine Garantenpflicht (Beschützergarant) vor, dem T war es jedoch nur möglich, einer Handlungspflicht nachzukommen. Die andere Pflicht wurde dadurch unvermeidbar verletzt bzw. geopfert. Wichtig ist in Bezug auf das obige Rangverhältnis, dass unter anderem für beide Rechtsgüter die gleiche Gefahr (Tod durch Feuer) vorlag.

Beispiel: Das Haus des T brennt. Im 2. Stock schläft sein Kind K. Ferner befindet sich in seinem Bett seine Geliebte F. Diese ist bereits durch die Flammen bewusstlos geworden. Er kann nur eine Person retten und entscheidet sich für das Kind. F verstirbt.

Hier liegt durch den T keine Straftat gem. §§ 212 Abs. 1, 13 Abs. 1 StGB vor, denn er hat keine Garantenstellung gegenüber der F (kein Beschützergarant). Aufgrund der rechtfertigenden Pflichtenkollision verstößt T zudem nicht gegen § 323c Abs. 1 StGB, da es ihm nur möglich war, einer Pflicht nachzukommen. Er entschied sich hier für die Rettung seines Kindes und damit (aus Sicht des T) für das höherrangige Rechtsgut, da er gegenüber dem Kind seiner Schutzpflicht nachgehen muss.

Beispiel: T rettet die akut gefährdete Geliebte F aus den lebensbedrohenden Flammen. Kind K hilft er nicht, da diesem nur leichte Verletzungen drohen und er nicht beiden Pflichten nachkommen konnte.

Die Körperverletzung durch Unterlassen gem. §§ 223 Abs. 1, 13 Abs. 1 StGB an K ist gemäß der rechtfertigenden Pflichtenkollision zu rechtfertigen. Zwar bedient der T hier eine zweitrangige Pflicht (kein Beschützergarant gegenüber F) auf Kosten der körperlichen Integrität des K, jedoch schützt er mit seinem Vorgehen ein höherwertiges Rechtsgut, da der F im Gegensatz zum K der Tod drohte.

G. Allgemeindelikte/Sonderdelikte/eigenhändige Delikte/Pflichtdelikte

I. Allgemeindelikte/Sonderdelikte

Allgemeindelikte stellen die Mehrzahl der im Gesetz formulierten Straftaten dar. Ein Allgemeindelikt ist durch Jedermann begehbar. Es bedarf keiner besonderen Subjektsqualität des Täters. So ist die einfache Körperverletzung aus § 223 Abs. 1 StGB ein Allgemeindelikt. Jedermann kann die Körperverletzung begehen. Dies erkennen Sie an der Formulierung im Wortlaut „Wer …".[38]

§ 223 Abs. 1 StGB: Wer eine andere Person körperlich misshandelt oder an der Gesundheit schädigt, wird mit Freiheitsstrafe bis zu fünf Jahren oder mit Geldstrafe bestraft.

Sonderdelikte unterteilen sich in echte und unechte Sonderdelikte und verlangen eine besondere Täterqualität. Im Unterschied zu den Allgemeindelikten kann nicht Jedermann Täter sein. Der § 203 Abs. 1 Nr. 1 StGB verlangt zB das Offenbaren eines

---

38 Kindhäuser/Zimmermann StrafR AT § 8 Rn. 16.

privaten Geheimnisses durch einen Arzt. Die Arzteigenschaft beschreibt die besondere Subjektsqualität des Täters. Zudem handelt es sich bei der Arzteigenschaft aus § 203 Abs. 1 Nr. 1 StGB um ein strafbegründendes, besonderes persönliches Merkmal und damit um ein echtes Sonderdelikt (s. § 28 Abs. 1 StGB).

103 Ein **echtes Sonderdelikt** bedeutet, dass die besondere Täterqualität den Tatbestand erst begründet. Qualifiziert (bzw. verschärft) die Sondereigenschaft den Grundtatbestand zu einem Qualifikationstatbestand, so handelt es sich um ein unechtes Sonderdelikt. Die Körperverletzung im Amt aus § 340 Abs. 1 StGB kann nur durch einen Amtsträger begangen werden. Für einen Nichtamtsträger bleibt die Norm „versperrt". Jedoch ist der Grundtatbestand, also die „normale" Körperverletzung, durch Jedermann begehbar. Mithin ist der § 340 Abs. 1 StGB ein unechtes Sonderdelikt.

104 Die **Strafvereitelung** ist durch Jedermann begehbar (§ 258 Abs. 1 StGB). Begeht der Täter das Delikt in Ausübung seines Amtes, so verschärft sich die Strafe iRd § 258a Abs. 1 StGB. Somit handelt es sich bei § 258a StGB um ein unechtes Sonderdelikt.

105 Der § 142 Abs. 1 StGB fordert im Tatbestand einen Unfallbeteiligten, um sich wegen unerlaubten Entfernens vom Unfallort strafbar zu machen. Erfüllt eine Person diese Anforderung nicht, so kann sie sich nicht nach § 142 Abs. 1 StGB strafbar machen. Personen, die nicht am Unfall beteiligt sind, können daher nur Teilnehmer sein. Da es hierzu auch keinen Grundtatbestand gibt, ist der § 142 Abs. 1, 2 StGB ein echtes Sonderdelikt.[39]

106 Die **Untreue** verlangt eine Sonderstellung des Täters als Vertrauensperson des Geschädigten (sog. Vermögensbetreuungspflicht). Auch hierzu existiert kein Grundtatbestand, der durch Jedermann begehbar ist. Daher handelt es sich bei der Untreue um ein echtes Sonderdelikt, § 266 Abs. 1 StGB.

107 Nach § 266b Abs. 1 StGB (Missbrauch von Scheck- und Kreditkarten) kann sich nur der Karteninhaber strafbar machen. § 266b Abs. 1 StGB ist daher auch ein echtes Sonderdelikt.

108 Täter eines Sonderdeliktes kann nur derjenige sein, der die Sondereigenschaft in sich trägt. Erfüllt er diese nicht, kommt neben der unmittelbaren Täterschaft auch keine mittelbare Täterschaft oder Mittäterschaft in Betracht.[40] Eine Teilnahme zu diesem Delikt ist jedoch weiterhin möglich (→ § 8 Rn. 13 Täterschaft/Teilnahme).[41] Handelt es sich um ein echtes Sonderdelikt, ist für einen Teilnehmer der § 28 Abs. 1 StGB zu beachten. Der § 28 Abs. 1 StGB findet Anwendung auf strafbegründende, besondere persönliche Merkmale. Hierbei reicht es für die Strafbarkeit des Teilnehmers nach dem jeweiligen Delikt aus, wenn dieser Kenntnis von der Sondereigenschaft des Haupttäters hat. Bei dem Teilnehmer kommt es dann zur Strafmilderung.

109 **Beispiel:** Anstifter A stiftet T zu einer Untreue gem. §§ 266 Abs. 1, 27 StGB an, wobei der T im Gegensatz zum A tatsächlich eine Vermögensbetreuungspflicht gegenüber dem Geschädigten aufweist.

110 **Hinweis:** Das geschützte Rechtsgut bei der Untreue aus § 266 Abs. 1 StGB ist das Vermögen. Der Täter soll im Interesse des Geschäftsherrn das Vermögen (eigentlich) betreuen, schädigt es jedoch, in-

---

39 Schönke/Schröder/Sternberg/Lieben § 142 Rn. 20.
40 Wessels/Beulke/Satzger StrafR AT Rn. 55.
41 Krey/Esser StrafR AT Rn. 227.

dem er diese Vertrauensstellung, die ihm im Rahmen der Vermögensbetreuungspflicht zugeordnet wurde, pflichtwidrig ausnutzt und damit verletzt.[42] Täter iSd § 266 Abs. 1 StGB kann demnach nur derjenige sein, der diese Vermögensbetreuungspflicht tatsächlich aufweist.

Da die **Vermögensbetreuungspflicht** ein besonderes täterbezogenes Merkmal ist, kann eine Zurechnung nicht stattfinden. Da es sich bei § 266 Abs. 1 StGB um ein echtes Sonderdelikt handelt, ist die Vermögensbetreuungspflicht ein strafbegründendes Merkmal. Der A muss hiervon nur Kenntnis haben. Hat er diese Kenntnis, so kann er sich gem. §§ 266 Abs. 1, 27 StGB strafbar machen, obwohl ihm persönlich diese Eigenschaft nicht anhaftet. Seine Strafe wird gem. §§ 28 Abs. 1, 49 Abs. 1 StGB gemildert. Hätte er selbst eine derartige Vermögensbetreuungspflicht, so fiele die Strafmilderung aus. 111

> **Beispiel:** Passant A fordert den Polizisten T auf, den O zu schlagen. T zögert nicht lange und schlägt mit seiner Faust auf den O ein. Dieser zieht sich eine blutende Nase zu. 112

T macht sich gem. §§ 223 Abs. 1, 340 Abs. 1 StGB strafbar, da er die Amtsträgereigenschaft erfüllt. § 340 StGB ist eine Qualifikation des § 223 Abs. 1 StGB und verdrängt den Grundtatbestand im Rahmen der Spezialität.

A kann diese besondere Eigenschaft nicht zugerechnet werden. Er muss diese persönlich erfüllen. A ist jedoch kein Amtsträger. Da es sich bei der Amtsträgereigenschaft um ein strafverschärfendes Merkmal handelt, kann sich der Teilnehmer nicht nach § 340 Abs. 1 StGB strafbar machen. Es kommt zu einer sog. Akzessorietätsverschiebung. A macht sich nur wegen einer Anstiftung zur einfachen Körperverletzung strafbar (§§ 223 Abs. 1, 27 StGB). 113

II. Eigenhändige Delikte

Eigenhändige Delikte sind solche, die nur eigenhändig durch den handelnden Täter verwirklicht werden können. Täter kann also nur derjenige sein, der die jeweilige Ausführungshandlung selbst vornimmt. So handelt es sich bei § 316 Abs. 1 StGB um ein eigenhändiges Delikt. Täter kann hierbei nur der Führer eines Fahrzeuges sein, eine Mittäterschaft oder mittelbare Täterschaft ist hierbei nicht möglich. Eine Teilnahme (§§ 26, 27 StGB) ist jedoch auch ohne eigenhändige Beteiligung denkbar. 114

> **Beispiel:** T ist ein Zechkumpan von A. Beide betrinken sich in ihrer Stammkneipe. A erkennt den erheblichen Alkoholkonsum des T, übergibt ihm dennoch die Schlüssel seines Pkw, damit der T nicht extra nach Hause laufen muss. Der T, der um seine erhebliche Trunkenheit weiß, hat einen BAK-Wert von 1,4‰. 115

T macht sich gem. § 316 Abs. 1 strafbar. A hat den T hierzu angestiftet. Entsprechend macht sich der A gem. §§ 316 Abs. 1, 26 StGB strafbar. Hätte der T fahrlässig iSd § 316 Abs. 2 StGB gehandelt, so wäre für den A eine Strafbarkeit gem. §§ 316 Abs. 2, 26 StGB nicht möglich gewesen, da die Anstiftung im Rahmen der (limitierten) Akzessorietät stets eine vorsätzliche und rechtswidrige Haupttat eines anderen verlangt.

> **Hinweis:** Limitierte Akzessorietät bedeutet, dass die Haupttat nur vorsätzlich und rechtswidrig, nicht aber schuldhaft sein muss. 116

---

42 BGH NJW 1956, 151.

§ 1 Einteilung der Delikte/Grundbegriffe des Strafrechts

117 Die Aussagedelikte aus §§ 153 ff. StGB sind auch eigenhändige Delikte. Täter kann nur derjenige sein, der vor Gericht als Zeuge oder Sachverständiger eine Falschaussage trifft.

118 Der Vollrausch kann nur durch den Berauschten erfüllt werden. Somit ist der § 323a Abs. 1 StGB ein eigenhändiges Delikt.

119 **Hinweis:** In Bezug auf den Vollrausch müssen Sie die mögliche Anwendbarkeit der actio libera in causa beachten (→ § 5 Rn. 11 ff. Schuld).

III. Pflichtdelikte

120 Pflichtdelikte fordern zur Verwirklichung des Tatbestandes eine besondere Pflichtenstellung seitens des Täters. Die Vermögensbetreuungspflicht aus § 266 Abs. 1 StGB ist eine solche Pflichtenstellung. Dies gilt zudem für alle unechten Unterlassungsdelikte, denn hier wird eine Erfolgsabwendungspflicht gem. § 13 StGB gefordert (→ § 1 Rn. 37 ff. unechte Unterlassungsdelikte).

H. Unternehmensdelikte

121 Bei den Unternehmensdelikten wird nicht zwischen Versuch und Vollendung der Tat unterschieden. Eine Legaldefinition finden Sie in § 11 Abs. 1 Nr. 6 StGB. Danach bedeutet bei Unternehmensdelikten der Versuch zugleich die Vollendung der Tat. Die Anwendung der Versuchsregeln aus §§ 22 ff. StGB und jene des Rücktritts aus § 24 StGB sind nicht anwendbar.

122 **Beispiel:** Bei T findet gem. § 163b Abs. 1 StPO eine rechtmäßige Identitätsfeststellung statt, da T im Verdacht steht, einen Ladendiebstahl begangen zu haben. Anordnender Polizist ist POK O. T sperrt sich gegen die Maßnahme und schubst O zur Seite, um flüchten zu können. O kann ihn jedoch ergreifen und die polizeiliche Eingriffsmaßnahme vollenden.

T setzt Gewalt ein, um die Diensthandlung abzuwenden. Da es sich bei § 113 Abs. 1 StGB um ein (unechtes) Unternehmensdelikt handelt, kommt es für die Bestrafung nicht darauf an, ob die Vollstreckungshandlung verhindert werden konnte.[43] Allein das Widerstandleisten gegen eine rechtmäßige dienstliche Maßnahme ist per se strafbar.

123 **Hinweis:** Für die Verwirklichung des Tatbestandes aus § 113 Abs. 1 StGB ist es erforderlich, dass die dienstliche Vollstreckungshandlung des Amtsträgers rechtmäßig ist, § 113 Abs. 3 StGB. Bei der Rechtmäßigkeit der Maßnahme handelt es sich um eine sog. objektive Bedingung der Strafbarkeit.[44] Diese wird nach der Prüfung des objektiven und des subjektiven Tatbestandes dargestellt und ist dem Vorsatz des Täters entzogen.

124 **Hinweis:** Hätte T auf POK O eingeschlagen, so wäre auch der § 114 Abs. 1 StGB erfüllt gewesen. § 114 Abs. 1 StGB verlangt einen tätlichen Angriff, der sich regelmäßig in Form einer vollendeten oder versuchten Körperverletzung niederschlägt.[45]

---

43 BGH NStZ 2013, 336; Schönke/Schröder/Eser § 113 Rn. 2.
44 Wessels/Hettinger/Engländer StrafR BT I Rn. 604.
45 Schönke/Schröder/Eser § 114 Rn. 4.

Hinweis: Zwischen § 113 StGB und § 114 StGB besteht keine Gesetzeskonkurrenz. Es ist daher Tateinheit anzunehmen.[46]

125

I. Vorsatz/Fahrlässigkeit

Delikte werden in Vorsatz- und Fahrlässigkeitstaten unterteilt. Die überwiegende Anzahl an Delikten ist vorsätzlich begehbar. Fahrlässiges Handeln muss explizit im Besonderen Teil (also in den Straftaten an sich) geregelt sein (§ 15 StGB).

126

So ist der Diebstahl aus § 242 Abs. 1 StGB nur vorsätzlich begehbar. Dasselbe gilt für die Körperverletzung aus § 223 Abs. 1 StGB. Die fahrlässige Körperverletzung ist in § 229 StGB normiert. Ferner ist die Trunkenheitsfahrt gem. § 316 Abs. 1 StGB vorsätzlich begehbar. Eine fahrlässige Trunkenheitsfahrt ergibt sich aus § 316 Abs. 2 StGB.

127

Zudem gibt es sog. **Mischtatbestände**. Diese setzen sich aus einem Vorsatz- und einem (grundsätzlich) Fahrlässigkeitselement zusammen. Bei der Körperverletzung mit Todesfolge liegt ein solcher Mischtatbestand vor. Der vorsätzliche Grundtatbestand des § 227 StGB ergibt sich aus § 223 StGB, der fahrlässige Teil aus § 222 StGB. Insgesamt handelt es sich bei § 227 StGB um ein Vorsatzdelikt (§ 11 Abs. 2 StGB).

128

Hinweis: Da es sich bei den Erfolgsqualifikationen insgesamt um Vorsatztaten handelt, sind diese teilnahmefähig und der Versuch der Erfolgsqualifikation ist strafbar (→ § 6 Rn. 62 f. Erfolgsqualifikationen).

129

J. Phasen einer Straftat

Eine Straftat durchläuft grundsätzlich mehrere Tatphasen, die voneinander zu unterscheiden sind.

130

I. Tatentschluss

Die erste Phase beginnt mit der **Entschlussfassung**, die grundsätzlich straflos ist.

131

> **Beispiel:** T will O berauben und plant den Überfall.

132

Allein für die Planung wird T nicht sanktioniert. Sollte er sich jedoch mit einer anderen Person zu einem Verbrechen verabreden, so ist dies strafbar (§ 30 Abs. 2 StGB). Plant er den Raub zusammen mit F, so macht er sich gem. §§ 249 Abs. 1, 30 Abs. 2 StGB strafbar.

II. Vorbereitung

Als zweite Phase folgt die **Vorbereitung des Deliktes**. Auch hieran knüpft grundsätzlich kein strafbares Verhalten. Es gibt allerdings einige Tatbestände, bei denen bereits die Vorbereitung einer Tat strafbar ist. Wie § 89a StGB bereits im Titel verlauten lässt, ist die „Vorbereitung einer schweren staatsgefährdenden Gewalttat" strafbar. So

133

---

46 BGH NJW 2020, 2347.

kann sich ein Täter gem. § 89a Abs. 1, 2 Nr. 2 StGB strafbar machen, wenn er zB zuhause einen Sprengsatz herstellt, um diesen später in einer Menschenmenge zu zünden.

134 **Beispiel:** T will O überfallen und kauft sich zur Vorbereitung der Tat im Sportfachgeschäft einen Baseballschläger.

135 Der Kauf des Baseballschlägers dient zwar der Verbrechensvorbereitung, ist jedoch für den Alleintäter T in dieser frühen Phase straflos.

III. Versuch

136 Anschließend folgt der grundsätzlich strafbare **Versuch**. Dieser beschreibt ein unmittelbares Ansetzen zu einem bestimmten Delikt. Der Versuch eines Verbrechens ist dabei immer strafbar (§§ 23 Abs. 1, 12 Abs. 1 StGB), der Versuch eines Vergehens hingegen nur dann, wenn dies explizit im Gesetz normiert ist (zB §§ 223 Abs. 2, 224 Abs. 2, 242 Abs. 2, 244 Abs. 2 StGB). Hat der Täter bislang „nur" die Versuchsschwelle überschritten, so ist immer noch ein Rücktritt von der Tat als persönlichem Strafaufhebungsgrund möglich (→ § 7 Rn. 1 ff. Rücktritt).

137 **Hinweis:** Der Versuch wird in einem anderen Kapitel noch gesondert behandelt.

IV. Vollendung

138 Die Deliktsvollendung ist immer strafbar, denn hier liegen alle objektiven Tatbestandsmerkmale der Tat vor. Ein Rücktritt ist über § 24 Abs. 1, 2 StGB nicht mehr möglich. Bei Vollendung der Tat kann jedoch deliktsspezifisch die tätige Reue zur Anwendung kommen (zB § 306e StGB). Umstritten ist eine analoge Anwendung der tätigen Reue.

139 **Hinweis:** Durch den BGH wurde die analoge Anwendung der tätigen Reue aus § 306e StGB auf die Qualifikation des § 306b Abs. 2 StGB bestätigt, sollte der Täter eine konkrete Lebensgefahr für das Opfer freiwillig durch eine anderweitige Rettungshandlung beseitigen, anstatt, wie von § 306e StGB gefordert, den Brand zu löschen.[47]

V. Beendigung

140 Die Beendigung der Tat schließt das Delikt ab. Ab diesem Zeitpunkt beginnen die Verjährungsfristen, §§ 78 ff. StGB. Die Phase zwischen Vollendung und Beendigung der Tat kann wesentlich für die Beurteilung der sukzessiven Mittäterschaft und der sukzessiven Beihilfe sein (→ § 8 Rn. 30 ff. Sukzessive Mittäterschaft; → § 8 Rn. 196 ff. Sukzessive Beihilfe).

141 **Klausurhinweis:** Insbesondere beim Diebstahl (klausurrelevant!) kann zwischen der Vollendung und der Beendigung der Tat unterschieden werden. Ergreift der Täter zB mit deliktischem Vorsatz bei einem Juwelier einen Ring und umschließt diesen mit seiner Faust, so ist der § 242 Abs. 1 StGB im fremden Herrschaftsbereich bereits vollendet (sog. **Apprehensionstheorie**).[48] Die Beendigung tritt erst später ein (grundsätzlich wohl mit dem Verlassen des Geschäftsraumes).[49]

---

47 BGH NJW 2020, 2971.
48 Vgl. BGHSt 16, 271 (272 f.) = BeckRS 1961, 105889; OLG Köln NJW 1984, 810.
49 Die Gewahrsamsneubegründung hängt natürlich von den Umständen des Einzelfalls ab (so zB von der Beschaffenheit und dem Gewicht der zu stehlenden Sache).

K. Dauerdelikte/Zustandsdelikte

Das Gesetz unterscheidet zwischen Dauer- und Zustandsdelikten. Bei den **Zustandsdelikten** wird ein rechtswidriger Zustand herbeigeführt. Das Delikt ist dabei voll- und zugleich auch beendet, sodass eine Differenzierung zwischen Voll- und Beendigungsphase der Tat nicht mehr stattfindet. 142

Beispiel: T schlägt den O. O erleidet einen Nasenbeinbruch. Durch den Schlag wird zudem seine Brille irreparabel zerstört. 143

Die Körperverletzung und die Sachbeschädigung sind Zustandsdelikte, sodass diese durch den Schlag des T voll- und zugleich auch beendet wurden.

Bei **Dauerdelikten** hingegen wird ein rechtswidriger Zustand herbeigeführt und zunächst aufrechterhalten. Es kann zwischen den Tatphasen der Voll- und der Beendigung differenziert werden. 144

Beispiel: T bricht bei O ein und hält sich mehrere Stunden in dessen Wohnung auf. 145

Mit dem Eindringen in die Wohnung ist der § 123 Abs. 1 Var. 1 StGB vollendet. Erst mit Verlassen der Wohnung tritt die Beendigung ein. Der T erfüllt jedoch nur **einen** Hausfriedensbruch, da die Tat als tatbestandliche Handlungseinheit zu bewerten ist (→ § 10 Rn. 16 f. Konkurrenzlehre).

Neben § 123 Abs. 1 Var. 1 StGB gilt auch die **Freiheitsberaubung** aus § 239 Abs. 1 StGB zu den klassischen Dauerdelikten. Sollte der Täter eine andere Person jahrelang in seinem Keller gefangen halten, so setzen die Verjährungsfristen nicht bereits mit der Herbeiführung der Gefangenschaft ein, sondern erst mit der Freilassung oder der erfolgreichen Flucht des Opfers. Maßgeblich für die Verjährungsfristen bei Dauerdelikten ist somit die Beseitigung des rechtswidrigen Zustandes. Bei den Zustandsdelikten beginnt die Verjährung hingegen mit der Schaffung des rechtswidrigen Zustandes (§ 78a StGB).[50] 146

Hinweis: Kurzfristige Unterbrechungen bei Dauerdelikten führen nicht zu einer Durchbrechung einer tatbestandlichen Handlungseinheit (→ § 10 Rn. 20 Konkurrenzlehre). Sollte der Täter eines Wohnungseinbruchsdiebstahls das Grundstück zur Sicherung eines Teils seiner Beute kurzfristig verlassen, um danach wieder das Haus zu betreten, um den Rest der Beute zu holen, liegt dennoch nur **ein** Hausfriedensbruch vor. Gleiches gilt für die Trunkenheitsfahrt aus § 316 Abs. 1 StGB, wenn der betrunkene Fahrzeugführer temporär sein Auto zum Tanken verlassen sollte, um danach ungehindert seine Fahrt fortzusetzen.[51] Dagegen kann eine Handlungsmehrheit vorliegen, wenn der betrunkene Fahrer einen Verkehrsunfall begeht und sich anschließend pflichtwidrig mit seinem Fahrzeug entfernen sollte. Die Gefährdung des Straßenverkehrs steht dann in Tatmehrheit zu § 142 Abs. 1 StGB und der anschließenden Trunkenheitsfahrt aus § 316 Abs. 1 StGB.[52] Etwas anderes würde jedoch gelten, wenn der Täter einen Unfall bereits eingeplant hat, um sich danach vom Unfallort zu entfernen. Dann ist von einem einheitlichen Tatgeschehen auszugehen (Handlungseinheit).[53] 147

---

50 Schmidt StrafR AT Rn. 112.
51 Vgl. BayObLG NJW 1960, 879; OLG Stuttgart NJW 1964, 1913.
52 MüKoStGB/Zopfs § 142 Rn. 138.
53 So zur sog. Polizeiflucht: BGH BeckRS 1967, 1307.

L. Auslegungsmethoden

148 Um einen Tatbestand auslegen zu können, wenden Juristen spezielle Auslegungsmethoden an, um so die Bedeutung eines Rechtssatzes ermitteln zu können.

I. Grammatikalische Auslegung

149 Eine Auslegungsmethode ist die **Wortlautauslegung**. Damit wird der Wortlaut der Norm als Begrenzung für andere Auslegungsformen herangezogen. Es gilt die Rechtsnorm bzw. einen darin enthaltenen Begriff anhand des Wortsinns zu ermitteln.[54]

150 **Beispiel:** T zertrümmert bewusst den Zeigefinger von O. Trotz mehrerer Operationen versteift dadurch sein Finger.

151 Es ist fraglich, ob sich T gem. § 226 Abs. 1 Nr. 2 StGB strafbar gemacht haben könnte. Dazu müsste der Zeigefinger des O zunächst ein „wichtiges Glied" sein. Wie könnte der Begriff „Glied" ausgelegt werden? Und was bedeutet in diesem Zusammenhang „wichtig"?

152 Ein Glied des Körpers ist ein Körperteil, welches durch ein Gelenk mit dem Rumpf oder einem anderen Körperteil (zB der Hand) verbunden ist.[55] Somit fällt ein Finger unter diese Begriffsbestimmung. Andere äußerliche Körperteile (Nase, Ohr, Genitalien), denen zwar eine besondere Funktion zukommt, zählen allerdings mangels Gelenkverbindung nicht dazu.[56]

153 **Hinweis:** Diese Ansicht ist zwar umstritten, sollte jedoch so ausgelegt werden, um eine eindeutige Abgrenzung zwischen Körper**gliedern** und Körper**teilen** zu gewährleisten.[57]

154 **Hinweis:** Da innere Organe (zB Niere) nicht nach außen treten, handelt es sich hierbei zwingend nicht um Körperglieder.[58]

155 Weiterhin ist fraglich, wie der Begriff „wichtig" ausgelegt werden muss. Zur Bestimmung ist ein generalisierender Maßstab anzulegen,[59] sowie individuelle körperliche Besonderheiten zu berücksichtigen.[60] Da der Zeigefinger bei alltäglichen Handlungen stets gebraucht wird (zB zum Greifen), erfüllt dieser eine besondere Funktion im Gesamtorganismus und ist als „wichtig" zu deklarieren.

156 **Hinweis:** Bei dem rechten Ringfinger wurde dies im Rahmen einer abstrakten Bestimmung verneint.[61] Ein Daumen hingegen ist ein wichtiges Glied.[62]

157 Da der Zeigefinger des O nicht physisch abgetrennt wurde, ist ferner fraglich, ob dieser „dauernd nicht mehr gebraucht" werden kann. „Dauernd" bedeutet auf unabseh-

---

54 Muthorst Grundlagen § 7 Rn. 9.
55 Fischer § 226 Rn. 6.
56 Schönke/Schröder/Sternberg/Lieben § 226 Rn. 2.
57 MüKoStGB/Hardtung § 226 Rn. 26; Lackner/Kühl/Kühl § 226 Rn. 3.
58 Hörnle JURA 1998, 179.
59 RGSt 6, 346; 64, 201.
60 BGHSt 51, 252 = BeckRS 2007, 8688.
61 RGSt 62, 161 (163).
62 RGSt 64, 201 (202).

bare Zeit.⁶³ Der Finger des O versteifte. Eine solche Funktionsbeeinträchtigung kommt einem Verlust gleich, sodass T den § 226 Abs. 1 Nr. 2 StGB erfüllt.

II. Teleologische Auslegung

Bei der teleologischen Auslegungsmethode werden der **Sinn und der Zweck der Norm** ermittelt. Es gilt dabei jene Auslegung zu favorisieren, die der in der betreffenden Rechtsnorm zum Ausdruck kommenden legislativen Interessenabwägung am ehesten entspricht.⁶⁴ So wird sich ein Täter wohl nicht nach § 306 Abs. 1 Nr. 4 StGB strafbar machen, wenn er das gebrauchte (günstige) Gummiboot seines Nachbarn in Brand setzt, obwohl allein der Wortlaut des § 306 Abs. 1 Nr. 4 StGB dies zulassen würde. Aufgrund der drohenden „Uferlosigkeit" des § 306 Abs. 1 StGB muss dieser Tatbestand so ausgelegt werden, dass es nicht dem Willen des Gesetzgebers entspricht, eine derartige Tathandlung mit einer Freiheitsstrafe von einem bis zu zehn Jahren zu versehen.⁶⁵ Daher fallen nur solche Gegenstände in den Schutzbereich des § 306 Abs. 1 StGB, die jeweils eine größere Menge oder einen nicht unerheblichen Wert verkörpern (ca. 750–1.200 EUR).⁶⁶ Ein Strafausschließungsgrund kommt auch in Betracht, wenn ein erhöhtes Strafbedürfnis deshalb fehlt, weil etwa ein einfaches Schlauchboot unter Ausschluss jeglicher Gemeingefahr, zB an einem überschaubaren, menschenleeren Strand, entzündet wird (sog. **teleologische Restriktion**).⁶⁷

158

Hinweis: Die teleologische Auslegung darf nicht mit der „Theologie" verwechselt werden. Bei Letzteren handelt es sich um die (griech.) „Lehre von Gott". „Telos" hingegen beschreibt (griech.) das „Ziel".

159

III. Historische Auslegung

Bei der historischen Auslegung ist zu berücksichtigen, dass die Rechtsnormen in einen **historischen Kontext** eingebettet sind.⁶⁸ Anhand der Entstehungsgeschichte kann die Norm interpretiert werden. Dabei soll der Wille des historischen Gesetzgebers ermittelt werden.⁶⁹ Es kann somit erörtert werden, ob sich in Bezug auf die zu prüfende Norm vielleicht eine andere Rechtsauffassung entwickelt hat. Dies kann auch dergestalt erfolgen, dass eine Norm abgeschafft und sich infolgedessen ein anderer Tatbestand neu entwickelt hat. Mithilfe dieser Methode können Sie erörtern, was der Gesetzgeber mit der neu geschaffenen Norm im Vergleich zur alten Norm bewirken wollte. So enthält der § 306b Abs. 2 Nr. 2 StGB nicht mehr die enumerative Aufzählung der Taten (der Täter musste nach der alten Fassung die Brandstiftung zur Begehung von Mord, Raub, räuberischer Erpressung oder Diebstahl ausnutzen), sondern lässt es ausreichen, dass der Täter im Zuge der Brandstiftung in der Absicht handelt, eine andere Straftat zu ermöglichen oder zu verdecken. Sie sehen also, dass

160

---

63 Wessels/Beulke/Satzger StrafR AT Rn. 248.
64 Vgl. Muthorst Grundlagen § 7 Rn. 16.
65 Wessels/Beulke/Satzger StrafR AT Rn. 947.
66 Schönke/Schröder/Heine/Bosch § 306 Rn. 3; Lackner/Kühl/Kühl § 306 Rn. 2.
67 Schönke/Schröder/Heine/Bosch § 306 Rn. 7.
68 Muthorst Grundlagen § 7 Rn. 15.
69 Horn Einführung Rechtswissenschaft Rn. 179.

sich die gesetzgeberische Sichtweise hier geändert hat. Der Gesetzgeber wollte offensichtlich den Straftatbestand ausweiten, um so die erhöhte Verwerflichkeit, die mit der Bereitschaft des Täters zur Durchsetzung weiteren Unrechts einhergeht, zu sanktionieren. Entsprechend der Änderung des Gesetzes kann somit auch der Betrug als zu ermöglichende Straftat nicht aus dem Anwendungsbereich der Norm herausgenommen werden.[70]

161 **Hinweis:** Die sexuelle Nötigung aus § 177 StGB wurde bereits seit 2016 durch den Gesetzgeber stark verändert. So ist es nicht mehr erforderlich, mit Gewalt oder mittels Drohung mit gegenwärtiger Gefahr für Leib oder Leben oder unter Ausnutzen einer Lage, in der das Opfer der Einwirkung des Täters schutzlos ausgeliefert ist, den sexuellen Übergriff zu begehen. Ziel des Gesetzgebers ist eine umfassende Sanktionierungsmöglichkeit im Bereich der Sexualdelikte.

IV. Systematische Auslegung

162 Bei der systematischen Auslegungsmethode zeigen Sie auf, in welchem **Kontext** der jeweilige Tatbestand steht. Sie ermitteln also zB das Kapitel im StGB, in dem das Delikt aufgeführt wird, um den Sinngehalt zu festzustellen. So ist § 113 StGB im Kapitel Widerstand gegen die Staatsgewalt aufgeführt. Mit § 113 StGB soll primär der Staat, seine staatlichen Maßnahmen und Organe, also Kollektivrechtsgüter, geschützt werden. Die Norm zielt daher nicht ausschließlich auf den Schutz von Amtsträgern vor körperlichen Misshandlungen ab. Dies wird durch den Schutzzweck der §§ 223 ff. StGB gewährleistet, die unter der Bezeichnung Straftaten gegen die körperliche Unversehrtheit geführt werden.

163 **Hinweis:** Bei tätlichen Angriffen gem. § 114 Abs. 1 StGB steht der Individualschutz der Amtsträger im Vordergrund. Die Norm kommt nur mittelbar den staatlichen Vollstreckungsinteressen zugute. Der § 113 Abs. 1 StGB dient dagegen primär dem Schutz der staatlichen Maßnahme.[71]

164 Mithilfe der systematischen Auslegung kann auch ein Normenvergleich zu anderen Vorschriften aus dem StGB erfolgen, um so die Bedeutung der Norm zu ermitteln.

165 **Beispiel:** T und F wollen den O verprügeln. Absprachegemäß lockt F den O in eine dunkle Hausecke und achtet darauf, dass dem O keiner zur Hilfe kommt. Währenddessen schlägt T auf O ein.

166 T könnte sich – neben § 224 Abs. 1 Nr. 3 StGB – gem. § 224 Abs. 1 Nr. 4 StGB und F gem. §§ 224 Abs. 1 Nr. 4, 27 StGB strafbar gemacht haben. Es ist jedoch fraglich, ob für eine gemeinschaftliche Tatbegehung gem. § 224 Abs. 1 Nr. 4 StGB eine Mittäterschaft (§ 25 Abs. 2 StGB) vorliegen muss oder ob eine Beihilfe (§ 27 StGB) ausreichend ist. Das Merkmal „Beteiligte" ist auslegungsbedürftig. In § 28 Abs. 2 StGB wird unter Beteiligte der Täter und Teilnehmer verstanden, daher muss dies auch für § 224 Abs. 1 Nr. 4 StGB gelten. Entsprechend reicht eine Beihilfe für die gemeinschaftliche Tatbegehung aus § 224 Abs. 1 Nr. 4 StGB aus.

---

70 BGH NJW 2000, 226.
71 Schönke/Schröder/Eser § 114 Rn. 1.

M. Grundtatbestand/Qualifikationstatbestand/besonders schwere Fälle/Privilegierungen

Der Grundtatbestand bezeichnet die Grundanforderungen an ein Delikt. Bei § 242 Abs. 1 StGB muss der Täter zB eine fremde, bewegliche Sache in rechtswidriger Zueignungsabsicht wegnehmen. Ob der Täter eine Waffe bei sich führt oder zur Ausführung der Tat in eine Wohnung eingebrochen ist, ist für die Verwirklichung des Grundtatbestandes ohne Bedeutung. Erst wenn diese erschwerenden Umstände hinzukommen, könnte neben dem Grundtatbestand auch ein Qualifikationstatbestand erfüllt sein, der zu dem Grundtatbestand in einem Spezialitätsverhältnis steht (*lex specialis*) und diesen im Rahmen der Gesetzeskonkurrenz verdrängt.[72]

Beispiel: T begeht einen Diebstahl in einem Supermarkt. In seiner Tasche führt er griffbereit ein Klappmesser bei sich.

T erfüllt den Grundtatbestand aus § 242 Abs. 1 StGB und die Qualifikation aus § 244 Abs. 1 Nr. 1a StGB. Die Qualifikation verdrängt den Grundtatbestand. Der Strafrahmen wird aus § 244 Abs. 1 Nr. 1a StGB gebildet.

Hinweis: Der Täter muss im Hinblick auf die Verwirklichung der Qualifikation mit Vorsatz handeln. So wäre der Täter gem. § 244 Abs. 1 Nr. 1a StGB nicht zu bestrafen, wenn er ein gefährliches Werkzeug objektiv bei sich führt, ohne dies subjektiv zu wissen (sog. Tatbestandsirrtum).

Anders ist dies bei besonders schweren Fällen (zB §§ 243 Abs. 1, 263 Abs. 3, 267 Abs. 3, 240 Abs. 4, 177 Abs. 6 StGB). Bei § 243 Abs. 1 S. 2 Nr. 1 StGB muss der Täter zur Begehung des Diebstahls zB in Gebäude einbrechen. Dieser besonders schwere Fall des Diebstahls ist jedoch kein Tatbestand, sondern ein Regelbeispiel.[73] Dabei hat der Richter die Möglichkeit, den erschwerenden Umstand unberücksichtigt zu lassen, oder bei Nichtverwirklichung des Regelbeispiels, einen nicht normierten besonders schweren Fall anzunehmen, wenn dieser sich aufgrund der Gesamtbewertung deutlich vom Normalfall des einfachen Diebstahls nach § 242 Abs. 1 StGB abhebt.[74] Der § 243 StGB wird als (bloßes) Regelbeispiel von dem Tatbestand aus § 244 StGB verdrängt.[75] Anders wäre der Fall, wenn der § 244 StGB versucht und die §§ 242 Abs. 1, 243 StGB vollendet wären. Dann kann eine Tateinheit (sog. **Idealkonkurrenz**) bestehen (→ § 10 Rn. 70 Konkurrenzlehre).[76]

Qualifikationen und auch Regelbeispiele ziehen sich durch den gesamten Besonderen Teil des StGB und sind entsprechend sehr häufig vorzufinden. Beiden ist gemein, dass sie nicht ohne den Grundtatbestand „existieren" können. Sie sind an den Grundtatbestand gebunden und entsprechend unselbstständige Abwandlungen. Der Täter muss in Bezug auf den Grundtatbestand zumindest die Versuchsschwelle überschritten haben, damit ein qualifizierendes Element miteinbezogen werden kann (→ § 6 Rn. 47 Versuch).

---

72 BGH BeckRS 2018, 4975.
73 Schönke/Schröder/Bosch § 243 Rn. 1.
74 BGHSt 29, 319 = BeckRS 1980, 153.
75 BGH NJW 1970, 1279 f.
76 Schönke/Schröder/Bosch § 244 Rn. 39.

173 Führt der Täter im Rahmen der Wegnahme einer fremden, beweglichen Sache nicht nur eine Waffe bei sich (s. § 244 Abs. 1 Nr. 1a Var. 1 StGB), sondern setzt diese ein, um die Wegnahme zu erzwingen, ist der § 249 Abs. 1 StGB erfüllt. Der Raub setzt sich aus einer (qualifizierten) Nötigung und einem Diebstahl zusammen.[77] Im Gegensatz zu § 244 Abs. 1 Nr. 1a Var. 1 StGB kann § 249 Abs. 1 StGB selbstständig erfüllt sein. Es handelt sich somit um eine selbstständige Abwandlung des Diebstahls.[78] Für die Prüfung bedeutet dies, dass Sie direkt mit dem § 249 Abs. 1 StGB beginnen können. Es wäre fehlerhaft mit dem einfachen Diebstahl zu beginnen.

174 **Hinweis:** § 249 Abs. 1 StGB verdrängt den § 242 Abs. 1 StGB und § 240 Abs. 1 StGB (sog. tatbestandliche Handlungseinheit) im Rahmen der Gesetzeskonkurrenz.

I. Gemeinsamer Aufbau Grundtatbestand/Qualifikation

175 Den Grundtatbestand und die Qualifikation können Sie zusammen in einem Tatbestand prüfen. Danach erfolgt eine gemeinsame Feststellung zur Rechtswidrigkeit und zur Schuld.

176 **Prüfungsschema Gemeinsame Prüfung Grundtatbestand und Qualifikation:**

I. Tatbestand (zB §§ 223, 224 StGB)
   1. Objektiver Tatbestand (Grunddelikt, § 223 StGB)
   2. Objektiver Tatbestand (Qualifikation, § 224 StGB)
   3. Subjektiver Tatbestand (Grunddelikt, § 223 StGB)
   4. Subjektiver Tatbestand (Qualifikation, § 224 StGB)
II. Rechtswidrigkeit
III. Schuld

177 **Klausurhinweis:** Diese Variante bietet sich insbesondere dann an, wenn für die qualifizierte Tat ein Rechtfertigungsgrund vorliegen sollte.

178 **Beispiel:** T wehrt sich gegen den bewaffneten Räuber F, indem er ihm eine schwere Vase auf dem Kopf schlägt.

T ist für die Begehung der gefährlichen Körperverletzung (§§ 223 Abs. 1, 224 Abs. 1 Nr. 2 Var. 2, 5 StGB) gem. § 32 Abs. 1, 2 StGB gerechtfertigt. Sie sollten den Grundtatbestand und die Qualifikation hier gemeinsam prüfen. Bei einem getrennten Aufbau (→ § 1 Rn. 182) wäre T bereits für § 223 Abs. 1 StGB gerechtfertigt. Eine Darstellung des § 224 Abs. 1 Nr. 2 Var. 2, 5 StGB darf danach nicht mehr erfolgen, da für die Qualifikation (sog. **unselbstständige Abwandlung**) der Anknüpfungspunkt in Form des Grundtatbestandes fehlt. Sie schneiden sich so gegebenenfalls wichtige Aussagen zu den Qualifikationsmerkmalen ab.

179 Zudem bietet sich der gemeinsame Aufbau an, wenn der Haupttäter schuldlos bzw. entschuldigt agiert. Da es sich dann immer noch um eine teilnahmefähige Haupttat

---
77 Schönke/Schröder/Bosch § 249 Rn. 1.
78 BGH NJW 1968, 1292.

handelt (→ § 8 Rn. 108 limitierte Akzessorietät), macht sich der Teilnehmer (bei einem entsprechenden Vorsatz) dann auch hinsichtlich der Qualifikation strafbar. Bei einem getrennten Aufbau dürften Sie keine Aussagen zur Qualifikation treffen, da der Haupttäter bereits ohne Schuld in Bezug auf den Grundtatbestand handelt. Eine Prüfung der Teilnahme zur Qualifikation wäre dann nicht möglich.

Beispiel: Der schuldunfähige T (§ 20 StGB) zerschlägt einen Bierkrug auf dem Kopf des O. Der Bierkrug wurde ihm zuvor als Schlaginstrument durch den Gehilfen G bewusst übergeben. 180

T macht sich nicht gem. §§ 223 ff. StGB strafbar (§ 20 StGB). G macht sich gem. §§ 223 Abs. 1, 224 Abs. 1 Nr. 2 Var. 2, 5, 27 Abs. 1 StGB strafbar.

II. Getrennter Aufbau Grundtatbestand/Qualifikation

Sie können jedoch den Grundtatbestand und die Qualifikation trennen und isoliert voneinander prüfen. Nachdem Sie den Grundtatbestand mit allen drei Wertungsebenen dargestellt haben, leiten Sie auf den qualifizierenden Tatbestand über und prüfen diesen, unter Hinweis auf das zuvor festgestellte Grunddelikt, eigenständig. 181

Prüfungsschema Getrennte Prüfung Grundtatbestand und Qualifikation 182

A. Grunddelikt (§ 223 StGB)
    I. Tatbestand
        1. Objektiver Tatbestand (§ 223 StGB)
        2. Subjektiver Tatbestand (§ 223 StGB)
    II. Rechtswidrigkeit
    III. Schuld
B. Qualifikation (§ 224 StGB)
    I. Tatbestand
        Hinweis auf die Prüfung des Grundtatbestandes (§ 223 StGB)
        1. Objektiver Tatbestand (§ 224 StGB)
        2. Subjektiver Tatbestand (§ 224 StGB)
    II. Rechtswidrigkeit, III. Schuld (s. A. II und III)[79]

Klausurhinweis: Diese Prüfung bietet sich insbesondere an, wenn der Täter rechtswidrig und schuldhaft handelt. Vorteil des getrennten Aufbaus ist, dass Sie dadurch Ihrer Prüfung mehr Übersichtlichkeit verschaffen können. 183

III. Aufbau Straftatbestand/Regelbeispiel

Da es sich bei Regelbeispielen um Strafzumessungsnormen handelt, sind diese nach der Schuld des Straftatbestandes zu prüfen. Bitte achten Sie darauf, dass Sie bei einer Strafzumessungsnorm nicht von Tatbestandsmerkmalen ausgehen, sondern diese anders bezeichnen.[80] 184

---

[79] Beulke StrafR I Rn. 53 f.
[80] Vgl. Wessels/Beulke/Satzger StrafR AT Rn. 172.

185 **Prüfungsschema Straftatbestand/Regelbeispiel**

I. Tatbestand (§ 242 StGB)
II. Rechtswidrigkeit
III. Schuld
IV. Strafzumessung (§ 243 StGB)
   1. Objektive Voraussetzungen
   2. Subjektive Voraussetzungen

186 Verschärft ein Tatbestandsmerkmal nicht die Tat bzw. die Strafe, sondern wirkt dem entgegen, so könnte es sich um eine Privilegierung handeln.

187 **Beispiel:** Tötet T eine andere Person, so ist er wegen § 212 Abs. 1 StGB bzw. (bei Erfüllung eines Mordmerkmals) § 211 StGB strafbar. Ist er jedoch durch das ausdrückliche und ernsthafte Verlangen des Getöteten dazu bestimmt worden, so ist der § 216 Abs. 1 StGB erfüllt.

188 Der § 216 StGB ist mit einer im Vergleich zu §§ 211, 212 StGB geringeren Strafandrohung versehen und verdrängt die anderen Tötungsdelikte.[81] Hier bildet das ausdrückliche und ernsthafte Verlangen des Getöteten den privilegierenden Umstand.

189 **Klausurhinweis:** Treffen eine Qualifikation und eine Privilegierung zusammen, so entfaltet die Privilegierung eine Sperrwirkung für die Qualifikation.[82]

190 **Beispiel:** T tötet den O aufgrund seines ernsthaften und ausdrücklichen Verlangens grausam.

191 T begeht einen Mord gem. § 211 StGB. Zusätzlich sind die Voraussetzungen der Privilegierung aus § 216 Abs. 1 StGB[83] erfüllt, sodass die Qualifikation aus § 211 StGB[84] gesperrt wird. T macht sich (nur) gem. § 216 StGB strafbar.

192 **Hinweis:** Die Rechtsprechung sieht in § 216 StGB ein eigenständiges Delikt, welches als *lex specialis* dem § 212 StGB vorgeht.[85]

193 Zudem gibt es privilegierende Normen, die nicht tatbestandlicher, sondern rein prozessualer Natur sind. Die §§ 247, 248a StGB verlangen zB unter bestimmten Bedingungen einen Strafantrag durch den Verletzten. Dies nennt sich Strafverfolgungsvoraussetzung. Die §§ 247, 248a StGB werden nicht wie ein Tatbestand geprüft, sondern nach der Schuld festgestellt.

194 **Beispiel:** T stiehlt dem O 30 EUR aus seinem Portemonnaie.

195 Gemäß § 248a StGB ist ein Strafantrag bei dem Diebstahl geringwertiger Sachen[86] notwendig.

196 **Klausurhinweis:** Im Bearbeitungshinweis einer Klausur wird auf gestellte Strafanträge hingewiesen.

---

81 Lackner/Kühl/Kühl Vor § 211 Rn. 24.
82 Wessels/Beulke/Satzger StrafR AT Rn. 176.
83 Vgl. NK-StGB/Neumann Vor § 211 Rn. 164.
84 Vgl. NK-StGB/Neumann Vor § 211 Rn. 154.
85 BGHSt 13, 162 (165) = BeckRS 1959, 104859.
86 Die Grenze liegt bei 50 EUR: OLG Zweibrücken NStZ 2000, 536; OLG Hamm NJW 2003, 3145; OLG Oldenburg NStZ-RR 2005, 111; Fischer § 248a Rn. 3a.

N. Dreigliedriger Verbrechensaufbau

Eine Straftat baut sich dreigliedrig auf. Bei der Prüfung des Tatbestandes gleichen Sie die Angaben im Sachverhalt mit der Gesetzesnorm ab. Dies erfolgt mithilfe von Definitionen der jeweiligen Merkmale. Zudem stellen Sie auf der Ebene des Tatbestandes fest, ob der Täter vorsätzlich gehandelt hat (§ 15 StGB).

Auf der zweiten Wertungsebene erfolgt die Prüfung der Rechtswidrigkeit. Grundsätzlich ist die Erfüllung des Tatbestandes ein Indikator für die Rechtswidrigkeit des Verhaltens. Ausnahmsweise akzeptiert die Rechtsordnung das Täterverhalten, wenn der Täter sich auf einen Rechtfertigungsgrund berufen kann.

> **Beispiel:** T tötet den Räuber O mit einem gezielten Schuss in den Bauch, als dieser ihm gerade eine Holzlatte auf den Kopf schlagen wollte.

Der Totschlag ist gem. § 32 Abs. 1, 2 StGB zu rechtfertigen. T macht sich nicht strafbar.

Im Gesetz gibt es mit §§ 240, 253 StGB auch sog. offene Tatbestände, bei denen allein der Ausschluss etwaiger (klassischer) Rechtfertigungsgründe nicht ausreicht. Nach § 240 Abs. 2 StGB bzw. § 253 Abs. 2 StGB ist die Tat nur rechtswidrig, wenn die Anwendung der Gewalt oder die Androhung des Übels zu dem angestrebten Zweck als verwerflich anzusehen ist. Die Widerrechtlichkeit ergibt sich damit aus dem Verhältnis von Nötigungsmittel und Nötigungszweck, beide sind hierbei zueinander in Beziehung zu setzen.[87]

> **Hinweis:** Die Verwerflichkeit des Nötigungsmittels kann dadurch indiziert sein, dass das Nötigungsmittel eine strafbare Handlung darstellt,[88] oder sonst gegen die Rechtsordnung verstößt.[89] Mit der Verwerflichkeit des erstrebten Zwecks ist die subjektive Zielsetzung des Täters gemeint.[90] So ist eine Verwerflichkeit des angestrebten Zwecks zB dann gegeben, wenn der Täter etwas anstrebt, auf das er keinen Anspruch hat und zwar unabhängig davon, ob auch das verwendete Mittel verwerflich ist oder nicht. Jedoch schließt die Tatsache, dass der Genötigte dazu verpflichtet war, die Handlung vorzunehmen, die Verwerflichkeit der Nötigung nicht aus, denn der Gläubiger darf seine Ansprüche nur mit den vom Recht zur Verfügung stehenden Mitteln durchsetzen und nicht eigenmächtig Zwang einsetzen.[91] So macht sich der Gläubiger einer Darlehensschuld strafbar, wenn er das Darlehen mittels Gewalt oder Drohung mit einem empfindlichen Übel durchsetzt. Letztendlich kann sich die Verwerflichkeit auch aus einer Mittel-Zweck Relation ergeben. Damit sind Fälle gemeint, in denen das angewendete Mittel, sowie der angestrebte Zweck jeweils erlaubt, in ihrer Kombination jedoch verwerflich sind.

> **Beispiel:** T droht dem O mit einer Strafanzeige in einer anderen Sache, um ihn zur Zurückzahlung einer bestehenden Darlehensschuld zu zwingen.

Auf der dritten Wertungsebene prüfen Sie die Schuld. Es geht hierbei um die persönliche Vorwerfbarkeit des Fehlverhaltens. Nur wenn der Täter sich auch schuldhaft verhalten hat, kann er dafür sanktioniert werden. Ansonsten sind Maßregeln der Sicherung und Besserung möglich, §§ 61 ff. StGB.

---

87 BGHSt 17, 331 = BeckRS 1962, 105222
88 Vgl. BGH NJW 1998, 2149.
89 Bzgl. Verstößen gegen die militärische Disziplin sehr weitgehend: BayObLG NJW 1960, 1965.
90 Vgl. Otto, Sitzdemonstrationen und strafbare Nötigung in strafrechtlicher Sicht, NStZ 1987, 212.
91 Vgl. BGH StV 1988, 385 = BeckRS 1988, 31091411; StV 1990, 205 = BeckRS 1989, 31106460.

O. Deskriptive und normative Merkmale

205 Innerhalb eines Tatbestandes kann zwischen deskriptiven und normativen Merkmalen unterschieden werden. Die Unterscheidung ist insbesondere für die Beurteilung des Tätervorsatzes relevant. Deskriptive Merkmale sind sog. beschreibende Merkmale. Die „andere Person" oder die „Sache" sind in der Außenwelt als Mensch bzw. als körperlicher, greifbarer Gegenstand erkennbar. Für den Vorsatz eines Täters reicht es aus, wenn er das Merkmal sinnlich wahrgenommen hat. Er muss es nicht rechtlich einschätzen oder zuordnen.

206 **Beispiel:** T tötet einen Hund. Er glaubt zum Zeitpunkt der Tathandlung, dass Tiere keine Sachen sind.

207 Bei der „Sache" aus § 303 Abs. 1 StGB handelt es sich um ein deskriptives Merkmal. Ausreichend ist dessen sinnliche Wahrnehmung. Einer rechtlichen Bewertung bedarf es nicht. T hat erkannt, dass ein Hund ein körperlicher Gegenstand ist. Sein Vorsatz auf die Zerstörung einer fremden Sache liegt entsprechend vor. Dass er einem Subsumtionsirrtum unterliegt, da er Verbotenes für erlaubt hält, ist erst auf der Schuldebene zu diskutieren. Es handelt sich um einen sog. vermeidbaren Verbotsirrtum (→ § 9 Rn. 98 Irrtumslehre).

208 Anders verhält es sich bei **normativen Merkmalen**. Wie das Wort normativ (Norm von lateinisch „norma", also der Regel) bereits aussagt, reicht hierzu allein eine sinnliche Wahrnehmung des Täters nicht aus. Normative Merkmale bedürfen einer rechtlichen Bewertung. Das Merkmal „fremd" beim Diebstahl ist ein solches Merkmal. Der Täter muss zumindest laienhaft erkennen, dass der wegzunehmende Gegenstand nicht *seine* Sache darstellt. Sollte der Täter einer rechtlichen Falschbewertung unterliegen, so kann es sich um einen Tatbestandsirrtum nach § 16 Abs. 1 S. 1 StGB handeln.

209 **Beispiel:** T nimmt in einer Kneipe irrig eine falsche Jacke mit. Erst zu Hause fällt ihm der Irrtum auf. Danach behält er die Jacke.

210 Im ersten Tatkomplex unterliegt der Täter einem Tatbestandsirrtum. Diesen prüfen Sie im subjektiven Tatbestand beim Vorsatz auf das Merkmal „fremd". Der § 16 Abs. 1 S. 1 StGB schließt den Vorsatz aus, sodass sich T nicht gem. § 242 Abs. 1 StGB strafbar macht (→ § 9 Rn. 4 ff. Irrtumslehre). Im zweiten Tatkomplex macht sich T gem. § 246 Abs. 1 StGB strafbar, da der (abermals zu prüfende) Diebstahl an der Wegnahme scheitert.

211 Der **Urkundenbegriff** aus § 267 Abs. 1 StGB und § 274 Abs. 1 StGB ist ein weiteres normatives Merkmal. Allein die sinnliche Wahrnehmung einer Urkunde ist unzureichend. Der Täter muss das Merkmal rechtlich einordnen. Es reicht hier wiederum aus, wenn der Täter nach der sog. Parallelwertung in der Laiensphäre den vom Gesetz beschriebenen Bedeutungsinhalt des verbotenen Handelns erfasst.[92]

212 **Beispiel:** T trinkt vier Bier in einer Kneipe. Der Wirt notiert die getrunkenen Getränke auf einem Bierdeckel, den er auf den Tisch des T platziert. T radiert zwei Striche weg.

213 T könnte sich gem. § 274 Abs. 1 Nr. 1 StGB strafbar machen. Der Bierdeckel verkörpert und enthält mit den vier Strichen eine Gedankenerklärung, die dem Wirt als

---

[92] Wessels/Beulke/Satzger StrafR AT Rn. 361.

Aussteller geistig zuzurechnen ist. Es handelt sich demnach um eine Urkunde.[93] Das Wegstreichen einiger Striche verändert den Gedankeninhalt und beschädigt die Urkunde. Der T müsste mit Vorsatz gehandelt haben. Er müsste Kenntnis über die Urkundenqualität besitzen. Es wird jedoch kaum einen Kunden in einer Kneipe geben, der einen Bierdeckel unter die korrekte Definition des Urkundenbegriffes subsumieren kann. Dies ist jedoch nicht erforderlich. Ausreichend ist, wenn der T laienhaft erkannt hat, dass der Bierdeckel für den Wirt ein wichtiges Dokument darstellt, um die bereits getrunkenen Biere festzuhalten. Dies wird dem T bewusst gewesen sein, sodass er sich gem. § 274 Abs. 1 Nr. 1 StGB strafbar gemacht hat.

> **Hinweis:** Infrage kommt ferner ein Betrug gem. § 263 Abs. 1 StGB. Dieser ist jedoch noch nicht in die Phase der Vollendung gelangt, sondern hat, wenn überhaupt, die Schwelle zum Versuch überschritten.

214

Die **Rechtswidrigkeit der Zueignungsabsicht** ist ein weiteres klausurrelevantes normatives Merkmal beim Diebstahl. Der Täter des § 242 Abs. 1 StGB muss wissen, dass er keinen fälligen oder einredefreien Anspruch auf die weggenommene Sache hat. Glaubt er irrig an einen in Wirklichkeit nicht bestehenden Übereignungsanspruch, so unterliegt er einem vorsatzausschließenden Tatbestandsirrtum.

215

> **Beispiel:** T hat dem O 100 EUR geliehen, weigert sich jedoch, diese zurückzubezahlen. T ergreift daher die Brieftasche des O und nimmt zur Begleichung der Schuld zwei 50 EUR Scheine an sich.

216

Nach der Rechtsprechung, die Geldschulden als Gattungsschulden begreift, ist das Verhalten des T objektiv rechtswidrig, da er sich eigenmächtig aus der Gattung bedient und das Aussonderungsrecht des O verletzt. Jedoch ist hier regelmäßig von einem Tatbestandsirrtum auszugehen, da der Täter denkt, dass er auf die Wertsumme einen Anspruch hat.[94] T macht sich nicht gem. § 242 Abs. 1 StGB strafbar. Nach der Wertsummentheorie ist das Verhalten des T bereits objektiv nicht rechtswidrig, da (abstrakt) auf die Wertsumme abzustellen ist.[95] T nahm sich 100 EUR und hatte Anspruch auf 100 EUR. Die Wertsummen sind jeweils gleich. Beide Ansichten kommen zum gleichen Ergebnis. Ein Diebstahl ist nicht erkennbar.

217

> **Hinweis:** Um deskriptive und normative Merkmale besser unterscheiden zu können, sollten Sie sich einer Metapher bedienen. Nehmen Sie das Brettspiel „Mensch ärgere dich nicht". Die Figuren und die farbig markierten Felder auf dem Spielbrett sind deskriptive Merkmale. Der Spieler kann sie sinnlich wahrnehmen. Wann er eine Figur ziehen darf bzw. eine andere Figur schmeißen kann, unterliegt gewissen Regularien, die wiederum normativer Natur sind.

218

P. Merkmale, die außerhalb der Wertungsebenen liegen

Es gibt Merkmale, die außerhalb der klassischen Wertungsebenen liegen. So werden der Rücktritt aus § 24 Abs. 1, 2 StGB bzw. aus § 31 StGB als Strafaufhebungsgrund, der Strafantrag (zB §§ 248a, 247 StGB) und die Verjährung (§§ 78 ff. StGB) als Strafverfolgungsvoraussetzungen, der minder schwere Fall (§ 213 StGB) und der besonders schwere Fall (s. zB § 212 Abs. 2 StGB) als Strafzumessung, Strafausschließungs-

219

---

93 Vgl. BGHSt 4, 284 = BeckRS 1953, 106712; BGHSt 13, 235 = BeckRS 1959, 104704.
94 Vgl. BGH NJW 1962, 971.
95 Wessels/Hillenkamp/Schuhr StrafR BT II Rn. 207.

§ 1 Einteilung der Delikte/Grundbegriffe des Strafrechts

gründe (zB §§ 257 Abs. 3, 258 Abs. 6 StGB), sowie etwaige Regelbeispiele (zB §§ 243 Abs. 1 S. 2 Nr. 1–7, 263 Abs. 3 Nr. 1–5, 240 Abs. 4 Nr. 1, 2 StGB etc) nach der Schuld dargestellt.

220 Manche Delikte haben eine objektive Bedingung einer Strafbarkeit (sog. Tatbestandsannex). Diese sind eher selten.

221 Bei der Beteiligung an einer Schlägerei aus § 231 Abs. 1 StGB hängt die Strafbarkeit von der Bedingung ab, dass infolge der körperlichen Auseinandersetzung eine schwere Körperverletzung oder der Tod einer Person eingetreten ist.[96] Sollte dies nicht der Fall sein, so kann § 231 Abs. 1 StGB nicht erfüllt sein. Die objektive Bedingung einer Strafbarkeit ist dem Vorsatz des Täters entzogen und wird dem Tatbestand „angehangen" (**Annex**).

222 **Beispiel:** Es kommt in einer Kneipe zu einer Massenschlägerei, in deren Verlauf T den O tötet. Beteiligter Schläger F wusste davon nichts.

223 F ist als Beteiligter der Schlägerei gem. § 231 Abs. 1 StGB zu bestrafen. Dass er keinen Vorsatz auf die Tötung des O hatte, kann ihn nicht entlasten, denn eine objektive Bedingung einer Strafbarkeit ist dem Vorsatz entzogen.

224 Weitere objektive Bedingungen der Strafbarkeit finden sich im Widerstand gegen Vollstreckungsbeamte gem. § 113 StGB (Rechtmäßigkeit der Diensthandlung),[97] im Vollrausch gem. § 323a Abs. 1 StGB (rechtswidrige Tat)[98] und in den Straftaten aus Gruppen gem. § 184j Abs. 1 StGB (die Begehung einer sexuellen Nötigung/sexuellen Belästigung).[99]

225 Empfehlenswert ist es, die objektive Bedingung der Strafbarkeit **nach** dem Tatbestand und **vor** der Rechtswidrigkeit zu prüfen.

226 **Hinweis:** Zur Vermeidung von Beweisschwierigkeiten ist es bei der objektiven Bedingung der Strafbarkeit aus § 231 StGB ohne Bedeutung, ob die objektive Bedingung während, vor oder nach einer Beteiligung an einer Schlägerei aus § 231 Abs. 1 StGB eintreten sollte.[100] Der Täter macht sich also auch dann nach § 231 Abs. 1 StGB strafbar, wenn er anfänglich an der Schlägerei beteiligt war, sich danach entfernt, und erst im Anschluss daran eine Person schwer verletzt wird (§ 226 StGB). Gleiches gilt, wenn der Täter sich erst nach Eintritt der schweren Verletzung an der Schlägerei beteiligt.

Q. Strafrechtliche Handlung

227 Ein strafbares Verhalten kann an einer Handlung oder an einem Unterlassen (→ § 1 Rn. 30 ff. Unterlassungsdelikte) anknüpfen. Eine Handlung bzw. ein Unterlassen ist immer willensgetragen und unterliegt der menschlichen Steuerung. Keine strafrechtlich relevanten Handlungen sind daher körperliche Verhaltensweisen im Zustand vollständiger Bewusstlosigkeit, Bewegungen im Schlaf, Bewegungen im Rahmen einer

---

96 Schönke/Schröder/Sternberg-Lieben § 231 Rn. 6.
97 Wessels/Hettinger/Engländer StrafR BT I Rn. 604.
98 BGH BeckRS 2016, 10826.
99 Schönke/Schröder/Eisele § 184j Rn. 13.
100 BGH NStZ-RR 2014, 178.

Hypnose oder durch äußere unwiderstehliche Gewalt (*vis absoluta*) erzwungene Handlungen.

Beispiel: T schubst F gegen O, der sich dadurch verletzt. 228

Bei F fehlt es an einer willensgetragenen Handlung. 229

Beispiel: T legt sich im Schlaf auf das Kleinkind O und erdrückt es. 230

Das Verhalten im Schlaf ist keine strafrechtlich relevante Handlung. Bei der Fahrlässigkeit kann jedoch auch auf im Vorfeld begangene Sorgfaltswidrigkeiten abgestellt werden, die den tatbestandlichen Erfolg kausal herbeiführen. T könnte sich daher gem. § 222 StGB strafbar gemacht haben, indem er O (sorgfaltswidriger Weise) mit ins Bett genommen hat. 231

Auch Reflexbewegungen, bei denen ohne Mitwirkung des Bewusstseins eine willensunabhängige Bewegung durch einen entsprechenden Reiz ausgelöst wird, sind keine Handlungen im strafrechtlichen Sinne. So macht sich T nicht strafbar, wenn er gegen das Knie des Arztes O tritt, als dieser gerade mittels einer medizinischen Apparatur seinen Beinreflex überprüft.[101] 232

Beispiel: T fährt auf einer Autobahn. Auf seine Fahrbahnspur kracht infolge eines heftigen Sturms ein fünf Meter langer Baum. T weicht aus, gerät in den Gegenverkehr und prallt mit dem Pkw der O zusammen. O verstirbt noch am Tatort. 233

Dem Ausweichen des T ging ein Willensimpuls voraus. Mithin liegt eine strafrechtlich relevante Handlung durch ihn vor. Eine Bestrafung aus § 222 StGB ist jedoch mangels Sorgfaltswidrigkeit nicht möglich. 234

Hinweis: Nur menschliche Verhaltensweisen können Handlungsqualität besitzen. Naturereignisse oder Verhaltensweisen eines Tieres können somit keine Handlungen im strafrechtlichen Sinne darstellen. Anders ist es jedoch, wenn der Täter mit Körperverletzungsvorsatz seinen Schäferhund auf eine andere Person hetzt. Das Verhalten geht dann von dem Hundehalter aus.[102] 235

R. Kausalität

Bei Erfolgsdelikten müssen Sie die Kausalität prüfen. Manchmal ergibt sich der Kausalzusammenhang zwischen einer Handlung und dem tatbestandsmäßigen Erfolg aus der Formulierung im Gesetz, manchmal handelt es sich hierbei um ein ungeschriebenes Merkmal. 236

Beim Betrug zB muss das Vermögen durch die Vermögensverfügung („dadurch") geschädigt werden. Das Wort „dadurch" ist ein Hinweis auf die zu prüfende Kausalität. Bei der Körperverletzung mit Todesfolge ergibt sich aus dem Gesetzestext, dass der Tod „durch" die Körperverletzung aus § 223 StGB (§§ 223–226a StGB) hervorgehen muss. 237

Bei der Körperverletzung aus § 223 Abs. 1 StGB, dem Totschlag und dem Mord aus §§ 211, 212 Abs. 1 StGB handelt es sich zwar allesamt um Erfolgsdelikte, die Kausali- 238

---

101 Anders bei beherrschbaren Spontanreaktionen, vgl. Wessels/Beulke/Satzger StrafR AT Rn. 152.
102 Vgl. BGHSt 14, 152 (155) = BeckRS 1960, 105926.

tät wird jedoch nicht explizit benannt, muss aber dennoch geprüft werden. Die Darstellung erfolgt im objektiven Tatbestand nach der Prüfung der Tathandlung und des Taterfolges.

239 Die Kausalität bildet einen Ursachenzusammenhang zwischen der Tathandlung und dem Erfolg dergestalt, dass der eingetretene konkrete Erfolg entfiele, wenn man sich die Tathandlung hinwegdenkt.[103] Bei den Unterlassungsdelikten muss hierbei eine Modifikation der eigentlichen Kausalität erfolgen, da ein Unterlassen nicht hinweggedacht werden kann. Hier denkt man sich die geforderte Handlung hinzu und ermittelt, ob dann der tatbestandsmäßige Erfolg mit an Sicherheit grenzender Wahrscheinlichkeit ausgeblieben wäre (sog. Quasi-Kausalität, → § 1 Rn. 62 ff. Unterlassungsdelikte).[104]

240 **Hinweis:** Die Kausalität ist ausufernd. So ist zB die Geburt des Mörders durch die Mutter kausal für den späteren Mord. Eine Zurechnung des Mordes auf die Mutter kann selbstverständlich nicht erfolgen.

241 Die Eingrenzung der Kausalität erfolgt durch das Korrektiv der objektiven Erfolgszurechnung (→ § 1 Rn. 260 ff. objektive Erfolgszurechnung).

I. Reserveursachen

242 Für die Beurteilung der Kausalität sind Reserveursachen auszublenden.

Beispiel: T zerrt O aus seiner Wohnung und tötet ihn draußen mittels Messerstiche. Zur gleichen Zeit explodiert die Wohnung des O aufgrund einer defekten Gasleitung.

243 Zwar wäre der tatbestandliche Todeserfolg zur gleichen Zeit auch eingetreten, abzustellen ist jedoch stets auf die Verursachung des **konkreten** Erfolges. Denkt man sich die Stiche des T auf den O weg, so wäre der O zwar auch gestorben, aber nicht infolge einer Stichverletzung, sondern durch die Explosion.

II. Atypische Kausalverläufe

244 Ferner ändern atypische Kausalverläufe nichts an der eigentlichen Kausalität. Dabei handelt es sich um Geschehensverläufe, die außerhalb jeglicher Wahrscheinlichkeit liegen und mit denen nicht gerechnet werden kann.

245 **Beispiel:** Der T überredet seine Frau, ihn bei einem Spaziergang zu begleiten. Als beide das Haus verlassen, löst sich ein Dachziegel und erschlägt die Frau des T.

246 Ein solcher Geschehensverlauf ist eher ungewöhnlich und die Wahrscheinlichkeit gering, dass eine Person durch einen herabstürzenden Dachziegel getötet wird. Dennoch ist das Überreden des T kausal für den Erfolg. Ihm ist der Erfolg allerdings nicht zuzurechnen.

247 **Hinweis:** Atypische Geschehensverläufe berühren nicht die Kausalität, sondern die objektive Erfolgszurechnung, denn der Eintritt des Erfolges ist nicht Ausdruck des Überschreitens der Verhaltensnorm durch den Täter. Vielmehr verwirklicht sich ein allgemeines Lebensrisiko, mit dem der Täter nicht zu rechnen braucht.[105]

---

103 BGHSt 1, 332 (333) = BeckRS 1951, 103224.
104 BGHSt 37, 106 (126) = BeckRS 2003, 7807 – Ledersprayfall.
105 Rengier StrafR AT § 13 Rn. 62.

III. Überholende/abbrechende Kausalität

Bei der überholenden oder abbrechenden Kausalität setzt der Täter einen Kausalverlauf in Gang, welcher durch eine andere, von der Ersturache völlig unabhängige, Kausalkette überholt wird, durch die letztendlich der Erfolg herbeigeführt werden kann.[106] Dabei ist nur die zweite Ursache kausal für den Erfolg. Zu beachten ist hierbei, dass die erste Ursache nicht für die zweite Bedingung ursächlich sein darf. 248

> **Beispiel:** T will O töten und präpariert ihren Kaffee mit Gift. Bevor O den Kaffee trinken kann, wird sie vor der Haustür von dem betrunkenen Fahrradfahrer F angefahren und verstirbt vor Ort. 249

Das Verhalten des T hätte zum Erfolg geführt. Jedoch wurde der durch ihn in Gang gesetzte Kausalverlauf durch das Verhalten des F überholt. Der objektive Tatbestand des heimtückischen Mordes scheitert. T macht sich aber wegen versuchten Mordes strafbar. F hingegen erfüllt unter anderem § 222 StGB. 250

> **Hinweis:** Anders wäre es gewesen, wenn O durch den Verkehrsunfall mit F schwer verletzt am Boden liegen würde und T auf die wehrlose O nunmehr einsticht. Das Verhalten des F und des T wären (beide) dann kausal für den Erfolg. Der Tod der O kann dem F allerdings nicht zugerechnet werden (sog. Dazwischentreten Dritter). 251

IV. Kumulative Kausalität

Als kumulative Kausalität bezeichnet man Konstellationen, bei denen zwei unabhängige Bedingungen den Erfolg nur gemeinsam bewirken, isoliert voneinander jedoch nicht erfolgstauglich sind.[107] 252

> **Beispiel:** T schießt mit Tötungsvorsatz auf O. Sein Schuss verfehlt jedoch wichtige Organe und führt lediglich zu einem inneren Blutverlust. Zeitgleich sticht F auf O mit einem Dolch ein. Auch diese Verletzung ist für sich betrachtet nicht tödlich. Lediglich die Addition beider Verletzungen führen zu einem derart hohen Blutverlust, sodass O noch am Tatort verstirbt. 253

Hier sind beide Handlungen kausal für den Erfolg, denn bei einem Hinwegdenken eines Täterverhaltens wäre der Todeserfolg ausgeblieben. 254

> **Hinweis:** Bei der kumulativen Kausalität bedarf es keiner Modifikation der Kausalitätsformel. Jeder Beitrag ist für sich kausal für den Erfolg, da die einzelnen Handlungen nicht hinweggedacht werden können, ohne dass der konkrete Erfolg entfiele.[108] 255

V. Alternative Kausalität

Anders ist dies bei der alternativen Kausalität. Hierbei bedarf es einer Modifikation der Kausalitätsformel. Von mehreren Bedingungen, die zwar alternativ, aber nicht kumulativ hinweggedacht werden können, ohne dass der Erfolg in seiner konkreten Gestalt entfiele, ist jede erfolgsursächlich.[109] Es bewirken also zwei unabhängig voneinander gesetzte Kausalketten den Erfolg, wobei jede für sich erfolgstauglich war. 256

---

[106] BGH NStZ 1989, 431 ff.
[107] BGHSt 37, 106 (131) = BeckRS 2003, 7807 – Lederaprayfall; Wessels/Beulke/Satzger StrafR AT Rn. 231.
[108] Kühl StrafR AT § 4 Rn. 21.
[109] BGHSt 39, 195 = BeckRS 1993, 1543.

§ 1 Einteilung der Delikte/Grundbegriffe des Strafrechts

257 **Beispiel:** T und F wollen O töten. Beide agieren unabhängig voneinander. T schießt der O in den Bauch und F schießt O im gleichen Augenblick in den Rücken. O verstirbt infolge der Schusswunden. Der Rechtsmediziner ermittelt, dass beide Schüsse absolut tödlich waren.

258 Denkt man sich das Verhalten des T weg, so wäre der konkrete Erfolg, Tod durch Schüsse, dennoch eingetreten. Gleiches gilt für den Schuss des F. Es bedarf demnach einer Umgestaltung der gängigen Kausalitätsformel. Beide Schüsse können zwar alternativ, aber nicht kumulativ hinweggedacht werden, ohne dass der konkrete Erfolg entfiele, da ohne jegliche Schussabgabe die O noch leben würde.

259 **Hinweis:** Da der Rechtsmediziner nicht feststellen kann, welcher Schuss den Tod tatsächlich bewirkt haben könnte, können T und F nur jeweils wegen versuchten Totschlags bestraft werden. Hätten beide mittäterschaftlich agiert, würden sie sich gem. §§ 212 Abs. 1, 25 Abs. 2 StGB strafbar machen.

S. Objektive Zurechnung

260 Die objektive Erfolgszurechnung fungiert als ein Korrektiv der (ausufernden) Kausalität und stellt darauf ab, ob dem Täter ein bestimmter Erfolg als sein Werk zugerechnet werden kann. Dazu muss der Täter eine rechtlich missbilligende Gefahr geschaffen haben, die sich in tatbestandskonformer Weise im Erfolg realisiert.[110]

261 **Beispiel:** T sticht mit Tötungsvorsatz auf den Hals des O ein. Dieser stirbt durch die Messerstiche.

262 Der Todeserfolg basiert auf dem willensgesteuerten Verhalten des T. Die Kausalität zwischen Tathandlung und Taterfolg liegt vor. Ferner ist der Tod auf die Stichverletzungen unmittelbar zurückzuführen und ist das Werk des T.

263 Die objektive Erfolgszurechnung spielt eine wesentliche Rolle im Bereich der Körperverletzungs- und Tötungsdelikte. Auch bei den Fahrlässigkeitstaten aus §§ 222, 229 StGB und bei den Erfolgsqualifikationen (insbesondere bei § 227 StGB) kann die Darstellung Probleme bereiten. Bei Fahrlässigkeitsdelikten ist hierbei insbesondere auf den Pflichtwidrigkeitenzusammenhang und dem Schutzzweck der Norm abzustellen (→ § 3 Rn. 59 ff.). Bei Erfolgsqualifikationen muss der sog. Unmittelbarkeitszusammenhang[111] geprüft werden.

264 **Hinweis:** Die Rechtsprechung wendet einzelne Aspekte der Lehre der objektiven Erfolgszurechnung lediglich bei Fahrlässigkeitstaten und bei der eigenverantwortlichen Selbstgefährdung, nicht jedoch bei vorsätzlichen Erfolgsdelikten, an.[112] Bei Vorsatzdelikten prüft die Rechtsprechung (anders als die Literatur) die objektive Zurechnung nicht im objektiven Tatbestand, sondern löst das Problem im subjektiven Tatbestand und nimmt uU einen vorsatzausschließenden Tatbestandsirrtum an (§ 16 Abs. 1 S. 1 StGB).

265 **Klausurhinweis:** In einer Klausur sollten Sie der Lehre der objektiven Zurechnung folgen und die Zurechnungsproblematik im objektiven Tatbestand darstellen.

---

110 Schönke/Schröder/Eisele Vor §§ 13 ff. Rn. 91 ff.
111 Rengier StrafR BT II § 16 Rn. 4 f.: Gefahrverwirklichungszusammenhang.
112 BGH JuS 2009, 370.

I. Grundsätze des erlaubten Risikos/allgemeines Lebensrisiko

Überschreitet das Täterverhalten nicht das erlaubte Risiko oder ist der Geschehensverlauf für ihn nicht beherrschbar, so kann eine Erfolgszurechnung nicht stattfinden. 266

1. Grundsätze des erlaubten Risikos

Ist das Verhalten des Täters vom erlaubten Risiko abgedeckt, so hat er keine rechtlich relevante Gefahr geschaffen. Dies ist stets dann der Fall, wenn bestimmte Verhaltensweise trotz ihrer Gefährlichkeit aufgrund ihres sozialen Nutzens allgemein erlaubt sind (sog. Sozialadäquanz).[113] 267

> **Beispiel:** T befährt mit zulässiger Höchstgeschwindigkeit eine Ortschaft. Urplötzlich tritt O auf die Straße. Ein Zusammenstoß war für T nicht mehr vermeidbar. O stirbt. 268

Das Verhalten des T ist zwar kausal, der Erfolg kann ihm jedoch nicht zugerechnet werden, da die Teilnahme am Straßenverkehr ein erlaubtes Risiko darstellt. Für einen Verstoß gegen § 222 StGB fehlt es zudem an einem sorgfaltswidrigen Verhalten. 269

Hinweis: Eine Zurechnung des Erfolges wäre allerdings möglich, wenn T den O infolge von Trunkenheit angefahren und getötet hätte. 270

> **Beispiel:** T fühlt sich ein wenig schlapp, führt dies jedoch auf zu wenig Schlaf zurück. Beim Einkaufen trägt er den geforderten Mund-Nasen-Schutz einer FFP2-Maske und lässt ausreichend (1,5 Meter) Abstand zu anderen Kunden. Auch ansonsten hält sich T an alle Hygienevorschriften. Später stellt sich heraus, dass T sich mit dem Coronavirus infiziert hat und zwei Kunden im Supermarkt dadurch erkrankt sind. 271

Die Verletzungserfolge können dem T nicht zugerechnet werden, da er die Grenzen des erlaubten Risikos eingehalten hat. Er macht sich nicht gem. § 229 StGB strafbar. Anders wäre der Fall zu entscheiden, wenn T trotz positivem Coronabefund und starker Symptome ein Restaurant besucht und den Kellner infiziert hätte. Das verbotswidrige Verhalten läge dann in dem Verstoß gegen die geltenden Quarantäne-Vorschriften. Eine, die Zurechnung ausschließende, Atypik des Geschehensverlaufes ist im Übrigen nicht erkennbar, da insbesondere die grassierende Omikron-Variante höchst ansteckend ist. 272

> **Beispiel:** T schenkt seinem volljährigem Sohn S ein Taschenmesser. Ohne Wissen des T tötet S damit den O. 273

Der Tod des O kann dem T nicht zugerechnet werden. Mit dem Verschenken des Messers überschreitet er nicht das erlaubte Risiko. Er hat also keine rechtlich zu missbilligende Gefahr geschaffen. 274

Hinweis: Anders wäre dieser Fall zu beurteilen, wenn T in Kenntnis der bevorstehenden Tat dem S das Messer übergeben hätte. Dann wäre T gem. §§ 212 Abs. 1, 27 StGB zu bestrafen. 275

2. Allgemeines Lebensrisiko (insbesondere mangelnde Beherrschbarkeit)

Eine rechtlich zu missbilligende Gefahr liegt zudem nicht vor, wenn der Grad der durch den Täter bewirkten Gefährdung so gering ist, dass er das allgemeine Lebens- 276

---

113 Wessels/Beulke/Satzger StrafR AT Rn. 265.

risiko nicht übersteigt.¹¹⁴ Dies ist unter anderem bei unbeherrschbaren Kausalverläufen der Fall.

277 **Beispiel:** T überredet die O mit ihm in der Nordsee zu schwimmen. Insgeheim hofft er, dass O ertrinken wird. O lässt sich überreden, wird alsbald von einer Unterströmung erfasst und stirbt.

278 Das Überreden des T war kausal für den späteren Erfolg. Dieser kann dem T jedoch nicht zugerechnet werden, da er die Unterströmung nicht beherrschen konnte. Sein Verhalten hat also nicht das allgemein zulässige Risiko überschritten.

279 **Hinweis:** Eine Zurechnung wäre jedoch möglich, wenn T die O bewusst an eine Stelle lockt, bei der es häufig zu Unterströmungen kommt.

II. Risikoverringerung

280 Ein Erfolg kann nach dieser Fallgruppe dann nicht zugerechnet werden, wenn der Täter einen drohenden Erfolg abschwächt oder hinausschiebt und auf diese Weise einen lediglich schwächeren oder späteren Erfolgseintritt verursacht.¹¹⁵

281 **Beispiel:** T lädt seinen Kumpel F und seine Verlobte O zum Essen zu sich nach Hause ein. Er bemerkt, dass der F und die O sich sehr gut verstehen und sogar ein wenig miteinander flirten. Dies bringt T in Rage. Er ergreift ein Tischmesser und will die O damit am Hals verletzen. Wuchtig stößt er zu. Dem aufmerksamen F gelingt es, den Stoß abzulenken, indem er dem T auf die messerführende Hand schlägt. Das Messer verfehlt daraufhin den Hals der O und dringt tief in ihre Schulter ein. Die O überlebt den Angriff.

282 T macht sich wegen versuchten heimtückischen Mordes (§§ 211, 22, 23 Abs. 1 StGB) in Tateinheit mit einer vollendeten gefährlichen Körperverletzung (§§ 223 Abs. 1, 224 Abs. 1 Nr. 2 Var. 2, 5 StGB) strafbar. Zu prüfen wäre noch eine mögliche strafbare Handlung seitens F. Das Verhalten des F war kausal für den Verletzungserfolg an der Schulter. Hätte der F nicht auf die Hand des T eingeschlagen, so wäre sie vermutlich verstorben, jedoch ihre Schulter ansonsten intakt geblieben. Der Erfolg kann dem F dabei aufgrund der Fallgruppe der Risikoverringerung nicht objektiv zugerechnet werden. Er schwächt einen drohenden Erfolg ab und schafft dadurch ein geringeres Risiko für das betroffene Rechtsgut. Es scheidet also bereits der objektive Tatbestand aus.

283 **Hinweis:** Die Fälle der Abstiftung fallen auch unter die Kategorie der Risikoverringerung und sind nicht strafbar (→ § 8 Rn. 124 ff. Anstiftung).

284 Anders sind die Fälle zu lösen, bei denen ein Dritter eingreift und den drohenden schweren Erfolg zwar abwendet, aber infolgedessen eine vollkommen neue, eigenständige Gefahrensituation schafft.¹¹⁶

285 **Beispiel:** T lädt seine Verlobte O und seinen Kumpel F zum Essen zu sich nach Hause ein. Er vergisst die Herdplatten abzuschalten. Die heißen, noch auf der Herdplatte befindlichen, Pfannen setzen die Küche in Brand. Der Fluchtweg zur Ausgangstür ist versperrt, da der tödliche Rauch in den Flur zieht und auch bereits Teile des Esszimmers eingefangen hat. Die O wurde daraufhin bewusstlos. F sprang panisch aus dem Fenster in den Innenhof. Er brach sich dabei beide Knie, da die Wohnung des T im 3. Stock liegt. T weiß sich nicht besser zu helfen und wirft die O aus dem Fenster, bevor sie den Flammen zum Opfer fällt. Unten prallt die O hörbar auf einer Grasfläche auf und bricht sich die linke Schulter und das linke Bein. T konnte sich auch aus dem Fenster retten.

---

114 Wessels/Beulke/Satzger StrafR AT Rn. 264.
115 Schönke/Schröder/Eisele Vor § 13 Rn. 94.
116 Schönke/Schröder/Eisele Vor § 13 Rn. 94.

Hier wurde, im Unterschied zum vorherigen Fall, für die O eine vollkommen neue 286
Gefahrensituation geschaffen. Der Sturz aus dem Fenster hat nichts mit dem bevorstehenden Tod durch Feuer zu tun. Es handelt sich mithin nicht um einen Fall der Risikoverringerung, der zum Ausschluss des objektiven Tatbestandes führt. Vielmehr ist das Verhalten des T (§§ 223 Abs. 1, 224 Abs. 1 Nr. 5 StGB) gem. § 34 StGB gerechtfertigt (→ § 4 Rn. 93 Rechtfertigende Notstand).

III. Atypische Kausalverläufe

Atypische Kausalverläufe liegen vor, wenn der eingetretene Erfolg völlig außerhalb 287
dessen liegt, was nach dem gewöhnlichen Verlauf der Dinge und nach der allgemeinen Lebenserfahrung noch in Rechnung zu stellen ist.[117] Bei dem eingetretenen Erfolg handelt es sich dann nicht um das Werk des Täters, sondern um das Werk des Zufalls. Es realisiert sich demnach nicht die durch den Täter geschaffene Gefahr, sondern ein anderes Risiko.

> **Beispiel:** Mit Tötungsvorsatz sticht T auf den O mehrfach ein. Der schwer verletzte O wird später 288
> in einen Krankenwagen verladen, der durch einen Zeugen verständigt wurde. Auf der Fahrt zur Notaufnahme kommt es zu einem Verkehrsunfall, infolgedessen der mit dem O beladene Krankentransporter in einen angrenzenden Fluss stürzt. Die hinteren Klappen des Fahrzeuges öffnen sich und O ertrinkt im einlaufenden Wasser.

Der Täter hat durch die Messerstiche nicht die Gefahr eines Verkehrsunfalls hervor- 289
gerufen. Der Tod durch Ertrinken kann T nicht zugerechnet werden. Es ist nicht sein Werk, sondern das Werk des Zufalls (Unterscheidung *Unrecht/Unglück*). Er macht sich jedoch gem. §§ 212 Abs. 1, 22, 23 Abs. 1 StGB strafbar.

> **Hinweis:** Anders wäre zu entscheiden gewesen, wenn der O nicht infolge eines Verkehrsunfalls ge- 290
> storben wäre, sondern durch Blutaspiration. Der Todeserfolg wäre dem Täter dann wieder zuzurechnen, da dies eine typische Folge massiver Stichverletzungen darstellen kann.

> **Beispiel:** T fügt dem O eine leichte Verletzung zu. Der an einer Blutkrankheit leidende O stirbt. 291
> Von der Krankheit des O wusste T nichts.

Da sich in dem Tod nicht die Lebensgefahr des (leichten) Angriffes niederschlägt, 292
sondern die lebensgefährliche Blutkrankheit realisiert, kann dem T der Erfolg nicht zugerechnet werden.[118] Etwas anderes würde allerdings gelten, wenn T über die Krankheit Kenntnis gehabt hätte.

> **Klausurhinweis:** Bitte merken Sie sich, dass atypische Geschehensabläufe zwar kausal für den Erfolg 293
> sind, aber nicht objektiv zugerechnet werden können.

IV. Schutzzweck der Norm

Bei Fahrlässigkeitsdelikten müssen Sie an die Prüfung des Schutzzwecks der Norm 294
denken. Der Täter hat nur dann eine rechtlich relevante Gefahr geschaffen, wenn er gegen eine Norm verstößt, die gerade dem Schutz des Rechtsgutes dienen soll.[119]

---

117 Vgl. BGHSt 3, 62 = BeckRS 1952, 102416.
118 Wessels/Beulke/Satzger StrafR AT Rn. 298.
119 Schönke/Schröder/Eisele Vor § 13 Rn. 95 f.

295 **Beispiel:** T fährt mit überhöhter Geschwindigkeit auf einer Fahrbahn innerhalb geschlossener Ortschaften. Er übersieht das Kind O. Er kann aufgrund der überhöhten Geschwindigkeit nicht rechtzeitig abbremsen und es kommt zu einem Zusammenprall. O verstirbt noch am Ereignisort.

296 Gegen T wird wegen § 222 StGB ermittelt. Der Tod des Kindes ist kausal auf den Zusammenstoß mit T zurückzuführen. T hat sich zudem auch objektiv sorgfaltswidrig verhalten, da er gegen § 3 Abs. 1 StVO verstoßen hat. Auf dieser Pflichtwidrigkeit muss im Rahmen der objektiven Zurechnung der Erfolg basieren (→ § 1 Rn. 300 ff. Pflichtwidrigkeitenzusammenhang). Ohne die Pflichtwidrigkeit wäre der Erfolg ausgeblieben, da der Bremsweg dann nicht so lange gewesen wäre. Fraglich ist jedoch, ob sich der Schutzzweck der Norm, gegen die der Täter verstoßen hat, tatsächlich realisiert. Der Geschwindigkeitsverstoß aus § 3 Abs. 1 StVO soll vor Gefahren schützen, die durch zu schnelles Fahren im öffentlichen Straßenverkehr herrühren. Fahrzeugführer dürfen innerhalb geschlossener Ortschaften nur mit (maximal) 50 km/h am Straßenverkehr teilnehmen. Diese Vorschrift dient unter anderem dazu, dass bei plötzlich auftretenden Gefahren rechtzeitig reagiert und gebremst werden kann, um so andere Verkehrsteilnehmer nicht zu verletzen. Der § 3 Abs. 1 StVO soll also genau vor einer Situation schützen, die im obigen Beispielsfall tatsächlich eingetreten ist. Es realisierte sich der Schutzzweck der Norm und dem T kann der schwere Erfolg zugerechnet werden.

297 **Beispiel:** T führt mit F ein Kraftfahrzeugrennen aus. Beide befahren eine Landstraße mit sehr hoher Geschwindigkeit. T verliert in einer scharfen Kurve die Kontrolle über sein Fahrzeug und gerät in den Gegenverkehr. Dort prallt er frontal mit dem Motorradfahrer O zusammen. O verstirbt noch am Unfallort. Auf die Tötung anderer Personen handelte T nicht vorsätzlich.

298 Hier könnte sich der T (unter anderem) gem. § 222 StGB strafbar gemacht haben. Der Tod des O ist eingetreten. Hätte T den O nicht angefahren, so wäre dieser nicht verstorben. Der Erfolg ist demzufolge kausal auf das Verhalten des T zurückzuführen. Fraglich ist jedoch, ob dem T der Tod des O auch objektiv zuzurechnen ist. Dazu müsste der T eine rechtlich missbilligte Gefahr geschaffen haben, die sich im konkreten Erfolg realisiert hat. T hat ein illegales Kraftfahrzeugrennen ausgetragen bzw. daran selbst teilgenommen. Dies erfüllt den Straftatbestand aus § 315d Abs. 1 Nr. 1 StGB. Der § 315d StGB dient unter anderem dazu, andere Verkehrsteilnehmer vor Hochgeschwindigkeitsrennen zu schützen, denn der normale öffentliche Verkehr ist für solche Rennen nicht geschaffen. Zudem sind die befahrenen Straßen weder abgesperrt noch besonders gesichert. Die teilnehmenden Fahrer nehmen auch kaum Rücksicht auf andere Verkehrsteilnehmer und gefährden diese massiv. Die Situation, wovor der § 315d StGB schützen soll, ist im Beispielsfall eingetreten, da T aus Unachtsamkeit und aus mangelhafter Rücksichtnahme gegenüber anderen Verkehrsteilnehmern eine andere Person im Straßenverkehr getötet hat. Der Schutzzweck des § 315d StGB realisiert sich im Todeserfolg des O. Es ist das Werk des T und ihm zuzurechnen.

299 **Hinweis:** Der BGH hat in einem anderen Fall die lebenslange Freiheitsstrafe wegen Mordes gegen einen Raser, der mit einem Unbeteiligten in Berlin am Kurfürstendamm kollidierte, bestätigt.[120]

---

120 BGH NJW 2020, 2900.

V. Pflichtwidrigkeitenzusammenhang

Ferner müssen Sie bei Fahrlässigkeitsdelikten auf den Pflichtwidrigkeitenzusammenhang abstellen. Der Schwerpunkt bei einer Fahrlässigkeitstat ist nicht wie bei einer Vorsatztat die Handlung, sondern die Sorgfaltsregeln, gegen die der fahrlässig handelnde Täter verstößt. Bei der objektiven Erfolgszurechnung ist zu prüfen, ob der Erfolg auf dieser Pflichtwidrigkeit basiert oder auf andere Umstände zurückzuführen ist. Wenn also der Erfolg mit an Sicherheit grenzender Wahrscheinlichkeit auch bei einem pflichtgemäßen Verhalten (sog. pflichtgemäßes Alternativverhalten) eingetreten wäre, so ist die Zurechnung ausgeschlossen.[121]

Klausurhinweis: Mit dieser Problematik werden Sie regelmäßig bei Straßenverkehrsdelikten im Rahmen der Fahrlässigkeitsprüfung konfrontiert.

Beispiel: T befährt nachts im alkoholisierten Zustand (1,3‰) den öffentlichen Straßenverkehr. Beim Einbiegen in eine Kurve übersieht er den Spaziergänger O. Dieser wollte gerade die Fahrbahn passieren. O war dunkel gekleidet und hob sich daher kaum von der dunklen Umgebung ab. Mit dem Passieren der Straße durch O konnte aus objektiver Sicht nicht gerechnet werden. Das Verhalten des O war selbst sorgfaltswidrig. Der T leitete zwar noch den Bremsvorgang ein, kam jedoch nicht mehr rechtzeitig zum Stehen und überfuhr mit tödlichem Ausgang den O.

Gegen den T wird gem. § 222 StGB ermittelt. Bei der Tathandlung, dem Tatererfolg und der Kausalität bestehen keinerlei Bedenken. Lediglich die objektive Zurechnung bereitet Probleme. Wenn ein Sachverständiger zu dem Ergebnis kommen sollte, dass der tödliche Unfall auch einem nüchternen Fahrer passiert wäre, besteht kein Zusammenhang zwischen der Pflichtwidrigkeit (Fahren im betrunkenen Zustand) und dem Erfolg (Tod des O), sodass der Vorwurf aus § 222 StGB entfallen muss (kein sog. Pflichtwidrigkeitenzusammenhang).

Klausurhinweis: Sie müssen sich bei Fahrlässigkeitsdelikten somit mit der Frage auseinandersetzen, ob bei einem pflichtgemäßen Alternativverhalten der Erfolg mit an Sicherheit grenzender Wahrscheinlichkeit auch eingetreten wäre. Sollte dies der Fall sein, so basiert der Erfolg nicht auf dem Sorgfaltspflichtverstoß des Täters, sondern auf anderen Umständen, wie zB Naturereignissen oder dem Fehlverhalten anderer Personen. Sollte der Erfolg bei einem pflichtgemäßen Alternativverhalten nicht mit an Sicherheit grenzender Wahrscheinlichkeit eintreten, sondern nur möglicherweise ausbleiben, so ist die Strafbarkeit dennoch zu verneinen.[122]

Zu einem anderen Ergebnis würde die **Risikoerhöhungslehre** kommen. Der Pflichtwidrigkeitenzusammenhang wird nach dieser Lehre dann bejaht, wenn das pflichtwidrige Verhalten im Vergleich zu dem rechtmäßigen Alternativverhalten das Risiko für die Tatbestandsverwirklichung erhöht hat. Nach dieser Lehre wird der Erfolg zugerechnet, wenn der T zB durch seinen Alkoholisierungsgrad zumindest das Risiko einer Rechtsgutverletzung erhöht hat, also die Wahrscheinlichkeit des Erfolgseintrittes bei einem pflichtgemäßen Verhalten geringer gewesen wäre.[123]

Die zuletzt genannte Theorie ist jedoch nicht tragbar. Gemäß § 222 StGB muss der Tod durch die Fahrlässigkeit hervorgerufen werden. Es bedarf mithin einer Kausalität zwischen der Fahrlässigkeit und dem Erfolg. Zudem handelt es sich bei § 222 StGB

---

121 Wessels/Beulke/Satzger StrafR AT Rn. 301.
122 BGHSt 11, 1 (3) = BeckRS 1957, 104980; BGHSt 33, 61 (63) = BeckRS 1984, 2019; Schönke/Schröder/Sternberg-Lieben/Schuster § 15 Rn. 177.
123 Stratenwerth/Kuhlen StrafR AT § 8 Rn. 37, § 13 Rn. 54.

um ein Verletzungsdelikt. Stellt man nunmehr allein auf das erhöhte Risiko im Hinblick auf die Zurechnung ab, wird so die Deliktsstruktur der fahrlässigen Tötung (Verletzungsdelikt) in ein konkretes Gefährdungsdelikt umgewandelt. Ferner gilt der Grundsatz *in dubio pro reo*. Danach kann eine Zurechnung nicht stattfinden, wenn bei einem rechtmäßigen Alternativverhalten der gleiche Erfolg passiert wäre.

VI. Eigenverantwortliche Selbstgefährdung

306 Das StGB erfasst insbesondere in den Tötungs- und Körperverletzungsdelikten lediglich die Verletzung bzw. Tötung **anderer** Personen (Schutz vor Fremdverletzungen), sodass derjenige, der sich selbst verletzt oder tötet, tatbestandslos handelt.[124] Die eingetretene Rechtsgutsverletzung kann nur dem Opfer zugerechnet werden. Es liegt dann keine teilnahmefähige Haupttat vor, sodass die Anstiftung und Beihilfe auch tatbestandslos sind.[125]

307 **Klausurhinweis:** Klausurrelevante Fälle sind hierbei unter anderem die Beteiligung an einer Selbsttötung (Abgrenzung zur mittelbaren Täterschaft), HIV-Fälle, gemeinsamer Drogenkonsum, Autosurfer-Fälle, Retterfälle bei einer Brandstiftung und unterlassene Rettung des Suizidenten durch den Garanten.

308 Dass der Gesetzgeber nur vor Fremdverletzungen schützen möchte, ergibt sich unter anderem aus dem Wortlaut des § 223 Abs. 1 StGB:

„Wer eine andere Person körperlich misshandelt oder an der Gesundheit schädigt, wird mit Freiheitsstrafe bis zu fünf Jahren oder mit Geldstrafe bestraft."

309 Da das Gesetz vor Eingriffen Dritter (Fremder) bewahren soll, wird bei einer Selbstschädigung oder Selbstgefährdung daher schon keine rechtlich relevante Gefahr im Sinne der Definition der objektiven Erfolgszurechnung geschaffen.

310 **Beispiel:** T gibt dem O seine geladene Schusswaffe in Kenntnis seiner Suizidabsichten. O erschießt sich damit.

311 Bei der Übergabe der Schusswaffe handelt es sich zwar um eine physische Unterstützungsleistung. Der § 27 Abs. 1 StGB erfordert jedoch eine vorsätzliche und rechtswidrige Haupttat. Der freiverantwortliche Suizid erfüllt dagegen keinen Tatbestand und ist daher nicht teilnahmefähig.

312 **Beispiel:** Dealer T übergibt dem Konsumenten O Heroin. O stirbt später an einer Überdosis.

313 Das Handeln des T ist zwar kausal für den Erfolg, der Tod kann ihm jedoch aufgrund der eigenverantwortlichen Selbstschädigung des O nicht zugerechnet werden. Der Verstoß des T gegen § 29 Abs. 1 Nr. 1 BtMG bleibt hiervon selbstverständlich unberührt.

314 **Beispiel:** T lässt seine Medikamente zuhause auf dem Badezimmerschrank offen liegen. Seine suizidgefährdete Ehefrau tötet sich damit selbst.

315 Der Erfolg kann T nicht zugerechnet werden, da bereits eine vorsätzliche Übergabe der Medikamente zur Verwirklichung eines Selbstmordes nicht strafbar gewesen wäre.[126]

---

124 BGH NStZ 2017, 219 (221); 2013, 43.
125 BGHSt 24, 342 (342 ff.) = BeckRS 1972, 107183.
126 BGHSt 24, 342 = BeckRS 1972, 107183.

Entsprechend muss dies „erst recht" bei einer fahrlässigen Begehung gelten, welche mit weniger krimineller Energie begleitet wird (sog. Erst-Recht-Schluss).

> **Hinweis:** Aus der Straflosigkeit der vorsätzlichen Teilnahme am Suizid (keine teilnahmefähige Haupttat) folgt also, dass auch die fahrlässige Mitwirkung an einer fremden Selbsttötung bzw. Selbstgefährdung straflos ist.[127]

316

Eine Selbstgefährdung bzw. Selbstschädigung setzt jedoch voraus, dass das Opfer sich zunächst wirklich selbst verletzt und dabei eigenverantwortlich handelt. Die Verletzung darf dabei nicht von dem Täter ausgehen. Sollte eines der beiden Kriterien nicht zutreffen, so kann eine Zurechnung selbstschädigender Verletzungen erfolgen:

317

1. Abgrenzung Selbst- und (einverständliche) Fremdschädigung

Zunächst sollten Sie prüfen, ob das Opfer sich tatsächlich selbst verletzt hat. Liegt nämlich eine Fremdgefährdung vor, kann eine Zurechnung erfolgen, da das Gesetz vor fremdschädigenden Maßnahmen schützen will. Erst in einem nächsten Schritt sollten Sie, soweit eine Selbstschädigung vorliegt, überprüfen, ob das Handeln des Opfers tatsächlich eigenverantwortlich erfolgte.

318

Maßgebliches Abgrenzungskriterium zwischen Selbst- und Fremdschädigung ist das Merkmal der Tatherrschaft. Diesbezüglich sind die Grundsätze der Abgrenzung zwischen Tatherrschaft und Teilnahme analog heranzuziehen.[128] Liegt die Tatherrschaft beim Opfer, so liegt eine Eigengefährdung vor. Geht die Tatherrschaft von dem Dritten aus, so liegt eine (zurechenbare) Fremdgefährdung vor. Eine Fremdgefährdung ist dann anzunehmen, wenn sich das Opfer der durch einen anderen drohenden Gefahr aussetzt, sodass sein Schicksal in den Händen des Täters liegt.[129] Liegt eine Fremdgefährdung vor, in die von dem Opfer zugestimmt wurde, so ist in einem weiteren Schritt zu überprüfen, ob die Fremdverletzung durch eine rechtfertigende Einwilligung gerechtfertigt ist.[130]

319

> **Beispiel:** Aufgrund ihres ernstlichen und ausdrücklichen Verlangens tötet T die O mit seiner Schusswaffe.

320

Die Abgrenzung zwischen eigenverantwortlichen Selbstgefährdung und einverständlicher Fremdgefährdung ist hier unproblematisch, da T die O erschießt. Die Tatherrschaft geht von T aus, denn er hält das Geschehen in der Hand. Die Fremdtötung ist jedoch nicht zu rechtfertigen, da die Tötung auf Verlangen gem. § 216 Abs. 1 StGB strafbar ist.

321

> **Beispiel:** O bittet den T ihn zu schlagen. T gibt O eine Ohrfeige.

322

Auch hier geht die Tatherrschaft wieder von T aus, da er O die Ohrfeige zufügte. Der Körperverletzungserfolg kann T aufgrund einer Fremdverletzung objektiv zugerechnet werden. Die Tat ist jedoch nicht rechtswidrig, da sein Verhalten von einer rechtfertigenden Einwilligung abgedeckt wird (→ § 4 Rn. 149 Rechtswidrigkeit).

323

---

127 Krey/Esser StrafR AT Rn. 360.
128 BGH NJW 2019, 3089 (3090) – Hausärztliche Suizidbegleitung; BGH NJW 2019, 3092 (3093 f.) – Suizidbegleitung.
129 BayObLG NJW 1990, 131 (132).
130 Wessels/Beulke/Satzger StrafR AT Rn. 281.

§ 1 Einteilung der Delikte/Grundbegriffe des Strafrechts

324 **Beispiel:** Der an Aids erkrankte T hat Sex mit seiner Partnerin O. T und O haben beide Kenntnis über das Krankheitsbild.

325 Sollte es zu einer Übertragung des Virus kommen, so ist der Erfolg dem Täter nicht zuzurechnen. Die §§ 223, 224 StGB oder zumindest der § 229 StGB scheitern hier, da O sich in Kenntnis der Krankheit des T in diese Gefahr bewusst begeben und sich freiverantwortlich selbst gefährdet hat.[131]

326 **Hinweis:** Anders wäre der Fall zu entscheiden, wenn T die O bewusst in Unkenntnis seines Krankheitsbildes gelassen hätte. Die Tatherrschaft wäre dann von ihm ausgegangen. Eine unmittelbare Täterschaft gem. §§ 223 Abs. 1, 224 Abs. 1 Nr. 1 Var. 2, 5 oder § 229 StGB wäre denkbar.[132]

327 Es kann jedoch auch nicht so eindeutige Fälle geben:

Beispiel: O „surft" freiwillig auf dem Autodach des Fahrers T. Beide haben vereinbart, dass die Fahrt durch Klopfzeichen des O jederzeit beendet werden kann. Als T eine scharfe Linkskurve passiert, stürzt O vom Dach und bricht sich das Genick.

328 Es ist fraglich, ob T den Tatbestand der fahrlässigen Tötung erfüllt hat. Die Mitnahme eines Autosurfers bei laufender Fahrt ist sorgfaltswidrig. Dass es hierbei zu einem tödlichen Sturz kommen kann, ist nicht ungewöhnlich und somit objektiv vorhersehbar. Fraglich ist jedoch, ob dem T der Tod des O tatsächlich auch zugerechnet werden kann. Der § 222 StGB soll nur vor Fremdtötungen schützen. Somit hat eine Abgrenzung zwischen einer nicht zurechenbaren Selbstgefährdung und einer zurechenbaren (einverständlichen) Fremdgefährdung anhand von Tatherrschaftskriterien zu erfolgen.

329 Dass der T das Fahrzeug steuert und selbstständig Geschwindigkeit aufnehmen oder verringern kann und die Fahrtroute bestimmt, spricht für eine ihm zurechenbare Fremdgefährdung. Dagegen hat sich der O in Kenntnis der Gefahr auf das Autodach begeben und konnte durch Klopfzeichen die Fahrt jederzeit unterbrechen. Die Tatherrschaft seitens T geht also nicht weiter als die des O, sodass T sich an einer eigenverantwortlichen Selbstgefährdung beteiligt. Der § 222 StGB scheitert bereits an der objektiven Erfolgszurechnung (§ 229 StGB scheitert an der gleichen Stelle).

330 Die Tatherrschaft von dem Mitwirkenden kann sich auch aus der Beherrschung des Tatgeschehens kraft überlegenen Wissens ergeben.[133] Eine eigenverantwortliche Selbstgefährdung endet dann, da der andere Beteiligte das Geschehen als mittelbarer Täter (§ 25 Abs. 1 Var. 2 StGB) steuert und den Handelnden als Tatwerkzeug benutzt.[134]

331 **Beispiel:** T übergibt der O wissentlich verschiedene Medikamente zur sofortigen Einnahme, die in ihrer Zusammensetzung tödlich wirken. In Unkenntnis der Gefahr nimmt O die Medikamente ein und stirbt.

332 Das unmittelbar zum Tod führende Verhalten geht von O aus, da sie die tödlichen Medikamente selbst einnahm. Sie ist also Tatmittlerin gegen sich selbst. Da dies nicht zwingend von dem Wortlaut aus § 25 Abs. 1 Var. 2 StGB ausgeschlossen wird, ist hier eine mittelbare Täterschaft möglich. T macht sich gem. §§ 212 Abs. 1, 25 Abs. 1 Var. 2

---

[131] Vgl. BayObLG NJW 1990, 131.
[132] Schönke/Schröder/Sternberg/Lieben § 223 Rn. 7.
[133] BGH NStZ 2017, 219 (221).
[134] Vgl. BGH NJW 2014, 1680 (1681).

StGB als mittelbarer Täter kraft überlegenden Wissens strafbar. In einem ähnlichen Fall nahm der BGH auch eine mittelbare Täterschaft an (sog. Sirius Fall).[135]

Hinweis: Wird in der selbstschädigenden Einnahme eine Selbstverletzung gesehen, so erfolgt diese aufgrund der Wissensmängel bei O nicht eigenverantwortlich und kann dem (mittelbaren) Täter zugerechnet werden.

333

2. Merkmal der Eigenverantwortlichkeit

Kommen Sie in der Klausur zu dem Ergebnis, dass es sich um eine Mitwirkung an einer Selbstschädigung bzw. Selbstgefährdung handelt, so ist in einem zweiten Schritt zu prüfen, ob diese eigenverantwortlich erfolgt ist. Problematisch ist die Eigenverantwortlichkeit immer dann, wenn diese mit Mängeln behaftet ist. Die Kriterien der Eigenverantwortlichkeit sind hierbei umstritten:

334

a) Exkulpationsregeln

Nach einer Ansicht wird für die Beurteilung der Eigenverantwortlichkeit des selbstschädigenden Opfers auf die Exkulpationsregelungen (§§ 20, 35 StGB, § 3 JGG) abgestellt, da das Opfer Täter gegen sich selbst ist. Eine Eigenverantwortlichkeit liegt zB bei Kindern, unreifen Jugendlichen, Menschen mit psychischen Störungen oder Personen, die sich in einer Notstandslage nach § 35 StGB befinden, nicht vor. In allen anderen besteht eine Eigenverantwortlichkeit, sodass die Mitwirkung an der selbstschädigenden Maßnahme straflos ist.[136]

335

Klausurhinweis: Es wird also hypothetisch geprüft, ob das Opfer sich als Täter tatsächlich strafbar gemacht hätte. Dies wäre nicht der Fall, wenn ein Mangel in der Schuld vorliegen würde (→ § 5 Rn. 1 ff. Schuld).

336

b) Einwilligungslösung

Vertreter der Einwilligungslösung stellen für das Kriterium der Eigenverantwortlichkeit auf die Maßstäbe der Einwilligung ab (→ § 4 Rn. 174 ff. rechtfertigende Einwilligung). Die Eigenverantwortlichkeit scheitert dann, wenn das Opfer auch nicht wirksam auf seine Rechtsgüter im Rahmen der Einwilligung hätte verzichten können. Diese Meinung stellt höhere Anforderungen an das Merkmal der Eigenverantwortlichkeit und kommt folglich häufiger zum Ausschluss der eigenverantwortlichen Selbstschädigungen.[137]

337

Hinweis: Nach dieser Ansicht wird das Opfer also nicht als Täter gegen sich selbst betrachtet, sondern auf dessen Rolle als Opfer seiner selbst abgestellt. Wie sie im Kapitel zur Rechtswidrigkeit erkennen werden, scheidet eine Einwilligung in eine Rechtsgutsverletzung bei mangelnder Einwilligungsfähigkeit (zB Minderjährige) und bei Willensmängeln (Täuschung, Zwang) aus.

338

Beispiel: Der achtjährige O legt sich auf das Autodach des Fahrers T und stürzt in einer Linkskurve in einen Graben. O bricht sich die Schulter. Beide hatten vereinbart, dass die Fahrt jederzeit mittels Klopfzeichen durch O beendet werden konnte.

339

---

135 BGHSt 32, 38 (41) = BeckRS 1983, 915.
136 Roxin/Greco StrafR AT I § 11 Rn. 114.
137 BGH NJW 2019, 3089 (3090) – Hausärztliche Suizidbegleitung; BGH NStZ 2012, 319 – Reinigungsmittelfall.

340 Zwar liegt wieder eine Selbstgefährdung durch O vor, diese ist jedoch nicht als eigenverantwortlich zu bewerten, da O weder schuldfähig (Opfer als Täter gegen sich selbst) noch einwilligungsfähig (Opfer seiner selbst) war. Somit ist dem T als Fahrer der Erfolg des Schulterbruchs objektiv zuzurechnen.

341 **Hinweis:** Das Kriterium der Einwilligungsfähigkeit stellt nicht auf starre Altersgrenzen ab. Vielmehr ist entscheidend, ob das Opfer die Tragweite und Bedeutung des Rechtsgutsverzichtes erkannt hat. Ein Achtjähriger kann die Geschwindigkeiten und die Gefahren, die von einem Kraftfahrzeug ausgehen, nicht richtig einschätzen, er weiß also nicht, was er tut. Dies zeigt auch bereits die Wertung aus § 828 Abs. 2 BGB.

342 Zurück zum Beispiel: Da eine Zurechnung erfolgen kann, muss auf Ebene der Rechtswidrigkeit entschieden werden, ob eine Einwilligung in die Verletzung des Körpers vorliegt. Zwar handelt es sich bei der körperlichen Unversehrtheit um ein disponibles Rechtsgut und der O ist dessen alleiniger Inhaber, jedoch liegt seine Einwilligungsfähigkeit nicht vor (→ § 4 Rn. 174).

343 Auch die Ausübung von Zwang kann eine eigenverantwortliche Selbstgefährdung ausschließen.

344 **Beispiel:** Wegen ihrer Kinderlosigkeit wurde die O im Rahmen eines religiösen Rituals durch ihre drei Familienmitglieder und einen islamischen Heiler dazu gezwungen, täglich 1,5 Liter mit Kochsalz angereichertes Wasser zu trinken. Begleitend las der islamische Heiler aus dem Koran vor. Am letzten Tag der Behandlung war das Wasser mit 64 Gramm Kochsalz versetzt. Bereits nach dem ersten Tag verschlechterte sich der Zustand der O. Die anfängliche Einwilligung in das Ritual bestand bereits am zweiten Tag nicht mehr bzw. es hat sich ihr Gesundheitszustand so stark verschlechtert, dass sie nicht mehr zum freiwilligen Trinken in der Lage war. Infolge einer Kochsalzvergiftung verstarb sie.[138]

345 Von einer eigenverantwortlichen Selbstgefährdung kann hier nicht ausgegangen werden, da die O zur Einnahme des mit Kochsalz versetzen Wassers gezwungen wurde und später zu einem freiwilligen Trinken nicht mehr in der Lage war. Eine Einwilligung in die Körperverletzung lag bereits am zweiten Tag nicht mehr vor bzw. ist aufgrund der Gefährlichkeit der Maßnahme (ein Gramm Kochsalz pro Kilogramm Körpergewicht wirkt wie Gift) wohl sittenwidrig. Die angeklagten Familienmitglieder wurden daher wegen Körperverletzung mit Todesfolge und der islamische Heiler wegen fahrlässiger Tötung zu Freiheitsstrafen verurteilt.

3. Retterfälle bei Brandstiftungsdelikten

346 Die Zurechnungsproblematik bei selbstgefährdenden Verhalten spielt unter anderem auch bei den Brandstiftungsdelikten eine erhebliche Rolle.

347 **Beispiel:** T setzt ein fremdes Wohnhaus in Brand. Der Dachstuhl fängt Feuer. In dem Gebäude befindet sich, dies weiß der T, eine dreiköpfige Familie. Als die Feuerwehr zwecks Rettung der Familie in das Gebäude vorrückt, bricht ein brennender Balken aus der Dachkonstruktion des Hauses krachend auf den eingesetzten Feuerwehrmann O. Dieser verstirbt noch am Tatort.

---

138 LG Berlin: Schwurgerichtskammer verurteilt Familienangehörige wegen Tötung der Ehefrau durch Salzwasserbehandlung zur Teufelsaustreibung. In: Gerichte in Berlin, 30.8.2021, https://www.berlin.de/gerichte/presse/pressemitteilungen-der-ordentlichen-gerichtsbarkeit/2021/pressemitteilung.1120827.php (abgerufen am 25.5.2024).

Es stellt sich die Frage, ob dem T der Tod des O tatsächlich zugerechnet werden kann, denn O hat sich in Kenntnis der Gefahren selbst gefährdet (s. § 306c StGB). Wenn es sich jedoch nicht um eine vollkommen aussichtslose Lage für etwaige Rettungsmaßnahmen gehandelt haben sollte, so sind dem Ausgangstäter auch Erfolge zuzurechnen, die aufgrund selbstgefährdender Verhaltensweisen realisiert wurden. Hätte der O nämlich Erfolg gehabt und die Familie unbeschadet aus dem Haus geführt, so würde dies dem Täter zugutekommen, da eine Bestrafung wegen vollendeter Tötungsdelikte dann nicht möglich wäre. Diese Entlastung einerseits muss andererseits jedoch zwangsläufig bedeuten, dass dem Täter der Tod des Feuerwehrmanns zuzurechnen ist, wenn die Rettung scheitern sollte.[139] 348

Anders ist zu entscheiden, wenn es lediglich um die Rettung bloßer Sachwerte geht und der Wert der Sache zu der drohenden Gefahrensituation außer Verhältnis steht. Auch wenn es sich um einen von vornherein sinnlosen oder mit offensichtlich unverhältnismäßigen Wagnissen verbundenen Rettungsversuch handelt, kann die Zurechnung nicht erfolgen.[140] 349

VII. Dazwischentreten Dritter

Es kann eine weitere Problematik bei der Kausalität und der Zurechnung hinzukommen, wenn in den Geschehensverlauf des Ersttäters ein Dritter eine weitere Ursache setzt. Führt diese weitere Ursache dazu, dass der Verantwortungsbereich des ersten Täters endet, so kann dies gegebenenfalls zur Unterbrechung der Zurechnung führen. Sollte hierdurch die vom Ersttäter hervorgerufene Kausalkette enden, so liegt bereits die Kausalität nicht vor (sog. überholende Kausalität). Ob eine solche Unterbrechung der Zurechnung stattfinden kann, richtet sich danach, in wessen Verantwortungsbereich der Taterfolg fällt. Wenn der Dritte vollverantwortlich eine neue, selbstständige auf den Erfolg hinwirkende Gefahr begründet, die sich dann allein in dem Erfolg realisiert, ist die Zurechnung des Ersttäters abzulehnen.[141] Dabei wird der Adäquanzzusammenhang in den Vordergrund gerückt, sodass die Zurechnung dann entfällt, wenn das Dazwischentreten eines eigenverantwortlichen Dritten so sehr außerhalb der allgemeinen Lebenserfahrung liegt, sodass mit ihm vernünftigerweise nicht mehr gerechnet werden kann.[142] 350

> **Beispiel:** T hasst O und will ihn töten. Er tröpfelt tödliches Gift in seinen Kaffee. Bevor O den Kaffee zu sich nimmt, wird er von seinem Erzfeind F erschossen. 351

Es liegt ein Fall der überholenden Kausalität vor (→ § 1 Rn. 248 ff. Kausalität). Der Ersttäter setzt hierbei eine Ursache (Vergiftung des Kaffees), die sich jedoch nicht im endgültigen Erfolg niederschlägt. Vielmehr führt allein die Schussabgabe des F den Tod des O herbei. Der objektive Tatbestand des heimtückischen Mordes seitens T scheitert bereits an der Kausalität. Die objektive Zurechnung ist folglich nicht zu problematisieren. Da der T jedoch den Gesamtverlauf der Tat aus der Hand gegeben hat und mit seiner Handlung das Rechtsgut Leben des O akut gefährdet, macht er sich wegen eines versuchten heimtückischen Mordes strafbar (→ § 6 Rn. 1 ff. Versuch). 352

---

139 Vgl. BGHSt 39, 322 (325 f.) = BeckRS 1993, 04647.
140 BGHSt 39, 322 (326) = BeckRS 1993, 04647.
141 OLG Rostock NStZ 2001, 199.
142 Wessels/Beulke/Satzger StrafR AT Rn. 282.

353 **Beispiel:** T verprügelt O. O muss sich zwei Tage stationär behandeln lassen. Diese Situation ausnutzend, tötet die Krankenschwester K den O mit einer tödlichen Spritze.

354 Dem T kann der Tod des O nicht zugerechnet werden, da der Zurechnungszusammenhang durch das vorsätzliche Dazwischentreten der K durchbrochen wird. Zudem hat der T durch das Verprügeln keine Gefahr einer Vergiftung geschaffen. Es realisiert sich demnach nicht die von T geschaffene Gefahr in dem konkreten tatbestandlichen Erfolg. Durch die Injektion der tödlichen Spritze hat die K vielmehr eine neue, auf das schädigende Ereignis zusteuernde Gefahr geschaffen und den Erfolg eigenständig verwirklicht. K macht sich gem. § 211 StGB (Heimtücke) strafbar.

355 Auch bei grob fahrlässigen Verhaltensweisen Dritter kann der Zurechnungszusammenhang unterbrochen werden.

356 **Beispiel:** T misshandelt den O. O erleidet einen schmerzhaften Beinbruch, der stationär behandelt werden muss. Die zugefügten Verletzungen waren nicht lebensbedrohlich. Arzt A vergisst, dem bettlägerigen O blutverdünnende Mittel zu verabreichen, wodurch O verstirbt.

357 Stellt sich das Verhalten des Arztes als grobe Fahrlässigkeit dar, so ist der (ansonsten kausal durch T herbeigeführte) Tod nicht das Werk des T, sondern dem A zuzurechnen. Somit macht sich T nur gem. § 223 Abs. 1 (gegebenenfalls § 224 StGB) StGB strafbar, da der Unmittelbarkeitszusammenhang des § 227 StGB durch das Dazwischentreten des Arztes durchbrochen wird.

> **Hinweis:** Zumindest kann diese Lösung vertreten werden, da die grobe Fahrlässigkeit des A außerhalb dessen liegt, was nach dem gewöhnlichen Verlauf der Dinge und der allgemeinen Lebenserfahrung in Rechnung gestellt werden kann. Mit einer vernünftigen Argumentation kann der § 227 StGB natürlich auch angenommen werden.

§ 2 Tatbestand

Der Tatbestand teilt sich in einen objektiven Tatbestand und in einen subjektiven Tatbestand auf. 1

A. Objektiver Tatbestand

Im objektiven Tatbestand prüfen Sie alle geschriebenen und ungeschriebenen Tatbestandsmerkmale. Die meisten davon ergeben sich unmittelbar aus dem Gesetzeswortlaut. So müssten Sie zB bei einem Diebstahl die fremde, bewegliche Sache und die Wegnahme objektiv darstellen. Bei der Körperverletzung müssen Sie insbesondere auf die körperliche Misshandlung und die Gesundheitsschädigung eingehen. Als ungeschriebene Merkmale muss noch die Kausalität und die objektive Erfolgszurechnung dargestellt werden (→ § 1 Rn. 236 ff., § 1 Rn. 260 ff. Kausalität und objektive Zurechnung). Innerhalb des objektiven Tatbestandes muss dies aus Drittsicht erfolgen. Die subjektive Täterperspektive spielt hier noch keine Rolle. Aus objektiver Sicht müssen Sie bei einem Diebstahl zB beurteilen, ob die vom Täter gestohlene Uhr fremd ist, also nicht im Alleineigentum des Täters steht bzw. nicht herrenlos (§ 959 BGB) ist. Ob der Täter dies wusste oder nicht (sog. Tatbestandsirrtum), ist im objektiven Tatbestand irrelevant. 2

> **Klausurhinweis:** Wie Sie bereits gelernt haben, handelt es sich bei dem Merkmal „fremd" um ein normatives Merkmal. Es bedarf somit zusätzlich noch einer rechtlichen (laienhaften) Bewertung durch den Täter (→ § 1 Rn. 205 ff. deskriptive und normative Merkmale). 3

Es gibt jedoch Definitionen für objektive Tatbestandsmerkmale, die subjektive Anteile enthalten. So wird die Täuschung beim Betrug gem. § 263 Abs. 1 StGB als ein zur Irreführung bestimmtes und damit der Einwirkung auf die Vorstellung eines anderen dienendes Gesamtverhalten definiert.[1] „Ein **zur** Irreführung bestimmtes Gesamtverhalten" ist dabei subjektiv konnotiert. In einem solchen Fall wäre es nicht fehlerhaft, wenn Sie bereits eine subjektive Bewertung im objektiven Tatbestand vornehmen. Sollte der Täter keinen Täuschungsvorsatz besitzen, so liegt das objektive Tatbestandsmerkmal der Täuschung aus § 263 Abs. 1 StGB bereits nicht vor. 4

An manchen Stellen werden die objektiven Merkmale zwecks restriktiver Auslegung mit einem subjektiven Merkmal ergänzt. Dies gilt insbesondere für das inhaltlich umstrittene Merkmal des gefährlichen Werkzeuges aus § 244 Abs. 1 Nr. 1a Var. 2 StGB. Nach einer Ansicht reicht ein bloßes Beisichführen des gefährlichen Werkzeuges nicht aus. Vielmehr braucht der Täter auf den Einsatz des Werkzeuges einen Verwendungsvorbehalt.[2] Dieser kann bereits im objektiven Tatbestand dargestellt werden. 5

---

1 Vgl. BGH NJW 2001, 2187.
2 Wessels/Hillenkamp/Schuhr StrafR BT II Rn. 287.

§ 2 Tatbestand

6 **Hinweis:** Nach einer anderen Ansicht ist ein Werkzeug iSd § 244 Abs. 1 Nr. 1a Var. 2 StGB erst dann gefährlich, wenn seine objektive Eignung, erhebliche Verletzungen zuzufügen, ohne weiteres ersichtlich ist (sog. Waffenersatzfunktion).[3] Diese Eignung fehlt, wenn eine gefährliche Verwendung nur bei einer ganz offensichtlichen Zweckentfremdung des Werkzeuges möglich wäre.[4] Zur Beurteilung der objektiven Gefährlichkeit eines Werkzeuges ist darauf abzustellen, ob aus Sicht eines objektiven Beobachters der Gegenstand in der konkreten Situation zu nichts anderem als zu einem Einsatz als Angriffs- oder Verteidigungsmittel gegen einen Menschen, welchem dadurch erhebliche Verletzungen drohen, dienen kann.[5] Dies liegt zB bei einem Baseballschläger vor, der im Rahmen eines Diebstahls außerhalb der Sportstätte mitgeführt wird.[6]

7 Den gesamten objektiven Tatbestand prüfen Sie im Gutachterstil (→ § 2 Rn. 10 ff. **Fall 1**). Dies gilt für jedes einzelne Tatbestandsmerkmal. Sie bilden stets einen Obersatz, dann folgt die Definition und anschließend die **Subsumtion** (lat.: sub, „unter" und sumere, „nehmen"). Schließlich formulieren Sie das (Zwischen-)Ergebnis.

8 **Klausurhinweis:** Bitte achten Sie insbesondere auf eine vernünftige und detaillierte Subsumtion, indem Sie die Angaben aus dem Sachverhalt verwerten. Formulieren Sie in einer wissenschaftlichen Art und Weise und verfallen Sie nicht in eine „Alltagssprache", die wenig hilfreich ist, und bei ungenauer Subsumtion zu Punktverlusten führen wird. Ein häufiger Fehler bei der Subsumtion ist zudem, dass die Studierenden oftmals einfach nur die Merkmale aus der Definition wiederholen und sich damit zufriedengeben. Dies ist jedoch nicht Sinn der Sache. Eine vernünftige Subsumtion können Sie nur aus dem Formulieren von Sachverhalten erlernen. Damit sollten Sie bereits frühzeitig im Studium beginnen.

9 Als nächstes folgt eine Sachverhaltslösung, um Ihnen die Prüfung eines Tatbestandes beispielhaft darzustellen. Zudem soll der Fall Ihnen den Gutachterstil näherbringen.

10 **Fall 1 (Übung Gutachterstil)**

Sachverhalt

O hat dem T die Freundin F ausgespannt und verlebt mit ihr zusammen ein glückliches Liebeswochenende. T ist erbost über das Verhalten des O. Er will sich rächen, denn er will die F allein für sich haben und gönnt dem verhassten O nicht das neue Liebesglück. An einem Samstag trifft T die verliebten O und F in einer Kneipe. T weiß, dass sich O gegen 15.30 Uhr am Samstag immer dort aufhält, da er Werder Bremen Fan ist und die Spiele in der Kneipe live verfolgt. Als O gerade sein Bier am Tresen leert, schleicht sich T von hinten an O heran und versetzt ihm einen äußerst schmerzhaften Kopfstoß an den Hinterkopf. Der O kippt durch die Wucht des Treffers nach vorne und verschüttet sein Getränk. Er sackt sofort zusammen und bleibt unter dem Tresen auf den Boden benommen liegen. T nutzt diese Situation gezielt aus und tritt dem O gegen den Bauch. O krümmt sich vor Schmerzen. F leistet Erste Hilfe und versorgt die blutende Platzwunde am Hinterkopf des O. O leidet aufgrund der Beeinträchtigung tagelang an starken Kopfschmerzen und muss sich eine Woche lang krankschreiben lassen. T flüchtet vom Tatort.

Strafbarkeit T wegen einer einfachen Körperverletzung gem. § 223 Abs. 1 StGB? Strafanträge sind gestellt.

Lösung

11 Der T könnte sich gem. § 223 Abs. 1 StGB strafbar gemacht haben, indem er dem O einen Kopfstoß an den Hinterkopf und einen Tritt in den Bauch versetzte.

---

3 BGH HRRS 2008 Nr. 648.
4 Schönke/Schröder/Bosch § 244 Rn. 5a.
5 Fischer § 244 Rn. 23 f.
6 BGH NStZ 2008, 687.

A. Objektiver Tatbestand

Klausurhinweis: Bei dem Obersatz muss der zu prüfende Paragraf, die jeweilige Tathandlung, sowie der tatbestandliche Erfolg (soweit erforderlich) genannt werden. Zudem müssen Sie den Obersatz so formulieren, dass das Ergebnis nicht vorweggenommen wird, sondern Sie sich im Rahmen eines Gutachtens einer möglichen Strafbarkeit annähern, indem Sie die verschiedenen Merkmale einzeln prüfen. Es wäre in einem Gutachten fehlerhaft zu schreiben, dass der Täter sich gem. § 223 Abs. 1 StGB strafbar gemacht hat, weil er den O am Körper verletzte (sog. Urteilsstil).

Dazu müsste zunächst der objektive und der subjektive Tatbestand erfüllt sein.

I. Tatbestand

Zunächst ist fraglich, ob der objektive Tatbestand vorliegt.

1. Objektiver Tatbestand

Klausurhinweis: Achten Sie bitte auf eine vernünftige (juristische) Nummerierung und auch auf Absätze zwischen den Prüfungsmerkmalen. Nur so verschaffen Sie sich und der Klausur mehr Übersicht.

a) Andere Person

Zunächst müsste es sich bei dem O um eine andere Person handeln (Obersatz). Eine andere Person ist jede Person, die nicht personenidentisch mit dem Täter ist (Definition). T und O sind verschiedene Personen (Subsumtion), mithin liegt das Merkmal vor (Zwischenergebnis).

Klausurhinweis: Beim Gutachterstil erstellen Sie für jedes Tatbestandsmerkmal einen Obersatz, eine Definition, eine Subsumtion und ein End- bzw. Zwischenergebnis.

b) Körperliche Misshandlung

Es ist fraglich, ob O körperlich misshandelt wurde. Unter einer körperlichen Misshandlung ist eine üble, unangemessene Behandlung zu verstehen, durch die kausal und objektiv zurechenbar das körperliche Wohlbefinden (zB Schmerzen) oder die körperliche Unversehrtheit (zB Blutverlust, Brüche, Hämatome, Schnittverletzungen, innere Verletzungen, blaue Flecken) mehr als nur unerheblich beeinträchtigt wurde.[7] Durch den Kopfstoß und den Tritt erleidet O starke Schmerzen, welche das körperliche Wohlbefinden beeinträchtigen. Ferner kommt es durch den Substanzverlust (Blutverlust) im Zuge der Platzwunde am Hinterkopf zu einer Beeinträchtigung der körperlichen Unversehrtheit. Somit liegt eine körperliche Misshandlung vor.

c) Gesundheitsschädigung

Weiterhin ist fraglich, ob O an der Gesundheit geschädigt wurde. Die Gesundheitsschädigung meint jedes Hervorrufen, Steigern, Aufrechterhalten eines krankhaften Zustandes.[8] O erleidet infolge des Kopfstoßes Kopfschmerzen und wird krankgeschrieben. Somit wurde ein heilungsbedürftiger Zustand hervorgerufen. Eine Gesundheitsschädigung ist vorliegend.

---

7 BGH NJW 1960, 1477; vgl. Wessels/Hettinger/Engländer StrafR BT I Rn. 211.
8 BGHSt 36, 1 (6) = NJW 1989, 781.

§ 2 Tatbestand

20 **Hinweis:** Anders als die körperliche Misshandlung ist die Gesundheitsschädigung nicht auf die Beeinträchtigung des körperlichen Zustandes beschränkt, vielmehr kann auch die Erregung oder Steigerung einer psychisch pathologischen Störung eine Gesundheitsschädigung bedeuten. Nach der Rechtsprechung muss diese Befindlichkeitsstörung dabei einen körperlich bedeutsamen Krankheitswert erreichen.[9] Daran fehlt es zB bei emotionalen Reaktionen wie Aufregung und Angst, Weinkrämpfen und Herzrasen unterhalb der Erheblichkeitsschwelle.[10] Zu psychischen Gesundheitsschädigungen sind insbesondere Depressionen zu rechnen.[11]

d) Kausalität

21 Das Verhalten des T (der Kopfstoß und der Tritt) müsste kausal für den tatbestandlichen Erfolg sein. Kausal ist jede Bedingung, die nicht hinweggedacht werden kann, ohne dass der Erfolg in seiner konkreten Gestalt entfiele (sog. Äquivalenztheorie).[12] Denkt man sich den Kopfstoß und den Tritt des T hinweg, so wäre der konkrete Erfolg der Kopfschmerzen und der Platzwunde ausgeblieben. Mithin ist das Verhalten seitens T kausal für den Erfolg.

22 **Klausurhinweis:** Sie kennen zwar spezielle Fallgruppen der Kausalität (→ § 1 Rn. 32 ff. Kausalität), führen diese aber nur an, wenn es für die Fallbearbeitung relevant sein sollte.

e) Objektive Zurechnung

23 Es ist fraglich, ob der Erfolg dem Täter als sein Werk zugerechnet werden kann. Objektiv zurechenbar ist ein Erfolg immer dann, wenn der Täter eine rechtlich missbilligte Gefahr geschaffen hat und sich diese Gefahr in dem tatbestandlichen Erfolg niederschlägt.[13] T schafft durch den wuchtigen Kopfstoß gegen den Hinterkopf des O und durch den Tritt in seinen Bauch die Gefahr einer schmerzhaften Beeinträchtigung der körperlichen Unversehrtheit bzw. des körperlichen Wohlbefindens. Diese Gefahr ist rechtlich zu missbilligen, da damit der Tatbestand einer Körperverletzung erfüllt wird. Weiterhin hat sich die geschaffene Gefahr im konkreten Erfolg (Kopfschmerzen, Platzwunde) niedergeschlagen und ist mithin das Werk des T.

Klausurhinweis: Wie bei der Kausalität auch, stellen Sie nur dann die einschlägigen Fallgruppen, die die Zurechnung ausschließen können, dar, wenn diese auch tatsächlich eine Rolle spielen sollten. So wäre es hier zB verfehlt, auf einen atypischen Kausalverlauf einzugehen, denn (unter anderem) eine Platzwunde und das Erleiden von Kopfschmerzen sind regelmäßige Folgen eines wuchtigen Kopfstoßes.

2. Subjektiver Tatbestand

24 Der T müsste vorsätzlich handeln, § 15 StGB. Der Vorsatz bedeutet das Wissen und das Wollen der zum gesetzlichen Tatbestand gehörenden objektiven Merkmale (→ § 2 Rn. 29 ff. Vorsatz). Der Vorsatz enthält ein intellektuelles und ein voluntatives Element.[14] Hier könnte der *dolus directus I* einschlägig sein. *Dolus*

---
9 BGH NStZ 1997, 123.
10 BGH NStZ-RR 2012, 340.
11 BGH NStZ 2000, 25.
12 RGSt 1, 373 (374); BGHSt 49, 1 (3) = BeckRS 2003, 10365.
13 Wessels/Beulke/Satzger StrafR AT Rn. 258.
14 BGH NStZ 1988, 175.

directus I bedeutet, dass es dem Täter auf den tatbestandlichen Erfolg ankommt. Hinsichtlich des Wissenselementes reicht ein Fürmöglichhalten aus.[15]

Klausurhinweis: Das zu prüfende Wissenselement beim *dolus directus I* wird häufig durch die Studierenden vergessen (→ § 2 Rn. 74 Vorsatz).

T will den O gezielt schädigen, da er ihm seine Freundin ausgespannt hat. Er gönnt ihm das neue Liebesglück keineswegs und ist entsprechend rachsüchtig. Auch hält T es für möglich bzw. weiß es ganz sicher, dass durch den Kopfstoß und den Tritt die körperliche Integrität des O beeinträchtigt wird. Mithin handelt der T bei Begehung der Tat mit Absicht und somit vorsätzlich.

II. Rechtswidrigkeit

Der T müsste rechtswidrig handeln. Rechtfertigungsgründe sind nicht erkennbar. Somit handelt der T rechtswidrig.

III. Schuld

Der T müsste ferner schuldhaft handeln. Schuldausschließungsgründe oder etwaige Entschuldigungsgründe sind nicht erkennbar. Der T handelt schuldhaft.

IV. Strafantrag

Laut Bearbeitungshinweis sind die erforderlichen Strafanträge gestellt (§ 230 StGB).

Klausurhinweis: Der Strafantrag aus § 230 StGB gilt nur für die einfache Körperverletzung aus § 223 StGB und die fahrlässige Körperverletzung aus § 229 StGB.

T macht sich gem. § 223 Abs. 1 StGB strafbar.

B. Subjektiver Tatbestand

I. Allgemeines

Die meisten Delikte im StGB sind vorsätzlich begehbar. Ausnahmsweise ist jedoch auch fahrlässiges Handeln strafbar (§ 15 StGB). Letzteres muss ausdrücklich in dem jeweiligen Delikt normiert sein (→ § 3 Rn. 1 ff. Fahrlässigkeit).

Aus § 242 Abs. 1 StGB ergibt sich zB nicht, dass ein Diebstahl nur vorsätzlich strafbar ist (die darin formulierte Absicht der rechtswidrigen Zueignung bezieht sich nur auf die überschießende Innentendenz). Dies muss auch nicht im Wortlaut des § 242 Abs. 1 StGB ausdrücklich erwähnt werden. Dass der Diebstahl nur vorsätzlich begehbar ist, ergibt sich bereits aus der Formulierung des § 15 StGB. Hingegen muss zB die fahrlässige Körperverletzung (§ 229 StGB) ausdrücklich im Besonderen Teil geregelt sein. Ansonsten wäre sie nicht strafbar.

---

15 BGHSt 18, 246 (246 ff.) = BeckRS 1963, 104774; BGHSt 21, 283 ff. = BeckRS 1967, 105368; vgl. Wessels/Beulke/Satzger StrafR AT Rn. 328.

§ 2 Tatbestand

31 Weitere wichtige fahrlässige Delikte finden sich in §§ 222, 316 Abs. 2, 315c Abs. 3, 306d StGB etc. Zudem sind die sog. Erfolgsqualifikationen grundsätzlich Vorsatz-Fahrlässigkeitskombinationen (→ § 6 Rn. 63 Erfolgsqualifikationen). Dabei muss der Täter nur vorsätzlich hinsichtlich der Verwirklichung des Grundtatbestandes handeln. Im Hinblick auf die Herbeiführung der schweren Folge reicht Fahrlässigkeit aus (§ 18 StGB).

II. Vorsatz

32 Der Vorsatz wird im subjektiven Tatbestand geprüft. Der allgemeine Vorsatz muss sich dabei auf den gesamten objektiven Tatbestand beziehen. Dabei sagt § 15 StGB und auch § 16 Abs. 1 S. 1 StGB nicht genau aus, was unter dem Vorsatz als solches zu verstehen ist.

33 Der Vorsatz teilt sich nach überwiegender Ansicht in ein **Wissenselement** und in ein **Wollenselement** auf.[16] Vorsatz ist damit das Wissen und Wollen der Tatbestandsverwirklichung. Je nach Vorsatzform muss das intellektuelle oder das voluntative Element im Vordergrund stehen, → § 2 Rn. 70 ff. oder auch § 2 Rn. 82 ff.

1. Zeitpunkt des Vorsatzes (sog. Simultanitätsprinzip)

34 Das sog. Simultanitätsprinzip (bzw. Koinzidenzprinzip) bedeutet, dass der Vorsatz zum Zeitpunkt der Tat vorliegen muss (§ 8 StGB), also bei Vornahme der tatbestandlichen Ausführungshandlung. Gemeint ist damit der Zeitraum zwischen Versuchsbeginn und Tatvollendung.[17] Ein vorgelagerter Vorsatz (sog. *dolus antecedens*), der zu Tatbeginn nicht mehr aktuell ist, oder eine nachträgliche Billigung der unvorsätzlichen Tat (*dolus subsequens*) sind unbeachtlich.[18]

35 **Hinweis:** Für den Zeitpunkt der Tat ist es nicht maßgeblich, wann der Erfolg eintritt, § 8 S. 2 StGB.[19]

36 **Beispiel:** T will seine Ehefrau O töten. Dazu vergiftet er ihr Essen und stellt es in der Erwartung in den Kühlschrank, dass sie mit an Sicherheit grenzender Wahrscheinlichkeit es sich abends zubereiten wird. Als O erst später von der Arbeit wiederkommt, hat T zwischenzeitlich seinen Tötungsvorsatz wieder aufgegeben. Als O von dem Essen kostet stirbt sie.

37 T macht sich trotz Vorsatzaufgabe gem. § 211 StGB strafbar, denn maßgeblich ist, was er bei Überschreitung der Versuchsschwelle dachte (bzw. bei Vornahme der tatbestandlichen Ausführungshandlung). Mit dem Vergiften des Essens hat er bereits unmittelbar zur Tat angesetzt, da nach seiner Vorstellung keine wesentlichen Zwischenschritte mehr erforderlich waren, um den Erfolg herbeizuführen. Zu diesem Zeitpunkt hatte T (den entscheidenden) tatbestandlichen Tötungsvorsatz.

38 **Hinweis:** Hätte T die Speisen vorher einfach entsorgt, wäre er durch freiwillige Aufgabe der Tat von einem unbeendeten Versuch strafbefreiend gem. § 24 Abs. 1 S. 1 Var. 1 StGB zurückgetreten (→ § 7 Rn. 19 ff. Rücktritt).

---

16 BGH NStZ 1988, 175.
17 Vgl. BGH NStZ 2010, 503 f.; 1983, 452.
18 BGH NStZ 2018, 27 f.
19 BGH NStZ 2010, 503 f.; 2004, 2001 f.

Beispiel: T will seinen Erbonkel O töten. Dazu möchte er ihn am nächsten Tag unter einem Vorwand in den Wald locken und dort erschießen. Bei Reinigung der Schusswaffe löst sich bereits am Vortag der Tat ein Schuss. T hatte versehentlich den Abzug betätigt. Der Schuss trifft den O tödlich. 39

Zwar wollte T den Onkel erschießen. Dies jedoch erst am folgenden Tag. Mithin lag bei Schussabgabe kein beachtlicher Vorsatz vor, sondern vielmehr der strafrechtlich irrelevante *dolus antecedens*. Der T kann daher nur wegen § 222 StGB bestraft werden. 40

Anders wäre der Fall gelagert, wenn der Täter bereits mit der Ausführungshandlung begonnen hat. So macht sich der Täter wegen Mordes strafbar, wenn er sein Opfer infolge der Zuführung von mehreren Giftmischungen töten will, dazu einen Teil des Giftes in das Getränk des Opfers mischt, um danach die zweite Mischung dem Essen hinzuzufügen. Sollte das Opfer bereits durch den Konsum des Getränkes versterben, liegt ein unbeachtlicher Irrtum über den Kausalverlauf seitens T vor. Er hat bereits mit Verabreichung der ersten Giftmischung die Versuchsschwelle überschritten und zur Tatbegehung unmittelbar angesetzt. 41

Neben dem *dolus antecedens* ist auch ein sog. *dolus subsequens* unbeachtlich. Dieser ist ein dem Tatgeschehen nachfolgender irrelevanter Vorsatz. 42

Beispiel: T fährt mit seinem Audi A4 nach Hause. Auf dem Weg überschreitet er fahrlässig die gesetzlich erlaubte Höchstgeschwindigkeit und kollidiert infolgedessen mit dem Fußgänger O. Dieser war gerade dabei einen Fußgängerüberweg zu passieren. O verstirbt kurze Zeit später am Ereignisort. Als T feststellt, dass es sich bei O um seinen Erbonkel handelt, ist er hocherfreut und akzeptiert den Verlust. 43

Das nachträgliche Billigen der Tat ist für den Vorsatz unbeachtlich und stellt einen *dolus subsequens* dar. Mithin macht sich T nur wegen § 222 StGB strafbar. 44

Hinweis: Wie bei einem *dolus antecedens* fehlt es auch bei einem *dolus subsequens* an der Koinzidenz (also dem Zusammenfallen zweier Ereignisse) zwischen dem tatbestandlichen Handeln und dem Vorsatz. Der Tatbestandsvorsatz liegt nicht vor.[20] 45

Beispiel: T und F unternehmen ein illegales Kraftfahrzeugrennen auf der Bloherfelder Straße in Oldenburg und nehmen eine Geschwindigkeit von ca. 170 km/h auf. Beide befahren hochmotorisierte Sportwagen. An einer Ampel übersieht T bewusst das Rotlichtzeichen und es kommt zu einem folgenschweren Unfall mit dem O, der gerade mit seinem Opel die Kreuzung passieren wollte. Durch den Aufprall wird der O aus dem Fahrzeug geschleudert und verstirbt am Unfallort. 46

T könnte sich gem. §§ 212, 211 StGB strafbar gemacht haben. Problematisch ist hierbei, dass der Tötungsvorsatz zu einem Zeitpunkt vorliegen muss, an dem der Täter das auf den Schaden zusteuernde Ereignis noch verhindern kann (zB zu Rennbeginn). Stellt man den Vorsatz beim Überqueren der Kreuzung fest (und damit unmittelbar vor dem Unfall), so ist dieser Vorsatz ohne Bedeutung, da der Täter zu diesem Zeitpunkt den Unfall nicht mehr vermeiden konnte (unbeachtlicher *dolus subsequens*). 47

Gegen die Annahme eines tatbestandlichen Tötungsvorsatzes spricht zudem, dass die Täter sich nicht selbst verletzen und auch einen Schaden an ihren eigenen Fahrzeugen verhindern wollten. Für den Vorsatz spricht jedoch die aufgenommene hohe Geschwindigkeit innerhalb geschlossener Ortschaften. Im Zweifel muss bei einer derartigen Situation von einer billigenden Inkaufnahme des schädigenden Ereignisses aus- 48

---

20 Wessels/Beulke/Satzger StrafR AT Rn. 319 f.

§ 2 Tatbestand

gegangen werden, sodass der *dolus eventualis* in Bezug auf die Tötung anderer Verkehrsteilnehmer naheliegt.

49 Ein weiteres Problem ist die Prüfung der Mittäterschaft zwischen T und F. Es geht hierbei um die Frage, ob die vorsätzliche Tötungshandlung des T dem F im Rahmen der Mittäterschaft gem. § 25 Abs. 2 StGB zugerechnet werden kann oder nicht. Dazu bedarf es einer gemeinschaftlichen, wenn auch nur konkludenten Übereinkunft,[21] und einer gemeinschaftlichen Tatbegehung (→ § 8 Rn. 19 ff. Täterschaft und Teilnahme). Der BGH sah in dem „Berliner-Raser-Fall" die zunächst vom Landgericht begründete Mittäterschaft des anderen Beteiligten mangels gemeinsamen Tatentschlusses als nicht belegt an und verwies den Fall erneut zum Landgericht. Ein Entschließen zu einem tödlichen Rennen während der Fahrt, ohne vorherige Absprache, sei fernliegend.[22]

2. Vorsatzformen

50 Im Strafrecht wird zwischen drei Vorsatzformen unterschieden.

a) Dolus eventualis (Eventualvorsatz)

51 Der *dolus eventualis* ist die „schwächste Form" des Vorsatzes. Der *dolus eventualis* liegt vor, wenn der Täter die für möglich gehaltene Tatbestandsverwirklichung „billigend in Kauf nimmt" (sog. **Billigungstheorie**).[23]

52 Hier kann im Einzelfall eine Abgrenzung zur bewussten Fahrlässigkeit erfolgen. Eine bewusste Fahrlässigkeit liegt vor, wenn der Täter ernsthaft und nicht nur vage darauf vertraut, dass der als möglich angesehene Erfolg nicht eintritt.[24]

53 Anhand einer Gegenüberstellung der Definitionen des *dolus eventualis* und der bewussten Fahrlässigkeit erkennen Sie, dass diese sich im Hinblick auf das Wissenselement gleichen, sich jedoch im Wollenselement unterscheiden. So verlangt der *dolus eventualis* eine Billigung der Tat, der bewusst fahrlässig handelnde Täter vertraut indes pflichtwidrig und ernsthaft auf ein Ausbleiben des tatbestandlichen Erfolges.

54 Um den Unterschied zwischen dem *dolus eventualis* und der bewussten Fahrlässigkeit deutlich zu machen, wird das folgende Beispiel sehr detailliert dargestellt.

55 **Beispiel:** T bewohnte zusammen mit O ein Zimmer in einer Arbeiterunterkunft. In dieser Unterkunft gab es zwei Nasszellen, die intern jeweils bestimmten Zimmern zugeordnet waren. O wollte nachts gegen 23.00 Uhr eine Nasszelle betreten, die ihm nicht zugeordnet war. O fand diese verschlossen vor und klopfte daher lautstark gegen die Kabinentür. Aufgebracht trat daraufhin die A heraus und stellte O lautstark zur Rede. Der O, der gehörlos ist, entschuldigte sich mit Gesten und undeutlicher Lautsprache. T war aufgrund der unerträglichen Geräuschkulisse in der Nacht erbost und begab sich auch zur Nasszelle. In der rechten Hand trug T eine Glasflasche, die er im Vorbeigehen gezielt an der Gangwand der Unterkunft zerschlug und somit einen scharfkantigen Glasflaschenstummel erzeugte. Er stellte den O und seinen Begleiter F zur Rede. Danach trat er an den O heran und packte ihn mit beiden Händen am Kragen. Den Flaschenhalsstummel führte er dabei immer noch in der rechten Hand. Er führte hierbei keine aktive Stichbewegung in Richtung des O aus. Der Begleiter F schaffte es, T zu besänftigen, sodass dieser von O abließ und die zertrümmerte Flasche auf den Boden warf. Erst jetzt bemerkte O, dass er verletzt war. Er erlitt

---

21 BGHSt 37, 289 = BeckRS 1991, 3071; BGH NStZ 1999, 510; 2002, 200 (201).
22 Vgl. BGH BeckRS 2018, 2754.
23 BGH NStZ 1988, 175.
24 Vgl. BGH NStZ-RR 2016, 79 (80).

drei oberflächliche Hautdefektstellen an der linken Halsseite (8 cm, 3 cm sowie eine weitere ungefähr 2,5 cm lang) sowie eine 1 mal 1 cm große Wunde am rechten Unterarm. Eine bei T durchgeführte Blutentnahme ergab eine Blutalkoholkonzentration von 2,66‰ um 00.12 Uhr.[25]

Hier stellte sich die Frage, inwieweit T vorsätzlich im Hinblick auf die Herbeiführung der Schnitte am Hals und am Unterarm des geschädigten O gehandelt haben könnte. Bei der Prüfung der gefährlichen Körperverletzung müssten Sie in Bezug auf den subjektiven Tatbestand des § 223 Abs. 1 StGB den bedingten Vorsatz von der bewussten Fahrlässigkeit abgrenzen. Das Landgericht hat aufgrund der Gefährlichkeit der Tathandlung auf ein vorsätzliches Verhalten des T geschlossen. T habe bereits in seinem Zimmer die Flasche aufgenommen und gezielt an der Gangwand zerschlagen, um diese später als Waffe einzusetzen. Die Verletzungen des O haben aus Sicht des T nahegelegen, da er den Geschädigten mit beiden Händen, also auch mit der rechten Hand, indem sich die zerbrochene Flasche befand, am Kragen packte. Mit den Verletzungen habe er sich abgefunden, diese also gebilligt. Bewusst angestrebt habe er diese jedoch nicht (damit wurde der *dolus directus I* ausgeschlossen). Ferner ist das Landgericht aufgrund einer zurückgerechneten maximalen Blutalkoholkonzentration von 3,1‰ zur Tatzeit von einer nicht ausschließbaren verminderten Steuerungsfähigkeit gem. § 21 StGB ausgegangen.[26] Das Urteil hat der BGH verworfen, da die Feststellungen zu einem bedingten Körperverletzungsvorsatz nicht tragfähig belegt seien. Allein das Wissenselement des *dolus eventualis* könne bezweifelt werden. So führte der T keine gezielten Stiche oder Schnitte in Richtung des Halses des O aus, sodass ihm womöglich gar nicht bewusst war, dass er den Flaschenhalsstummel noch in der Hand hielt. Er wollte primär den Geschädigten am Kragen packen, also eine Handlung vornehmen, die üblicherweise ohne ein gefährliches Werkzeug oder eine Waffe erfolgt. Zudem zog der BGH das Wollenselement in Zweifel, da eine Auseinandersetzung des Landgerichts mit dem Alkoholisierungsgrad des T als vorsatzkritisches Moment nicht stattfand. Das Wollenselement des Eventualvorsatzes kann auch dann fehlen, wenn dem Täter aufgrund der Alkoholisierung das Risiko der Erfolgsherbeiführung nicht bewusst war und er daher ernsthaft und nicht nur vage auf das Ausbleiben eines Erfolges pflichtwidrig vertraut hat.[27] Eine hochgradige Alkoholisierung kann demnach auch der Annahme eines bedingten Vorsatzes entgegenstehen.[28]

Klausurhinweis: Wie Sie erkennen können, ist es wichtig die Unterschiede zwischen dem *dolus eventualis* und der bewussten Fahrlässigkeit zu begreifen. Kann dem Täter im obigen Fall nicht der Vorsatzvorwurf gemacht werden, so kann er sich nicht nach § 223 Abs. 1 StGB strafbar machen. Zudem fällt dann zwangsläufig eine Bestrafung aus § 224 StGB weg, da es sich hierbei um eine unselbstständige Abwandlung handelt, die einen Anknüpfungspunkt zum Grundtatbestand der Körperverletzung benötigt. Übrig bleibt dann maximal der § 229 StGB. Dieser beinhaltet als Vergehenstatbestand eine Freiheitsstrafe bis zu drei Jahren oder eine Geldstrafe. Bei § 224 StGB ist hingegen eine Freiheitsstrafe von sechs Monaten bis zu zehn Jahren möglich. Ein deutlicher Unterschied.

Zurück zum Vorsatz: Wenn das zu prüfende Delikt im Besonderen Teil keine besondere Vorsatzform voraussetzen sollte, so genügt stets der *dolus eventualis*. Dies ist zB bei der Körperverletzung der Fall, denn aus § 223 Abs. 1 StGB ergibt sich keine besondere Vorsatzart, entsprechend reicht der *dolus eventualis* aus.

---

25 BGH BeckRS 2021, 27041.
26 BGH BeckRS 2021, 27041.
27 Vgl. BGH BeckRS 2018, 22797.
28 BGH BeckRS 2021, 27041.

§ 2 Tatbestand

59 **Klausurhinweis:** In der Klausur müssen sie dennoch auf die einschlägige Vorsatzform eingehen. Eine verallgemeinernde, generelle Prüfung des *dolus eventualis* ist wenig zielführend.

60 In einigen Delikten werden jedoch spezielle Vorsatzformen vorausgesetzt. Dies sind unter anderem Delikte mit einer sog. überschießenden Innentendenz. Also Delikte, bei denen, neben dem allgemeinen Vorsatz (*dolus eventualis* ausreichend), eine spezielle Vorsatzform zu prüfen ist, die kein Äquivalent im objektiven Tatbestand enthält. Dies ist insbesondere beim Diebstahl der Fall. Neben dem Vorsatz auf die fremde, bewegliche Sache und die Wegnahme, muss zusätzlich die rechtswidrige Zueignungsabsicht geprüft werden. Die Zueignungsabsicht verlangt in Bezug auf die Aneignungsabsicht den *dolus directus I* und in Bezug auf den Enteignungsvorsatz mindestens den *dolus eventualis*.[29]

61 Weitere Delikte, bei denen eine spezielle Form des Vorsatzes verlangt werden, finden sich unter anderem in §§ 263, 263a, 267, 274, 265, 265a, 258, 258a StGB etc.

Ferner erfüllt der Täter den Tatbestand der schweren Körperverletzung aus § 226 Abs. 2 StGB, wenn er auf die Erzielung der schweren Folge (s. § 226 Abs. 1 StGB) **absichtlich** oder **wissentlich** handelt. Bei Vorliegen der Voraussetzungen liegt der Strafrahmen bei drei bis 15 Jahre, § 38 Abs. 2 StGB.

62 **Beispiel:** Der T schneidet dem O gezielt den rechten Zeigefinger ab.

63 Sie erkennen also, dass es sehr wichtig ist, die einzelnen Vorsatzarten zu unterscheiden bzw. diese differenzieren zu können.

64 Der Vorsatz muss sich jedoch nicht nur auf die Umstände des Grunddeliktes beziehen. Vielmehr muss der Täter auch hinsichtlich der Erfüllung etwaiger qualifizierender Umstände vorsätzlich handeln. Meist reicht auch hier der *dolus eventualis* aus.

65 **Beispiel:** T begeht einen Diebstahl. In seiner Hosentasche hat er ein aufklappbares Taschenmesser dabei. Leider hat er darüber keine Kenntnis, da ihm das Messer durch seine Freundin zugesteckt wurde.

66 Hier kann T nicht wegen der Qualifikation aus § 244 Abs. 1 Nr. 1a Var. 2 StGB bestraft werden, da er hinsichtlich des Beisichführens eines gefährlichen Werkzeuges ohne Vorsatz gehandelt hat (§ 16 Abs. 1 S. 1 StGB). Der Täter könnte sich jedoch einer fahrlässigen Tat strafbar gemacht haben. Wie bereits erwähnt, muss das fahrlässige Handeln im Besonderen Teil explizit geregelt sein. Dies trifft auf § 244 Abs. 1 Nr. 1a Var. 2 StGB nicht zu. T macht sich somit nur aus dem Grunddelikt § 242 Abs. 1 StGB strafbar.

67 Etwas komplizierter wird es im Hinblick auf den Vorsatz auf Regelbeispiele. Dabei handelt es sich nicht um Tatbestände im klassischen Sinn, wie dies bei (echten) Qualifikationen der Fall ist.[30] Auch die Merkmale des Regelbeispiels muss der Täter in seinen Vorsatz aufnehmen (sog. **Quasi-Vorsatz**)[31].

68 **Klausurhinweis:** Der § 15 StGB wird hierbei nicht direkt zur Anwendung gebracht, sondern analog, da der § 15 StGB sich nur auf Tatbestände bezieht. Unterliegt der Täter einem Irrtum über ein objektives Merkmal einer Strafzumessungsregel, so kommt § 16 Abs. 1 S. 1 StGB analog – entsprechend – zur Anwendung.[32]

---

29 Schönke/Schröder/Bosch § 242 Rn. 64.
30 Wessels/Beulke/Satzger StrafR AT Rn. 172.
31 Vgl. Schönke/Schröder/Bosch § 243 Rn. 43; MüKoStGB/Schmitz § 243 Rn. 72.
32 Wessels/Hillenkamp/Schuhr StrafR BT II Rn. 215.

B. Subjektiver Tatbestand

Klausurhinweis: Achten Sie stets darauf, dass der Vorsatz auf ein Regelbeispiel nicht unter der Überschrift „Subjektiver Tatbestand" festgestellt wird. Benennen Sie die Prüfung besser als „Subjektive Voraussetzung" oder „Subjektives Merkmal". 69

b) Dolus directus I (Absicht)

Eine weitere Vorsatzform ist die **Absicht**. Die Absicht wird auch als *dolus directus I* bezeichnet. Sie bildet die „stärkste Form" des Vorsatzes. Sie ist dadurch gekennzeichnet, dass es dem Täter gerade darauf ankommt, den Taterfolg herbeizuführen oder den Umstand zu verwirklichen, für den das Gesetz absichtliches Handeln voraussetzt. Unter Absicht ist der zielgerichtete Erfolgswille zu verstehen. Dabei macht es keinen Unterschied, ob die Verwirklichung des Tatbestandes Beweggrund für das Handeln des Täters oder nur ein Zwischenschritt für das Erreichen eines entfernteren Zieles ist.[33] 70

> **Beispiel:** T will in die dauerhaft genutzte Privatwohnung (§ 244 Abs. 4 StGB) des O über ein Fenster einbrechen und dort teuren Schmuck stehlen, um diesen gewinnbringend zu veräußern. Dies gelingt ihm. Er macht reichlich Beute. 71

Hinsichtlich der Wegnahme des Schmucks liegt absichtliches Handeln vor. Zudem agierte T mit Aneignungsabsicht und einem Enteignungsvorsatz, da er über den Schmuck verfügen will und den Berechtigten O auf Dauer von der Sache ausschließen möchte.

> **Klausurhinweis:** Bei der Zueignungsabsicht sollten Sie zwingend darauf achten, dass hierzu kein Äquivalent im objektiven Tatbestand besteht und es somit nicht darauf ankommt, ob der T sich die Sache tatsächlich zugeeignet hat. Allein der zielgerichtete Wille bei Überschreitung der Versuchsschwelle ist entscheidend. 72

Zurück zum Beispiel: Wenn T die Fensterscheibe zerstört haben sollte, um so in das Objekt zu gelangen, so handelt er auch absichtlich im Hinblick auf die Sachbeschädigung aus § 303 Abs. 1 StGB. Der *dolus eventualis* wäre allerdings ausreichend gewesen. 73

Immer wieder wird in diesem Zusammenhang vergessen, dass sich die Absicht, wie jede andere Vorsatzform, aus einem Wollenselement **und** einem Wissenselement zusammensetzt. Absichtliches Handeln liegt auch dann vor, wenn es dem Täter auf die Herbeiführung des Erfolges ankommt und er die nach seiner Vorstellung dahin führende Verwirklichung des Tatbestandes nur für möglich hält.[34] 74

> **Beispiel:** T schießt mit seinem Revolver auf O. Er will ihn unbedingt töten. Dass er ihn trifft, hält er aufgrund der Schussdistanz nur für möglich. 75

Wichtig bei der Prüfungsvorbereitung ist eine intensive Beschäftigung mit dem Gesetzeswortlaut. Der Wille des Gesetzgebers ist durch eine nach dem Wortlaut zu bestimmende Auslegung zu ermitteln (→ § 1 Rn. 149 ff. Auslegungsmethoden). Es ist dabei hilfreich auf eine sich wiederholende Wortwahl zu achten. So kann die vom Gesetzgeber geforderte Absicht unter anderem an der Formulierung „..., um ..." erkannt werden. 76

Ein Beispiel hierfür ergibt sich aus dem Mordtatbestand (§ 211 StGB). So liegt ein Mord vor, wenn der Täter eine andere Person getötet hat, **um** eine andere Straftat zu ermöglichen oder zu verdecken. Er müsste also in Ermöglichungsabsicht bzw. in Verdeckungsabsicht gehandelt haben.[35] 77

---

33 BGHSt 18, 151 (154) = NJW 1963, 914.
34 BGHSt 35, 328 = BeckRS 1988, 1376.
35 BGH NStZ 1996, 81.

§ 2 Tatbestand

78 Ein weiteres Beispiel für eine derartige Formulierung findet sich in § 244 Abs. 1 Nr. 1b StGB. Der Täter macht sich eines schweren Diebstahls gem. § 244 Abs. 1 Nr. 1b StGB strafbar, wenn er ein sonstiges Mittel bei sich führt, **um** den Widerstand einer anderen Person durch Gewalt oder Drohung mit Gewalt zu verhindern oder zu überwinden. Es genügt, dass das mitgeführte Werkzeug im Bedarfsfall als Gewalt- oder Drohmittel eingesetzt werden soll, wobei eine Realisierung der Absicht von äußeren Bedingungen abhängig gemacht werden kann.[36] Diese Bedingungen können in dem Auftauchen Dritter oder in dem Widerstand des Opfers liegen.[37]

79 Teilweise verhält sich der Gesetzgeber jedoch noch deutlicher in seiner Wortwahl. So lässt er bei § 258 Abs. 1 StGB neben **wissentlichem** Handeln in Bezug auf die Vereitelungshandlung auch **absichtliches** Handeln zu. Gleiches gilt für den bereits erwähnten § 226 Abs. 2 StGB.

80 Dennoch können solche eindeutigen Formulierungen im Einzelfall auch trügerisch sein. So muss nach § 267 Abs. 1 StGB der Täter einer Urkundenfälschung „zur Täuschung im Rechtsverkehr" handeln. Anhand der Formulierung wäre nur absichtliches Handeln zulässig. Jedoch lässt hier die überwiegende Ansicht neben dem *dolus directus I* auch die Wissentlichkeit genügen.[38]

81 **Hinweis:** Nach einer anderen Ansicht muss der Täter die Täuschung im Sinne eines *dolus directus I* beabsichtigen.[39] Mit dieser restriktiven Auslegung der Urkundenfälschung würde das Herstellen einer unechten Urkunde und das Verfälschen einer echten Urkunde iSv § 267 Abs. 1 Var. 1, 2 StGB allerdings dann leerlaufen, wenn ein professioneller Fälscher im Auftrag eines Dritten zu Werke geht, denn ob der Dritte das falsche Dokument anschließend tatsächlich verwendet oder nicht, ist regelmäßig weder das Zwischen- noch das Endziel des Fälschers.[40]

c) Dolus directus II (Wissentlichkeit)

82 Ferner gibt es noch die Vorsatzform der Wissentlichkeit. Im Vordergrund steht hierbei, der Wortlaut verrät es bereits, das kognitive Element (bei der Absicht ist im Gegensatz hierzu das voluntative Element ausgeprägt).

83 Bei dem *dolus directus II* weiß der Täter oder setzt als sicher voraus, dass sein Handeln zur Verwirklichung des gesetzlichen Tatbestandes führt („sicheres Wissen"), lässt sich aber dennoch nicht davon abbringen, die Tathandlung auszuführen, möge ihm der Taterfolg auch noch so unerwünscht sein.[41]

84 **Beispiel:** T zündet seine Scheune an, um die Versicherungssumme einzustreichen. Dass der sich darin aufhaltende Landstreicher O zu Tode kommen wird, weiß T sicher, wird von ihm jedoch als notwendiges Übel hingenommen.

d) Differenzierung der verschiedenen Vorsatzarten (anhand eines Beispiels)

85 Bitte versuchen Sie in dem folgenden Beispielsfall die einzelnen Vorsatzformen voneinander abzugrenzen.

86 **Beispiel:** T will O töten und platziert eine Bombe unter dem Motorraum seines Autos. Diese ist so konzipiert, dass bei Betätigung des Gaspedals der Sprengstoff entzündet wird. O wird immer von

---

36 BGH NStZ-RR 1996, 3.
37 Schönke/Schröder/Bosch § 244 Rn. 18.
38 BayObLG NJW 1998, 2917.
39 BayObLG NJW 1967, 1476 (1477).
40 MüKoStGB/Erb § 267 Rn. 209.
41 BGHSt 21, 283 (285) = BeckRS 1967, 105368.

seiner Ehefrau F begleitet. Darüber hat T Kenntnis. T geht auch davon aus, dass F zum Zeitpunkt der Tat auf dem Beifahrersitz Platz nehmen wird. Sie wird daher mit Sicherheit auch sterben. Eigentlich mag er die F, ihr (begleitender) Tod ist aber unausweichlich. Dass durch die Explosion und umherfliegende Autoteile andere Passanten getötet werden, hält T für möglich, hofft aber inständig, dass niemand sonst verletzt werden wird. Als O und F in das Auto einsteigen und das Gaspedal betätigt wird, explodiert der Wagen in unzählige Teile. Alle Insassen sind sofort tot. Eine durch die Explosionswucht weggesprengte Autotür tötet auch den zufällig vorbeigehenden P.

In Bezug auf die Tötung des O handelt T absichtlich, denn es kam ihm primär darauf an, dass O sterben wird. Dass der Tod des O eintreten wird, war ihm zudem bewusst.

> **Hinweis:** Das intellektuelle und das voluntative Element sind hier sehr deutlich ausgeprägt. In einem solchen Fall sollten Sie auf ein absichtliches Handeln abstellen.

Der Tod der F war ihm an sich unerwünscht, er sah diesen aber als notwendiges Übel sicher voraus. Somit handelte er in Bezug auf die Tötung der F mit *dolus directus II*.

> **Klausurhinweis:** Bitte erinnern Sie sich daran, dass der Erfolg dem wissentlich handelnden Täter auch unerwünscht sein kann.

Den Tod des Passanten P hielt T nur für möglich, hoffte jedoch, dass dieser ausbleiben wird. Somit macht er sich diesbezüglich wegen einer fahrlässigen Tötung strafbar.

> **Klausurhinweis:** In Bezug auf die Tötung des P sollten Sie in einer Klausur mit dem vorsätzlichen Totschlag beginnen und im subjektiven Tatbestand den *dolus eventualis* von der bewussten Fahrlässigkeit abgrenzen (→ § 2 Rn. 52). Bei Ablehnung des Vorsatzes leiten Sie auf § 222 StGB über.

> **Hinweis:** Die Begriffe *dolus antecedens, dolus subsequens, dolus alternativus, dolus cumulativus, dolus generalis* bilden keine weiteren Vorsatzformen iSd § 15 StGB.

III. Vorsatz und Kausalität

Der Vorsatz muss auch die Kausalität und die objektive Erfolgszurechnung in ihren Grundzügen erfassen.[42] Problematisch sind dabei Fälle, bei denen ein atypischer Kausalverlauf vorliegen könnte. Es handelt sich hierbei um Geschehensverläufe, die außerhalb jeglicher Wahrscheinlichkeit liegen und mit denen folglich nicht zu rechnen war (→ § 1 Rn. 287 Kausalität und objektive Zurechnung). Sollte ein solcher Fall vorliegen, müssen Sie zunächst daran denken, dass die Atypik des Sachverhaltes nichts an der Kausalität zwischen der Tathandlung und dem tatbestandlichen Erfolg ändert. Jedoch scheitert die objektive Erfolgszurechnung, da es sich bei dem Erfolg dann regelmäßig nicht um das Werk des Täters handelt, sondern um das Werk des Zufalls. Sie kommen also nur dann zur Prüfung des tatbestandlichen Vorsatzes, wenn Sie (zuvor) keinen atypischen Verlauf erkannt haben. Dennoch müssen Sie im Anschluss im Rahmen des subjektiven Tatbestandes problematisieren, inwiefern der Täter aus seiner Sicht mit einem derartigen Verlauf rechnen konnte.

> **Beispiel:** T wirft O von einer Brücke und hofft, dass er sich ein Bein brechen wird. Tatsächlich bricht O sich einen Arm.

Der Armbruch stellt keine wesentliche Abweichung zwischen dem eingetretenen und dem vorgestellten Geschehensverlauf dar. T konnte damit rechnen. Zudem handelt es

---

[42] Wessels/Beulke/Satzger StrafR AT Rn. 383.

sich nicht um einen atypischen Kausalverlauf. Der Armbruch ist dem T somit zuzurechnen.

1. Der Erfolg tritt früher ein als geplant

97 Schwieriger sind Fälle zu prüfen, bei denen der Erfolg früher als geplant eintreten sollte.

98 **Beispiel:** T will ihren Ehemann O beseitigen. Sie will ihn mit zwei Giftkapseln töten. Die erste gibt sie ihm planmäßig mit seinen morgendlichen Medikamenten, die zweite Kapseln soll dem O später beim Frühstück verabreicht werden. Nach ihrer Vorstellung wirken beide Kapseln in ihrer Zusammenwirkung tödlich.

99 Sollte O bereits durch die erste Kapsel versterben, so liegt eine unwesentliche Abweichung zwischen dem vorgestellten und dem eingetretenen Geschehensverlauf vor. T handelt vorsätzlich, obwohl der Erfolg hier früher als geplant eingetreten ist, da sie mit der Verabreichung der ersten Kapsel bereits die Versuchsschwelle überschritten hat.

100 **Klausurhinweis:** Da niemals sämtliche Einzelheiten eines Geschehens voraussehbar sind, genügt für die Bejahung des Tatbestandsvorsatzes auf die Kausalität, dass der Täter den Kausalverlauf in seinen **wesentlichen** Zügen erfasst. Dies ist immer dann anzunehmen, wenn die Abweichung zwischen dem vorgestellten und dem eingetretenen Kausalverlauf sich noch in den Grenzen des nach allgemeiner Lebenserfahrung Voraussehbaren hält und sie somit keine andere Bewertung der Tat rechtfertigt (→ § 2 Rn. 95 Beispiel Brücken-Fall).[43]

101 Sollte der Erfolg (noch) früher eintreten, so ist der Fall uU anders zu entscheiden.

102 **Beispiel:** T will die O töten. Er will sie schlagen, sie dann in seinen Kofferraum sperren, um anschließend mit ihr zu einem entfernteren See zu fahren. Dort will er sie mit einem Gewicht beschweren und danach im See versenken. Sterben soll O also durch Ertrinken. Tatsächlich stirbt O schon infolge von Herzversagen im Kofferraum, nachdem der T sie bereits körperlich misshandelt hat.[44]

103 Hier trat der Erfolg, im Gegensatz zum vorherigen Fall, bereits im Vorbereitungsstadium der Tat ein. Der tatbestandliche Vorsatz ist jedoch nur dann relevant, wenn der Täter zur Tat bereits unmittelbar ansetzt, also das Versuchsstadium erreicht. T wollte hier jedoch noch zu einem entfernteren See fahren. Entsprechend hat er mit den Schlägen auf O und dem Verbringen in den Kofferraum noch nicht zum versuchten Totschlag angesetzt. T macht sich also „nur" wegen Körperverletzung mit Todesfolge (§ 227 StGB) und Freiheitsberaubung mit Todesfolge (§ 239 Abs. 4 StGB) strafbar, aber nicht gem. § 212 Abs. 1 StGB. Der mitverwirklichte § 222 StGB wird durch den § 227 Abs. 1 StGB verdrängt.[45]

104 **Hinweis:** Eine Verurteilung des Täters wegen einer vorsätzlichen Tat kommt daher nicht in Betracht, wenn der Erfolg früher eintritt als geplant und der Täter durch seine erste Handlung noch nicht zum Versuch unmittelbar angesetzt hat, sondern erst im Zuge einer späteren Tathandlung in die Tatbestandsverwirklichung einmünden wollte.

2. Der Erfolg tritt später ein als geplant

105 Es gibt jedoch auch Fälle, in denen der Erfolg später als geplant eintritt.

---

43 Vgl. BGHSt 7, 325 (329) = BeckRS 1955, 103778 – Blutrausch; BGH NStZ 2001, 29 (30) – Gnadenschuss II.
44 BGH BeckRS 2001, 30226267.
45 BGHSt 8, 54 = BeckRS 1955, 104063.

B. Subjektiver Tatbestand

Beispiel: T will O töten. Dazu stopft er ihm Sand in den Mund und erhofft sich so die Herbeiführung des Erstickungstodes bei O. Als er O für tot hält, versenkt er ihn, wie von Anfang an geplant, in einer Jauchegrube. Eine spätere Obduktion kommt zu dem Ergebnis, dass der O Jauche in seine Lunge aspiriert hat. Der Tod trat also erst durch die eigentliche Beseitigungshandlung des T ein (s. sog. Jauche-Grube-Fall).[46]

106

Zwischen den beiden Tatkomplexen im Sachverhalt ist eine Differenzierung bzw. eine unterschiedliche strafrechtliche Bewertung erforderlich. Zunächst müsste hier ein Totschlag infolge der Beseitigungshandlung geprüft werden. Der objektive Tatbestand ist erfüllt, schließlich hat die Beseitigung der vermeintlichen Leiche des O dessen Tod kausal herbeigeführt. Zudem ist es das Werk des T. Einen Menschen in einer Jauchegrube zu versenken birgt (objektiv) die Gefahr des Todes durch Ersticken. Allein der Vorsatz ist im Hinblick auf diese zweite Tathandlung fraglich. Nach der Lehre des sog. *dolus generalis* liegt ein vorsätzliches Verhalten seitens T vor, denn danach können mehrere Vorgänge ein einheitliches Geschehen bilden.[47] Dadurch erstreckt sich der Vorsatz der ersten Tathandlung auch auf die Beseitigungshandlung im zweiten Akt. Trotz des später eintretenden Irrtums würde sich der T wegen eines vollendeten Totschlags strafbar machen. Diese Meinung ist abzulehnen. Sie ist nicht mit dem Simultanitätsprinzip zu vereinbaren. Danach muss der Vorsatz stets zur Zeit der Tathandlung vorliegen (§§ 8, 16 StGB). Ein Vorsatz vor der Tat oder nach der Tat (→ § 2 Rn. 34 *dolus antecedens* und *dolus subsequens*) reicht hierfür nicht aus.[48]

107

Nach anderer Sichtweise ist der T wegen eines versuchten Mordes in Tateinheit mit fahrlässiger Tötung zu bestrafen. Die sog. Versuchslösung behandelt hierbei jeden Tatabschnitt gesondert.[49] T hat beim ersten Akt mit Tötungsvorsatz gehandelt. Die Handlung schlug jedoch aus objektiver Sicht fehl, da der Tod des O nicht herbeigeführt wurde. T macht sich gem. §§ 212, 22, 23 Abs. 1 StGB strafbar. Im zweiten Akt erkennt T sorgfaltswidrig nicht, dass O noch lebt und versenkt ihn in einer Jauchegrube. Der § 222 StGB liegt demnach vor. Der § 212 StGB als vollendete Tat wurde nicht verwirklicht, da dem T im zweiten Handlungskomplex der Vorsatz fehlte.

108

Nach der sog. **Vollendungslösung** würde der T wegen eines vollendeten Totschlags bestraft werden können. Der Erfolg kann ihm objektiv zugerechnet werden, denn dieser hält sich noch in den Grenzen des Voraussehbaren.[50] T hat durch sein Verhalten zunächst den Tod des O kausal herbeigeführt. Ferner hat T geplant, den O nach Vollendung des ersten Angriffes in der Jauchegrube zu beseitigen. Dass sich der T irrt und den Tod des O nicht bereits durch die Ersthandlung herbeiführt, sondern der Tod erst später eintritt, ist nicht gänzlich unwahrscheinlich. Dies gilt umso mehr, da T kein Mediziner ist und den Tod nicht ohne weiteres sicher feststellen kann. T schafft mit der Ersthandlung die Gefahr, dass er den Tod des O irrtümlich für gegeben hält und diesen erst mit der Zeithandlung tatsächlich herbeiführt. Zudem sind, dies kann mitunter auch anders beurteilt werden, beide Todesursachen austauschbar. Das Ersticken infolge des Verstopfens der Atemwege mit Sand ist zumindest vergleichbar mit dem Ertrinken in einer Jauchegrube. Beide Todesarten treten durch mangelnde Sauerstoffzufuhr ein.

109

---

46 BGHSt 14, 193 = BeckRS 1960, 105310 – Jauchegrube.
47 Schönke/Schröder/Lieben/Schuster § 15 Rn. 58.
48 BGH NStZ 2018, 27 f.
49 Rengier StrafR AT § 15 Rn. 55.
50 Schönke/Schröder/Sternberg-Lieben/Schuster § 15 Rn. 58.

110 Fraglich ist ferner, ob T vorsätzlich gehandelt hat. Dies ist hier zunächst der Fall, denn T wollte beim ersten Akt den O tatsächlich töten. Problematisch ist jedoch, dass T womöglich über das objektive Merkmal der Kausalität bzw. über die objektive Zurechnung irrt. Dieser Irrtum wäre als Tatbestandsirrtum zu klassifizieren, der zum Ausschluss des Vorsatzes führt (§ 16 Abs. 1 S. 1 StGB). Dazu müsste die Abweichung zwischen dem geplanten und dem tatsächlich eingetretenen Geschehensverlauf wesentlich sein. Dies ist dann nicht der Fall, wenn sich die Abweichung noch in den Grenzen des nach allgemeiner Lebenserfahrung Voraussehbaren hält und keine andere Bewertung rechtfertigt.[51] Der Umstand, dass der O erst im Zuge der Beseitigungshandlung verstirbt, ist als unwesentliche Abweichung zu bewerten. Es ist nicht gänzlich unwahrscheinlich, dass ein späteres Tatopfer nicht bereits durch den ersten lebensgefährdenden Angriff stirbt, sondern erst im Rahmen der Beseitigung der vermeintlichen Leiche. Zudem sind wie bereits erwähnt beide Todesursachen austauschbar. Der T handelt vorsätzlich. Ein vollendeter Totschlag liegt vor.

111 Der letzten Ansicht ist insgesamt zuzustimmen. Es wäre nicht nachvollziehbar, dass ein Täter „nur" wegen eines versuchten Totschlages bestraft werden kann, wenn der Tod erst im Zuge der bereits im Vorfeld geplanten Beseitigungshandlung eintritt, denn gerade der planende Täter entfaltet grundsätzlich mehr kriminelles Unrecht als ein spontan handelnder Täter. Eine Privilegierung des planvoll handelnden Täters ist nicht angebracht. Zudem verkennt die Versuchslösung, dass der Vorsatz zum Zeitpunkt der Tathandlung vorliegen muss und nicht (mehr) bei der Erfolgsherbeiführung (§ 8 S. 2 StGB).[52] Ferner sind beide Handlungsstränge miteinander verknüpft, eine (Vorsatz-)Zäsur ist nicht erkennbar.

112 **Klausurhinweis:** Der BGH würde hier die Abweichung zwischen dem vorgestellten und eingetretenen Kausalverlauf im subjektiven Tatbestand prüfen, wohingegen die Literatur zunächst die objektive Erfolgszurechnung darstellt, um erst später einen vermeintlichen Irrtum des Täters subjektiv abzubilden.

3. Der Erfolg tritt an anderen Tatobjekten ein als geplant

113 Zudem kann es Fälle geben, in denen der Taterfolg an anderen Tatobjekten als geplant eintritt. Es gilt hierbei den *error in persona vel objecto* (lat.: Irrtum bzw. Fehler hinsichtlich des Tatobjektes) vom *aberratio ictus* (lat. aberratio: Ablenkung, Zerstreuung; lat. ictus: schwer getroffen) zu unterscheiden.

a) Error in persona vel objecto

114 Sobald das anvisierte und das tatsächlich getroffene Objekt gleichwertig sind, handelt es sich um einen unbeachtlichen *error in persona vel objecto*, der den Vorsatz nicht berührt. Die Fehlvorstellung über die Identität des Opfers bleibt als bloßer Motivirrtum unbeachtlich.[53] Ein versuchtes Vorsatzdelikt hinsichtlich des nicht getroffenen, aber anvisierten Tatobjekts kommt aufgrund einer unzulässigen Vorsatzdopplung nicht in Betracht.[54]

---

51 BGHSt 7, 325 (329) = BeckRS 1955, 103778 – Blutrausch; BGHSt 14, 193 (193) = BeckRS 1960, 105310 – Jauchegrube.
52 Valerius JA 2006, 261 (263).
53 Rengier StrafR AT § 15 Rn. 22.
54 Schmidt StrafR AT Rn. 288.

B. Subjektiver Tatbestand

Beispiel: T will O verletzen. Tatsächlich schlägt er auf F ein, da er F und O verwechselt hat. **115**

Beide Tatobjekte sind gleichwertig. T wollte eine andere Person verletzen und hat **116** dies auch getan (§ 223 Abs. 1 StGB). Sein Tatbestandsvorsatz wird durch den Identitätsirrtum nicht berührt. Er macht sich gem. § 223 Abs. 1 StGB an F strafbar. Da der T seinen Vorsatz verbraucht hat, kommt eine Bestrafung wegen versuchter Körperverletzung an O nicht in Betracht.

Hinweis: Eine Gleichwertigkeit der Tatobjekte liegt immer dann vor, wenn diese unter die dieselbe **117** Strafnorm fallen.

Nur, wenn das anvisierte und das tatsächlich getroffene Objekt ungleichwertig sind, **118** führt der Irrtum zum Vorsatzausschluss, weil sich der Täter über die Tauglichkeit des Tatobjekts geirrt hat.[55] Der Täter macht sich dann wegen eines fahrlässigen Deliktes an dem getroffenen und wegen versuchten Vorsatzdeliktes an dem anvisierten Objekt strafbar.

Beispiel: T will die Nachbarskatze mit einem Stein verjagen. Er wirft den Stein in einen Busch, in- **119** dem er die Katze wähnt. Tatsächlich befindet sich die Nachbarstochter O in dem Busch und erleidet durch den Stein eine schmerzhafte Platzwunde an der Stirn.

Hier ist der Irrtum des T über das Tatobjekt wesentlich, sodass er in Bezug auf die **120** Verletzung der O unvorsätzlich handelt (§ 16 Abs. 1 S. 1 StGB). Er macht sich jedoch gem. § 229 StGB strafbar. Da er die Katze treffen wollte, liegt eine versuchte Sachbeschädigung vor. Diese steht in Tateinheit zur fahrlässigen Körperverletzung.

b) Aberratio ictus (Fehlgehen der Tat)

Anders sind Fälle zu beurteilen, in denen die Tat fehlgeht. Beim *aberratio ictus* visiert **121** der Täter ein bestimmtes Objekt an, trifft jedoch ein anderes Objekt.

Beispiel: T will O schlagen. O kann sich rechtzeitig wegducken und der Schlag trifft den dahinter- **122** stehenden F.

Nach der sog. Konkretisierungstheorie[56] würde der Täter nur wegen eines versuchten **123** Deliktes im Hinblick auf das anvisierte, jedoch verfehlte Tatobjekt handeln und sich gegebenenfalls wegen Fahrlässigkeit bezüglich des getroffenen Tatobjekts strafbar machen.[57] In dem Schlagen des falschen Tatobjektes liegt im obigen Fall aus Sicht des Täters eine wesentliche Abweichung zwischen dem vorgestellten und dem tatsächlich eingetretenen Tatverlaufes vor. Die versuchte Körperverletzung aus §§ 223 Abs. 1, 2, 22, 23 Abs. 1 StGB an O steht dann in Tateinheit zu der fahrlässigen Körperverletzung gem. § 229 StGB an F. Ein Vorsatzverbrauch ist, wie bei dem *error in persona vel objecto*, nicht erkennbar, da der gesamte Vorsatz des Täters auf die Misshandlung des O ausgerichtet war.

Nach einer anderen Ansicht ist der Täter bezüglich des getroffenen Tatobjekts wegen **124** einer Vorsatztat zu sanktionieren (sog. **Gleichwertigkeitstheorie**), da er den Vorsatz hatte eine andere Person zu verletzen, und dies letztendlich auch umsetzen konnte.[58] Diese Ansicht verkennt jedoch, dass der Täter tatsächlich eine ganz andere Person

---

55 Wessels/Beulke/Satzger StrafR AT Rn. 370; Schönke/Schröder/Sternberg-Lieben/Schuster § 15 Rn. 59; Fischer § 16 Rn. 8.
56 Wessels/Beulke/Satzger StrafR AT Rn. 375; Rengier StrafR AT § 15 Rn. 31 f.
57 Vgl. auch Fischer § 16 Rn. 9.
58 Heuchemer JA 2005, 275.

§ 2 Tatbestand

treffen wollte. Der Sachverhalt ist somit nicht so eingetreten, wie sich der Täter dies vorgestellt hat. Somit sollte der ersten Ansicht gefolgt werden.

125 Unumstritten ist die Behandlung des *aberratio ictus* bei Ungleichwertigkeit der Tatobjekte. Fallen das anvisierte und das getroffene Tatobjekt auseinander, so ist hinsichtlich des getroffenen Tatobjekts ein Tatbestandsirrtum anzunehmen, sodass hier eine Fahrlässigkeit in Betracht kommt. Diese steht (soweit vorliegend) in Tateinheit zum versuchten Delikt an dem anvisierten Tatobjekt.[59]

126 **Beispiel:** Der T tritt nach der Person O, verfehlt O jedoch und trifft den dahinter kauernden Hund H.

127 Hier würde sich der Täter wegen einer versuchten Körperverletzung gem. §§ 223 Abs. 1, 22, 23 Abs. 1 StGB strafbar machen. Die Sachbeschädigung aus § 303 Abs. 1 StGB ist nicht verwirklicht, da eine fahrlässige Begehung im Gesetz nicht vorgesehen ist.

IV. Zusammentreffen von mehreren Vorsatzformen

128 Treffen mehrere Vorsatzformen zusammen, kann zwischen einen sog. *dolus alternativus* und einem sog. *dolus cumulativus* differenziert werden

1. Dolus alternativus (Alternativvorsatz)

129 Ein *dolus alternativus* ist dann anzunehmen, wenn der Täter bei Vornahme einer Handlung nicht sicher weiß, ob er dadurch von zwei sich gegenseitig ausschließenden Tatbeständen bzw. Erfolgen den einen oder den anderen verwirklicht, jedoch billigend in Kauf nimmt, dass entweder der eine oder der andere Erfolg eintritt.[60]

130 **Beispiel:** T hat einen Wohnungseinbruchsdiebstahl begangen. Er flieht aus dem Tatobjekt. Der Eigentümer O verfolgt ihn mit seinem Hund H. O und sein Hund holen T ein. Der T zückt sein Messer und sticht damit hinter sich. Dabei ist es ihm vollkommen egal, ob er O oder H treffen wird. Er trifft den Hund H. Dieser erliegt später seiner Verletzung.

131 Der Tatbestandsvorsatz des T deckt hier die gefährliche Körperverletzung an O und die Sachbeschädigung an dem Hund ab, denn beides hält er für möglich und nimmt es billigend in Kauf.

132 Wie der *dolus alternativus* zu bewerten ist, ist äußerst umstritten:

Nach einer Auffassung ist nur von **einem** relevanten Vorsatz auszugehen. Teilweise wird hier nur der Vorsatz auf das schwerere Delikt berücksichtigt.[61] Der T würde sich danach nur wegen versuchter gefährlicher Körperverletzung an O strafbar machen. Die vollendete Sachbeschädigung wäre eine mitabgegoltene Begleittat.

133 Andere stellen nur auf den Vorsatz auf die vollendete Tat ab.[62] Danach würde sich T nur wegen einer vollendeten Sachbeschädigung an H strafbar machen.

134 Beide Ansichten sind jedoch abzulehnen. Stellt man nur auf das schwerwiegendere Delikt ab, so könnte das leichtere, aber verwirklichte (bzw. vollendete) Delikt nicht berücksichtigt werden. Lässt man hingegen nur den verwirklichten Tatbestand zu, so

---

59 Schönke/Schröder/Sternberg-Lieben/Schuster § 15 Rn. 57; Rengier StrafR AT § 15 Rn. 30.
60 Wessels/Beulke/Satzger StrafR AT Rn. 348.
61 Lackner/Kühl/Kühl § 15 Rn. 29.
62 Vgl. NK-StGB/Zaczyk § 22 Rn. 20.

kommt nicht zum Ausdruck, dass der Täter mit zwei (oder mehr) Vorsätzen gehandelt hat. Beim *dolus alternativus* will der Täter nämlich jeden der Erfolge bzw. nimmt diese billigend in Kauf.

Nach der überwiegenden Auffassung wird daher Tateinheit zwischen dem vollendeten und dem versuchten Delikt angenommen.[63] Nur so kommt zum Ausdruck, dass T die Herbeiführung beider, sich gegenseitig ausschließender Tatbestände für möglich hielt und billigte. T hätte sich danach gem. § 224 Abs. 1 Nr. 2, 5, 22, 23 Abs. 1 StGB in Tateinheit zu § 303 Abs. 1 StGB (tödlicher Stich auf den Hund) strafbar gemacht. 135

Hinweis: Hätte der T nicht getroffen, so wäre ein Versuch beider Delikte strafbar gewesen. 136

2. Dolus cumulativus (Kumulativer Vorsatz)

Ein *dolus cumulativus* liegt vor, wenn der Täter mit einer Handlung den Eintritt mehrerer, sich gegenseitig nicht ausschließender Delikte verwirklicht bzw. verwirklichen will.[64] 137

Beispiel: T wird nach einem Raubüberfall von der Polizei verfolgt und feuert mehrmals in Richtung der Beamten. POK O wird durch einen Schuss in den Bauch schwer verletzt, PK F hingegen verstirbt durch zwei Schüsse in den Hals. 138

Die Behandlung des *dolus cumulativus* ist unproblematisch, da der Täter nach allen in Betracht kommenden Delikten bestraft werden kann. Hier macht sich T gem. § 211 StGB an F in Tateinheit mit §§ 211, 22, 23 Abs. 1 StGB an O strafbar (Mordmerkmal ist hier die Verdeckungsabsicht). 139

Fall 2 (Übungsfall zum Vorsatz) 140

Sachverhalt

T ist am späten Abend auf dem Weg zu einer Feier in der Innenstadt von Oldenburg. Es regnet stark und seine Kleidung ist bereits teilweise durchnässt. Zuvor hat T den Bus verpasst, sodass er gezwungenermaßen den Weg fußläufig bestreiten muss. Glücklicherweise lehnt an einer Hauswand eines Einfamilienhauses ein gebrauchtes Damenfahrrad (Verkehrswert ca. 150 EUR). Das Fahrrad gehört der O, die es nach der Arbeit immer an ihre Hauswand anlehnt. Schnell kommt ihm die Überlegung, das Fahrrad an sich zu nehmen, um es später bei eBay[65] zu verkaufen. Er verwirft jedoch schnell wieder den Gedanken. Besser wäre es, das Fahrrad nur für den noch langen Weg zur Feier zu benutzen, um es später in der Nacht wieder hier abzustellen. So geschieht es. T setzt sich auf das Fahrrad und radelt los. Nach ein paar Minuten fällt dem T die Leichtgängigkeit des Damenrades auf. Er beschließt es zu behalten und fährt damit nach der Feier zu sich nach Hause.

Strafbarkeit T wegen eines einfachen Diebstahls gem. § 242 Abs. 1 StGB? Strafanträge sind gestellt.

Lösung

A. Der T könnte sich durch die Mitnahme des Damenfahrrades gem. § 242 Abs. 1 StGB strafbar gemacht haben.

---

63 BeckOK StGB § 15 Rn. 27; Vgl. auch Schönke/Schröder/Sternberg-Lieben/Schuster § 15 Rn. 90 ff.; Rengier StrafR AT § 14 Rn. 58.
64 Schmidt StrafR AT Rn. 259.
65 eBay Kleinanzeigen heißt nunmehr Kleinanzeigen.

I. Tatbestand

1. Objektiver Tatbestand

Zunächst müsste der objektive Tatbestand des § 242 Abs. 1 StGB erfüllt sein. Der Täter müsste eine fremde, bewegliche Sache weggenommen haben.

a) Sache

Bei dem Fahrrad müsste es sich um eine Sache handeln. Sachen sind gem. § 90 BGB alle körperlichen Gegenstände.[66] Das Fahrrad ist ein haptischer, körperlicher Gegenstand. Eine Sache liegt vor.

b) Fremd

Das Fahrrad müsste für den T fremd sein. Fremd sind Sachen, die weder im Alleineigentum des Täters stehen noch herrenlos sind.[67] Das Fahrrad steht nicht im Eigentum des T, sondern in dem Eigentum der O. Daran hat also auch keine Eigentumsaufgabe (sog. Dereliktion) stattgefunden. Das Fahrrad ist demnach fremd.

c) Beweglich

Der Gegenstand müsste zudem beweglich sein. Beweglich sind Sachen, die von ihrem bisherigen Standort entfernt werden können.[68] T kann mit dem Fahrrad in die Innenstadt fahren. Somit handelt es sich um eine bewegliche Sache.

d) Wegnahme

Es ist fraglich, ob T das Fahrrad weggenommen hat. Eine Wegnahme bedeutet den Bruch fremden und die Begründung neuen, nicht notwendigerweise tätereigenen Gewahrsams.[69] Zunächst ist zu prüfen, ob die Sache in dem Gewahrsam eines anderen stand.

aa) Fremder Gewahrsam

Gewahrsam ist die von einem natürlichen Herrschaftswillen getragene tatsächliche Sachherrschaft über eine Sache, deren Grenzen nach den Anschauungen des täglichen Lebens zu bestimmen sind.[70] Eine tatsächliche Sachherrschaft besteht, wenn der Gewahrsamsinhaber eine physisch-reale Einwirkungsmöglichkeit auf die Sache hat, sodass der unmittelbaren Verwirklichung des Einwirkungswillens auf die Sache keine wesentlichen Hindernisse entgegenstehen.[71] Die O hat das Fahrrad an ihre Hauswand angelehnt. Da sie sich (wohl) gerade in ihrem Haus befindet, kann O nicht aktiv auf den Gegenstand einwirken. Es könnte sich daher um eine sog. Gewahrsamslockerung handeln. Dabei wird der einmal begründete Gewahrsam nicht durch die vorübergehende Verhinderung der Ausübung der tatsächlichen

---

[66] Wessels/Hillenkamp/Schuhr StrafR BT II Rn. 79.
[67] Wessels/Hillenkamp/Schuhr StrafR BT II Rn. 84.
[68] NK-StGB/Kindhäuser § 242 Rn. 14.
[69] BGH NJW 1952, 782; BayObLG NJW 1979, 729.
[70] BGHSt 16, 271 (273) = BeckRS 1961, 105889.
[71] RGSt 60, 272.

Gewalt aufgehoben (sog. Gewahrsamslockerung).⁷² Die O weiß, wo sich die Sache befindet und könnte unproblematisch nach draußen gehen, um auf das Fahrrad zuzugreifen. Somit liegt fremder (gelockerter) Gewahrsam vor.

bb) Bruch fremden Gewahrsams

Diesen (gelockerten) Gewahrsam müsste T brechen. Bruch fremden Gewahrsams bedeutet die Gewahrsamsverschiebung gegen oder zumindest ohne den Willen des bisherigen Gewahrsamsinhabers.⁷³ T nimmt das Fahrrad ohne (tatbestandsausschließendes) Einverständnis der O an sich und bricht daher den Gewahrsam gegen bzw. ohne ihren Willen. Der Bruch fremden Gewahrsams hat stattgefunden.

cc) Begründung neuen Gewahrsams

T müsste zudem neuen Gewahrsam begründet haben. Dabei muss der Täter die Sachherrschaft derart erlangt haben, dass ihrer Ausübung keine wesentlichen Hindernisse entgegenstehen und der bisherige Gewahrsamsinhaber auf die Sache nicht mehr einwirken kann, ohne zuvor die Verfügungsgewalt des Täters oder eines Dritten zu beseitigen.⁷⁴ T entfernt sich mit dem Fahrrad vom Ereignisort. O weiß nicht mehr, wo sich ihr Fahrrad befindet. Sie kann daher nicht darauf zugreifen. Neuer Gewahrsamsträger ist T.

Insgesamt hat der T die fremde, bewegliche Sache weggenommen.

2. Subjektiver Tatbestand

a) Allgemeiner Vorsatz

Bei § 242 Abs. 1 StGB handelt es sich um ein Vorsatzdelikt. Fraglich ist, ob der in Bezug auf die Verwirklichung des objektiven Tatbestandes mit Vorsatz gehandelt hat (§ 15 StGB). Vorsatz bedeutet Wissen und Wollen der Tatbestandsverwirklichung. Hier könnte T absichtlich (*dolus directus I*) gehandelt haben. Unter Absicht ist der zielgerichtete Erfolgswille zu verstehen. Dabei macht es keinen Unterschied, ob die Verwirklichung des Tatbestandes Beweggrund für das Handeln des Täters oder nur ein Zwischenschritt für das Erreichen eines entfernteren Zieles ist.⁷⁵ T kam es darauf an das Fahrrad als Transportmittel zu nutzen. Dass er dazu keine Erlaubnis hatte, war ihm bewusst. Zudem erkannte der T, dass es sich nicht um seinen eigenen Gegenstand handelt. Da das Fahrrad an einer Hauswand anlehnt, war ferner erkennbar, dass eine **Dereliktion** (§ 959 BGB) an der Sache nicht stattgefunden hat. Da das voluntative Element stark ausgeprägt ist, handelt T in Bezug auf die Verwirklichung des objektiven Tatbestandes mit Absicht.

Klausurhinweis: In der Vorsatzprüfung müssen Sie erst den allgemeinen Vorsatz darstellen, um im Anschluss auf die einschlägige Vorsatzform einzugehen.

---

72 BGHSt 16, 271 = BeckRS 1961, 105889; Wessels/Hillenkamp/Schuhr StrafR BT II Rn. 97.
73 Schönke/Schröder/Bosch § 242 Rn. 35
74 Wessels/Hillenkamp/Schuhr StrafR BT II Rn. 128.
75 BGHSt 18, 151 (154) = NJW 1963, 914.
76 BGH NJW 1985, 812; OLG Köln NJW 1997, 2611.
77 eBay Kleinanzeigen heißt nunmehr Kleinanzeigen.
78 Vgl. Wessels/Hillenkamp/Schuhr StrafR BT II Rn. 163.

b) Rechtswidrige Zueignungsabsicht

T müsste in Zueignungsabsicht gehandelt haben. Die Zueignungsabsicht meint, dass der Täter in der Absicht handeln muss, die Sache oder den ihr verkörperten Sachwert unter Ausschluss des Eigentümers dem eigenen Vermögen einzuverleiben (sog. **Vereinigungsformel**).[76] Die Zueignungsabsicht teilt sich in einen Enteignungsvorsatz und in eine Aneignungsabsicht auf.

aa) Enteignungsvorsatz

Der Täter müsste mit einem Enteignungsvorsatz gehandelt haben (*dolus eventualis* ausreichend). Der Enteignungsvorsatz ist der Wille, den Berechtigten auf Dauer von der Sache oder dem in ihr verkörperten Sachwert auszuschließen. T will anfänglich das Fahrrad an sich nehmen, um es später bei eBay[77] zu verkaufen. Danach würde ein Enteignungsvorsatz vorliegen, denn er würde es dann zumindest für möglich halten, die O als Berechtigte dauerhaft von der Sache auszuschließen. Als dem T dieser Gedanke kam, hatte er jedoch noch nicht zum Diebstahl unmittelbar angesetzt. Maßgeblicher Beurteilungszeitraum für den tatbestandlichen Vorsatz ist allerdings der Zeitpunkt der Tat, also der Beginn der Ausführungshandlung (§ 8 StGB). T hat den anfänglichen Gedanken schnell wieder verworfen. Zum Zeitpunkt der Wegnahme hatte er einen sog. **Rückführungswillen**[78], da er das Fahrrad später in der Nacht wieder zurückstellen wollte. Dass er das Fahrrad doch an sich nahm ändert nichts an dieser Bewertung, da zu diesem Zeitpunkt der Diebstahl bereits beendet war. Somit handelt der T zum Zeitpunkt der Tat ohne Enteignungsvorsatz.

T macht sich nicht gem. § 242 Abs. 1 StGB strafbar.

> **Klausurhinweis:** Im Bearbeitungsvermerk war nur nach dem § 242 Abs. 1 StGB gefragt. Die Wegnahme des Fahrrades ist als unbefugter Gebrauch eines Fahrzeugs (§ 248b Abs. 1 StGB) zu bewerten. Da § 242 Abs. 1 StGB nicht vorliegt wird § 248b Abs. 1 StGB auch nicht im Zuge formeller Subsidiarität verdrängt (→ § 10 Rn. 46 ff. Konkurrenzlehre). Das Behalten des Fahrrades ist zudem als Unterschlagung zu bewerten (§ 242 Abs. 1 StGB scheitert zu diesem Zeitpunkt an der Wegnahme im objektiven Tatbestand).

§ 3 Fahrlässigkeit

Grundsätzlich ist nur vorsätzliches Handeln strafbar. Fahrlässiges Handeln muss ausdrücklich im Gesetz normiert sein (§ 15 StGB). Bei fahrlässigen Delikten ergeben sich einige Unterschiede zu den Vorsatzdelikten. So sind die Begehungsformen der mittelbaren Täterschaft, der Mittäterschaft (§ 25 Abs. 2 StGB), der Anstiftung (§ 26 StGB) und der Beihilfe (§ 27 StGB) an fahrlässigen Delikten ausgeschlossen. Dies liegt unter anderem daran, dass insbesondere die Teilnahmeformen (Anstiftung und Beihilfe) jeweils eine vorsätzliche und rechtswidrige Haupttat verlangen. Die Mittäterschaft setzt ferner die Leistung eines durch den gemeinsamen Tatplan festgelegten Beitrags zur Tatbestandsverwirklichung voraus.[1] Die jeweiligen Tatbeiträge der Mittäter werden durch ihren gemeinsamen Tatentschluss hierbei zu einem gemeinschaftlichen Begehen verbunden.[2] Dieser Tatentschluss setzt naturgemäß ein vorsätzliches Handeln voraus. Bei der mittelbaren Täterschaft ergibt sich die Tatherrschaft in der Regel aus seiner Wissens- oder Willensüberlegenheit gegenüber dem Ausführungstäter. Dabei instrumentalisiert der mittelbare Täter den Tatmittler vorsätzlich durch Zwang, Täuschung oder auf eine andere Weise zur Straftatenverwirklichung.[3] Auch hier muss der mittelbare Täter also vorsätzlich handeln bzw. Kenntnis von seiner Tatherrschaft besitzen (→ § 8 Rn. 93 ff. Täterschaft/Teilnahme). 1

Des Weiteren ist der Versuch einer fahrlässigen Tat nicht möglich, §§ 22, 23 Abs. 1 StGB. Bei den sog. Erfolgsqualifikationen ist jedoch zu beachten, dass der erfolgsqualifizierte Versuch, bei dem die schwere Folge aus der Qualifikation eingetreten ist und der Grundtatbestand lediglich versucht wurde, strafbar sein kann. Dies klingt zunächst einleuchtend, da es sich bei Erfolgsqualifikationen stets um Verbrechenstatbestände handelt, bei denen der Versuch immer strafbar ist, § 23 Abs. 1 StGB. Jedoch können Erfolgsqualifikationen auch als „Vorsatz-Fahrlässigkeits-Kombinationen"[4] auftreten, bei denen der § 18 StGB normiert, das hinsichtlich der Herbeiführung der schweren Folge der Erfolgsqualifikation **wenigstens Fahrlässigkeit** vorliegen muss. Lediglich die Herbeiführung des Grundtatbestandes muss immer vorsätzlich erfolgen.[5] In diesem Zusammenhang ist fraglich, ob Erfolgsqualifikationen insgesamt als Vorsatz- oder als Fahrlässigkeitsdelikte einzustufen sind. Bei Letzteren wäre der Versuch nicht möglich. Hier hat der Gesetzgeber im § 11 Abs. 2 StGB abschließend festgelegt, dass eine Erfolgsqualifikation insgesamt als Vorsatztat zu bewerten ist. Dies gilt auch für die besagte Kombination. Somit ist auch der erfolgsqualifizierte Versuch möglich. 2

> **Hinweis:** Stellt man in Bezug auf die Erfolgsqualifikation aus § 227 StGB hinsichtlich des Gefahrzusammenhangs zwischen der Körperverletzung und der Todesfolge auf den Körperverletzungs**erfolg** ab (sog. **Letalitätskriterium**)[6], so wäre der erfolgsqualifizierte Versuch einer Ansicht nach nicht strafbar, denn bei der versuchten Körperverletzung fehlt es an der Erfolgsherbeiführung. Bei einem 3

---
1 Schönke/Schröder/Heine/Weißer § 25 Rn. 62.
2 Schönke/Schröder/Heine/Weißer § 25 Rn. 71.
3 Schönke/Schröder/Heine/Weißer § 25 Rn. 7.
4 Wessels/Beulke/Satzger StrafR AT Rn. 1147.
5 Vgl. MüKoStGB/Hardtung § 227 Rn. 5.
6 Lackner/Kühl/Kühl § 227 Rn. 2; Schönke/Schröder/Stree/Sternberg-Lieben § 227 Rn. 5.

versuchten Grunddelikt beruht der Eintritt der Todesfolge vielmehr nur auf dem Hinzutreten zusätzlicher Gefahrmomente und nicht auf der Verknüpfung mit der Körperverletzung an sich.[7] Ein erfolgsqualifizierter Versuch bei § 227 StGB ist hingegen strafbar, wenn man es als ausreichend erachtet, dass die deliktsspezifische Gefahr von der Körperverletzungs**handlung** ausgegangen ist.[8]

4 Dort, wo die Erfolgsqualifikation bereits an die Tatbestandshandlung des Grunddeliktes anknüpft, ist ein erfolgsqualifizierter Versuch möglich. Dies ist zB bei einer Vergewaltigung mit Todesfolge der Fall, wenn das Opfer bereits durch die Gewaltanwendung stirbt, bevor es überhaupt zum Geschlechtsverkehr gekommen ist.[9] Gleiches gilt für den § 251 StGB, da die Gefährlichkeit des Grunddeliktes bereits im Einsatz von risikobeladenen Zwangsmitteln liegt.[10]

5 Zudem gibt es die sog. **versuchte Erfolgsqualifikation** (→ § 6 Rn. 62 f. Versuch). Diese ist immer nur dann strafbar, wenn die schwere Folge zwar nicht eingetreten ist, der Vorsatz des Täters diese Möglichkeit bei Versuch oder Vollendung des Grundtatbestandes aber umfasst hat.[11]

6 Beispiel: T zündet die Wohnung der O an, damit diese durch das Feuer schwer verletzt wird. Die im ersten Obergeschoss schlafende O konnte sich vor dem Feuer retten, indem sie einen beherzten Sprung aus dem Fenster nahm.

7 T macht sich gem. §§ 306b Abs. 1, 22, 23 Abs. 1 StGB strafbar. Hierbei handelt es sich um eine Erfolgsqualifikation.[12] Er handelte in Bezug auf § 306b Abs. 1 StGB mit Vorsatz. Der vollendete Grundtatbestand, der den Anknüpfungspunkt für die §§ 306b Abs. 1, 22, 23 Abs. 1 StGB bildet, ist der § 306a Abs. 1 Nr. 1 StGB.

8 Weiter mit der **Fahrlässigkeit**: Bei Fahrlässigkeitsdelikten ist ferner die Anwendung des Tatbestandsirrtums aus § 16 Abs. 1 S. 1 StGB ausgeschlossen. Bei einem Tatbestandsirrtum handelt der Täter in Unkenntnis eines objektiven Tatbestandsmerkmals (→ § 9 Rn. 4 ff. Irrtumslehre).

9 **Hinweis:** Der umgekehrte Fall beschreibt die „irrige Annahme" über das Vorliegen der gesetzlichen Voraussetzungen eines Tatbestandes und ist als umgekehrter Tatbestandsirrtum zu werten (sog. **untauglicher Versuch**, § 23 Abs. 3 StGB).

10 Der Tatbestandsirrtum hat den Vorsatzausschluss zur Rechtsfolge. Nicht zu vergessen ist die Regelung aus § 16 Abs. 1 S. 2 StGB. Nach Feststellung eines Tatbestandsirrtums und dem Verneinen der Vorsatzstrafbarkeit muss im Anschluss zumindest die Überlegung angestellt werden, ob nicht eine fahrlässige Straftat erfüllt wurde. Letzteres erübrigt sich zB bei einem Tatbestandsirrtum auf das objektive Merkmal „fremd" im Rahmen des Diebstahls. Der Diebstahl ist nur vorsätzlich begehbar.

11 Beispiel: Beim Verlassen des Restaurants verwechselt T seinen Mantel mit dem des O. Erst zu Hause bemerkt er den Irrtum.

---

7 Lackner/Kühl/Kühl § 227 Rn. 3a.
8 BGH NStZ 2003, 261.
9 Vgl. RG 69, 332; BGH MDR/D 1971, 363.
10 Hirsch GA 1972, 76.
11 Schönke/Schröder/Sternberg-Lieben/Schuster § 18 Rn. 10.
12 BGH NJW 1999, 299 f.; NStZ 1999, 559; Fischer 306b Rn. 2; Schönke/Schröder/Heine/Bosch § 306b Rn. 1.

T unterliegt einem Tatbestandsirrtum gem. § 16 Abs. 1 S. 1 StGB, der den Vorsatz 12
ausschließt. Zwar bleibt gem. § 16 Abs. 1 S. 2 StGB die Strafbarkeit wegen fahrlässiger Begehung davon unberührt, der fahrlässige Diebstahl ist jedoch nicht strafbar. Behält T den fremden Mantel trotz Bemerken des Irrtums so liegt eine Unterschlagung vor.

Die Fahrlässigkeit hat noch Auswirkungen im Bereich der Rechtswidrigkeit. Dazu ist 13
zunächst festzuhalten, dass auch fahrlässiges Handeln bei Vorliegen der Voraussetzungen eines Rechtfertigungsgrundes gerechtfertigt sein kann, obwohl hier regelmäßig das subjektive Rechtfertigungselement fehlt.

> **Beispiel:** T reinigt seine Schrotflinte im Hauskeller, als sich von hinten ein Räuber nähert, der den 14
> T von hinten erschlagen möchte. Aus Unachtsamkeit löst sich ein Schuss aus der Schrotflinte, der den Räuber sofort tötet.

Problematisch ist in diesem Fall, dass der T in Unkenntnis der Rechtfertigungslage 15
handelt. Das subjektive Rechtfertigungselement fehlt. Dies ist bei Fahrlässigkeitsdelikten jedoch unbedeutend.[13] Sobald die objektiven Voraussetzungen eines Rechtfertigungsgrundes erfüllt sind, kann der Fahrlässigkeitstäter nicht sanktioniert werden, da dadurch der allein vorliegende Erfolgsunwert negiert wird.[14]

> **Hinweis:** Das Vorliegen des objektiven und des subjektiven Rechtfertigungselementes eines Erlaubnissatzes führt zum Wegfall des Erfolgsunwertes der Tat, der durch die Erfüllung des objektiven Tatbestandes herbeigeführt wurde, und des Handlungsunwertes der Tat, der sich auf die Verwirklichung des subjektiven Tatbestandes bezieht. Durch den Wegfall des Erfolgs- und Handlungsunwertes kommt es zur Straflosigkeit des Täters. 16

Die Straflosigkeit des Fahrlässigkeitstäters, der sich in einer objektiven Notsituation 17
befindet, kann auch im Rahmen eines „Erst-Recht-Schlusses" argumentiert werden. Wenn im obigen Beispiel bereits der vorsätzliche, tödlich wirkende Schuss über § 32 Abs. 1, 2 StGB gerechtfertigt ist, so muss dies „erst recht" für eine fahrlässige Tötung gelten, die im Vergleich zum Totschlag mit weniger krimineller Energie verbunden ist.

A. Prüfungsrelevanz

Die Fahrlässigkeitstat kann in einer Klausur eine erhebliche Rolle spielen. Gerade die 18
fahrlässige Körperverletzung ist häufiger Bestandteil einer Prüfung. Hier müssen Sie unter anderem die Fallgruppen der objektiven Erfolgszurechnung sicher beherrschen (insbesondere den Pflichtwidrigkeitszusammenhang und den Schutzzweck der Norm). Zudem sind Erfolgsqualifikationen denkbar, bei denen die schwere Folge fahrlässig herbeigeführt wurde (§ 18 StGB). Das Fahrlässigkeitsdelikt kann zudem für Schwierigkeiten bei zu prüfenden Verkehrsdelikten (§ 315c Abs. 3 StGB) oder Brandstiftungsdelikten (§ 306d StGB) sorgen. Mitunter können bei Fahrlässigkeitstaten auch „Fahrlässigkeits-Fahrlässigkeits-Kombinationen" vorkommen. Dies ist zB bei § 306d Abs. 2 StGB oder bei § 315c Abs. 3 Nr. 2 StGB der Fall.

---

13 LK-StGB/Rönnau Vor § 32 Rn. 92.
14 LK-StGB/Rönnau Vor § 32 Rn. 92.

§ 3 Fahrlässigkeit

19 **Beispiel:** T führt ein Kraftfahrzeug mit 1,3‰ und überfährt infolgedessen beinahe einen anderen Verkehrsteilnehmer auf dem Bürgersteig. Dieser konnte im letzten Augenblick durch einen beherzten Sprung in ein angrenzendes Gebüsch dem herannahenden, in Schlangenlinien fahrenden Fahrzeug des T ausweichen. Den Grad seiner Alkoholisierung hat T nicht richtig eingeschätzt. Die Verursachung der Gefahr im Sinne eines Beinaheunfalls geschah ebenfalls fahrlässig.

20 Hier erfüllt der T den Tatbestand aus § 315c Abs. 1, 3 Nr. 2 StGB, weil er in Bezug auf das Fahren trotz absoluter Fahruntüchtigkeit und im Hinblick auf die Gefahrenherbeiführung für Leib und Leben einer anderen Person insgesamt fahrlässig gehandelt hat.

B. Prüfungsaufbau einer Fahrlässigkeitstat

21 **I. Tatbestand**
   1. Eintritt des tatbestandsmäßigen Erfolges
   2. Kausalität zwischen Handlung und Erfolg
   3. Fahrlässigkeit
      a) Objektive Sorgfaltspflichtverletzung
      b) Objektive Vorhersehbarkeit
   4. Objektive Zurechnung (insbesondere Pflichtwidrigkeitenzusammenhang und Schutzzweck der Norm)
II. Rechtswidrigkeit
III. Schuld
   1. Allgemeine Schuldmerkmale
   2. Subjektive Fahrlässigkeit
      a) Subjektive Sorgfaltspflichtverletzung
      b) Subjektive Vorhersehbarkeit

22 **Klausurhinweis:** Der obige Aufbau der Fahrlässigkeitstat bezieht sich generell auf die Prüfung einer fahrlässigen Körperverletzung bzw. einer fahrlässigen Tötung. Bei der Prüfung einer fahrlässigen Gefährdung des Straßenverkehrs als konkretes Gefährdungsdelikt ändert sich die Prüfungsstruktur etwas. Neben der im Gesetz umschriebenen Tathandlung, zB dem Führen eines Fahrzeuges im öffentlichen Straßenverkehr trotz absoluter Fahruntüchtigkeit, muss der Täter wenigstens fahrlässig in Bezug auf die Herbeiführung der Gefahr für Leib oder Leben eines anderen Menschen oder einer fremden Sache von bedeutendem Wert handeln, § 315c Abs. 3 Nr. 1 StGB. Hierin liegt dann die Sorgfaltswidrigkeit bei objektiver Vorhersehbarkeit der Gefahr. Bei der fahrlässigen Brandstiftung aus § 306d Abs. 1 Alt. 1 StGB muss die Sorgfaltswidrigkeit auf der Inbrandsetzung oder der Brandlegung der in § 306 Abs. 1 Nr. 1–6 StGB genannten Tatobjekte liegen. Auch dieser Umstand muss aus objektiver Sicht vorhersehbar sein.

23 **Hinweis:** Wie Sie erkennen, verliert die Prüfung einer Fahrlässigkeitstat schnell ihren „Schrecken", wenn man weiß, wo der Anknüpfungspunkt der Sorgfaltswidrigkeit liegt und das klassische Prüfungsschema eines fahrlässigen Deliktes verinnerlicht hat.

I. Eintritt des tatbestandsmäßigen Erfolges

24 Die geforderte Erfolgsherbeiführung ist bei einer fahrlässigen Tat deliktsabhängig. So muss bei einer fahrlässigen Körperverletzung zunächst geprüft werden, ob eine Ge-

sundheitsschädigung oder eine körperliche Misshandlung vorliegen könnte. Bei dem konkreten Gefährdungsdelikt (auch das konkrete Gefährdungsdelikt ist als Erfolgsdelikt einzuordnen)[15] aus § 315c Abs. 1 StGB liegt der Erfolg in der Gefahrverursachung für Leib oder Leben eines anderen Menschen oder einer fremden Sache von einem bedeutenden Wert.

Bei § 306d Abs. 1 Hs. 1 Var. 1 StGB liegt der Erfolg unter anderem in einer Inbrandsetzung, bei dem wesentliche Elemente des jeweiligen Tatobjektes so vom Feuer umfasst werden, dass diese Gegenstände auch nach Entfernung oder Erlöschen des Zündstoffes selbstständig weiterbrennen können.[16]

Hinweis: Diese Aufzählung fahrlässiger Erfolgsdelikte ist selbstverständlich keinesfalls als abschließend zu verstehen.

II. Kausalität zwischen Handlung und Erfolg

Wie bereits erörtert muss bei Erfolgsdelikten die Kausalität geprüft werden. Das Täterverhalten muss demnach in einem Ursachenzusammenhang zu dem tatbestandsmäßigen Erfolg stehen. Bitte wenden Sie zur Bestimmung der Kausalität die herrschende Äquivalenztheorie an. Danach ist jede Bedingung ursächlich für den Erfolg, die nicht hinweggedacht werden kann, ohne dass der Erfolg in seiner konkreten Gestalt entfiele.[17]

Beispiel: Der betrunkene Fahrzeugführer T fährt den Passanten O an. O wird schwer verletzt. Der Unfall ist auf die Alkoholisierung des T zurückzuführen.

Hätte der betrunkene Fahrzeugführer T den Passanten O nicht im alkoholisierten Zustand angefahren, so wäre O nicht durch den Aufprall schwer verletzt worden. Zudem basiert der Erfolg auf der Pflichtwidrigkeit des Fahrzeugführers T. T macht sich gem. § 229 StGB und § 315c Abs. 1 Nr. 1a StGB strafbar. Zwischen § 229 StGB und § 315c Abs. 1 Nr. 1a StGB ist Idealkonkurrenz (sog. **Tateinheit**) möglich.[18]

III. Fahrlässigkeit

Im Rahmen der Fahrlässigkeit ist das Vorliegen eines Verhaltensfehlers unter dem Blickwinkel zu prüfen, ob der tatbestandliche Erfolg objektiv vorhersehbar war und ob der Täter in dieser Hinsicht die im Verkehr erforderliche Sorgfalt außer Acht gelassen hat.[19]

1. Objektive Sorgfaltspflichtverletzung

Die Sorgfaltspflichtverletzung bedeutet, dass der Täter die im Verkehr erforderliche Sorgfalt außer Acht gelassen hat. Der Täter handelt im Umkehrschluss nicht sorgfaltswidrig, wenn er diejenige Sorgfalt angewendet hat, die von einem besonnenen

---
15 Rengier StrafR AT § 10 Rn. 10.
16 BGH NJW 1989, 2900.
17 Vgl. BGH NStZ 2001, 29 (30) – Pflegemutter-Fall; BGH NStZ 2016, 721 (722) – Scheunenmord-Fall.
18 BGH NStZ-RR 1997, 18.
19 Wessels/Beulke/Satzger StrafR AT Rn. 939.

und gewissenhaften Menschen in der konkreten Lage und der sozialen Rolle des Täters gefordert wird. Bei der Darlegung der Sorgfalt ist demnach ein Mindestmaß dessen anzusetzen, was von einem Durchschnittsmenschen in der sozialen Rolle des Täters (zB Berufskraftfahrer, Krankenschwester, Facharzt etc) zu erwarten ist.[20] Entsprechend ist zu bewerten, wie ein besonnener und gewissenhafter Mensch in der konkreten Gefahrenlage handeln würde, um etwaige Gefahren zu beseitigen bzw. um diese zu vermeiden.

31 Sorgfaltsregeln ergeben sich unter anderem aus Amts- und Berufspflichten, aus Regeln der ärztlichen Kunst, aus Rechtsvorschriften, wie der StVO oder gesetzlichen Regelungen (StGB etc), aus DIN-Vorschriften und aus Verkehrssicherungspflichten.

32 Mit **Verkehrssicherungspflichten** ist gemeint, dass der Täter Inhaber einer Gefahrenquelle ist bzw. diese unterhält und nunmehr die notwendigen und zumutbaren Vorkehrungen treffen muss, um andere vor Schäden, die aus der Gefahrenquelle resultieren, zu bewahren. So müsste zB ein Hausinhaber bei starkem Glatteis die vordere Haustürfläche mit Salz bestreuen, um den Postzusteller vor einem gesundheitsgefährdenden Ausrutschen zu bewahren. Ferner müssen nach einem Sturm erkennbare Mängel, wie das drohende Herabfallen von Dachziegeln, verhindert werden. Unterbleiben derartige Vorkehrungen, und kommt es zu einer Verletzung anderer Personen, kann ein unechtes, fahrlässiges Unterlassungsdelikt verwirklicht sein (→ § 1 Rn. 37 ff. unechte Unterlassungsdelikte). Die diesbezüglich erforderliche Garantenstellung würde sich aus der Verkehrssicherungspflicht (sog. **Überwachergarant**) ergeben.

33 Hierzu ein paar weiterführende Beispiele:

> **Beispiel:** Ein Kirchenchormitglied stürzt auf einer engen Wendeltreppe in einem etwa hundert Jahre alten Kirchturm.

34 Hier wurde die Verletzung der Verkehrssicherungspflicht mangels Sorgfaltswidrigkeit verneint.[21]

35 **Beispiel:** Grundstücksinhaber T hat einen auf seinem Grundstück befindlichen und umstürzenden Baum nicht zuvor abgesichert bzw. Kontrollen in Bezug auf die Standfestigkeit des Baumes unterlassen.

Eine Sorgfaltswidrigkeit kann sich hier ergeben, wenn Anzeichen erkennbar waren, dass der Baum in nächster Zeit umzustürzen droht und damit eine mangelhafte Standsicherheit vorlag.[22]

36 Auch in Bezug auf die Haltung von und den Umgang mit Hunden muss der Verantwortliche Sorgfaltsregeln einhalten. Diese Regeln ergeben sich insbesondere aus §§ 833, 834 BGB und § 28 Abs. 1 StVO. Zudem gibt es für gefährliche Hunderassen spezielle Vorschriften, die sich damit befassen.[23]

37 **Beispiel:** Jäger T lässt seinen aggressiven Hund in einem Waldgebiet ohne Leine laufen. An der nächsten Abbiegung fällt der Hund den Jogger O an und fügt ihm durch Zuschnappen Verletzungen zu, die die Erheblichkeitsschwelle überschreiten.

---

20 BGHSt 11, 389 (393) = BeckRS 1958, 104825; BGH NStZ 1991, 30.
21 LG Bochum NJW-RR 2010, 35.
22 OLG Köln VersR 2017, 771.
23 Beispielhaft HundehVO M-V, LHundG NRW.

Bei dem T ist ein sorgfaltswidriges Verhalten erkennbar. Seinen offensichtlich aggressiven Hund muss er zum Schutz anderer Personen zwingend anleinen.[24] 38

Weiterhin kann das Einlassen des Täters auf Handlungen, die diesen überfordern, ein sorgfaltswidriges Verhalten bedeuten. So gilt dies im Medizinrecht bei der Übernahme und Durchführung von Heilbehandlungen.[25] Die Pflichtwidrigkeit kann hier unter anderem in dem Heranziehen ungeeigneter Hilfspersonen (mangelhaft ausgebildete Assistenzärzte, OP-Schwestern, Krankenschwestern etc) oder in einer mangelhaften Ausbildung liegen. 39

> **Beispiel:** Arzt T zieht in unzulässiger Weise einen auf dem medizinischen Gebiet unerfahrenen Chemiestudenten zur Unterstützung bei einer Fettabsaugung hinzu. Die Operation führt T nicht fachgerecht durch und deutet während der Operation auftretende Beschwerden des Patienten O zu spät bzw. leitet Rettungsmaßnahmen nicht unmittelbar ein, sodass der Patient am Ende verstirbt. 40

Hier macht sich T gem. § 227 Abs. 1 StGB strafbar. Das sorgfaltswidrige Verhalten liegt zum einen in dem Hinzuziehen unerfahrenen Personals und zum anderen in der (grob) fehlerhaften Operation bzw. in dem mangelhaften Rettungsverhalten.[26] 41

> **Hinweis:** In diesem Sachverhalt ging es primär um die Prüfung einer rechtfertigenden Einwilligung durch den Patienten in die Fettabsaugung, die erforderlich ist, da es sich bei ärztlichen Heileingriffen um Körperverletzungsdelikte handelt (→ § 4 Rn. 151 Überschrift Einwilligung aus § 630d BGB). Eine wirksame rechtfertigende Einwilligung bedarf in gebotener Weise einer Aufklärung über den Eingriff, seinen Verlauf, seinen Erfolgsaussichten, den damit verbundenen Risiken und möglichen Behandlungsalternativen. Die Rechtswidrigkeit der Einwilligung kann jedoch dann entfallen, wenn der Patient bei ordnungsgemäßer Aufklärung in den Eingriff eingewilligt hätte (sog. **hypothetische Einwilligung**).[27] Eine Einwilligung bezieht sich bei unterbliebener Aufklärung jedoch nur auf eine *lege artis* („nach den Regeln der ärztlichen Kunst") durchgeführte Heilbehandlung. Diese ist hier nicht gegeben, da der Arzt (unter anderem) auf die Unterstützung einer ausgebildeten Krankenschwester verzichtete. Auch nahm er das Patientenmonitoring an diesem Tag selbst vor. Der Patient hätte wohl kaum in eine solche Operation bei Kenntnis über die widrigen Bedingungen eingewilligt. Ein Lege-artis-Eingriff ist nicht erkennbar. 42

Insbesondere der Bereich ärztlicher Heilbehandlungen kann somit einen Anknüpfungspunkt für eine Sorgfaltspflichtverletzung bilden. 43

> **Beispiel:** Der Arzt schiebt mittels eines Endoskops ein unzerkautes Fleischstück in der Speiseröhre des Patienten in den Magen, anstatt es durch den Mund zu entfernen. Es kommt dadurch zu einer Perforierung der Speiseröhre, sodass diese später entfernt werden muss.[28] 44

Klausurrelevant sind jedoch auch Fehlverhaltensweisen im Straßenverkehr: 45

In Bezug auf die Sorgfaltswidrigkeit ist im Straßenverkehr der sog. Vertrauensgrundsatz zu beachten. Danach braucht sich derjenige, der sich selbst verkehrsgerecht verhält, nicht vorsorglich auf alle denkbaren Verkehrswidrigkeiten anderer einzustellen.[29] So darf ein Autofahrer bei einer „grüner Ampel" darauf vertrauen, dass wartepflichtige Fußgänger an dieser Stelle nicht die Kreuzung queren. Anders verhält es sich,

---

24 LG Bonn BeckRS 2013, 09567.
25 Vgl. BGHSt 43, 306 (311) = BeckRS 1997, 30003083.
26 BGH BeckRS 2007, 12402.
27 BGH NStZ-RR 2004, 16.
28 OLG Brandenburg RDG 2011, 185.
29 Wessels/Beulke/Satzger StrafR AT Rn. 1120.

wenn sich dort spielende Kinder oder offensichtlich Betrunkene befinden, welche bereits stark schwankend in Richtung Straße taumeln. Hier ist wohl eher mit einem überraschenden Fehlverhalten der Passanten zu rechnen.

46 Wie Sie erkennen können, sind die Formen der Sorgfaltswidrigkeit sehr vielfältig und können alle denkbaren Bereiche betreffen:

47 **Beispiel:** T hält sich irrig für angegriffen und schlägt den vermeintlichen Täter nieder.

48 In dem Verhalten des T kann, obwohl er sich rechtstreu verhalten möchte, ein sorgfaltswidriges Verhalten liegen.[30]

49 **Hinweis:** Der Täter befindet sich hier in einem Erlaubnistatbestandsirrtum (→ § 9 Rn. 65 ff. Irrtumslehre), der nach der sog. **rechtsfolgenverweisenden eingeschränkten Schuldtheorie** die Vorsatzschuld gem. § 16 Abs. 1 S. 1 StGB analog entfallen lässt.[31] Ein fahrlässiges Delikt kann jedoch weiterhin vorliegen (§ 16 Abs. 1 S. 2 StGB analog).

50 Sollten sich aus dem Sachverhalt keine Rechtsvorschriften ergeben, aus denen sich konkrete Verhaltensregeln ableiten lassen, muss geprüft werden, ob sich der Täter im Vergleich zu den Erwartungen, die an einen besonnenen und gewissenhaften Menschen in der konkreten Lage und der sozialen Rolle des Handelnden zu fordern sind, fehlverhalten hat.

51 **Hinweis:** Wichtig bei der Bestimmung der Sorgfaltspflichtverletzung ist zudem, dass ein Sonderwissen des Täters berücksichtigt wird, welches im Zeitpunkt der Tat vorhanden oder zumindest aktualisierbar gewesen sein muss.[32] Gerade wo es um die Erkennbarkeit von Gefahren geht, muss jedermann auch sein Sonderwissen gegen sich gelten lassen.[33] Wer zB die Gefahrenträchtigkeit einer besonderen Straßenkreuzung kennt, weil er jeden Tag diese passiert, muss sich demnach auf diese besonderen Gefahren einstellen und vorsichtiger fahren als der Durchschnitt.[34]

52 Ob auch ein Sonderkönnen des Täters bei der Bestimmung des Sorgfaltsmaßstabes berücksichtigt werden muss, ist umstritten und wird von einem Teil der Rechtslehre befürwortet.[35] So darf sich ein besonders befähigter Chirurg bei einer riskanten Operation nicht auf die Fähigkeiten, die den Mindeststandard für jeden „normalen Chirurgen" bilden, beschränken. Leistet er weniger, als er tatsächlich zu leisten imstande ist, könnte darin eine **Sorgfaltspflichtverletzung** liegen. Ob nunmehr daraus ein Vorwurf im strafrechtlichen Sinne erwachsen kann, hängt natürlich von weiteren Faktoren ab. Sollte zB die Operation aufgrund von nicht vorhersehbaren Komplikationen erheblich länger dauern, und dem Chirurgen unterläuft infolge von Ermüdung ein Fehler, so ist fraglich, ob der Chirurg überhaupt schuldhaft gehandelt haben könne.[36]

---

30 Vgl. OLG Düsseldorf NJW 1994, 1232.
31 Wessels/Beulke/Satzger StrafR AT Rn. 755.
32 BGHSt 14, 54 = BeckRS 1959, 105074.
33 BGH JZ 1987, 877.
34 Schmidt StrafR AT Rn. 872.
35 Schönke/Schröder/Sternberg-Lieben/Schuster § 15 Rn. 138 ff.
36 Schönke/Schröder/Sternberg-Lieben/Schuster § 15 Rn. 139 ff.

2. Objektive Vorhersehbarkeit

Wesentliche Voraussetzung für die Vermeidbarkeit der Tatbestandsverwirklichung ist die Voraussehbarkeit des tatbestandlichen Erfolges. Ein Erfolg, der nicht voraussehbar ist, kann bei der Überlegung, wie ein Verhalten einzurichten ist, um schädliche Auswirkungen zu vermeiden, nicht einkalkuliert werden.[37] Dem Täter kann dann kein strafbares Unrecht vorgeworfen werden. Somit sind die Elemente der Sorgfaltspflichtverletzung (→ § 3 Rn. 30 ff.) und der Vorhersehbarkeit miteinander verknüpft.[38]

53

Die **objektive Vorhersehbarkeit** liegt vor, wenn der wesentliche Kausalverlauf und der eingetretene Erfolg nicht so sehr außerhalb der Wahrscheinlichkeit liegen, dass mit ihnen nicht gerechnet werden musste.[39] Nicht vorhersehbar sind damit atypische Kausalverläufe. Es handelt sich bei dem eingetretenen Erfolg dann nicht um das Werk des Täters, sondern vielmehr um das Werk des Zufalls.

54

> **Beispiel:** T verursacht einen leichten Auffahrunfall mit dem Vorausfahrenden O. O stirbt vor Ort, da er durch den Schock massiv in Aufregung versetzt wurde.

55

Das Verhalten des T ist zwar kausal, der Todeserfolg jedoch aus objektiver Sicht nicht vorhersehbar. Dass bei einem nur leichten Auffahrunfall der Vorausfahrende verstirbt ist ungewöhnlich bzw. war damit nicht zu rechnen. Neben der objektiven Vorhersehbarkeit scheitert im Hinblick auf § 222 StGB auch die objektive Zurechnung.[40]

56

Da der Erfolg in seiner konkreten Gestalt und der Kausalverlauf in seinen wesentlichen Merkmalen objektiv voraussehbar sein müssen, macht sich ein Täter zB nur nach § 229 StGB strafbar, wenn zwar der Körperverletzungserfolg vorhersehbar war, nicht aber der eingetretene Tod des Opfers.[41] Eine objektive Vorhersehbarkeit muss zudem verneint werden, wenn bei einem Unfall ein Radfahrer verstirbt, weil bei ihm eine nicht voraussehbare Rückgratversteifung vorlag.[42] Die Verletzung eines Kindes durch einen aggressiven Hund kann dem Verantwortlichen hingegen zugerechnet werden, obwohl der Hund bislang immer nur andere Hunde angefallen hat.[43]

57

> **Klausurhinweis:** Atypische Kausalverläufe schließen nicht nur die objektive Vorhersehbarkeit aus, sondern lassen auch die objektive Erfolgszurechnung entfallen. Somit kann nach der hier vertretenen Auffassung die nochmalige Prüfung von atypischen Fallkonstellationen im Rahmen der objektiven Zurechnung entfallen. Widersprüchlich wäre es im Übrigen, wenn Sie im Rahmen der objektiven Vorhersehbarkeit des Erfolges eine Atypik verneinen, innerhalb der objektiven Erfolgszurechnung diese jedoch annehmen und den Zurechnungszusammenhang ausschließen.

58

IV. Objektive Zurechnung (insbesondere Pflichtwidrigkeitenzusammenhang und Schutzzweck der Norm)

Bei der **objektiven Erfolgszurechnung** beurteilen Sie, ob der eingetretene Erfolg dem Täter als sein Werk zugerechnet werden kann. Wie Ihnen bereits bekannt ist,

59

---

37 Schönke/Schröder/Sternberg-Lieben/Schuster § 15 Rn. 125.
38 Wessels/Beulke/Satzger StrafR AT Rn. 1115.
39 BGH NJW 2006, 1824 (1826); Schönke/Schröder/Sternberg-Lieben/Schuster § 15 Rn. 180; Fischer § 222 Rn. 25.
40 Vgl. Fischer § 222 Rn. 27.
41 RGSt 28, 278.
42 Schönke/Schröder/Sternberg-Lieben/Schuster § 15 Rn. 180.
43 OLG Stuttgart Justiz 1984, 209; vgl. OLG Düsseldorf DAR 1987, 93.

§ 3 Fahrlässigkeit

muss der Täter hierzu zunächst eine rechtlich zu missbilligende Gefahr geschaffen haben. Die Gefahrverursachung liegt bereits in dem pflichtwidrigen Verhalten des Täters. Hätte sich der Täter ordnungsgemäß verhalten, so hätte er kein rechtlich relevantes Risiko geschaffen und sich entsprechend auch nicht sorgfaltswidrig verhalten.

60 **Klausurhinweis:** Sie dürfen sich in diesem Punkt also nicht widersprechen und die Sorgfaltswidrigkeit einerseits annehmen, die objektive Zurechnung mangels geschaffener Gefahr andererseits jedoch (unzulässiger Weise) ablehnen.

1. Pflichtwidrigkeitenzusammenhang

61 Bei Fahrlässigkeitstaten müssen Sie im Rahmen der objektiven Zurechnung insbesondere auf den Pflichtwidrigkeitenzusammenhang eingehen. Dieser Zusammenhang ergibt sich bei § 229 StGB bereits aus der gesetzlichen Formulierung. Danach muss **durch** die Fahrlässigkeit der Körperverletzungserfolg eintreten. Es muss hierbei ein innerer Zusammenhang zwischen der Pflichtwidrigkeit und dem Erfolg hergestellt werden. Es ist hierbei regelmäßig fraglich, ob der konkrete Erfolg mit an Sicherheit grenzender Wahrscheinlichkeit auch bei einem pflichtgemäßen Verhalten eingetreten wäre (sog. **rechtmäßiges Alternativverhalten**).[44] Sollte dies der Fall sein, so fehlt ein solcher Zusammenhang. Denn in diesen Fällen basiert der Erfolg nicht auf dem pflichtwidrigen Täterverhalten, sondern auf anderen Begleitumständen, wie zB nicht beherrschbaren Naturereignissen, dem Dazwischentreten Dritter, der eigenverantwortlichen Selbstschädigung des Opfers oder anderen Verhaltensfehlern von ihm. Wäre der Erfolg demnach auch bei einem pflichtgemäßen Verhalten eingetreten oder lässt sich dies aufgrund von Tatsachen zumindest nicht ausschließen, so ist die vom Täter gesetzte Bedingung für die Würdigung des Erfolges ohne strafrechtliche Bedeutung.[45]

62 In diesem Zusammenhang müssen Sie sich in der Klausur die Frage stellen, wie der Sachverhalt ausgegangen wäre, wenn der Täter sich sorgfaltsgemäß verhalten hätte.

63 **Beispiel:** T befährt innerorts die Goethestraße mit 65 km/h. Die ansonsten dunkle Straße (20.30 Uhr) wird von einzelnen Laternen nur teilweise in ein helles Licht getaucht. Urplötzlich und völlig unerwartet überquert der betrunkene O die Straße und wird von dem herannahenden T erfasst. O erleidet eine stark blutende Beinverletzung. Unverzügliche Rettungsmaßnahmen konnten das Bein nicht mehr retten, sodass eine Amputation notwendig war. Der Unfallsachverständige konnte in seinem Abschlussbericht festhalten, dass der gleiche Erfolg mit an Sicherheit grenzender Wahrscheinlichkeit auch einem Verkehrsteilnehmer passiert wäre, der mit 50 km/h die Straße entlanggefahren wäre. Dies würde unter anderem an der Plötzlichkeit des Geschehens liegen. Keiner konnte damit rechnen, dass um diese Zeit ein vollkommen betrunkener Passant über die Straße gehen würde, ohne den Verkehr zu beachten.

64 T macht sich nicht gem. § 229 StGB strafbar, da der Erfolg (Beinverlust) nicht auf der Pflichtwidrigkeit (Verstoß § 3 StVO) des T basiert, sondern auf Umständen, die auf das Fehlverhalten des Passanten zurückzuführen sind.

65 **Hinweis:** Allein ein Fehlverhalten des Opfers als Begleitumstand der fahrlässigen Tat schließt jedoch nicht immer eine Bestrafung des Ausgangstäters aus. Sollte der Täter zB mit ca. 250 km/h die linke Fahrbahn einer Autobahn befahren und auf ein anderes, viel langsameres Fahrzeug sehr dicht auffah-

---

44 Wessels/Beulke/Satzger StrafR AT Rn. 1129; Rengier StrafR AT § 52 Rn. 31 f.
45 BGHSt 11, 1 = BeckRS 1957, 104980.

ren, um so ein Ausweichen zu erzwingen, macht sich der Täter nach § 222 StGB auch dann strafbar, wenn der Fahrer des langsameren Fahrzeugs infolge einer Schreckreaktion nach rechts ausweicht und so infolge des Kontrollverlustes von der Fahrbahn abkommt und gegen einen Baum mit tödlicher Wirkung prallt.[46] Die Reaktion des Opfers stellt keinen atypischen Kausalverlauf dar. Vielmehr ist mit einem solchen Verhalten zu rechnen. Dem Täter kann der tödliche Erfolg zugerechnet werden.

Fraglich ist zudem, inwiefern Fälle zu entscheiden sind, bei denen nur die **Möglichkeit** besteht, dass bei einem rechtmäßigen Alternativverhalten der gleiche Erfolg auch eingetreten wäre. Hier verneint die überwiegende Ansicht nach dem Grundsatz *in dubio pro reo* die Zurechnung des Erfolges als Werk des Täters.[47] 66

Hinweis: Im obigen Beispiel würde somit eine Zurechnung der Beinverletzung selbst dann nicht erfolgen, wenn ein Gutachten belegt, dass der gleiche Erfolg nur **möglicherweise** bei einem rechtmäßigen Alternativverhalten eingetreten wäre. 67

2. Schutzzweck der Norm

Neben dem Pflichtwidrigkeitenzusammenhang prüfen Sie bei Fahrlässigkeitstaten den **Schutzzweck der Norm**. So muss die Norm, gegen die der Täter verstoßen hat, gerade den Zweck haben, den konkreten Erfolgseintritt zu verhindern.[48] In der Prüfung stellen Sie beim Schutzzweck der Norm auf das pflichtwidrige Verhalten des Täters ab, welches Sie bereits zuvor im Rahmen der Sorgfaltspflichtverletzung dargelegt haben. Danach untersuchen Sie den Schutzzweck der verletzten Norm und fragen sich, ob sich die Gefahr, wovor die Norm inhaltlich schützen soll, tatsächlich im Erfolg realisiert hat. 68

> **Beispiel:** T und F veranstalten spontan ein illegales Straßenrennen. T beschleunigt seinen Audi A6 innerorts auf 90 km/h und überfährt so zwei rote Ampeln. Er liebt die Raserei, hofft jedoch inständig darauf, dass auf keinen Fall Passanten tödlich verletzt werden. An einer Kreuzung kommt es dennoch zu einem Zusammenstoß mit einer anderen Person. Dieser wollte zulässigerweise die grüne Ampel überqueren und wurde frontal von T erfasst. O verblutet noch an der Unfallstelle. 69

Unter anderem wird gegen T gem. § 222 StGB ermittelt, denn die §§ 212, 211 StGB liegen mangels Tötungsvorsatz nicht vor. T hat kausal den Tod des O herbeigeführt, indem er ihn anfuhr. Das sorgfaltswidrige Verhalten liegt (unter anderem) in dem Verstoß gegen den § 315d Abs. 1 Nr. 1 StGB. Bei einem pflichtgemäßen Verhalten wäre der Erfolg ausgeblieben, da es dann nicht zu einem illegalen Straßenrennen gekommen wäre. Mithin basiert der Todeserfolg auf der Pflichtwidrigkeit des Fahrers T. Es ist weiterhin fraglich, wozu der § 315d Abs. 1 Nr. 1 StGB dient bzw. welcher Schutzzweck von dieser Norm ausgeht, und ob sich hier ein Geschehensverlauf realisiert hat, vor dem die verletzte Norm bewahren sollte. Illegale Kraftfahrzeugrennen auf öffentlichen Straßen bergen wegen der hierbei regelmäßig praktizierten waghalsigen Fahrweisen (insbesondere Fahren mit nicht angepasster Geschwindigkeit, falsches Überholen, Kurvenschneiden etc) und der damit verbundenen Gefahr des Kontrollverlustes erhebliche Risiken für andere Verkehrsteilnehmer.[49] Die Norm aus § 315d Abs. 1 StGB ist als abstraktes Gefährdungsdelikt ausgestaltet und dient dem Schutz der Sicherheit des Straßenverkehrs, sowie den daran teilnehmenden anderen 70

---

46 Vgl. BGH NJW 2005, 915 ff. – Karlsruher Autobahnraser.
47 BGHSt 11, 1 (3) = BeckRS 1957, 104980.
48 Wessels/Beulke/Satzger StrafR AT Rn. 261; Schönke/Schröder/Eisele Vor § 13 Rn. 95 f.
49 BT-Drs. 18/10145, 7.

Verkehrsteilnehmern.[50] Durch den Verstoß gegen diese Norm wurde ein anderer Verkehrsteilnehmer tödlich verletzt. Es realisiert sich mithin ein Umstand, der durch die Norm verhindert werden sollte. Auch die Geschwindigkeitsvorschrift aus § 3 StVO, die T massiv verletzt hat, dient dazu, dass bei Gefahrensituation die Fahrzeugführer in ausreichender Zeit reagieren und abbremsen können, bevor ein Schaden entsteht. Die Norm soll vor Ereignissen schützen, bei denen ein anderer Verkehrsteilnehmer aufgrund überhöhter Geschwindigkeit angefahren und verletzt wird. Gleiches gilt für den Ampelverstoß durch den Täter. Das Rotlichtzeichen einer Ampel (§ 37 StVO) soll Verkehrsteilnehmer in diesem Kreuzungsbereich schützen. Der Passant kam genau in einem solchen Bereich ums Leben. Nur die beiden vorherigen, durch den T nicht beachteten Ampelphasen, dienen nicht dazu, dass der Fahrzeugführer früher oder später an einem Ereignisort eintrifft. Folglich realisiert sich in diesem Bezug nicht das Risiko, vor dem die Norm schützt. Dennoch ist das Missachten der ersten beiden Ampelphasen kausal für den Erfolg. Hätte T die Ampelphase beachtet, so wäre er später zum Ereignisort gekommen und O hätte schon längst die Straße passiert.

3. Eigenverantwortliche Selbstschädigung/Selbstgefährdung

71 Eine weitere Einschränkung der Zurechnung des Erfolges ergibt sich aus dem Prinzip der eigenverantwortlichen Selbstschädigung bzw. Selbstgefährdung.

72 **Hinweis:** Die eigenverantwortliche Selbstschädigung/Selbstgefährdung wurde bereits ausgiebig innerhalb der objektiven Zurechnung (→ § 1 Rn. 306 ff.) diskutiert. Daher erfolgt hier nur ein kurzer Überblick.

73 Eine vorsätzliche Beteiligung an einer Selbsttötung im Sinne einer Beihilfe ist mangels vorsätzlicher und rechtswidriger Haupttat nicht strafbar. Daher muss dies im Rahmen eines „**Erst-Recht-Schlusses**" insbesondere auch für fahrlässiges Handeln gelten.[51]

74 **Beispiel:** T vergisst zuhause sein Jagdmesser, obwohl er bereits durch Vorgespräche mit seiner Frau von deren Suizidabsichten Kenntnis hat. Die Frau tötet sich mit dem Messer durch einen gezielten Stich in den Hals.

75 Hier hat sich die Frau eigenverantwortlich selbst getötet. T kann nicht nach § 222 StGB bestraft werden, denn diese Vorschrift soll vor fahrlässiger **Fremd**tötung schützen. Ferner gilt, dass bereits eine vorsätzliche Teilnahme an einem Suizid straflos ist und dies erst recht bei der schwächeren Begehungsform der Fahrlässigkeitstat gelten muss.[52]

76 Anders wäre der Fall zu beurteilen, wenn der Täter sein Jagdmesser offen im Kinderzimmer der dreijährigen O liegen lassen würde und die O sich damit selbst schwer verletzen sollte. In einem solchen Fall kann nicht von einem eigenverantwortlichen Verhalten des Kindes ausgegangen werden, denn dem Kind fehlt hier die Beurteilungsreife, um einschätzen zu können, welche Gefahren von einem Jagdmesser ausgehen. Hier beginnt der Verantwortungsbereich des Täters, sodass eine Zurechnung trotz selbstschädigenden Verhaltens stattfinden muss. Der T würde sich nach § 229

---

50 Schönke/Schröder/Hecker § 315d Rn. 1.
51 BGH NJW 2016, 176 ff.
52 BGH NJW 2016, 176 ff.

StGB strafbar machen bzw. nach §§ 229, 13 StGB, wenn auf ein pflichtwidriges Unterlassen bei bestehender Garantenpflicht (sog. **Überwachergarant**) abgestellt wird.

> **Hinweis:** Der Schwerpunkt der strafrechtlichen Vorwerfbarkeit[53] bei dem unechten Unterlassungsdelikt liegt hier wohl eher bei dem Liegenlassen des Jagdmessers als aktive Handlung, sodass es sich um ein **Begehungsdelikt** handeln wird. Eine Garantenstellung aus § 13 StGB wäre dann nicht mehr erforderlich.

4. Dazwischentreten Dritter

Problematisch ist zudem die Zurechnung bei einem eigenverantwortlichen Dazwischentreten von Dritten. Hiermit sind Fälle gemeint, bei denen der Ausgangstäter eine Gefahr schafft, jedoch ein Dritter in den Kausalverlauf einwirkt und so gegebenenfalls eine neue Gefahrensituation kreiert, die letztlich in einen bestimmten Erfolg einmündet. Sollte der Dritte an das vorangegangene Kausalgeschehen des Ausgangstäters anknüpfen, ohne diese erste Ursache zu verdrängen, so wird dadurch der anfängliche Kausalverlauf nicht unterbrochen. Jedoch könnte durch das Drittverhalten die objektive Zurechnung des Erfolges entfallen. Dies ist dann der Fall, wenn der Ausgangstäter zwar eine rechtlich missbilligte Gefahr geschaffen hat, diese Gefahr sich aber nicht in dem konkreten Erfolg realisiert hat, weil sie völlig außerhalb dessen liegt, was nach dem gewöhnlichen Lauf der Dinge und der allgemeinen Lebenserfahrung noch in Rechnung zu stellen ist.[54]

> **Beispiel:** T verletzt den O infolge eines Auffahrunfalls schwer. Dieser Auffahrunfall ist auf die überhöhte Geschwindigkeit des T zurückzuführen. Der O wird in ein Krankenhaus eingeliefert. Eine Person des Klinikpersonals spritzt dem O ein tödlich wirkendes Gift, um so den Tod des O herbeizuführen.

Sollte der O an den Folgen des Giftanschlags versterben, könnte gegen den Ausgangstäter T gem. § 222 StGB ermittelt werden. Der Tod des O ist eingetreten und das Verhalten des T war dafür kausal iSd Äquivalenztheorie, denn ohne den Auffahrunfall und die dadurch entstandenen Verletzungen wäre der O nicht in ein Krankenhaus eingeliefert worden. Dann hätte der Klinikmitarbeiter keine Möglichkeit gehabt die Hilflosigkeit des O für den todbringenden Anschlag auszunutzen. T schafft jedoch keine Gefahr für den O, die sich im tatbestandlichen Erfolg realisiert. Vielmehr hat der Mitarbeiter eine völlig neue Gefahr geschaffen, nämlich die Gefahr einer todbringenden Vergiftung. Dieser Umstand hat mit der vorherigen, durch den T hervorgerufenen Gefahr, nichts zu tun und folglich kann dem T dieser schwere Erfolg trotz bestehender Kausalität nicht zugerechnet werden. Der Vorwurf nach § 229 StGB bleibt indes unberührt. Der Klinikmitarbeiter macht sich wegen eines heimtückischen Mordes strafbar.

> **Hinweis:** Das eigenverantwortliche Dazwischentreten eines Dritten kann zum Entfallen der Zurechnung führen, wenn ein Dritter **vorsätzlich** oder **grob fahrlässig** in den Kausalverlauf einwirken sollte und dadurch eine neue, selbstständig auf den Erfolg hinwirkende Gefahr begründet, die sich dann in den Erfolg realisiert.

---

53 BGH NJW 1995, 204 (205); NStZ 1999, 607; Schönke/Schröder/Bosch Vor § 13 Rn. 158; Wessels/Beulke/Satzger StrafR AT Rn. 1159.
54 Schmidt StrafR AT Rn. 195.

82 Schafft der Täter hingegen eine Gefahr durch die Verletzung einer Sicherheitsvorschrift, die gerade das Risiko des Eingreifens Dritter beinhaltet, so kann trotz des vorsätzlichen Einwirkens des Dritten eine Zurechnung für den Ausgangstäter stattfinden.[55]

83 **Beispiel:** Jäger T vergisst, seinen in der Wohnung befindlichen Waffenschrank ordnungsgemäß zu verschließen. Sein Sohn F gelangt so an ein Jagdgewehr und erschießt damit seinen Schulkollegen O.

84 **Hinweis:** Dieses Beispiel wird in einem ähnlichen Fall im **Sachverhalt 3** → § 3 Rn. 92 noch ausgiebig geprüft.

Die Vorschrift aus § 36 Abs. 1 WaffG dient gerade dazu, dass Waffen vor einem unberechtigten Zugriff gesichert werden. Dass der F hier eine vollkommen neue Gefahrensituation vorsätzlich herbeiführt, kann den T nicht entlasten, schließlich realisiert sich genau die Situation, vor dem die Vorschrift schützen soll. Der T ist wegen § 222 StGB zu sanktionieren.[56] Eine Zurechnung kann trotz des vorsätzlichen Dazwischentretens eines Dritten stattfinden, wenn der Dritte an eine vom Ersttäter herbeigeführte Ausgangssituation anknüpfen sollte und somit eigentlich keine neue Gefahr mehr schafft.[57]

85 **Beispiel:** T verletzt den O mit einem Messer schwer. Benommen sackt O zu Boden. Als die Freundin des T davon erfährt, versetzt sie dem Schwerverletzten einen weiteren Stich in den Hals und tötet ihn so.

86 Der O liegt bereits schwer verletzt und somit geschwächt auf den Boden. Dadurch, dass der T seiner Freundin hiervon berichtet, ist es nicht gänzlich unwahrscheinlich, dass diese an die bereits bestehende Gefahr anknüpft, um so den Erfolg zu realisieren. Eine Zurechnung der Tötung des O kann für den T stattfinden.

87 Etwas Anderes würde wohl gelten, wenn der T lediglich mit Körperverletzungsabsicht den O bewusstlos schlägt und die F zufällig an den Ereignisort gelangt und den O mit mehreren Messerstichen tötet. Ein Anknüpfen an die Ausgangsgefahr liegt hier nicht mehr vor. Mit den Messerstichen hätte F vielmehr eine neue, selbstständige Gefahr für das Leben des O hervorgerufen, die eine Zurechnung des Erfolges auf den T nicht zulässt.

V. Subjektive Fahrlässigkeit

88 Im Rahmen der Schuld bedarf es bei Fahrlässigkeitsdelikten einer gesonderten Prüfung, ob der Täter nach seinen individuellen Fähigkeiten, insbesondere also nach seinem intellektuellen Zuschnitt und seinem bisherigen Erfahrungswissen subjektiv in der Lage ist, das objektiv erforderliche Maß an Sorgfalt zu erbringen.[58] Der an dieser Stelle zu prüfende subjektivierende Maßstab wird anhand der Kategorien einer „subjektiven Sorgfaltspflichtverletzung" bei „subjektiver Vorhersehbarkeit" ermittelt.[59] Der Täter muss also in der Lage gewesen sein, die objektive Sorgfaltspflicht einzuhalten und den drohenden Schaden zu erkennen.

---

55 Wessels/Beulke/Satzger StrafR AT Rn. 284.
56 Vgl. BGH NStZ 2013, 238 – Amoklauf von Winnenden.
57 Rengier StrafR AT § 13 Rn. 88; Wessels/Beulke/Satzger StrafR AT Rn. 285.
58 Schönke/Schröder/Sternberg-Lieben/Schuster § 15 Rn. 194.
59 Wessels/Beulke/Satzger StrafR AT Rn. 1144.

Hier werden erkennbaren körperlichen Mängeln, Verstandesfehlern, Wissens- und Erfahrungslücken eine grundsätzlich entlastende Wirkung beigemessen.[60] Somit können insbesondere geringe Intelligenz, Bildung, Geschicklichkeit, Befähigung etc zum Wegfall der Fahrlässigkeitsschuld führen. Die Bejahung des § 20 StGB führt hingegen bereits zum Schuldausschluss (→ § 5 Rn. 4 ff. Schuld).[61]

89

Zudem können asthenische Affekte (asthenisch = schwach, Affekt = heftige Erregung), wie Verwirrung, Furcht oder Schrecken nicht nur die Schuld im Zuge der Prüfung eines intensiven Notwehrexzesses aus § 33 StGB ausschließen, sondern auch die subjektive Vorwerfbarkeit bei einer Fahrlässigkeitstat zum Entfallen bringen.[62]

90

Klausurhinweis: Im Regelfall ist in einer Prüfung von dem Vorliegen der Fahrlässigkeitsschuld auszugehen, soweit sich hierzu keine gegenteiligen Angaben im Sachverhalt finden lassen. Das Vorliegen der objektiven Sorgfaltspflichtverletzung bei objektiver Vorhersehbarkeit beinhaltet diesbezüglich eine Indizwirkung.

91

Fall 3 (Übungsfall zur Fahrlässigkeit)

92

Sachverhalt

Der T ist Jäger und besitzt zwei Repetierbüchsen, die er nach der Jagd stets ordnungsgemäß zu Hause in seinem Waffenschrank aufbewahrt. Eines Tages vergisst er jedoch eine seiner Büchsen in den Waffenschrank einzuschließen. Die geladene Büchse lässt er versehentlich auf den Kommodenschrank, im Wohnzimmer liegen. Sein Sohn S (17 Jahre) kann so auf diese Büchse Zugriff nehmen und erschießt damit in der Schule gezielt den Schulkameraden O. Dem O wollte er es schon immer mal „heimzahlen", da dieser ein Techtelmechtel mit seiner Freundin angefangen hat. Als T davon erfährt, ist er entsetzt.

Strafbarkeit T? Strafanträge sind gestellt.

Lösung

A. Strafbarkeit des T wegen Beihilfe zum Mord gem. §§ 212 Abs. 1, 27 Abs. 1 StGB

Eine Beihilfe des T durch ein Überlassen der Schusswaffe, und damit dem objektiven Fördern der Haupttat, kommt nicht infrage, denn bei der Beihilfe ist ein doppelter Gehilfenvorsatz notwendig.[63] Der Vorsatz muss unter anderem auch die Vollendung der Haupttat umfassen.[64] Dies ist nicht der Fall, da der T von dem Vorhaben seines Sohnes gar nichts wusste. Zudem reagierte er entsetzt auf das Geschehen.

T macht sich nicht gem. §§ 212 Abs. 1, 27 Abs. 1 StGB strafbar.

Hinweis: Ferner findet eine Zurechnung der Tat des Sohnes auf den Vater T gem. § 25 Abs. 2 StGB nicht statt, denn entscheidend für die Mittäterschaft ist, dass jeder Mittäter willentlich eine für die Gesamttat wesentliche Rolle übernimmt. T hatte jedoch keine Kenntnis von der Tat. In einer Klausur erübrigen sich die Angaben zu einer vermeintlichen Mittäterschaft des T, da diese zu fernliegend sind.

---

60 MüKoStGB/Duttge § 15 Rn. 204.
61 Schmidt StrafR AT Rn. 881.
62 Schönke/Schröder/Sternberg-Lieben/Schuster § 15 Rn. 195.
63 BayObLG NJW 1991, 2582.
64 VGH München NJW 2012, 2293.

B. Strafbarkeit des T wegen fahrlässiger Tötung gem. § 222 StGB

Der T könnte sich gem. § 222 StGB an dem O strafbar gemacht haben, indem er seine Büchse nicht ordnungsgemäß in dem Waffenschrank verschlossen hat, sodass sein Sohn S Zugriff auf das Gewehr bekam und so den O damit erschießen konnte.

I. Tatbestand

a) Erfolg

Gemäß § 222 StGB muss der Tod eines anderen Menschen verursacht worden sein. Der O wurde durch den Schuss getötet. Mithin liegt diese Voraussetzung vor.

b) Kausalität zwischen Tathandlung und dem Taterfolg

Es muss zwischen dem Verhalten des T und der Verursachung des Erfolges ein Ursachenzusammenhang im Sinne der Äquivalenztheorie liegen. Danach ist jede Bedingung kausal für den Erfolg, die nicht hinweggedacht werden kann, ohne dass der Erfolg in seiner konkreten Gestalt entfiele.[65] Hätte der T das Gewehr nicht auf den Kommodenschrank gelegt, sondern ordnungsgemäß im Waffenschrank eingeschlossen, so wäre der O damit nicht erschossen worden. Mithin ist sein Verhalten kausal für den Erfolg. Dass der O gegebenenfalls auf andere Weise durch den S getötet worden wäre, ist als unerhebliche Reserveursache zu bewerten, die die Kausalität nicht berührt.

> **Hinweis:** Der Schwerpunkt der Vorwerfbarkeit liegt hier in einem Handeln des Vaters, sodass ein Begehungsdelikt zu prüfen ist. Eine Garantenstellung des T ist somit nicht erforderlich.

c) Fahrlässigkeit

Fraglich ist, ob der T fahrlässig gehandelt hat. Er müsste die im Verkehr erforderliche Sorgfalt außer Acht gelassen haben. Zudem dürfte der Erfolg und der wesentliche Kausalverlauf nicht so sehr außerhalb jeglicher Wahrscheinlichkeit liegen, sodass mit ihnen nicht zu rechnen war.[66]

aa) Objektive Sorgfaltspflichtverletzung

Der T müsste sorgfaltswidrig gehandelt haben. Es ist fraglich, ob der T gegen eine Verhaltensnorm verstoßen hat. Gemäß § 36 Abs. 1 WaffG hat derjenige, der Waffen oder Munition besitzt, die erforderlichen Vorkehrungen zu treffen, um zu verhindern, dass diese Gegenstände abhandenkommen oder Dritte sie unbefugt an sich nehmen. Diese Vorkehrung hat der T in Bezug auf die geladene Büchse nicht getroffen. Vielmehr hat er gegen den § 36 Abs. 1 WaffG verstoßen, indem er das Gewehr offen auf dem Kommodenschrank liegen ließ. Mithin lässt der T die im Verkehr erforderliche Sorgfalt außer Acht.

---

65 LG Düsseldorf ZWH 2012, 118; VGH München NJW 2012, 2293.
66 Vgl. BGH NJW 2006, 1824 (1826); Schönke/Schröder/Sternberg-Lieben/Schuster § 15 Rn. 180.
67 Vgl. BGH JZ 1987, 877.
68 Wessels/Beulke/Satzger StrafR AT Rn. 258.
69 Schmidt StrafR AT Rn. 868.

bb) Objektive Vorhersehbarkeit

Der eingetretene Erfolg und der wesentliche Kausalverlauf müssten objektiv vorhersehbar sein. Zu berücksichtigen ist hierbei das Sonderwissen des Täters.[67] Ein Jäger ist im Umgang mit Schusswaffen ausgebildet. Es ist gerade für diese Berufsgruppe nicht ganz fernliegend, dass bei unsachgemäß verwahrten Jagdwaffen Unberechtigte Zugriff darauf nehmen könnten, um so Schaden an sich selbst oder an anderen Menschen vorzunehmen. Es handelt sich mithin nicht um einen atypischen Geschehensverlauf, der außerhalb jeglicher Wahrscheinlichkeit liegt.

d) Objektive Zurechnung

Der Tod des O müsste dem T objektiv zuzurechnen sein. Objektiv zurechenbar ist ein Erfolg dann, wenn der Täter eine rechtlich zu missbilligende Gefahr schafft, und sich diese Gefahr in dem konkreten Erfolg niederschlägt.[68] Hier ist insbesondere der Pflichtwidrigkeitzusammenhang darzustellen. Der Erfolg müsste demnach auf der Pflichtwidrigkeit des Täters basieren. Wäre der Erfolg auch bei einem rechtmäßigen Alternativverhalten eingetreten, so läge der Zusammenhang zwischen der Pflichtwidrigkeit und dem tatbestandsmäßigen Erfolg nicht vor. Hätte der T sich ordnungsgemäß verhalten und die Schusswaffe im Waffenschrank verschlossen, so wäre ein Zugriff des S auf die Waffe nicht erfolgt. Somit ist der Erfolg der Tötung des O auf das sorgfaltswidrige Verhalten des T zurückzuführen.

Ferner ist zu klären, ob sich hier der Schutzzweck der Norm realisiert. Nur wenn die verletzte Sorgfaltsnorm gerade dazu dient, Erfolge wie den eingetretenen zu verhindern, wird ein rechtlich relevantes Risiko geschaffen, welches die Grundlage dafür bildet, dass der konkrete Erfolg dem pflichtwidrig Handelnden als „sein Werk" zugerechnet werden kann.[69] Der § 36 Abs. 1 WaffG soll vor dem unberechtigten Zugriff auf nicht ordnungsgemäß gesicherte Waffen schützen, sodass ein Abhandenkommen oder ein Ansichnehmen durch Dritte verhindert werden kann. Hier wurde das Gewehr nicht in einem Waffenschrank eingeschlossen. So wurde ein unberechtigtes Ansichnehmen des S erst ermöglicht. Es realisiert sich somit genau der Umstand, vor dem der § 36 Abs. 1 WaffG schützen soll. Mithin realisiert sich in dem vorliegenden Sachverhalt der Schutzzweck der Norm.

Dass der S hier eigenverantwortlich eine vorsätzliche Tat begeht, kann die Zurechnung der Tötung des O auf den Vater T nicht durchbrechen, da der T mit seinem sorgfaltswidrigen Verhalten eine Ausgangsgefahr geschaffen hat, an die der S unmittelbar anknüpft. Zudem liegt der Geschehensverlauf, dies wurde bereits erwähnt, nicht außerhalb jeglicher Wahrscheinlichkeit.

Es handelt sich somit (auch) um das Werk des T.

II. Rechtswidrigkeit

Rechtfertigungsgründe sind aus dem Sachverhalt nicht erkennbar. Der T handelt rechtswidrig.

III. Schuld

Schuldausschließungsgründe oder Entschuldigungsgründe sind nicht erkennbar. Der T handelt schuldhaft. Mangels entgegenstehender Anhaltspunkte handelt der T auch subjektiv fahrlässig.

§ 4 Rechtswidrigkeit

A. Allgemeines

Auf der ersten Wertungsebene prüfen Sie die Verwirklichung des gesetzlichen Tatbestandes. Für gewöhnlich indiziert die Tatbestandsmäßigkeit die Rechtswidrigkeit. Dies gilt jedoch nur dann, wenn keine Rechtfertigungsgründe erkennbar sind. Sobald ein Rechtfertigungsgrund vorliegt, entfällt auch diese Indizwirkung. Das strafrechtlich relevante Handeln bleibt dann zwar tatbestandsmäßig, stellt aber keine Rechtspflichtverletzung und damit kein Unrecht dar, weil es erlaubt ist. 1

> **Klausurhinweis:** Sobald die Voraussetzungen eines Rechtfertigungsgrundes gegeben sind, beenden Sie die Prüfung des jeweiligen Deliktes. Ausführungen zur Schuld sind dann nicht mehr erforderlich bzw. wären sogar fehlerhaft. Die Prüfung eines Rechtfertigungsgrundes setzt allerdings voraus, dass es hierfür überhaupt Anhaltspunkte im Sachverhalt gibt, ansonsten bleibt es dabei, dass die Tatbestandsmäßigkeit ein Indiz für das rechtswidrige Verhalten darstellt. Eine Ausnahme besteht allerdings bei sog. offenen Tatbeständen §§ 240, 253 StGB). Hier muss nach der Feststellung, dass keine Rechtfertigungsgründe greifen, die Rechtswidrigkeit im Rahmen einer Zweck-Mittel-Relation positiv festgestellt werden. Die Tat ist nur dann als rechtswidrig einzustufen, wenn gem. § 240 Abs. 2 StGB bzw. § 253 Abs. 2 StGB die Anwendung der Gewalt oder die Drohung mit einem empfindlichen Übel zu dem angestrebten Nötigungszweck nicht verwerflich ist. 2

Klassische Rechtfertigungsgründe sind die Notwehr § 32 StGB, der rechtfertigende Notstand § 34 StGB, die rechtfertigende und die mutmaßliche Einwilligung, der Defensivnotstand gem. § 228 BGB, der Aggressivnotstand gem. § 904 BGB, das Festnahmerecht aus § 127 Abs. 1 StPO, die Selbsthilfe gem. § 229 BGB und die Besitzwehr/Besitzkehr aus § 859 BGB. 3

Wie Verbotsnormen auch, setzen sich die Erlaubnisnormen aus einem objektiven und einem subjektiven Element zusammen. So muss sich der in Notwehr Handelnde nicht nur in einer objektiven Notwehrlage befinden, sondern auch in Kenntnis der Notwehrsituation mit einem Verteidigungswillen agieren. Gleiches gilt für das Festnahmerecht aus § 127 Abs. 1 StPO. Auch hier muss der Täter Kenntnis von der Festnahmelage haben und den Täter festhalten, um diesen der Strafverfolgung zuzuführen.[1] 4

Bei Vorliegen der objektiven und der subjektiven Voraussetzungen eines Rechtfertigungsgrundes entfällt die Strafbarkeit des Täters, weil hierdurch der Erfolgsunwert und der Handlungsunwert der Tat beseitigt werden. 5

> **Hinweis:** Durch die Verwirklichung des objektiven Tatbestandes liegt ein sog. Erfolgsunwert vor. Die vorsätzliche Verwirklichung des Tatbestandes stellt den Handlungsunwert dar. Wenn nunmehr auf der Rechtfertigungsebene ein Rechtfertigungsgrund objektiv und subjektiv greifen sollte, beseitigt dieser Umstand den Erfolgsunwert sowie den Handlungsunwert. Fehlt jedoch zB die Kenntnis der Notwehrlage bei § 32 StGB bleibt der Handlungsunwert bestehen. Umgekehrt bleibt der Erfolgsunwert unberührt, sollte in objektiver Hinsicht ein Rechtfertigungsgrund nicht greifen. Sollte der Täter 6

---

1 Schönke/Schröder/Sternberg/Lieben Vor § 32 Rn. 16.

§ 4 Rechtswidrigkeit

aufgrund einer Falschbeurteilung von einem Angriff ausgehen und sich deshalb verteidigen, so entfällt lediglich der Handlungsunwert. Anhand dieser Strukturen können Sie Irrtümer besser erkennen (→ § 9 Rn. 1 ff. Irrtumslehre).

B. Notwehr/Nothilfe, § 32 StGB

7 Wer eine Tat begeht, die durch Notwehr geboten ist, handelt gem. § 32 Abs. 1, 2 StGB nicht rechtswidrig. Die Notwehr bedeutet dabei eine Verteidigung, die erforderlich ist, um einen gegenwärtigen rechtswidrigen Angriff von sich oder einem anderen abzuwenden.

8 **Hinweis:** Die Notwehr zugunsten eines Dritten wird als Nothilfe bezeichnet und fällt auch unter § 32 Abs. 1, 2 StGB. Hierbei ist zu beachten, dass der Nothelfer nur dann einen Angriff abwehren darf, wenn sich auch der Angegriffene gegen den Angriff hätte verteidigen wollen. Eine aufgedrängte Nothilfe ist nicht zulässig.[2]

9 Die Notwehr basiert auf dem Schutzprinzip, dh dem Schutz der Rechtsgüter des Einzelnen, und dem Rechtsbewährungsprinzip, also dem Schutz der Rechtsordnung.[3]

10 Die Notwehr ist ein Rechtfertigungsgrund mit weiten Eingriffsbefugnissen. So kann bei Vorliegen der Voraussetzungen zB auch ein Totschlag durch Notwehr gerechtfertigt werden. Bei dem rechtfertigenden Notstand aus § 34 StGB wäre dies nicht möglich, da hier eine Interessenabwägung zwischen dem bedrohten und dem verletzten Rechtsgut stattfinden muss. Solche Verhältnismäßigkeitserwägungen sind dem § 32 StGB grundsätzlich fremd.

11 **Hinweis:** Bei der Notwehr ist der Angreifer weniger schutzwürdig, da von ihm die Bedrohung für das Erhaltungsgut ausgeht. Damit hat die Notwehr eine Gemeinsamkeit mit dem Defensivnotstand aus § 228 BGB, bei dem auf eine Sache eingewirkt wird, die die Gefahrenquelle darstellt.[4]

I. Prüfungsrelevanz

12 Der Rechtfertigungsgrund aus § 32 Abs. 1, 2 StGB ist äußerst prüfungsrelevant. Sollte in der Klausur ein Umstand erkennbar sein, der gegebenenfalls das Handeln des Täters rechtfertigen könnte, so sollte zunächst (zumindest gedanklich) die Prüfung des § 32 Abs. 1, 2 StGB in Erwägung gezogen werden.

13 **Klausurhinweis:** Bei Einwirkungen auf fremde Sachen im Falle einer Notsituation sollten Sie die §§ 228, 904 BGB als mögliche Rechtfertigungsgründe in Betracht ziehen. Die §§ 228, 904 BGB beinhalten zudem spezielle Regelungen im Verhältnis zum rechtfertigenden Notstand aus § 34 StGB.[5]

14 Bei Abwehrhandlungen gegen angreifende Menschen ist hingegen regelmäßig § 32 Abs. 1, 2 StGB einschlägig. Sollten die jeweiligen Voraussetzungen der Notwehr gegebenenfalls an der Gegenwärtigkeit oder an der Rechtswidrigkeit des Angriffs scheitern, so muss zumindest eine Negativabgrenzung des § 32 Abs. 1, 2 StGB erfolgen.

---

2 Rengier StrafR AT § 18 Rn. 113.
3 BGHSt 48, 207 (212) = BeckRS 2003, 2934; Roxin FS Kühl, 2014, 391.
4 Schönke/Schröder/Perron/Eisele § 32 Rn. 1.
5 Schönke/Schröder/Perron § 34 Rn. 6.

Hinweis: Die Sonderregelung aus § 32 StGB sind in Bezug auf § 34 StGB abschließend, wenn die Gefahr aus einem gegenwärtigen und rechtswidrigen Angriff droht. Der § 34 StGB kann jedoch neben § 32 Abs. 1, 2 StGB gelten, wenn im Rahmen der Abwehr des Angriffes auch Rechtsgüter der Allgemeinheit oder Rechtsgüter Dritter beeinträchtigt werden.[6] Zudem sollten Sie beachten, dass die Notwehr in bestimmten Fallkonstellationen neben dem Festnahmerecht aus § 127 Abs. 1 StPO stehen kann. 15

II. Prüfungsaufbau

Notwehr, § 32 Abs. 1, 2 StGB 16

I. Tatbestand
II. Rechtswidrigkeit
   1. Notwehrlage (→ § 4 Rn. 7 Formulierung § 32 Abs. 2 StGB)
      a) Angriff auf ein notwehrfähiges Rechtsgut
      b) Gegenwärtigkeit des Angriffes
      c) Rechtswidrigkeit des Angriffes
   2. Notwehrhandlung
      a) Erforderliche Verteidigung gegenüber dem Angreifer
         aa) Geeignetheit der Verteidigungshandlung
         bb) Die Verteidigungshandlung muss das relativ mildeste Mittel darstellen
      b) Gebotenheit der Verteidigungshandlung
   3. Subjektives Rechtfertigungselement
   Handeln in Kenntnis der Notwehrlage mit Verteidigungswillen

1. Notwehrlage

In objektiver Hinsicht muss zunächst eine Notwehrlage vorliegen. Diese ergibt sich unmittelbar aus dem Gesetzeswortlaut. Danach kennzeichnet eine Notwehrlage einen gegenwärtigen, rechtswidrigen Angriff auf ein notwehrfähiges Rechtsgut. In der Klausur sollten Sie zunächst mit der Darstellung zum Angriff beginnen. 17

a) Angriff

Als erstes prüfen Sie, ob ein Angriff vorliegt. Ein Angriff bedeutet jede unmittelbare Bedrohung rechtlich geschützter Güter durch menschliches (willensgetragenes) Verhalten.[7] 18

Hinweis: Da es sich bei dem Angriff um ein willensgetragenes Verhalten handeln muss, scheiden Reflexe, Hypnose, *vis absoluta* oder ein epileptischer Krampf aus.[8] 19

Die Notwehr ist zum Schutz von Individualrechtsgütern zulässig. Darunter fallen unter anderem die in § 34 StGB erwähnten Rechtsgüter Leben, Leib, Freiheit, Eigentum und Ehre. Notwehrfähig sind ferner die Intimsphäre,[9] das Recht am eigenen 20

---
6 Schönke/Schröder/Perron § 34 Rn. 6.
7 Vgl. BGH NJW 2003, 1955 (1956 ff.); NStZ-RR 2002, 73.
8 Schmidt StrafR AT Rn. 326.
9 Vgl. RGSt 73, 385.

§ 4 Rechtswidrigkeit

Bild, welches durch unbefugtes Fotografieren verletzt werden kann,[10] die Nachtruhe,[11] der Besitz,[12] das Vermögen[13] usw.

21   **Hinweis:** Eine sog. Staatsnotwehr ist grundsätzlich unzulässig. Die Abwehr von Angriffen auf die öffentliche Ordnung, auf die Rechtsordnung als solches und auf die Rechtsgüter der Allgemeinheit sind nicht über § 32 Abs. 1, 2 StGB zu verteidigen. Hierfür sind der Staat und seine handelnden Organe zuständig.[14] Aufgrund der Formulierung „anderer" aus § 32 Abs. 2 StGB fallen hierunter jedoch auch juristische Personen, sodass eine Verteidigung von Rechtsgütern, wie Eigentum, Besitz und Vermögen, welche dem Staat als Fiskus zustehen, möglich ist.[15]

22   **Beispiel:** T wird von dem frei umherlaufenden Hund O beim Spazierengehen gebissen. Mit einem beherzten Tritt gegen das zähnefletschende Maul des Tieres kann sich der T verteidigen. Nur so konnten weitere Attacken des Tieres verhindert werden.

23   Die in einem solchen Fall darzustellende Sachbeschädigung kann nicht durch § 32 Abs. 1, 2 StGB gerechtfertigt werden, da es sich nicht um einen Angriff im Sinne der Definition handelt. Die Abwehr eines Tieres fällt regelmäßig unter § 228 BGB.[16]

24   **Hinweis:** Tiere sind taugliche Tatobjekte iSd § 303 Abs. 1 StGB, die Formulierung aus § 90a BGB steht dem nicht entgegen.[17]

25   Anders kann der Fall gelagert sein, sollte der Hundehalter das Tier gezielt auf das spätere Opfer hetzen. Dann wäre der Hund der „verlängerte Arm" des Halters, von dem der Angriff dann ausgehen würde.[18]

26   Bei äußerlich ambivalenten Verhaltensweisen liegt nur ein Angriff bei entsprechender Absicht vor. So besteht kein Angriff, wenn dem aus einem brennenden Haus Hinauslaufenden ein Passant lediglich im Weg stehen sollte. Anders wäre der Fall zu beurteilen, wenn der Passant absichtlich den Fluchtweg versperrt.[19]

27   Umstritten ist, ob ein Angriff auch durch ein Unterlassen stattfinden kann.

28   **Beispiel:** Spaziergänger O wird auf einem Waldweg von dem Fahrzeugführer T angefahren und zum Sturz gebracht. Dadurch zog sich O einen offenen Oberschenkelbruch zu, der dringender ärztlicher Behandlung bedarf. T weigert sich, den O mit seinem Pkw in ein Krankenhaus zu fahren. Er hat Bedenken, dass der O seine Sitze mit seinem Blut beschmutzen könnte. Auch das gute Zureden des hinzueilenden Passanten P kann den T nicht umstimmen. Er werde jetzt einfach weiterfahren, entgegnet er vielmehr. Mit einem gezielten Faustschlag setzt P den T daraufhin außer Gefecht und transportiert den O selbst mit dem Pkw ins Krankenhaus.

29   Der T verblieb inaktiv, indem er die Fahrt zum Krankenhaus ablehnte. Es liegt daher ein Unterlassen vor. Fraglich ist, ob dies ein Angriff iSd § 32 Abs. 1, 2 StGB darstellen kann. Teilweise wird die Möglichkeit eines Angriffes generell verneint. Ein Angriff fordert begriffslogisch ein aktives Tun.[20] Nach einer anderen Sicht soll ein An-

---

10   BGH NStZ 2003, 599; OLG Karlsruhe NStZ 1982, 123.
11   OLG Karlsruhe NJW 1992, 1329.
12   BGH NStZ-RR 2004, 10.
13   RGSt 21, 168; 46, 348.
14   BGHSt 5, 245 = NJW 1954, 438; BGHZ 64, 178.
15   NK-StGB/Kindhäuser § 32 Rn. 47.
16   MüKoStGB/Erb § 32 Rn. 57.
17   MüKoStGB/Wieck-Noodt § 303 Rn. 9.
18   Vgl. BGHSt 14, 152 (155) = BeckRS 1960, 105926.
19   Vgl. BayObLG NJW 1991, 934.
20   Schönke/Schröder/Perron/Eisele § 32 Rn. 10.

griff durch Unterlassen hingegen bei der Verletzung einer beliebigen Rechtspflicht (auch § 323c StGB) vorliegen.[21] Es ist jedoch nur schwer nachzuvollziehen, dass die bloße Missachtung einer Jedermannspflicht, die unterhalb der Garantenpflicht aus § 13 StGB angesiedelt ist (§ 323c Abs. 1 StGB), einem Angriff durch aktives Tun gleichgesetzt wird.[22] Ein Angriff durch ein Unterlassen liegt jedoch vor, wenn in dem Unterlassen ein Verstoß gegen die Garantenpflicht aus § 13 StGB besteht.[23] In dem obigen Beispiel hat der T zuvor sorgfaltspflichtwidrig gehandelt. Ihn trifft daher eine Garantenpflicht aus Ingerenz (→ § 1 Rn. 82 ff. unechte Unterlassungsdelikte). Die **Ingerenz** bedeutet, dass der Täter durch sein garantenpflichtwidriges Unterlassen die nahe Gefahr für den Eintritt schädlicher Erfolge geschaffen hat, und somit verpflichtet ist, die drohenden Schäden zu verhindern.[24] Mithin war es durch Notwehr gerechtfertigt, den Angreifer T mittels Faustschlags außer Gefecht zu setzen, um so an sein Fahrzeug zu gelangen. Wäre der T allerdings unbeteiligt am Verkehrsunfall gewesen, so bliebe eine Rechtfertigung aus § 32 Abs. 1, 2 StGB versperrt. Die kurzfristige Wegnahme des Fahrzeuges durch den Passanten P wäre dann wohl über § 904 BGB zu rechtfertigen.

Zurück zur Notwehr: Ob der Angriff schuldhaft erfolgt, ist für § 32 Abs. 1, 2 StGB 30 nicht entscheidend. Dies ist auf den deutlichen Wortlaut des § 32 Abs. 1 StGB zurückzuführen, der lediglich einen rechtswidrigen Angriff verlangt. So kann auch ein Kind, also eine Person unter 14 Jahren (§ 19 StGB), Angreifer sein. Die Schuldlosigkeit des Angreifers kann jedoch Auswirkungen auf die Gebotenheit der Notwehrhandlung haben.

b) Gegenwärtigkeit des Angriffs

Weiterhin muss der Angriff gegenwärtig sein. Gegenwärtig ist ein Angriff dann, wenn 31 dieser unmittelbar bevorsteht, gerade stattfindet oder noch fortdauert.[25]

Dies bedeutet, dass der Angriff noch nicht abgeschlossen bzw. nicht vollständig ab- 32 gewehrt sein darf. Sobald der Angriff beendet wurde, liegt die Gegenwärtigkeit nicht mehr vor.

> **Beispiel:** Wird dem O an einem Samstag in der Oldenburger Innenstadt die Uhr durch den T ge- 33 stohlen und eine Woche später auf dem regionalen Flohmarkt zum Verkauf angeboten, wäre ein körperliches Einwirken des O auf den T nicht (mehr) über § 32 Abs. 1, 2 StGB gerechtfertigt. Die Tat ist bereits beendet und somit nicht mehr gegenwärtig.

Anders kann der Fall beurteilt werden, sollte der O die Wegnahme der Uhr direkt 34 bemerken und dem fliehenden Täter hinterherlaufen. Der § 242 Abs. 1 StGB ist vollendet, aber (noch) nicht beendet, solange der fliehende Täter die Beute bei sich trägt und verfolgt wird.[26] Erst mit der Gewahrsamssicherung an der beweglichen Sache tritt die Beendigung ein. Dies wäre der Fall, wenn die Verfolgung aufgegeben wird bzw. der Verfolger den Täter nicht nur kurzfristig aus den Augen verliert.

---

21 NK-StGB/Kindhäuser § 32 Rn. 33 f.; Krey/Esser StrafR AT Rn. 476.
22 Wessels/Beulke/Satzger StrafR AT Rn. 496.
23 Wessels/Beulke/Satzger StrafR AT Rn. 496; Rengier StrafR AT § 18 Rn. 15.
24 Schönke/Schröder/Bosch § 13 Rn. 32.
25 Vgl. BGH NJW 1973, 255.
26 Vgl. BGH MDR/H 1979, 985.

§ 4 Rechtswidrigkeit

35 **Hinweis:** Eine sog. Präventivnotwehr gegen künftige, noch nicht gegenwärtige Angriffe ist unzulässig. Dies gilt selbst dann, wenn das Abwarten des Angriffes die Verteidigungschancen des Angegriffenen erheblich verschlechtern würden.[27]

36 **Beispiel:** Der Juwelier O bekommt in seinem Geschäft um die Mittagszeit ein Gespräch zweier Kunden mit. Diese beraten, wie sie in der heutigen Nacht die Sicherheitsmechanismen des Juweliergeschäftes umgehen können, um so rechtswidrig an den Schmuck zu gelangen. O schlägt die Kunden nieder, um den bevorstehenden Angriff im Keim zu ersticken.

37 Das Einschlagen auf die Kunden, um den bevorstehenden Einbruch zu verhindern, kann nicht über § 32 Abs. 1, 2 StGB gerechtfertigt werden. Der Angriff ist (noch) nicht gegenwärtig.

c) Rechtswidrigkeit des Angriffs

38 Im Rahmen der Notwehrlage ist zu prüfen, ob der Angriff rechtswidrig ist. Rechtswidrig ist ein Angriff, wenn er objektiv in Widerspruch zur Rechtsordnung steht. Einen Straftatbestand muss der Angreifer hierbei nicht erfüllen.[28] Letzteres liegt daran, dass auch strafrechtlich nicht geschützte Güter notwehrfähig sind.[29]

39 **Klausurhinweis:** Um etwaige Inzidenzprüfungen zu vermeiden, sollten sie zunächst den Angreifer in der Klausur prüfen. Bitte beachten Sie jedoch stets den Bearbeitungshinweis, ob überhaupt eine strafrechtliche Bewertung des Angreifers angezeigt ist.

40 Der Verteidiger kann sich (unter anderem) nicht auf § 32 Abs. 1, 2 StGB berufen, sobald der Angreifer seinerseits ein Eingriffsrecht besitzen sollte ("keine Notwehr gegen Notwehr")[30]. So macht sich zB derjenige nach §§ 113 Abs. 1, 114 Abs. 1 StGB und §§ 223 ff. StGB strafbar, der bei einer rechtmäßigen polizeilichen Festnahme nach §§ 127 Abs. 2, 112 StPO auf die Beamten körperlich einwirkt.

2. Notwehrhandlung

41 Eine Notwehrhandlung muss sich gegen die Rechtsgüter des Angreifers richten und objektiv erforderlich und geboten sein. Zudem muss die Notwehrhandlung von einem Verteidigungswillen getragen werden.[31]

42 **Hinweis:** Ein Einwirken auf unbeteiligte Dritte ist bei § 32 Abs. 1, 2 StGB nicht zulässig.[32]

a) Erforderliche Verteidigung gegenüber dem Angreifer

43 Es müsste sich zunächst um ein geeignetes Verteidigungsmittel handeln, um den Angriff zu beenden oder ihm ein wesentliches Hindernis in den Weg zu legen.[33] An die Effektivität der Verteidigung sind hierbei lediglich minimale Anforderungen zu stellen, um insbesondere einen unterlegenen Angegriffenen das Notwehrrecht nicht zu versagen.[34]

---

27 Heinrich StrafR AT Rn. 349.
28 Wessels/Beulke/Satzger StrafR AT Rn. 503.
29 Schönke/Schröder/Perron/Eisele § 32 Rn. 19/20.
30 Vgl. Schmidt StrafR AT Rn. 339.
31 Wessels/Beulke/Satzger StrafR AT Rn. 509 f.
32 BGHSt 5, 245 (245 ff.) = BeckRS 1953, 106378.
33 Wessels/Beulke/Satzger StrafR AT Rn. 510.
34 Vgl. OLG Düsseldorf NJW 1994, 1971 (1972).

Die Verteidigung müsste ferner erforderlich sein. Dabei muss der Angegriffene das mildeste Mittel einsetzen.³⁵ Welche anderen, gleichwirksamen Mittel dem Angegriffenen in der konkreten Situation zur Verfügung stehen, hängt maßgeblich von der „Kampflage"³⁶ ab, in der er sich befindet. Auf risikobehaftete Abwehrhandlungen muss sich der Verteidiger nicht beschränken.³⁷ Ist zB die einfache körperliche Gewalt als Gegenmaßnahme aufgrund der physischen Überlegenheit des Angreifers nicht unbedingt erfolgversprechend, oder bestehen Unsicherheiten über die Effektivität dieser (Gegen-)Maßnahme, so kann der Angegriffene sich auch intensiver verteidigen. 44

Klausurhinweis: In der Klausur müssen Sie alle Umstände des Einzelfalls, insbesondere die Kampfstärke des Angreifers und mögliche Alternativen zur Verteidigung, die dem Angegriffenen zum Zeitpunkt des Angriffes zur Verfügung standen, bewerten. 45

Beispiel: O wird in seiner Wohnung von Einbrecher T überrascht. T ist gerade damit beschäftigt, Schmuck und weitere Gegenstände in eine mitgeführte Plastiktasche zu verstauen. O könnte flüchten, dennoch entschließt er sich dazu, T mittels eines kräftigen Faustschlages zu überwältigen. 46

Bei § 32 Abs. 1, 2 StGB gilt der Grundsatz, dass „das Recht dem Unrecht nicht zu weichen braucht"³⁸. Somit musste O nicht flüchten. Er konnte direkt in die sog. Trutzwehr übergehen. 47

Der Einsatz von lebensgefährdenden Mitteln (zB Stichwaffen oder Schusswaffen) ist grundsätzlich anzudrohen (zB Warnschuss). Sollte diese Androhung den Angriff nicht beseitigen, ist (zB) ein Schuss in weniger sensible Körperregionen zulässig.³⁹ Die tödlich wirkende Verteidigung muss *ultima ratio* bleiben.⁴⁰ Diese Stufenfolge ist nur dann zwingend, wenn sie eine hohe Erfolgswahrscheinlichkeit hat. Es ist zB hierbei zu beachten, ob es dem Verteidiger überhaupt noch zeitlich möglich ist, sich zu verteidigen oder ob er überhaupt die Fähigkeiten besitzt, den Angreifer zunächst zu verletzen.⁴¹ 48

Beispiel: O wird von T mit einem Messer bedroht. Er befindet sich noch ca. 12 Meter von O entfernt. O richtet bereits eine Schusswaffe auf den T. 49

Aufgrund der (noch) großen Distanz wäre eine tödlich wirkende Schussabgabe nicht durch § 32 Abs. 1, 2 StGB gerechtfertigt. Dem O wäre es ohne Risiko möglich, den Einsatz der Schusswaffe zunächst anzudrohen. 50

Hinweis: Bei § 32 Abs. 1, 2 StGB muss die Verteidigung**shandlung** erforderlich sein. Auf die Erforderlichkeit des Verteidigungs**erfolges** kommt es nicht an. Die Risiken, die sich aus der Verteidigungshandlung ergeben, gehen (nur) zulasten des Angreifers.⁴² 51

Die Notwehrlage ist objektiv zu bestimmen. Es stellt sich die Frage, wie ein besonnener Dritter die Situation zum Zeitpunkt des Angriffes eingeschätzt hätte.⁴³ Bei ei- 52

---

35 BGHSt 42, 97 (100) = BeckRS 1996, 3175.
36 BGHSt 27, 336 = BeckRS 1978, 108419.
37 BGH NStZ 2009, 626.
38 Vertiefend Kindhäuser FS Frisch, 2013, 493; krit. Krauß FS Puppe, 2011, 635.
39 BGH NStZ 2001, 530; 2014, 147.
40 BGH NStZ 2006, 152; MüKoStGB/Erb § 32 Rn. 165 ff.; Erb NStZ 2011, 186.
41 BGH NStZ 2001, 530; 2001, 591.
42 BGHSt 27, 313 = BeckRS 1977, 108341; BGH NStZ 2005, 31.

§ 4 Rechtswidrigkeit

nem Angriff mit einer Scheinwaffe im Rahmen einer Raubtat kann also eine Verteidigung über § 32 Abs. 1, 2 StGB gerechtfertigt sein, wenn die mangelnde Gefährlichkeit aus objektiver Sicht zum Zeitpunkt der Tat nicht offensichtlich war.[44] Bei der Verteidigung eines Scheinangriffes hingegen kann sich der Verteidiger in einer Putativnotwehr befinden, da er sich über das Vorliegen der Notwehr geirrt hat (→ § 9 Rn. 65 ff. Irrtumslehre).[45]

b) Gebotenheit der Notwehrhandlung

53 Als letztes Merkmal der Notwehrhandlung prüfen Sie die Gebotenheit. Geboten ist die Notwehrhandlung, wenn diese nicht rechtsmissbräuchlich ist.[46] Grundsätzlich gilt, dass „das Recht dem Unrecht nicht weichen" muss.[47] Im Rahmen der Gebotenheit kann das Notwehrrecht jedoch abgestuft werden (sog. Drei-Stufen-Theorie)[48] oder sogar gänzlich versagt werden.

54 **Klausurhinweis:** Die Gebotenheit sollte in der Klausur nur dann vertiefend dargestellt werden, wenn es hierzu Anhaltspunkte im Sachverhalt geben sollte.

aa) Krasses Missverhältnis

55 Bei der Notwehrprüfung führen sie keine Rechtsgüterabwägung durch. Dies ist der wesentliche Unterschied zu den rechtfertigenden Notständen §§ 228, 904 BGB und § 34 StGB.

56 Dennoch kann die Notwehr scheitern, wenn der drohende Schaden und die Folgen der Verteidigung in einem krassen Missverhältnis zueinanderstehen. Sollte die Verteidigung die einzig mögliche Maßnahme darstellen, ist das Verhalten des Verteidigers trotzdem rechtsmissbräuchlich und nicht über § 32 Abs. 1, 2 StGB gedeckt.[49]

57 Dazu ein klassisches **Beispiel:** Der 98-jährige Kriegsveteran T sitzt in einem Rollstuhl auf seinem Balkon und beobachtet die Nachbarskinder beim Stehlen seiner Erdbeeren im Garten. Er fordert sie lautstark zum Unterlassen auf und droht einen Schuss mit seiner Jagdflinte an. Von der Drohung unbeeindruckt bedienen sich die Kinder weiter an den Erdbeeren. Nunmehr schießt der T dem Kind O gezielt in das rechte Bein. O entfernt sich humpelnd vom Grundstück.

58 Ein solches Verhalten wäre (wohl) erforderlich, aber nicht geboten, denn das geschützte Rechtsgut Eigentum an den Erdbeeren und das verletzte Rechtsgut der körperlichen Unversehrtheit des O, die hier massiv beeinträchtigt wurde, fallen erheblich auseinander. Der T handelt also rechtsmissbräuchlich und damit rechtswidrig.

59 **Hinweis:** Der T befindet sich hier in einem Erlaubnisgrenzirrtum, der nach § 17 StGB zu bewerten ist (→ § 9 Rn. 53 ff. Irrtumslehre).

bb) Verschuldete Notwehrlage

60 Verschuldet der Verteidiger die Notwehrlage durch eine absichtliche oder eine fahrlässige bzw. rechtswidrige Provokation, so kann sich dies nachteilig auf die Ausübung seines Notwehrrechts auswirken.

---

43 Vgl. BGH NJW 1989, 3027.
44 Wessels/Beulke/Satzger StrafR AT Rn. 515.
45 Schönke/Schröder/Perron § 32 Rn. 27 f.
46 Vgl. BGHSt 24, 356 (359) = BeckRS 1972, 107172.
47 Vertreten durch Kindhäuser FS Frisch, 2013, 493; krit. Krauß FS Puppe, 2011, 635.
48 Jahn JuS 2006, 446.
49 RGSt 23, 116 (117); BayObLG NJW 1954, 1377; Fahl JA 2000, 460.

(1) Absichtsprovokation

61 Bei der Absichtsprovokation will der Verteidiger den Angreifer zu einem Angriff absichtlich bewegen, um dann „unter dem Deckmantel der Notwehr" auf ihn einzuwirken. Ein solches Verhalten wird nicht von der Rechtsordnung akzeptiert und führt zum gänzlichen Ausschluss des Notwehrrechts.[50] Er ist der eigentliche Angreifer. Insoweit fehlt ihm der Verteidigungswille.[51]

> **62** **Beispiel:** T kann O nicht leiden. O ist ihm gegenüber körperlich vollkommen unterlegen. T provoziert O verbal und hofft dabei auf seinen Angriff. Tatsächlich greift O den T mittels Faustschlags an. Diesen kann T abwehren und streckt O mit einem Konterangriff gezielt zu Boden.

63 Aufgrund der Absichtsprovokation ist das Handeln des T rechtsmissbräuchlich und als rechtswidrig einzustufen. Da er selbst den Angriff hervorgerufen hat, ist er nicht schutzwürdig.

(2) Unabsichtlich provozierte Notwehrlage

64 Hier ist wieder das provozierende Vorverhalten des Verteidigers ursächlich für den Angriff. Im Gegensatz zur Absichtsprovokation will der Verteidiger den Angriff allerdings nicht in berechnender Weise gezielt herbeiführen.

65 Trotz der Provokation steht dem Verteidiger nach einer Ansicht das volle Notwehrrecht zur Verfügung.[52] Nach überwiegender Meinung kommt es nach dem „Drei-Stufen-Modell" jedoch zur Abstufung des Notwehrrechts. Der Verteidiger muss, soweit ihm das möglich ist, ausweichen, danach muss er alle Möglichkeiten der Schutzwehr ausnutzen und erst im Anschluss daran darf er in die Trutzwehr übergehen.[53]

> **66** **Beispiel:** BVB-Fan T macht sich lustig über den HSV-Fan O und betitelt ihn immer wieder als „Absteiger". Irgendwann wird es dem O zu bunt. Er läuft auf T zu, um ihm einen Tritt zu verpassen. Der überraschte T könnte zwar noch fliehen, verwirft jedoch schnell diesen Gedanken und streckt den O mit einem Kinnhaken nieder.

67 Hier ist das Verhalten des T rechtsmissbräuchlich. Durch sein provokantes Vorverhalten hat er den Angriff erst hervorgerufen, sodass er zunächst hätte ausweichen müssen. Die Absichtsprovokation liegt hier nicht vor, da er den Angriff nicht herbeiführen wollte.

> **68** **Hinweis:** Die Rechtsprechung fordert im Hinblick auf die Qualität der Provokation, dass das Vorverhalten „seinem Gewicht nach einer schweren Beleidigung gleichkommt".[54] Das Schrifttum stellt auf ein rechtswidriges Vorverhalten ab.[55]

69 Nach einer Ansicht führt auch die sog. Abwehrprovokation zu einer Einschränkung des Notwehrrechts. Damit ist gemeint, dass sich der Verteidiger in Kenntnis der bevorstehenden Angriffssituation bewusst übertrieben „aufrüstet".[56] Dies wäre der Fall, wenn die O sich ein Pfefferspray in die Manteltasche einsteckt, um den bevorstehenden Angriff von T abzuwehren, der ihr auf der Straße schon seit langem auflauert.

---

50 BGH NStZ 2021, 33 (34); 2019, 263; BGHSt 48, 207 = BeckRS 2003, 2934; BGH StV 2011, 588.
51 BGH NStZ 2003, 425 (427); Fischer § 32 Rn. 44.
52 Baumann/Weber/Mitsch/Eisele StrafR AT § 17 Rn. 38.
53 Wessels/Beulke/Satzger StrafR AT Rn. 535.
54 BGHSt 42, 97 = BeckRS 1996, 3175; Schünemann JuS 1979, 279.
55 Schönke/Schröder/Perron § 32 Rn. 59.
56 Wessels/Beulke/Satzger StrafR AT Rn. 534.

§ 4 Rechtswidrigkeit

Sollte sie nunmehr den körperlich wirkenden Angriff des T mithilfe des Pfeffersprays abwehren, wäre es jedoch kaum nachvollziehbar, ihr Notwehrrecht abzustufen,[57] denn schließlich hat sie allein durch das „Hochrüsten" den späteren Angriff nicht kausal provoziert. Ihr steht das Notwehrrecht daher vollständig und uneingeschränkt zur Verfügung.[58]

70 **Hinweis:** Hat der Täter in rechtswidriger Weise unabsichtlich die Notwehrlage provoziert, so kann er für die unmittelbare Verteidigungshandlung gem. § 32 Abs. 1, 2 StGB gerechtfertigt sein, jedoch für sein provozierendes Vorverhalten wegen einer Fahrlässigkeitstat sanktioniert werden (sog. *actio illicita in causa*).[59] Dem ist allerdings entgegenzuhalten, dass die unmittelbare Verteidigungshandlung gerechtfertigt ist und zum Wegfall des Erfolgsunwertes führt. Nach der *actio illicita in causa* ist jedoch dieselbe Handlung sowohl rechtmäßig als auch rechtswidrig.

cc) Schuldlos Handelnde

71 Der ungezielte Angriff von schuldlos Handelnden kann auch zur Abstufung des Notwehrrechts führen.[60] Darunter fallen unter anderem Kinder, Betrunkene oder ersichtlich irrende Personen. Da das Notwehrrecht auf dem Rechtsbewährungsprinzip basiert, bedarf es bei schuldlos Handelnden unter anderem aufgrund der Regelungen in §§ 17, 19, 20 StGB grundsätzlich keinen Schutz der Rechtsordnung.

72 **Beispiel:** Der 13-jährige T greift bei einer Personenkontrolle die eingesetzten Beamten O und K mit einem Messer an. Er sticht dabei den Polizisten O das Messer tief in den Hals und setzt zum finalen tödlichen Stich an. Der Kollege K weiß sich nicht anders zu helfen und streckt den T mit einem Schuss in den Oberarm nieder.[61]

73 Hier kommt eine Abstufung des Notwehrrechts der Beamten nicht in Betracht, da ein Ausweichen bzw. Schutzwehr nicht erfolgversprechend waren. Da es zudem bei einem Angriff nicht auf das schuldhafte Verhalten des Angreifers ankommt und mildere Maßnahmen zur Verteidigung nicht ersichtlich sind, handelt K nicht rechtswidrig.

74 **Hinweis:** Unstrittig ist in diesem Bezug, dass sich ein Polizeibeamter auf das Notwehrrecht berufen kann, wenn er selbst angegriffen wird.[62]

dd) Familiäre Beziehungen

75 Steht der Verteidiger mit dem Angreifer in einer engen persönlichen Beziehung, kann er sich im Rahmen der Gefahr einer leichten Körperverletzung, die vom Angreifer ausgeht, nicht mit tödlicher Wirkung zur Wehr setzen. Vielmehr muss er sich auf mildere Maßnahmen beschränken, die das Risiko in sich tragen, dass der Angriff hierdurch gegebenenfalls nicht beendet werden wird. Da der Verteidiger zugleich gegenüber solchen Personen Beschützergarant ist, besteht im Zuge des Angriffes ein Spannungsverhältnis, sodass der Verteidiger zunächst auszuweichen hat bzw. das Risiko von leichten Misshandlungen ertragen muss, wenn keine Ausweichmöglichkeit bestehen sollte.[63] Schwere Misshandlungen müssen jedoch nicht geduldet werden,

---

57 Wessels/Beulke/Satzger StrafR AT Rn. 534.
58 Vgl. Fischer § 32 Rn. 42.
59 BGH BeckRS 2000, 30144651.
60 Fischer § 32 Rn. 37; Schönke/Schröder/Perron § 32 Rn. 52.
61 In dem Originalfall hat eine 15-jährige Schülerin bei einer Ausweiskontrolle am Hauptbahnhof Hannover auf einen Bundespolizisten eingestochen.
62 Kühl StrafR AT § 7 Rn. 148.
63 Vgl. BGH NJW 1975, 62.

sodass auch eine tödlich wirkende Trutzwehr über § 32 Abs. 1, 2 StGB gerechtfertigt werden kann, wenn zB die Ehefrau T den mit einem Messer bewaffneten und auf sie zustürmenden Ehemann O mit Schüssen niederstrecken sollte.[64]

> **Hinweis:** Der BGH hat es zwischenzeitlich offengelassen, ob er an der Einschränkung der Notwehr im Rahmen dieser Fallgruppe festhalten möchte.[65]

76

ee) Abwehr rechtswidriger Polizeimaßnahmen

Verteidigungshandlungen gegen rechtswidrige polizeiliche Maßnahmen (s. § 113 Abs. 3 S. 1 StGB) kann es an der Gebotenheit fehlen, wenn die Beamten nicht offensichtlich bösgläubig oder amtsmissbräuchlich handeln und durch die Vollstreckungshandlung kein irreparabler Schaden droht, andererseits durch die Verteidigungshandlung aber erhebliche Verletzungen oder der Tod des Amtsträgers zu befürchten sind. Der Angreifer hat auf seine Abwehrhandlung dann zu verzichten bzw. ist die betreffende Person auf den Rechtsweg zu verweisen.[66]

77

> **Beispiel:** POK A und PK B führen bei T eine Identitätsfeststellung (§ 163b Abs. 1 StPO) durch, da dieser im Verdacht steht, eine Straftat begangen zu haben. Dazu halten Sie T am Arm fest. Die Identität des T war den Beamten jedoch bereits aufgrund anderer Umstände (unter anderem Zeugenaussagen, Wohnanschrift) sicher bekannt, sodass die Maßnahmen zur Identitätsfeststellung nicht erforderlich waren. T sperrt sich gegen die Amtshandlung und schlägt POK A wuchtig gegen den Kopf. A erleidet dadurch erhebliche Schmerzen und ist für längere Zeit dienstunfähig.

78

Dem T drohten durch die polizeiliche Handlung nur eine kurzfristige Einschränkung der körperlichen Bewegungsfreiheit und gegebenenfalls durch das Festhalten leichter, geringfügiger Schmerz. Zudem haben POK A und PK B lediglich aus Unachtsamkeit eine rechtliche Falschbewertung vorgenommen. Ein offensichtliches amtsmissbräuchliches Verhalten ist bei ihnen nicht erkennbar. Das Verhalten des T kann daher nicht gem. § 32 Abs. 1, 2 StGB gerechtfertigt werden, da seine Verteidigung nicht geboten ist. Die Hinnahme der Diensthandlung wäre von ihm zu verlangen gewesen, um die Sachlage im Nachgang zu klären (zB im Rahmen einer Dienstaufsichtsbeschwerde).

79

3. Subjektives Rechtfertigungselement

Der Täter müsste Kenntnis von der Notwehrlage haben und mit einem Verteidigungswillen agieren. Sollte er diesbezüglich in Unkenntnis handeln, macht er sich nach der überwiegenden Ansicht wegen einer vollendeten Tat strafbar, da die subjektiven Voraussetzungen der Rechtfertigung dann nicht vorliegen.[67] Nach einer anderen Ansicht macht sich der Täter bei Unkenntnis über die rechtfertigende Lage wegen eines Versuchs strafbar.[68] Dies liegt daran, dass durch das Vorliegen der objektiven Notwehrlage der Erfolgsunwert der Tat wegfällt, jedoch der Handlungsunwert bestehen bleibt, da dieser nicht durch das subjektive Rechtfertigungselement negiert wird. Das alleinige Vorliegen des Handlungsunwertes entspricht der Struktur einer versuchten Tat.

80

---

64 Vgl. BGH NStZ 1994, 581.
65 BGH JZ 2003, 50.
66 Wessels/Beulke/Satzger StrafR AT Rn. 542.
67 BGH NStZ 2005, 332; LK-StGB/Rönnau Vor § 32 Rn. 90.
68 Wessels/Beulke/Satzger StrafR AT Rn. 415.

§ 4 Rechtswidrigkeit

81 **Beispiel:** T kocht in der gemeinsamen Wohnung für seine Ehefrau F. F will T beseitigen, da sie ein Verhältnis mit K begonnen hat. Sie zieht ein Messer und will den kochenden T von hinten erstechen. T denkt, dass sich seine Ehefrau mal wieder über das Essen beschweren will und schlägt ihr die Bratpfanne gegen den Kopf. Vom Schlag schwer getroffen, sackt F zu Boden. Klirrend rutscht das Messer über den Fliesenboden.

82 T macht sich wegen einer vollendeten gefährlichen Körperverletzung gem. §§ 223 Abs. 1, 224 Abs. 1 Nr. 2 Var. 2 StGB strafbar.

83 Bei irriger Annahme einer Notwehrlage liegt eine Putativnotwehr vor, die unter Anwendung des § 16 Abs. 1 S. 1 StGB zum Wegfall der Vorsatzschuld führt.[69] Der Täter kann dann nicht aus dem vorsätzlichen Delikt bestraft werden.

84 **Beispiel:** Die T schlägt nachts in ihrer Wohnung auf einen vermeintlichen Dieb ein, dabei handelt es sich jedoch um ihren Lebenspartner, der unerwarteterweise früher von der Weihnachtsfeier zurückgekommen ist.

85 Irrt der Täter sich über die Grenzen der Notwehr, so liegt ein Erlaubnisgrenzirrtum vor, der nach § 17 StGB zu bewerten ist. War dieser Irrtum unvermeidbar, so führt dieser Umstand zum Wegfall der Schuld. Bei Vermeidbarkeit des Irrtums kann gemildert werden (§ 49 Abs. 1 StGB).[70]

86 **Beispiel:** T greift zu einem Messer, um sich gegen den ihm gegenüber vollkommen unterlegenen, ihn angreifenden O zu wehren, obwohl er auch mittels einfacher körperlicher Gewalt den Angriff ohne Risiko hätte abwehren können. T war der Meinung, dass er im Rahmen der Notwehr nicht das mildeste Mittel zur Verteidigung anwenden muss.[71]

87 Im Gegensatz zu einem Erlaubnistatbestandsirrtum lag hier tatsächlich eine Notwehrlage vor. Der T unterliegt einer normativen Falschbewertung über die Grenzen der Notwehr. Dieser Erlaubnisgrenzirrtum ist gem. § 17 StGB zu bewerten (sog. indirekter Verbotsirrtum).

88 Irrt der Täter nicht nur über Vorliegen einer vermeintlichen Notwehrsituation, sondern auch in Bezug auf die Erforderlichkeit der Verteidigung, liegt ein Doppelirrtum vor (sog. Putativnotwehrexzess). Der Irrtum über das Vorliegen der Notwehrlage ist ein Erlaubnistatbestandsirrtum und der Irrtum über die rechtlichen Grenzen der Notwehr ein Verbotsirrtum. Daher wird dieser Irrtum über die strengeren Regeln des § 17 StGB bewertet.[72]

89 **Hinweis:** Strenger deshalb, weil nur die Unvermeidbarkeit des Irrtums zum Ausschluss der Schuld führen kann.

90 **Beispiel:** Die T schlägt auf den vermeintlichen Dieb ein und misshandelt ihn schwerer, als es bei Vorliegen einer tatsächlichen Notlage erforderlich gewesen wäre.

91 Hier liegt eine Kombination zwischen einem Erlaubnistatbestandsirrtum und einem Erlaubnisgrenzirrtum vor. Es handelt sich insgesamt um einen Putativnotwehrexzess, der über § 17 StGB zu bewerten ist.

92 **Hinweis:** Die Irrtümer werden noch bei der Irrtumslehre ausgiebig dargestellt (→ § 9 Rn. 120 ff.).

---

69 Erlaubnistatbestandsirrtum, in der Rspr. zB BGH NJW 1968, 1885; 1989, 3027; 1995, 973; BGH NStZ 1983, 500; 1987, 20; OLG Düsseldorf NJW 1994, 1232; OLG Neustadt NJW 1961, 2076; OLG Stuttgart NJW 1992, 851.
70 Vgl. BGH NStZ 1987, 172; OLG Neustadt NJW 1961, 2076.
71 Vgl. BGH NStZ 1987, 172.
72 Vgl. BGH NStZ 1987, 172; OLG Neustadt NJW 1961, 2076.

Fall 4 (Übungsfall zur Notwehr)

Sachverhalt

T war als sog. Ein-Euro-Kraft in der Schulbetreuung einer ersten Klasse eingesetzt. Nachdem er zunächst mit den Kindern gespielt hatte und es dabei durchaus „wild" zugegangen war, wollte er sich etwas zurückziehen und ging in einen anderen Teil des Hofs. Die Kinder realisierten nicht, dass T nicht mehr mit ihnen spielen wollte, sodass eine Gruppe von fünf bis zehn Jungen ihn verfolgte. Im weiteren Verlauf schlugen und bespuckten ihn die Kinder. Verbale Einwirkungen auf die Kinder blieben erfolglos. Seinen in der Nähe sitzenden hauptamtlich tätigen Kollegen wollte er nicht um Hilfe bitten, da er sich von diesem in der Klasse unerwünscht fühlte. Einen Rückzug in das Schulgebäude verwarf er, weil er für diesen Fall Sanktionen seitens der Behörden fürchtete. Um den Angriff zu beenden, versetzte er dem am nächsten stehenden O eine Ohrfeige. Dieser erlitt nicht unerhebliche Schmerzen, die nach ca. zehn Minuten wieder abklangen. Die geschockten Kinder beendeten ihre Attacken.[73]

Strafbarkeit T? Strafanträge sind gestellt.

Lösung

Durch das Ohrfeigen des O könnte sich T einer einfachen Körperverletzung gem. § 223 Abs. 1 StGB strafbar gemacht haben.

I. Tatbestand

Hinweis: Auf die Prüfung des objektiven und subjektiven Tatbestandes wird hier bewusst verzichtet und nur die Notwehr im Gutachterstil dargestellt. Die vorsätzliche schmerzhafte Ohrfeige beeinträchtigte das körperliche Wohlbefinden des O. Der Tatbestand ist erfüllt.

II. Rechtswidrigkeit

Fraglich ist, ob T rechtswidrig gehandelt hat. Sein Handeln könnte gem. § 32 Abs. 1, 2 StGB gerechtfertigt sein.

1. Notwehrlage

Dazu müsste eine Notwehrlage gegeben sein. Dies setzt einen gegenwärtigen, rechtswidrigen Angriff auf ein rechtlich geschütztes Interesse voraus (§ 32 Abs. 2 StGB).

a) Angriff

Fraglich ist, ob ein Angriff vorliegt. Ein Angriff ist jede unmittelbare Bedrohung rechtlich geschützter Güter durch menschliches (willensgesteuertes) Verhalten.[74] Die Kinder schlugen und bespuckten T. Die Individualrechtsgüter der körperlichen Unversehrtheit und der Ehre von T wurden dadurch beeinträchtigt. Ein Angriff auf T liegt vor.

Klausurhinweis: Dass die Kinder nicht schuldhaft handelten, ist bei der Bewertung als Angriff irrelevant, jedoch bei der Gebotenheit zu thematisieren.

---

73 OLG Düsseldorf BeckRS 2016, 14622.
74 Vgl. BGH NJW 2003, 1955 (1956 ff.); NStZ-RR 2002, 73.

b) Gegenwärtigkeit des Angriffes

Der Angriff der Kinder müsste gegenwärtig ist. Gegenwärtig ist der Angriff, der unmittelbar bevorsteht, gerade stattfindet oder noch fortdauert.[75] Der Angriff durch die fünf bis zehn Jungen dauert noch an, da die Jungen es nicht unterlassen, ihn zu schlagen und zu bespucken. Der Angriff ist damit gegenwärtig.

c) Rechtswidrigkeit des Angriffes

Ferner müsste der Angriff rechtswidrig sein. Ein rechtswidriger Angriff liegt vor, wenn der Angriff objektiv die Rechtordnung verletzt und nicht durch einen Erlaubnissatz gedeckt ist. Ein strafbares Verhalten bedarf es hierbei nicht.[76] Durch das Schlagen und das Bespucken handeln die Kinder rechtswidrig im Sinne von einer einfachen Körperverletzung gem. § 223 Abs. 1 StGB und einer Beleidigung gem. § 185 StGB und verletzen somit objektiv die Rechtsordnung (eigene Rechtfertigungsgründe sind nicht erkennbar). Ein rechtswidriger Angriff liegt vor.

2. Notwehrhandlung

Fraglich ist, ob es sich bei der Ohrfeige des T um eine zulässige Notwehrhandlung handelt. Eine Notwehrhandlung muss sich gegen die Rechtsgüter des Angreifers richten, objektiv erforderlich und geboten sein. Zudem muss die Notwehrhandlung von einem Verteidigungswillen getragen werden.[77]

a) Erforderliche Verteidigung gegenüber dem Angreifer

Fraglich ist, ob die Ohrfeige als Verteidigungshandlung geeignet und erforderlich war, um den Angriff abzuwehren.

aa) Geeignetheit der Verteidigungshandlung

Zunächst müsste das Mittel zur Verteidigung geeignet sein, um den Angriff zu beenden oder ihm ein wesentliches Hindernis in den Weg zu legen.[78] Nach der Ohrfeige beendeten die geschockten Kinder ihre Attacken gegen T. Die Verteidigung war somit geeignet, um den Angriff zu beenden.

bb) Die Verteidigungshandlung müsste das relativ mildeste Mittel darstellen

Die Verteidigung müsste ferner erforderlich sein. Dabei muss der Angegriffene das mildeste Mittel einsetzen.[79] Der T hätte seinen Kollegen als mildere Maßnahme im Verhältnis zu der körperlichen Einwirkung auf O um Hilfe bitten können. Dies wäre jedoch nicht geeignet gewesen (bzw. wäre zumindest risikobehaftet), da der

---

75 Vgl. BGH NJW 1973, 255.
76 Wessels/Beulke/Satzger StrafR AT Rn. 503.
77 Wessels/Beulke/Satzger StrafR AT Rn. 509, 544.
78 Wessels/Beulke/Satzger StrafR AT Rn. 510.
79 BGHSt 42, 97 (100) = BeckRS 1996, 3175.
80 Vertreten durch Kindhäuser FS Frisch, 2013, 493; krit. Krauß FS Puppe, 2011, 635.
81 Vgl. BGHSt 24, 356 (359) = BeckRS 1972, 107172.
82 BGHSt 48, 207 (212) = BeckRS 2003, 2934; Kühl StrafR AT § 7 Rn. 8 ff.
83 Fischer § 32 Rn. 37; Schönke/Schröder/Perron § 32 Rn. 52.
84 OLG Düsseldorf BeckRS 2016, 14622.

T sich von diesem in der Klasse unerwünscht fühlte und ihn nicht um Hilfe bitten wollte. Des Weiteren hätte T sich in das Gebäude zurückziehen können. Der Rückzug in das Gebäude muss jedoch nicht erfolgen, da die Notwehr auf dem Prinzip „Recht braucht dem Unrecht nicht zu weichen"[80] beruht. Entsprechend kann T direkt in einen Gegenangriff (sog. Trutzwehr) übergehen. Verbale Einwirkungen auf die Kinder waren zudem erfolglos. Weitere mildere Mittel als die Ohrfeige, um den Angriff abzuwehren, sind nicht erkennbar.

b) Gebotenheit

Die Notwehrhandlung muss rechtlich geboten sein, dh sie darf nicht rechtsmissbräuchlich sein.[81] Hier könnte die Fallgruppe der schuldlos Handelnden die Gebotenheit ausschließen. Der § 32 Abs. 1, 2 basiert neben dem Schutzprinzip auf dem sog. Rechtsbewährungsprinzip.[82] Da Kinder schuldlos handeln (§ 19 StGB), bedarf es in dieser Situation eigentlich keiner Verteidigung der Rechtsordnung. Die Verteidigungshandlung ist daher regelmäßig abzustufen.[83] Der T müsste zunächst ausweichen. Bei Fortwirken des Angriffes dürfte er sich danach auf die Schutzwehr beschränken, bevor er in den Gegenangriff übergeht. Das Rechtsgut der körperlichen Unversehrtheit und der Ehre von T wurden durch die Kinder jedoch weiterhin bedroht, die zudem in einer mehrfachen Überzahl dem T gegenüberstanden (sog. „Rund-um-Verteidigung"). T hatte mithin keine andere Möglichkeit, sich den körperlichen Übergriffen der Kinder zu entziehen. Nur durch die Ohrfeige konnten seine Rechtsgüter ausreichend geschützt werden. Das Ohrfeigen des O steht auch nicht in einem krassen Missverhältnis zu den bedrohten Rechtsgütern des T, denn diese war weder maßlos noch besonders intensiv.[84] Das Handeln des T ist als geboten zu bewerten.

2. Subjektives Rechtfertigungselement

Der angegriffene T müsste gerade gehandelt haben, um den Angriff abzuwehren (sog. Verteidigungswille). Die Ohrfeige des T diente der Abwehr des Angriffs. Der Wille zur Verteidigung ist erkennbar.

T handelt nicht rechtswidrig, da sein Verhalten gem. § 32 Abs. 1, 2 StGB gerechtfertigt ist.

C. Rechtfertigender Notstand, § 34 StGB

Gemäß § 34 StGB handelt der Täter nicht rechtswidrig, wenn er sich in einer gegenwärtigen, nicht anders abwendbaren Gefahr für Leben, Leib, Freiheit, Ehre, Eigentum oder ein anderes Rechtsgut befindet und handelt, um die Gefahr von sich oder einem anderen abzuwenden. Im Gegensatz zur Notwehr ist bei § 34 StGB eine Güterabwägung zwischen den betroffenen Rechtsgütern erforderlich. Insoweit basiert der rechtfertigende Notstand auf dem Prinzip des „überwiegenden Interesses".[85]

93

---

85 BGHSt 12, 299 (304) = BeckRS 1958, 105028 – Musikakademie.

§ 4 Rechtswidrigkeit

> **Klausurhinweis:** Zu beachten ist, dass die §§ 228, 904 BGB dem § 34 StGB als *lex specialis* vorgehen.[86] Bei der Einwirkung des Täters auf eine Sache sollten Sie daher stets die §§ 228, 904 BGB vorrangig prüfen.

I. Prüfungsrelevanz

94 Der rechtfertigende Notstand sollte sicher beherrscht werden. Die Prüfungsrelevanz ist im Vergleich zur Notwehr jedoch geringer. Bei einem gegenwärtigen, rechtswidrigen Angriff durch einen Menschen kann regelmäßig eine Rechtfertigung über § 32 Abs. 1, 2 StGB erfolgen. Trotz Angriffssituation kann jedoch der § 32 Abs. 1, 2 StGB entfallen, sollten keine Individualrechtsgüter betroffen sein. Da bei einem rechtfertigenden Notstand auch Rechtsgüter der Allgemeinheit notstandsfähig sind, könnte dann eine Rechtfertigung über § 34 StGB erfolgen.[87] Dies wäre zB der Fall, wenn der T dem O die Zündschlüssel entziehen sollte, um eine durch ihn bevorstehende Trunkenheitsfahrt gem. § 316 StGB zu verhindern.[88] Der O würde dann kein Individualrechtsgut, sondern das Kollektivrechtsgut Sicherheit des Straßenverkehrs gefährden.

95 > **Hinweis:** Eine Rechtfertigung in diesem Fall über § 127 Abs. 1 StPO wäre, unabhängig von der Frage eines Festnahmewillens seitens T, nicht möglich, da hier (noch) keine Straftat vorliegt. Eine bevorstehende Trunkenheitsfahrt ist allenfalls als Versuch einzuordnen, der bei § 316 StGB (Vergehenstatbestand) nicht normiert ist.

96 Zudem sind Sachverhalte denkbar, bei denen die Notwehr scheitert, da kein willensgesteuertes Verhalten des Angreifers vorliegt. Geht von der jeweiligen Person dennoch eine gegenwärtige Gefahr aus, so kann die Abwehr über § 34 StGB erfolgen.

Der Anwendungsbereich von § 34 StGB ist ferner ausgeschlossen, sobald §§ 228, 904 BGB greifen sollten (→ § 4 Rn. 133).

II. Prüfungsaufbau

97
Rechtfertigender Notstand, § 34 StGB
I. Tatbestand
II. Rechtswidrigkeit
  1. Notstandslage
     Gegenwärtige Gefahr für ein notstandsfähiges Rechtsgut (auch Dauergefahr)
  2. Notstandshandlung
     a) Erforderlichkeit der Notstandshandlung
     b) Güter- und Interessenabwägung
     c) Angemessenheit der Notstandshandlung → soweit Anhaltspunkte im Sachverhalt hierzu erkennbar sind)
  3. Subjektives Rechtfertigungselement
     Handeln in Kenntnis der Gefahr mit Gefahrabwehrwillen

---

[86] Schmidt StrafR AT Rn. 381.
[87] Schönke/Schröder/Perron § 34 Rn. 10.
[88] Vgl. OLG Frankfurt a.M. NStZ-RR 1996, 136.

1. Notstandslage

Zunächst müsste objektiv eine gegenwärtige Gefahr für ein notstandsfähiges Rechtsgut vorliegen. Unter einer Gefahr ist ein durch eine beliebige Ursache eingetretener ungewöhnlicher Zustand zu verstehen, in welchem nach den konkreten Umständen der Eintritt des Schadens wahrscheinlich ist. Wahrscheinlich ist der Eintritt des Schadens, wenn die Möglichkeit nahe liegt oder begründete Besorgnis besteht.[89] Diese Gefahr müsste ferner gegenwärtig sein. Unter einer gegenwärtigen Gefahr ist ein Zustand zu verstehen, dessen Weiterentwicklung den Eintritt oder die Intensivierung eines Schadens ernstlich befürchten lässt, sofern nicht alsbald Abwehrmaßnahmen getroffen werden.[90]

98

> **Beispiele:** Heimliche Aufnahme (§ 201 Abs. 1 Nr. 1 StGB) von beleidigenden Äußerungen zur Ermöglichung einer Privatklage,[91] zeitweiliges Einsperren (§ 239 Abs. 1 StGB) eines gefährlichen Geisteskranken,[92] gewaltsames Entreißen des Zündschlüssels (§ 240 Abs. 1 StGB) zur Verhinderung der Trunkenheitsfahrt (→ § 4 Rn. 94),[93] Vorlage gefälschter Einreisepapiere (§ 267 Abs. 1 StGB) eines Flüchtigen in die Bundesrepublik Deutschland, dem Gefährdungen für Leib und Leben im Heimatland drohen,[94] Trunkenheitsfahrt (§ 316 Abs. 1 StGB) zur Unfallstelle zum Zweck der Hilfeleistung[95] etc.

99

> **Hinweis:** Problematisch ist, welchen Wahrscheinlichkeitsgrad das objektive *ex ante*-Urteil haben muss, um von einer Gefahr tatsächlich auszugehen. Eine entfernte Möglichkeit der Gefahr ist zumindest nicht ausreichend.[96] Andererseits muss der Schaden auch nicht mit Sicherheit zu erwarten sein.[97] Die Wahrscheinlichkeit des Schadens muss zumindest messbar sein, darf also nicht völlig fernliegen, ohne dass es darauf ankäme, ob die Gefahr nur in einem hohen oder höchsten Maß besteht.[98]

100

> **Klausurhinweis:** In einer Klausur ist durch Sie eine Prognose auf Grundlage von Wahrscheinlichkeitserwägungen anzustellen.

101

Vom § 34 StGB wird zudem die sog. Dauergefahr umfasst. Gemeint ist damit ein gefahrdrohender Zustand von längerer Dauer, der jederzeit in eine Rechtsgutsbeeinträchtigung umschlagen kann, ohne aber die Möglichkeit auszuschließen, dass der Eintritt des Schadens noch auf sich warten lässt. Gegenwärtig ist eine solche Dauergefahr dann, wenn sie so dringend ist, dass sie nur durch ein unverzügliches Handeln wirksam abgewendet werden kann.[99]

102

> **Beispiel:** Einsturzgefährdete Brücke, Lagerfeuer in einem stark vertrockneten Waldgebiet, Haustyrann in einer Familie,[100] der Hang eines Trinkers zur Misshandlung seiner Ehefrau nach jedem Alkoholmissbrauch[101] etc.

103

---

89 NK-StGB/Neumann § 34 Rn. 39 ff.; Fischer § 34 Rn. 4; Schönke/Schröder/Perron § 34 Rn. 12.
90 RGSt 66, 222; BGH NStZ 1988, 554.
91 BGH NStZ 1982, 254; OLG Frankfurt a.M. NJW 1967, 1047.
92 BGHSt 13, 197 = BeckRS 1959, 104899.
93 OLG Koblenz NJW 1963, 1991.
94 OLG Frankfurt a.M. StV 1997, 78.
95 Vgl. OLG Hamm NJW 1958, 271.
96 Vgl. RGSt 68, 433.
97 Schönke/Schröder/Perron § 34 Rn. 15.
98 Schönke/Schröder/Perron § 34 Rn. 15.
99 BGHSt 48, 255 (258) = BeckRS 2003, 4385 – Haustyrann II; BGH NStZ-RR 2006, 200.
100 BGHSt 48, 255 = BeckRS 2003, 4385 – Haustyrann II.
101 Wessels/Beulke/Satzger StrafR AT Rn. 464.

§ 4 Rechtswidrigkeit

104 **„Merksatz" für die Dauergefahr:** „Der seidene Faden, an dem das Schwert des Damokles hängt, kann jederzeit reißen."[102]

105 Die Formulierung im Gesetzestext hinsichtlich der zu schützenden Rechtsgüter ist nicht abschließend. Notstandsfähig sind nach überwiegender Ansicht demnach jedes Individualrechtsgut[103] sowie Rechtsgüter der Allgemeinheit[104] (→ § 4 Rn. 93).

106 **Klausurhinweis:** In einer Prüfung können Sie die gegenwärtige Gefahr für ein notstandsfähiges Rechtsgut (Notstandslage) in einem Prüfungspunkt abhandeln.

2. Notstandshandlung

107 Es müsste eine Notstandshandlung vorliegen, um die Gefahr von sich oder einem anderen abzuwenden.

a) Erforderlichkeit der Notstandshandlung

108 Insbesondere müsste die Notstandshandlung erforderlich sein. Die Erforderlichkeit wurde bereits innerhalb der Notwehr näher erläutert. Danach ist jede Abwehrhandlung erforderlich, sofern sie geeignet ist, die Gefahr zu beseitigen. Unter mehreren geeigneten Mitteln ist das relativ mildeste zu wählen.[105] Zu beachten ist hier jedoch, dass der Notstandsausübende zunächst versuchen muss, auszuweichen, sofern ihm diese Möglichkeit eröffnet wird, da der § 34 StGB im Gegensatz zur Notwehr auf dem Prinzip der Güterabwägung basiert.[106]

109 **Beispiel:** T verhindert durch die Wegnahme des Zündschlüssels die unmittelbar bevorstehende Trunkenheitsfahrt des O.

110 Das Verhalten des T ist erforderlich, um die Trunkenheitsfahrt zu verhindeRn. Ein Warten auf die Polizei wäre nicht zweckdienlich, da bis dahin die Rechtsgutsverletzung bereits eingetreten wäre (abstraktes Gefährdungsdelikt). Die Nötigung ist über § 34 StGB zu rechtfertigen. § 242 Abs. 1 StGB liegt mangels Enteignungsvorsatzes nicht vor.

b) Güter- und Interessenabwägung

111 Im Rahmen der Notstandshandlung muss eine Interessenabwägung zwischen dem Erhaltungsgut und dem Eingriffsgut erfolgen. Der § 34 StGB basiert insoweit auf dem sog. Güterabwägungsprinzip. Diese Prüfung sollten Sie in einer Klausur zweistufig aufbauen. Das geschützte Rechtsgut muss zunächst das beeinträchtigte Rechtsgut **wesentlich** überwiegen. Danach müssen Sie den Grad der dem Rechtsgut drohenden Gefahren beurteilen. Bei der Darstellung zum wesentlichen Übergewicht des Erhaltungsgutes können Sie auf ein allgemeines Güter- und Rangverhältnis abstellen. So überwiegen Personenwerte den Sachwerten. Innerhalb der Personenwerte steht das Leben höher als die Gesundheit.[107] Die Abwägung von Leben gegen Leben ist

---

102 Gropp/Sinn StrafR AT § 5 Rn. 224.
103 Gropp/Sinn StrafR AT § 5 Rn. 225; differenzierend NK-StGB/Neumann § 24 Rn. 22 ff.
104 So zB die Sicherheit des Straßenverkehrs: OLG Düsseldorf NJW 1970, 674; OLG Koblenz NJW 1963, 1991; die Volksgesundheit und damit das Interesse an der Bekämpfung des Rauschgifthandels: OLG München NJW 1972, 2275; vgl. auch Schönke/Schröder/Perron § 34 Rn. 10.
105 Wessels/Beulke/Satzger StrafR AT Rn. 467; Gropp/Sinn StrafR AT § 5 Rn. 230.
106 Vgl. Schönke/Schröder/Perron § 34 Rn. 20.
107 Schmidt StrafR AT Rn. 418.

weder qualitativ noch quantitativ zulässig. Ein Totschlag kann daher nicht über § 34 StGB gerechtfertigt werden.

Klausurhinweis: Der Wert des einzelnen Rechtsgutes wird durch die Strafandrohung bei Verletzungshandlungen indiziert.[108]

112

Beispiel: T schießt mittels Lenkrakete eine von einem Terroristen entführte Passagiermaschine (200 Insassen) ab, die in ein nahegelegenes ausverkauftes Fußballstadion zum Absturz gebracht werden soll.

113

Eine Rechtfertigung kann nicht über § 34 StGB erfolgen, da der rechtfertigende Notstand an der Interessenabwägung scheitern würde. Dies gilt selbst dann, wenn der Abschuss dem Schutz von mehreren Tausend Stadionbesuchern zulasten der 200 Passagiere am Bord der Maschine dienen sollte.[109]

114

Hinweis: Der entschuldigende Notstand aus § 35 StGB scheitert hier an dem eingeschränkten, schutzfähigen Personenkreis. Diskutabel in dieser Situation ist jedoch der sog. übergesetzliche entschuldigende Notstand, der gesetzlich nicht normiert ist.[110]

115

Nach Aufstellung eines allgemeinen Güter- und Rangverhältnisses müssen Sie den Grad der drohenden Gefahr umschreiben. Festzustellen sind hierbei insbesondere die Art und Größe der drohenden Gefahr.

116

Beispiel: Der volltrunkene Ehemann T (1,1‰) fährt seine schwer verletzte Frau O in das örtliche Krankenhaus.

117

Von T geht eine **abstrakte** Gefahr aus (§ 316 StGB ist ein abstraktes Gefährdungsdelikt).[111] Jedoch wäre der T für den Tatbestand des § 316 Abs. 1 StGB über § 34 StGB gerechtfertigt, sollte kein Krankenwagen rechtzeitig erreichbar sein, denn für das Leben der Ehefrau besteht eine **konkrete** Gefahrensituation, sodass im Rahmen einer Güterabwägung das Erhaltungsgut vorgeht.

118

3. Angemessenheit der Notstandshandlung

Die Notstandshandlung des Täters müsste auch angemessen sein (§ 34 S. 2 StGB). Bei gesetzlichen Duldungspflichten, unantastbaren Freiheitsrechten, und, wenn ein rechtlich geordnetes Verfahren zur Konfliktlösung bereitstehen sollte, ist die Angemessenheit der Rettungshandlung nicht gegeben.

119

a) Nötigungsnotstand

Das Vorliegen eines Nötigungsnotstandes kann die Anwendung des § 34 StGB ausschließen. Ein Nötigungsnotstand liegt vor, wenn der Täter zugleich Opfer einer Nötigung ist, also durch Gewalt oder Drohung mit einer gegenwärtigen, nicht anders abwendbaren Gefahr für Leben, Leib oder Freiheit seiner selbst, eines Angehörigen

120

---

108 Vgl. Schönke/Schröder/Perron § 34 Rn. 23.
109 S. deutscher Fernsehfilm „Terror – Ihr Urteil".
110 Wessels/Beulke/Satzger StrafR AT Rn. 715; Fischer Vor § 32 Rn. 15; LK-StGB/Zieschang § 35 Rn. 119 ff.; Schönke/Schröder-Sternberg/Lieben Vor § 32 ff. Rn. 115 ff.
111 Fischer § 316 Rn. 2 f.; Lackner/Kühl/Heger § 316 Rn. 1; NK-StGB/Zieschang § 316 Rn. 2; Schönke/Schröder/Sternberg-Lieben/Hecker § 316 Rn. 1.

§ 4 Rechtswidrigkeit

oder einer ihm nahestehenden Person zur Begehung einer rechtswidrigen Tat genötigt wird.[112]

121 **Beispiel:** T überfällt eine Bank. Er bedroht den Bankangestellten O mit seiner Schusswaffe und wirft ihm Kabelbinder zu. Er solle damit seine Arbeitskollegen an die Heizung fesseln. O weigert sich zunächst. Daraufhin hält der T ihm seine geladene Waffe an den Kopf und zwingt ihn zur Tatbegehung.

122 Die tatbestandsmäßige Freiheitsberaubung durch O könnte durch einen Rechtfertigungsgrund gerechtfertigt sein. Die Notwehr aus § 32 Abs. 1, 2 StGB greift nicht, da von den gefesselten Angestellten kein Angriff ausgeht. Der § 34 StGB könnte daher einschlägig sein. Eine gegenwärtige Gefahr für das Leben des O liegt vor. Die Gefahr ist auch gegenwärtig, da diese jederzeit in einen Schaden umschlagen kann. Der Täter müsste nur den Abzug seiner Schusswaffe betätigen. Die Handlung seitens O ist zudem geeignet, um die Gefahr von sich abzuwenden. Andere, weniger intensive Mittel als die Fesselung der Angestellten sind nicht erkennbar. Das bedrohte Rechtsgut Leben des O ist zudem höherwertiger als die kurzfristige Beeinträchtigung der körperlichen Bewegungsfreiheit der Angestellten. Der O hat zudem Kenntnis von der Gefahr und agiert mit einem entsprechenden Gefahrabwehrwillen. Jedoch könnte seine Handlung ein nicht angemessenes Mittel zur Gefahrenabwehr sein. Denn würde die Handlung des O gerechtfertigt sein, ginge von ihm kein rechtswidriger Angriff aus. Die Angestellten müssten den Angriff auf ihre körperliche Bewegungsfreiheit erdulden und dürften sich nicht dagegen wehren. Dies widerspricht dem Rechtsprinzip. Mithin ist der O nicht über § 34 StGB gerechtfertigt. Er befindet sich vielmehr in einem Nötigungsnotstand, der über § 35 StGB zur Entschuldigung führt.[113]

b) Eingriff in Freiheitsrechte

123 Diskutiert werden kann die Angemessenheit auch in Fällen, in denen in die Freiheitsrechte anderer verbotswidriger Weise eingegriffen wird.

124 **Beispiel:** T ist Arzt in einem Krankenhaus. Er behandelt den Patienten O. Dieser hatte sich einen Bruch des Sprunggelenks zugezogen, als er von einem Hochsitz stürzte. Dem O geht es wieder besser. Seine Entlassung steht kurz bevor. O hat die sehr seltene Blutgruppe 0 negativ. Dies weiß auch der Arzt. Gerade muss sich T um einen neuen Patienten (X) kümmern. Dachdecker X ist von einer Leiter gefallen und hat viel Blut verloren. Auch er hat diese seltene Blutgruppe. Eine zügige Bluttransfusion ist unumgänglich, um das Leben des X zu retten. Auf Nachfrage verweigert O die freiwillige Bluttransfusion. Der T weiß sich nicht anders zu helfen. Er stürzt sich mit einem Krankenpfleger auf O, fesselt ihn und entnimmt ihm eine ausreichende Menge an Blut. Damit konnte das Leben des X gerettet werden.[114]

125 Eine Rechtfertigung des Arztes über § 34 StGB kann nicht erfolgen, die Weigerung des O ist zu akzeptieren. In einem Rechtsstaat kann jeder selbst darüber entscheiden, ob er Blut spenden möchte oder auch nicht. Der Stich in die Adern des O ist somit als Körperverletzung, das Festhalten und Überwältigen als Freiheitsberaubung und Nötigung zu klassifizieren.

---

112 Wessels/Beulke/Satzger StrafR AT Rn. 695.
113 Wessels/Beulke/Satzger StrafR AT Rn. 696.
114 Schönke/Schröder/Perron § 34 Rn. 47; Fischer § 34 Rn. 14; Wessels/Beulke/Satzger StrafR AT Rn. 484; Gropp/Sinn StrafR AT § 5 Rn. 264.

Hinweis: Die Annahme einer Rechtspflicht zur Blutentnahme kann allerdings innerhalb engster 126
Schutz- und Beistandspflichten nicht von vornherein ausgeschlossen werden (zwischen Ehegatten,
Eltern und Kindern, gegebenenfalls unter Soldaten im Fronteinsatz).[115]

c) Rechtsstaatliche Verfahren

Da die Angemessenheit eine besondere Ausprägung der Verhältnismäßigkeit ist, kann 127
die Tat nicht gerechtfertigt sein, wenn sie gegen fundamentale Rechtsprinzipien verstößt oder wenn für den Täter besondere Duldungspflichten bestehen.[116]

In dem Fall Daschner[117] war die Androhung von Folter im Rahmen der Vernehmung 128
des Täters zur Aufenthaltsermittlung des entführten Bankierssohn kein angemessenes
Mittel (s. § 136a StPO). Zudem erklärt Art. 1 Abs. 1 GG die Menschenwürde für unantastbar und entzieht sie somit jeglicher Abwägung.[118]

Das Einhalten rechtsstaatlicher Maßnahmen bedeutet auch, dass sich zB der Beschuldigte in einem Strafprozess nur auf die zulässigen Verteidigungsmöglichkeiten beschränken darf. Ein Anstiften von Zeugen zur Falschaussage sowie das Fälschen von 129
Urkunden, um sich dem Urteil zu entziehen, ist verboten. Gleiches gilt für einen unschuldig Verurteilten, der sich der drohenden Freiheitsentziehung nicht gewaltsam entziehen darf. In diesem Fall bleibt für ihn das Betreiben des Wiederaufnahmeverfahrens.[119]

Hinweis: § 34 StGB kann bei der Angemessenheit auch deshalb scheitern, weil der Helfer von Berufs 130
wegen eine besondere Gefahrertragungspflicht hat. Dies kann zB bei Soldaten, Feuerwehrleuten, Polizisten, Seenotrettern etc der Fall sein.[120]

4. Subjektive Rechtfertigung

Der Täter muss in Kenntnis der Gefahrenlage mit dem Willen zur Gefahrenabwehr 131
handeln. Hinsichtlich etwaiger Irrtümer gilt das Gleiche wie bei der Notwehr.

---

115 Wessels/Beulke/Satzger StrafR AT Rn. 485.
116 Schmidt StrafR AT Rn. 422.
117 LG Frankfurt a.M. NJW 2005, 692 – Fall Daschner.
118 v. Bernstorff JZ 2013, 905; Greco GA 2007, 628.
119 Schönke/Schröder/Perron § 34 Rn. 41; Kühl StrafR AT § 8 Rn. 178.
120 Schmidt StrafR AT Rn. 423.

Fall 5 (Übungsfall zum rechtfertigenden Notstand)

Sachverhalt

T begibt sich in einer Februarnacht nach draußen und geht in einem Wald spazieren. Er stürzt in der Dunkelheit und kann sich nur noch auf allen Vieren fortbewegen. Ein Knöchel am rechten Fuß ist gebrochen. Es wird immer kälter und Schnee fällt auf T hinab. Der T steht kurz vor einer Unterkühlung. Sein Handy hat in dem Wald keinen Empfang. Seine Ehefrau wird ihn nicht vermissen, da sie sich mit einer Freundin im Urlaub befindet. T sieht in der Nähe eine Holzhütte. Er schleppt sich mit letzter Kraft dorthin und klopft vehement an der Eingangstür. Keiner öffnet. Daher nimmt T einen Stein und schlägt ein Fenster ein. Durch das Fenster klettert er in das Innere der Hütte und kann ein Feuer im Kamin entzünden. Am nächsten Tag kann T gefunden und gerettet werden.
Strafbarkeit T wegen Hausfriedensbruchs gem. § 123 Abs. 1 Var. 1 StGB? Strafanträge sind gestellt.

Lösung

T könnte sich gem. § 123 Abs. 1 Var. 1 StGB strafbar machen, indem er ohne die Erlaubnis des Berechtigten über ein Fenster in das Innere der Waldhütte eingestiegen ist.

I. Tatbestand

Hinweis: Auf die Prüfung des Tatbestandes wurde hier bewusst verzichtet, um den Fokus auf die Darstellung des rechtfertigenden Notstandes zu legen. Der Hausfriedensbruch, dh ein Eindringen gegen oder ohne den Willen des Berechtigten, liegt hier vor. Diesbezüglich handelt T auch vorsätzlich.

II. Rechtswidrigkeit

T könnte für den Hausfriedensbruch aus § 123 Abs. 1 Var. 1 StGB gem. § 34 StGB gerechtfertigt sein.

1. Notstandslage

Dazu müsste eine Notstandslage vorliegen. Diese beschreibt eine gegenwärtige Gefahr für ein notstandsfähiges Rechtsgut. Unter einer Gefahr ist ein durch eine beliebige Ursache eingetretener ungewöhnlicher Zustand zu verstehen, in welchem nach den konkreten Umständen der Eintritt des Schadens wahrscheinlich ist. Wahrscheinlich ist der Eintritt des Schadens, wenn die Möglichkeit nahe liegt oder begründete Besorgnis besteht.[121] Diese Gefahr müsste ferner gegenwärtig sein. Unter einer gegenwärtigen Gefahr ist ein Zustand zu verstehen, dessen Weiterentwicklung den Eintritt oder die Intensivierung eines Schadens ernstlich befürchten lässt, sofern nicht alsbald Abwehrmaßnahmen getroffen werden.[122] Der T befindet sich in einer kalten Februarnacht draußen im Wald. Er hat sich den Knöchel gebrochen und kann sich nur schleppend fortbewegen. Ihm schwinden bereits die Kräfte. Aufgrund der Verletzung und der aufkommenden Kälte, ist es nicht unwahrscheinlich, dass der T eine lebensgefährliche Unterkühlung erleiden wird. Diese gefährdet konkret das Leben des T. Somit besteht eine gegenwärtige Gefahr.

---

121 NK-StGB/Neumann § 34 Rn. 39 ff.; Fischer § 34 Rn. 4; Schönke/Schröder/Perron § 34 Rn. 12.
122 RGSt 66, 222; BGH NStZ 1988, 554.

2. Notstandshandlung

Es müsste eine Notstandshandlung vorliegen, um die Gefahr von sich oder einem anderen abzuwenden.

a) Erforderlichkeit der Notstandshandlung

Die Notstandshandlung müsste zur Abwehr der Gefahr erforderlich sein. Jede Abwehrhandlung ist erforderlich, sofern sie geeignet ist, die Gefahr zu beseitigen. Unter mehreren geeigneten Mitteln ist das relativ mildeste zu wählen.[123] Der T schafft es, die Hütte zu betreten. In der Hütte entzündet er ein wärmendes Feuer. Dadurch hat er sein Leben retten können. Das Betreten war demnach geeignet, um die Gefahr von sich abzuwehren. Mildere Maßnahmen wären der Notruf bzw. der Rückweg nach Hause gewesen. Beides indes war jedoch nicht umsetzbar, denn T hatte im Wald keinen ausreichenden Handyempfang und hat sich den Knöchel gebrochen. Auch das Klopfen an der Hütte war aufgrund der Abwesenheit des Inhabers nicht erfolgstauglich. Entsprechend war das Betreten ohne das Einverständnis des Inhabers der Hütte geeignet und erforderlich, um die Gefahr abzuwehren.

b) Güter- und Interessenabwägung

Zudem müsste eine Interessenabwägung zwischen dem bedrohten Rechtsgut und dem beeinträchtigten Rechtsgut erfolgen. Das bedrohte Rechtsgut muss das beeinträchtigte **wesentlich** überwiegen. Hierbei muss insbesondere auf den Grad der drohenden Gefahr abgestellt werden. Die Kälte und die Verletzung des Knöchels bedrohen das Leben des T akut. Auf der anderen Seite verletzt T das Rechtsgut des Hausfriedens des Inhabers der Hütte. Der Hausfriedensbruch ist ein sog. Dauerdelikt[124] und wird mit dem verbotswidrigen Betreten vollendet und mit dem Verlassen des Schutzraumes beendet. Dieses Recht verletzt der T jedoch nur kurzfristig. Sein bedrohtes Rechtsgut überwiegt bei weitem.

Hinweis: Auf die Prüfung der Angemessenheitsklausel aus § 34 S. 2 StGB kann hier verzichtet werden.

3. Subjektives Rechtfertigungselement

Der T müsste Kenntnis von der Gefahr und mit einem Gefahrabwehrwillen gehandelt haben. T betrat infolge seiner Verletzung und dem drohenden Kältetod die Waldhütte, um sich dort zu schützen. Das subjektive Rechtfertigungselement liegt vor.

Das Verhalten des T in Bezug auf § 123 Abs. 1 Var. 1 StGB ist gem. § 34 StGB gerechtfertigt.

Hinweis: Das Einschlagen des Fensters erfüllt den Tatbestand der Sachbeschädigung aus § 303 Abs. 1 StGB. Für die Rechtfertigung der Sachbeschädigung ist § 904 BGB *lex specials* gegenüber dem allgemeneren § 34 StGB.[125]

---

123 Wessels/Beulke/Satzger StrafR AT Rn. 467.
124 Lackner/Kühl/Heger § 123 Rn. 13.
125 Schmidt StrafR AT Rn. 393.

D. Defensivnotstand, § 228 BGB und Aggressivnotstand, § 904 BGB

132 Weitere Rechtfertigungsgründe ergeben sich aus dem Zivilrecht. Bei dem Defensivnotstand aus § 228 BGB setzt sich der Täter gegen eine fremde Sache zur Wehr, von der die Gefahr ausgeht. Beim Aggressivnotstand gem. § 904 BGB wirkt der Täter auf eine Sache ein, von der keine Gefahr ausgeht, bei der die Einwirkung jedoch erforderlich ist, um eine Gefahr abzuwehren. Bei beiden Rechtfertigungsgründen ist eine Interessenabwägung notwendig.

I. Prüfungsrelevanz

133 Die zivilrechtlichen Notstände gehen dem rechtfertigenden Notstand vor, wenn es sich um die Einwirkung auf Sachen handelt. Geht die Gefahr von einer Sache aus, so scheitert auch der § 32 Abs. 1, 2 StGB, weil hier der Angriff von einem Menschen ausgehen muss.

134 **Klausurhinweis:** Wird das Tier als „lebendes Werkzeug" jedoch auf eine andere Person gehetzt, so liegt ein Angriff iSd § 32 Abs. 1, 2 StGB vor. Angreifer ist in diesem Fall der das Tier einsetzende Mensch.[126]

135 Mit dem Defensivnotstand werden Sie in einer Prüfung konfrontiert, wenn es um die Abwehr von freiumherlaufenden Hunden geht. Erfolgt die Abwehr des Tieres mit einer „unbeteiligten Sache" (fremder Spazierstock, fremder Regenschirm usw) und geht diese dabei zu Bruch, so erfolgt die Rechtfertigung der vorsätzlichen Sachbeschädigung daran regelmäßig über § 904 BGB.

II. Prüfungsaufbau

136
Defensivnotstand, § 228 BGB

I. Tatbestand
II. Rechtswidrigkeit
  1. Notstandslage
    Drohende (von einer fremden Sache ausgehende) Gefahr
  2. Notstandshandlung
    Beschädigung oder Zerstörung der fremden Sache, von der die Gefahr ausgeht
    a) Erforderlichkeit der Notstandshandlung
    b) Güter- und Interessenabwägung
  3. Subjektives Rechtfertigungselement
    Handeln in Kenntnis der Gefahr mit einem Gefahrabwehrwillen

Aggressivnotstand, § 904 BGB

I. Tatbestand
II. Rechtswidrigkeit
  1. Notstandslage

---

126 BGHSt 14, 152 (155) = BeckRS 1960, 105926.

a) Gegenwärtige Gefahr für ein notstandsfähiges Rechtsgut
2. Notstandshandlung
Einwirkung auf eine fremde Sache, von der die Gefahr nicht ausgeht
a) Erforderlichkeit der Notstandshandlung
b) Güter- und Interessenabwägung
3. Subjektives Rechtfertigungselement
Handeln in Kenntnis der Gefahr mit einem Gefahrabwehrwillen

1. Notstandslage, §§ 228, 904 BGB

Es müsste bei beiden Rechtfertigungsgründen zunächst eine Gefahr vorliegen. Eine Gefahr ist ein durch eine beliebige Ursache eingetretener ungewöhnlicher Zustand, in welchem nach den konkreten Umständen der Eintritt des Schadens wahrscheinlich ist. Wahrscheinlich ist der Eintritt des Schadens, wenn die Möglichkeit naheliegt oder begründete Besorgnis besteht.[127] Der Gefahrenbegriff ist mit dem aus § 34 StGB identisch.

Der § 228 BGB verlangt im Gegensatz zu § 34 StGB, § 904 BGB keine gegenwärtige, sondern eine drohende Gefahr. Damit ist ein Zustand gemeint, der aus objektiver Sicht ex ante den Eintritt des Schadens nicht nur als möglich, sondern als nahe liegend erscheinen lässt.[128]

Hinweis: Die drohende Gefahr geht weiter als die gegenwärtige Gefahr aus § 34 StGB, § 904 BGB. Es reicht aus, wenn aufgrund von tatsächlichen Umständen ein Schaden naheliegen sollte.[129]

2. Notstandshandlung, §§ 228, 904 BGB

Die Notstandshandlung bei § 228 BGB liegt in der Beschädigung oder der Zerstörung der fremden Sache, von der die Gefahr ausgeht. Bei § 904 BGB wird auf eine nicht die Gefahr hervorrufende fremde Sache eingewirkt.

Im Unterschied zu § 228 BGB erfasst die Einwirkung beim Aggressivnotstand nicht nur die Zerstörung und Beschädigung, sondern auch die Benutzung der Sache.

Beispiel: Die Freunde F und T sind in den Bergen unterwegs. F stürzt beim Spaziergang und verletzt sich lebensgefährlich. T kann F nicht ins Krankenhaus tragen. Er sieht in der Nähe ein abgeschlossenes Fahrrad, bricht das Schloss auf und fährt damit zum nächsten Krankenhaus, um Hilfe zu holen. Der Eigentümer des Fahrrades war gerade nicht zugegen.

Die Beschädigung des Schlosses (§ 303 Abs. 1 StGB) und die unbefugte Ingebrauchnahme des Fahrrades (§ 248b Abs. 1 StGB) sind jeweils über § 904 BGB zu rechtfertigen.

a) Erforderlichkeit der Notstandshandlung

Die Erforderlichkeit wurde bereits bei der Notwehr behandelt und bezeichnet das mildeste Mittel zur Gefahrenabwehr. Im Vergleich zur Notwehr muss der Notstandsausübende jedoch zunächst die Flucht in Erwägung ziehen. Erst wenn die

---
127 NK-StGB/Neumann § 34 Rn. 39 ff.; Fischer § 34 Rn. 4; Schönke/Schröder/Perron § 34 Rn. 12.
128 BGH NJW 1969, 939.
129 Rengier StrafR AT § 20 Rn. 8.

§ 4 Rechtswidrigkeit

Flucht kein zwecktaugliches Mittel zur Gefahrenabwehr darstellt, kann auf die Sache eingewirkt werden.

b) Güter- und Interessenabwägung

145 Die Interessenabwägung bei § 228 BGB unterscheidet sich von der Abwägung bei § 34 StGB, § 904 BGB. Nach § 228 BGB darf der Schaden nicht außer Verhältnis zur Gefahr stehen. Das bedrohte Rechtsgut muss das beeinträchtigte bei § 228 BGB nicht wesentlich überwiegen, da beim Defensivnotstand auf die Gefahrenquelle eingewirkt wird. Das betroffene Rechtsgut ist entsprechend weniger schutzwürdig. Beim Defensivnotstand ist daher ein überwiegendes Interesse des zu schützenden Rechtsgutes wesentlich früher anzunehmen, sodass qualitativ und quantitativ weitergehende Beeinträchtigungen zulässiger sind als beim Aggressivnotstand.[130]

146 **Hinweis:** Damit ist die Verteidigung iSv § 228 BGB grundsätzlich erlaubt (sog. umgekehrte Verhältnismäßigkeit). Das geschützte Rechtsgut darf nur nicht wesentlich weniger Wert sein als die beeinträchtigte Sache.[131] Da bei Sachwerten neben der objektiven Wertigkeit auch ideelle Interessen mit in die Güterabwägung einzubeziehen sind, kann iRd § 228 BGB die Tötung eines vielfach wertvolleren Rassehundes gerechtfertigt sein, um einen („günstigeren") Mischlingshund zu retten.[132]

147 Wie der § 34 StGB auch, verlangt der § 904 BGB, dass das Erhaltungsgut erheblich mehr wert sein muss als das beeinträchtigte („... unverhältnismäßig groß ..."). Hier gilt wiederum, dass Personenwerte den Sachwerten vorgehen, bei Sachschäden ist eine Schätzung in Geld vorzunehmen.[133] Die Intensität und der Umfang des drohenden Schadens sind bei der Interessenabwägung stets zu berücksichtigen. Droht einer Person durch einen freiumherlaufenden Dackel nur eine unerhebliche Gefahr, so wäre es im Zweifel unbillig, diesen unmittelbar zu töten. Hier kann also keine abstrakte Gegenüberstellung von Personenwerten zu Sachwerten erfolgen. Maßgeblich ist immer die einzelfallabhängige Abwägung.

3. Subjektives Rechtfertigungselement

148 Auch hierbei muss der Notstandstäter in Kenntnis der Gefahrenlage mit einem Gefahrabwehrwillen handeln.

---

130 Lackner/Kühl/Kühl § 34 Rn. 9.
131 Schmidt StrafR AT Rn. 388.
132 OLG Koblenz NJW-RR 1989, 541; OLG Hamm NJW-RR 1995, 279.
133 Vgl. MüKoBGB/Brückner § 904 Rn. 9.

Fall 6 (Übungsfall zu den zivilrechtlichen Notständen)

Sachverhalt

An einem verregneten Sonntagmittag macht T einen ausgiebigen Spaziergang durch den regionalen Wald. Er hat sich zu diesem Zweck extra den Regenschirm seiner Nachbarin N ausgeliehen. N hat den Schirm letzte Woche im Sonderangebot für 2,99 EUR gekauft. An einer Gabelung kommt T urplötzlich ein Schäferhund entgegen. Wutentbrannt läuft der Hundehalter H hinter dem Hund her und versucht diesen einzufangen. Der aggressive, zähnefletschende Schäferhund stürmt auf T zu und droht ihn zu zerfleischen. T weiß sich nicht anders zu helfen und sticht dem Hund wuchtig mit der Spitze des Schirms in den Hals. Das Tier stirbt hierdurch. Der Regenschirm zerbricht in zwei Teile. Entsetzt verpasst H dem T einen Faustschlag ins Gesicht. Niemand dürfe seinen geliebten Hund so behandeln. T sinkt getroffen und stark benommen zu Boden.

Strafbarkeit der Beteiligten? Strafanträge sind gestellt.

Lösung

Hinweis: Auf die vollständige Prüfung der Sachbeschädigungsdelikte und der Körperverletzung wurde hier bewusst verzichtet.

A. Strafbarkeit des T wegen einer Sachbeschädigung gem. § 303 Abs. 1 StGB durch die Tötung des Hundes

I. Tatbestand

Der T hat durch den Stich in den Hals den Tod des Hundes kausal und vorsätzlich herbeigeführt.

Hinweis: Ein Tier ist trotz der Formulierung aus § 90a BGB als Sache im strafrechtlichen Sinn zu klassifizieren.[134]

II. Rechtswidrigkeit

Die Tötung des Hundes könnte gem. § 228 BGB gerechtfertigt sein.

1. Notstandlage

Es müsste eine Notstandlage vorliegen. Diese beschreibt bei § 228 BGB eine drohende Gefahr. Eine Gefahr ist ein durch eine beliebige Ursache eingetretener ungewöhnlicher Zustand, in welchem nach den konkreten Umständen der Eintritt des Schadens wahrscheinlich ist. Wahrscheinlich ist der Eintritt des Schadens, wenn die Möglichkeit naheliegt oder begründete Besorgnis besteht.[135] Mit drohender Gefahr ist ein Zustand gemeint, der aus objektiver Sicht ex ante den Eintritt des Schadens nicht nur als möglich, sondern als nahe liegend erscheinen lässt.[136]

Da der Schäferhund zähnefletschenderweise auf T zustürmt, ist in kürzester Zeit mit einem Angriff durch die Zufügung von Bisswunden zu rechnen. Derartige Verletzungen können tödlich enden, wenn diese insbesondere den Hals betreffen. Eine drohende Gefahr liegt vor.

---

134 MüKoStGB/Wieck-Noodt § 303 Rn. 9.
135 NK-StGB/Neumann § 34 Rn. 39 ff.; Fischer § 34 Rn. 4; Schönke/Schröder/Perron § 34 Rn. 12.
136 BGH NJW 1969, 939.

2. Notstandshandlung

Bei der Notstandshandlung des § 228 BGB muss der Täter eine Sache beschädigen oder zerstören, von der die Gefahr ausgeht. Der Schäferhund ist hier als Gefahrenquelle auszumachen. Auf diese wirkt T mit dem Regenschirm ein. Mithin liegt diese Voraussetzung vor.

a) Erforderlichkeit der Notstandshandlung

Die Tötung des Schäferhundes müsste zudem geeignet und erforderlich sein, um die Gefahr abzuwehren. Der T hätte gegebenenfalls fußläufig fliehen können. Dies wäre jedoch nicht erfolgstauglich gewesen, da der Hund im Zweifel schneller ist. Auch die Anwendung einfacher körperlicher Gewalt gegen den Schäferhund wäre nicht zielführend gewesen, da dieser sich nicht durch einfache körperliche Gewalt abschrecken lassen würde. Nur die Abwehr mittels Regenschirmes war in dieser Situation einzig und allein erfolgversprechend und mithin auch erforderlich. Durch den Stich in den Hals des Tieres konnte zudem der Angriff beendet werden.

b) Güter- und Interessenabwägung

Im Rahmen der Interessenabwägung darf der eingetretene Schaden nicht außer Verhältnis zur drohenden Gefahr stehen. Hier hat T sein Leben geschützt und eine Sache zerstört. Das Leben des Menschen geht dem Eigentum an fremden Sachen vor. Die Voraussetzungen der Interessenabwägung sind mithin gegeben.

3. Subjektives Rechtfertigungselement

Der T hatte Kenntnis von der Gefahr und handelte mit Gefahrabwehrwillen.

Die Tötung des Hundes ist gem. § 228 BGB gerechtfertigt.

B. Strafbarkeit des T wegen Sachbeschädigung gem. § 303 Abs. 1 StGB an dem Regenschirm

I. Tatbestand

Der Regenschirm der N wurde irreparabel zerstört. Diesbezüglich handelte der T mit *dolus eventualis*.

II. Rechtswidrigkeit

1. Notstandslage

Der § 904 BGB verlangt eine gegenwärtige Gefahr. Diese lag hier vor (→ § 4 Rn. 137).

2. Notstandshandlung

Im Rahmen des § 904 BGB wirkt der Täter auf eine fremde Sache ein, von der keine Gefahr ausgeht. Der T hat hier mit einem Regenschirm, vom dem keine Gefahr ausging, auf den Schäferhund eingestochen.

---

137 Wessels/Beulke/Satzger StrafR AT Rn. 494.
138 Vgl. BGH NJW 1973, 255.

a) Erforderlichkeit der Notstandshandlung

Den Hund mit dem Regenschirm zu töten war auch erforderlich. Weitere, mildere Maßnahmen sind nicht erkennbar (→ § 4 Rn. 144).

b) Güter- und Interessenabwägung

Das Erhaltungsgut muss bei § 904 BGB wesentlich wertvoller als das Eingriffsgut sein. Der Regenschirm kostete 2,99 EUR. Die Zerstörung zur Abwendung der Lebensgefahr von T ist nicht überverhältnismäßig.

3. Subjektives Rechtfertigungselement

Der T kannte die Gefahr und handelt mit Gefahrabwehrwillen.

Die Sachbeschädigung an dem Schirm ist über § 904 BGB gerechtfertigt.

C. Strafbarkeit des H wegen einer einfachen Körperverletzung gem. § 223 Abs. 1 StGB

I. Tatbestand

Der H hat den T mit dem Faustschlag absichtlich geschlagen. Er erfüllt den Tatbestand der einfachen Körperverletzung

II. Rechtswidrigkeit

Der H könnte gem. § 32 Abs. 1, 2 StGB gerechtfertigt sein.

1. Notwehrlage

Die Notwehrlage bedeutet einen gegenwärtigen und rechtswidrigen Angriff auf ein notwehrfähiges Rechtsgut.

a) Angriff

Es ist fraglich, ob von dem T ein Angriff ausging. Ein Angriff bedeutet jede unmittelbare Bedrohung rechtlich geschützter Güter durch menschliches (willensgetragenes) Verhalten.[137] T tötet hier den Hund des H. Mithin liegt ein Angriff auf sein Eigentum vor.

b) Gegenwärtigkeit des Angriffes

Der Angriff müsste gegenwärtig sein. Gegenwärtig ist ein Angriff dann, wenn dieser unmittelbar bevorsteht, gerade stattfindet oder noch fortdauert.[138] T hat den Hund bereits durch einen Stich in den Hals getötet. Somit war der Angriff durch T bereits beendet und nicht mehr gegenwärtig (Zustandsdelikt). H ist für den Faustschlag nicht gerechtfertigt und macht sich gem. § 223 Abs. 1 StGB strafbar

Hinweis: Der Angriff seitens T war zudem nicht rechtswidrig, da die Tötung des Schäferhundes über § 228 BGB gerechtfertigt war.

§ 4 Rechtswidrigkeit

E. Rechtfertigende Einwilligung

149 Bei der gewohnheitsrechtlich anerkannten, und damit gesetzlich nicht normierten, rechtfertigenden Einwilligung gibt der Rechtsgutinhaber freiwillig sein (disponibles) Rechtsgut preis, sodass für die Rechtsordnung keine Notwendigkeit mehr besteht, dieses Interesse zu schützen.[139] Die Einwilligung in eine Fremdtötung ist allerdings gem. § 216 Abs. 1 StGB (Tötung auf Verlangen) strafbar, da es sich bei dem eigenen Leben um kein disponibles Rechtsgut handelt (sog. aktive Sterbehilfe).

150 **Hinweis:** Von einer indirekten Sterbehilfe wird ausgegangen, wenn die Verabreichung schmerzlindernder Medikamente den Tod des Patienten als voraussehbare und unvermeidbare (jedoch nicht beabsichtigte) (Neben-)Folge herbeiführt.[140] Nach einer zuzustimmenden Ansicht wird der Totschlag (§ 216 Abs. 1 StGB scheidet mangels Tötungswunsch des Patienten aus) über § 34 StGB analog gerechtfertigt, sofern das Handeln des Arztes dem ausdrücklichen oder mutmaßlichen Willen des Patienten entsprechen sollte.[141] Auch der BGH hat sich dieser Ansicht angeschlossen.[142] Die passive Sterbehilfe meint den Verzicht auf lebensverlängernde Maßnahmen, also das Unterlassen weiterer Bemühungen bzw. der Abbruch bereits eingeleiteter Bemühungen.[143] Diese Art der Sterbehilfe ist aufgrund der Einwilligung des Sterbenden gerechtfertigt, wenn dies seinem tatsächlichen oder mutmaßlichen Willen entspricht (s. auch § 1901a BGB).[144]

I. Prüfungsrelevanz

151 Klausurrelevant ist insbesondere die Unterscheidung zwischen der rechtfertigenden Einwilligung auf Rechtfertigungsebene und dem tatbestandsausschließenden Einverständnis auf Tatbestandsebene. Ein tatbestandsausschließendes Einverständnis ist bei Delikten zu prüfen, die **gegen** oder **ohne den Willen** des Verletzten erfolgen. So bleiben für die Einwilligung im Unterschied hierzu nur solche Delikte mit disponiblen Rechtsgütern, bei denen ein Handeln gegen den Willen nicht bereits zum gesetzlichen Tatbestand gehört.[145] So wird im Rahmen des Diebstahls beim Tatbestandsmerkmal „Bruch fremden Gewahrsams" stets das tatbestandsausschließende Einverständnis geprüft. Liegt ein Einverständnis vor, so ist bereits der objektive Tatbestand nicht erfüllt. Hingegen führt eine freiwillige Preisgabe des Rechtsgutes der körperlichen Unversehrtheit nicht zum Tatbestandsausschluss, sondern zur Rechtfertigung.[146]

152 **Beispiele** für Delikte, bei denen ein tatbestandsausschließendes Einverständnis möglich ist: § 248b Abs. 1 StGB (Handeln gegen den Willen des Berechtigten), § 242 Abs. 1 StGB (Bruch fremden Gewahrsams), § 123 Abs. 1 Var. 1 StGB (gegen den Willen des Berechtigten eindringen), § 177 Abs. 1 StGB (Handeln gegen den erkennbaren Willen einer anderen Person), § 239 Abs. 1 StGB, § 240 Abs. 1 StGB. Auch bei § 303 Abs. 2 StGB muss der Täter unbefugt, entsprechend also ohne oder gegen den Willen des Berechtigten, handeln. Ist also zB der Eigentümer mit der Veränderung

---

139 Schmidt StrafR AT Rn. 428.
140 BGHSt 46, 279 = BeckRS 2001, 2098.
141 Lackner/Kühl/Kühl Vor § 211 Rn. 7.
142 BGHSt 42, 301 = BeckRS 1997, 865.
143 Wessels/Hettinger/Engländer StrafR BT I Rn. 145.
144 BGH BeckRS 2010, 19314.
145 Schönke/Schröder/Sternberg/Lieben Vor zu den §§ 32 ff. Rn. 33.
146 Schönke/Schröder/Sternberg/Lieben § 223 Rn. 12.

des Erscheinungsbildes einverstanden, so fehlt es am tatbestandsmäßigen Täterverhalten.[147] Bei § 303 Abs. 1 StGB ist hingegen eine rechtfertigende Einwilligung möglich.[148]

Die Unterscheidung zwischen dem Einverständnis und der Einwilligung ist insbesondere bei den Irrtümern von Bedeutung. Liegt bei einem vermeintlichen Diebstahl objektiv ein Einverständnis vor, hat der Täter diesbezüglich jedoch keine Kenntnis, so macht er sich wegen eines versuchten Diebstahls gem. §§ 242 Abs. 1, 22, 23 Abs. 1 StGB strafbar: 153

Beispiel: Reinigungshilfe T von Wohnungsinhaber O steht im Verdacht in der Vergangenheit Diebstähle begangen zu haben. Um ihr dies nachzuweisen, präpariert O eine Diebesfalle und legt einen 100 EUR-Schein offen aus. T, die von der Diebesfalle nichts ahnt, nimmt das Geld an sich. 154

T macht sich gem. §§ 242 Abs. 1, 22, 23 Abs. 1 StGB strafbar, da sie irrig von einem Bruch fremden Gewahrsams ausgeht. Sie handelt also in Unkenntnis des tatbestandsausschließenden Einverständnisses in die Gewahrsamsübertragung. 155

Hinweis: Sollte irrig ein in Wirklichkeit nicht bestehendes Einverständnis des Täters angenommen werden, so befindet er sich in einem vorsatzausschließenden Tatbestandsirrtum, § 16 Abs. 1 S. 1 StGB. 156

Beispiel: T glaubt, dass seine Freundin O ihm erlaubt hat, ihr neues Fahrrad für einen Einkaufsbummel zu nutzen. Die O war tatsächlich nicht damit einverstanden. 157

Anders wird ein Irrtum über die rechtfertigende Einwilligung behandelt. Liegt eine rechtfertigende Einwilligung objektiv vor, weiß der Täter dies jedoch nicht, so ist er nach einer Ansicht wegen vollendeter rechtswidriger Tat zu sanktionieren, da ihm das subjektive Rechtfertigungselement fehlt.[149] Nach anderer Ansicht wird der Täter wegen einer versuchten Tat bestraft.[150] 158

Beispiel: T schneidet der O die langen Haare ab, um ihr Schaden zuzufügen. Tatsächlich wollte sich O eh von ihrer langen Mähne trennen und ist hocherfreut über die neue modische Frisur. 159

T handelt in Unkenntnis der rechtfertigenden Einwilligung. Er macht sich nach einer Ansicht wegen einer einfachen Körperverletzung gem. § 223 Abs. 1 StGB strafbar, da ihm das notwendige Rechtfertigungselement fehlt. Nach anderer Ansicht ist T gem. §§ 223 Abs. 1, 2, 22, 23 Abs. 1 StGB aufgrund der Strukturgleichheit zum Versuch zu bestrafen. 160

Geht der Täter irrig von einer in Wirklichkeit nicht bestehenden rechtfertigenden Einwilligung aus, so liegt ein Erlaubnistatbestandsirrtum vor, der nach der überwiegenden Ansicht die Vorsatzschuld in analoger Anwendung des § 16 Abs. 1 StGB entfallen lässt (→ § 9 Rn. 87 f. Irrtumslehre). 161

Beispiel: T schneidet O ihre langen Haare ab, da er irrig von ihrer Zustimmung ausgegangen ist. O ist entsetzt. Sie wollte sich die Haare noch länger wachsen lassen. 162

T geht subjektiv von einer Rechtfertigungslage aus, die tatsächlich nicht besteht. Er macht sich allerdings nicht wegen einer vorsätzlichen Körperverletzung strafbar, da die Vorsatzschuld nach zutreffender Ansicht wegfällt. Die fahrlässige Begehung gem. § 229 StGB bleibt von dieser Bewertung allerdings unberührt. 163

---

147 BT-Drs. 15/5313, 3; MüKoStGB/Wieck-Noodt § 303 Rn. 64.
148 MüKoStGB/Wieck-Noodt § 303 Rn. 64.
149 BGH NStZ 2005, 332 (334).
150 Rengier StrafR AT § 17 Rn. 18.

164 **Klausurhinweis:** Durch den Wegfall der Vorsatzschuld bei einem Erlaubnistatbestandsirrtum bleibt es bei einer tatbestandsmäßigen und rechtwidrigen Tat, die teilnahmefähig ist.[151]

II. Prüfungsaufbau

165

Rechtfertigende Einwilligung

I. Tatbestand des jeweiligen Deliktes
II. Rechtswidrigkeit
  1. Disponibilität des Rechtsgutes
  2. Einwilligungserteilung vor der Tat und Fortbestehen zum Tatzeitpunkt
  3. (Ausdrückliche oder konkludente) Kundgabe der Einwilligung nach außen
  4. Einwilligungsfähigkeit des Einwilligenden
  5. Freie Willensbildung und Willensentscheidung
  6. Keine Sittenwidrigkeit, § 228 StGB (nur bei Körperverletzungsdelikten darzustellen)
  7. Subjektives Rechtfertigungselement
     Kenntnis von der Einwilligung und Handeln aufgrund der Einwilligung

1. Disponibilität des Rechtsgutes

166 Zunächst muss es sich um ein Individualrechtsgut handeln, auf dessen Schutz ausdrücklich oder konkludent durch den Einwilligenden verzichtet wird. Schutzgüter der Allgemeinheit sind nicht einwilligungsfähig:[152] So kann zB nicht rechtfertigend in die Brandstiftung aus § 306a Abs. 1 StGB eingewilligt werden, da dieser Tatbestand nicht an „fremde" Tatobjekte anknüpft, sondern als abstraktes Gefährdungsdelikt[153] vielmehr dem Schutz von Allgemeininteressen zu dienen bestimmt ist. Aufgrund der von der Tatbegehung ausgehenden Gemeingefährlichkeit liegt ein nicht disponibles Rechtsgut vor.[154] Bei § 306 Abs. 1 StGB wirkt hingegen die dem Brandstifter vor der Tat erteilte Einwilligung seitens des Eigentümers rechtfertigend,[155] da der § 306 Abs. 1 StGB einen Spezialfall der Sachbeschädigung darstellt.[156]

167 Die Gefährdung des Straßenverkehrs aus § 315c StGB ist im 28. Abschnitt des StGB unter dem Kapitel Gemeingefährliche Straftaten geregelt. Mithin schützt der Tatbestand Kollektivrechtsgüter, bei denen eine rechtfertigende Einwilligung ausgeschlossen ist. Schutzgut ist die Sicherheit des Straßenverkehrs, wobei auch teilweise die gefährdeten Rechtsgüter mitgeschützt sein sollen.[157] Dennoch erkennt eine Ansicht eine Einwilligung an, da es sich bei § 315c StGB um ein konkretes Gefährdungsdelikt handelt, welches mitunter auch Individualinteressen schützen soll.[158] Diese Meinung

---

151 Wessels/Beulke/Satzger StrafR AT Rn. 755.
152 Zur nicht möglichen Einwilligung bei §§ 153 ff. vgl. Schmidt StrafR BT I Rn. 1179; zur nicht möglichen Einwilligung bei § 306a Rn. 519.
153 MüKoStGB/Radtke § 306a Rn. 59.
154 Vgl. Umkehrschluss aus BGH NJW 2003, 1824.
155 Fischer § 306 Rn. 20; Lackner/Kühl/Heger § 306 Rn. 1.
156 Lackner/Kühl/Heger § 306 Rn. 1.
157 Fischer § 315c Rn. 2; Lackner/Kühl/Heger § 315c Rn. 1.
158 Matt/Renzikowski/Renzikowski § 315c Rn. 27.

sieht den Schwerpunkt des von § 315c StGB ausgehenden Schutzes in den Individualinteressen. Nach hA ist diese Ansicht jedoch abzulehnen.[159]

Bei der Verkehrsunfallflucht aus § 142 StGB ist, obwohl diese im 7. Abschnitt des StGB unter „Straftaten gegen die öffentliche Ordnung" zu verorten ist, eine rechtfertigende Einwilligung und damit ein berechtigtes Entfernen vom Unfallort möglich, wenn die Beteiligten zB vereinbaren, die Feststellungen an einem anderen Ort, etwa in einem nahe gelegenen Haus oder der nächsten Polizeidienststelle zu treffen.[160] Zudem kann zB bei einem Bagatellschaden das Verlassen der Unfallstelle nach Anbringen einer Visitenkarte durch eine mutmaßliche Einwilligung gedeckt sein. 168

2. Einwilligungserteilung vor der Tat und Fortbestehen zum Tatzeitpunkt

Der Einwilligungsverzicht muss bereits vor der Verletzung des Rechtsgutes erfolgen und zum Zeitpunkt der Tat noch fortbestehen. Eine nachträgliche Zustimmung ist insoweit nicht möglich.[161] 169

3. (Ausdrückliche oder konkludente) Kundgabe der Einwilligung nach außen

Die Einwilligung muss erklärt werden, dh nach außen kundbar gemacht worden sein.[162] Diese muss sich nicht notwendigerweise an den Täter richten.[163] Bei mehreren Inhabern des disponiblen Rechtsgutes (zB Miteigentümern) ist eine entsprechende Erklärung durch alle erforderlich. Dies wäre zB der Fall, wenn die Bewohner eines Mehrfamilienhauses mit dem Abtragen einer in ihrem Eigentum stehenden störenden Mauer einverstanden sind. 170

Eine nur innere Zustimmung ist allerdings unzureichend.[164] Für die konkludente Zustimmung reicht allein das passive Erdulden der Verletzungshandlung nicht aus.[165] 171

Beispiel: T erklärt sich durch Unterzeichnung einer entsprechenden Verfügung mit einer bevorstehenden Operation einverstanden. 172

Hier willigt T ausdrücklich in eine Operation ein und verzichtet auf den Schutz seiner körperlichen Unversehrtheit im Rahmen der notwendigen Operationsmaßnahmen. 173

4. Einwilligungsfähigkeit des Einwilligenden

Die Einwilligungsfähigkeit ist nicht an spezielle Altersgrenzen gebunden. Auf eine volle Geschäftsfähigkeit im zivilrechtlichen Sinne kommt es nicht an.[166] Der Einwilligende muss jedoch das Wesen, die Tragweite und die Bedeutung des Eingriffes voll 174

---

159 BGHSt 23, 261 = BeckRS 1970, 1409.
160 Vgl. OLG Düsseldorf NJW 1985, 2725; OLG Köln NJW 1981, 2367.
161 Vgl. BGH NStZ 2000, 87.
162 BGH NJW 1956, 1106; OLG Oldenburg NJW 1966, 2132.
163 Schönke/Schröder/Sternberg/Lieben Vor §§ 32 ff. Rn. 43.
164 BeckOK StGB § 228 Rn. 16; Tag, Der Körperverletzungstatbestand im Spannungsfeld zwischen Patientenautonomie und lex artis, 2000, S. 304.
165 Vgl. LK-StGB/Rönnau Vor § 32 Rn. 163.
166 BGHSt 12, 379 = BeckRS 1959, 105549.

erfassen und imstande sein, seinen Willen danach auszurichten. Dies gilt für Eingriffe in höchstpersönliche Rechtsgüter (zB §§ 223 ff., 185 ff. StGB), als auch bei Eigentums- und Vermögensdelikten (zB § 303 Abs. 1 StGB).[167] Unter Umständen können somit auch Minderjährige einwilligungsfähig sein. Hierbei ist jedoch zu beachten, dass bei Minderjährigen stets eine genaue Prüfung dieser Einsichtsfähigkeit erfolgen muss.[168]

175 **Beispiel:** Der achtjährige O legt sich auf das Autodach des T, um sich während der Fahrt dort festzuhalten (sog. Auto-Surfen). In einer scharfen Kurve stürzt O zu Boden und verletzt sich.

176 Die Einwilligung des achtjährigen O wirkt nicht rechtfertigend, da er die Geschwindigkeit bzw. die Fliehkräfte und die Gefahren, die von einer solchen Handlung ausgehen, nicht einschätzen kann (s. auch § 828 Abs. 2 BGB). T handelt rechtswidrig und macht sich gem. § 229 StGB strafbar.

177 **Hinweis:** Sie haben den Fall bereits bei der eigenverantwortlichen Selbstgefährdung (objektive Zurechnung) kennengelernt (→ § 1 Rn. 306 ff.).

178 Zu den weiteren wichtigen Klausurfällen gehören Aufnahmerituale in Jugendgangs, bei denen dem Einwilligenden über einen kurzen Zeitraum mittels Schlägen und Fußtritten erhebliche Schmerzen zugefügt werden. Sollte es sich bei dem Geschädigten um einen Minderjährigen handeln, kann bereits bei der Einwilligungsfähigkeit die rechtfertigende Einwilligung scheitern. Daneben ist hier die Sittenwidrigkeit aus § 228 StGB zu problematisieren.

179 **Hinweis:** Bei Volljährigen kann, mit Ausnahmen bei von ins Gewicht fallenden psychischen Störungen und sonstigen Beeinträchtigungen (Geisteskrankheit, Trunkenheit usw),[169] die Einwilligungsfähigkeit im Allgemeinen angenommen werden. Bei Minderjährigen kommt es auf den Reifegrad an. Desto schwerwiegender der Eingriff ist, desto strenger sind die Anforderungen, die an diese Voraussetzung anknüpfen.[170]

5. Freie Willensbildung und Willensentscheidung

180 Im Unterschied zum tatbestandsausschließenden Einverständnis, bei dem es allein auf die natürliche Willensfähigkeit als Wirksamkeitsvoraussetzung ankommt,[171] können Willensmängel des Einwilligenden (rechtfertigende Einwilligung) ein Hindernis darstellen.

181 **Beispiel:** T verkleidet sich als Schornsteinfeger und klingelt an der Haustür von Rentner O. Er will sich gezielt Zutritt verschaffen, um O zu überfallen. Als O öffnet, lässt er T zur Säuberung seines Schornsteins und zum Ablesen seiner Heizung eintreten. Kurze Zeit später kommt es zum Überfall, in dessen Verlauf T Schmuck und Geld an sich bringen kann.

182 Bei § 123 Abs. 1 Var. 1 StGB muss der Täter in den geschützten Raum eindringen. Bei einem Eindringen handelt es sich um das Gelangen in den geschützten Raum **gegen den Willen** des Berechtigten.[172] Da es sich um ein Delikt gegen den Willen des Verfü-

---

167 Schönke/Schröder/Sternberg/Lieben Vor §§ 32 ff. Rn. 40.
168 Vgl. BayObLG NJW 1999, 372.
169 OLG Hamm NJW 1983, 2095.
170 Schönke/Schröder/Eser/Sternberg-Lieben Vor § 211 Rn. 36.
171 Schmidt StrafR AT Rn. 431.
172 OLG Düsseldorf NJW 1982, 2678; OLG München NJW 1972, 2275.

gungsberechtigten handelt, wirkt eine Zustimmung in das Betreten tatbestandsausschließend (ist also auf der Ebene des Tatbestandes zu prüfen). Das Einverständnis ist rein tatsächlicher Natur, sodass es nur auf die natürliche Willensfähigkeit des Betroffenen ankommt (→ § 4 Rn. 180). Das Einverständnis kann auch mängelbehaftet sein (Zwang schließt allerdings ein Einverständnis aus). Da O den T in seine Wohnung hineingelassen hat, liegt trotz der Täuschung über seine wahren Absichten somit kein Hausfriedensbruch vor.

Auch bei einem (vermeintlichen) Diebstahl ist ein Einverständnis möglich. **183**

> **Beispiel:** T will unbedingt an die neue PlayStation 5 seines Arbeitskollegen O kommen, um diese zu Geld zu machen. Er bittet O, sich die Spielekonsole für das Wochenende zu borgen. O stimmt dem zu. Später stellt T die PlayStation bei eBay für 600 EUR ein. **184**

T macht sich nicht wegen eines Diebstahls gem. § 242 Abs. 1 StGB strafbar, da das (täuschungsbedingte) Einverständnis des O tatbestandsausschließend wirkt. Erfüllt ist jedoch der Betrug gem. § 263 Abs. 1 StGB. Die anschließende Unterschlagung aus § 246 Abs. 1 StGB durch das Einstellen bei eBay wird als mitbestrafte Nachtat (sog. Handlungsmehrheit) verdrängt (→ § 10 Rn. 65 ff. Konkurrenzlehre). **185**

Im Gegensatz zum tatbestandsausschließenden Einverständnis sind Einwilligungen, die infolge einer Täuschung verursacht wurden, grundsätzlich als unwirksam zu bewerten.[173] Etwas anderes könnte allerdings gelten, wenn zwar eine Täuschung vorliegen sollte, der Einwilligende dennoch weiß, was er tut und seine Entscheidung auf das Rechtsgut zu verzichten ein frei gefasster Entschluss darstellt. So wird man eine rechtswidrige Körperverletzung ablehnen müssen, wenn zB der Betroffene deshalb in eine Blutspendenaktion einwilligt, weil ihm fälschlicherweise mitgeteilt wurde, dass sich auch sein Nachbar daran beteiligt habe, und er dahinter nicht zurückstehen möchte. **186**

Beruht die Einwilligung auf einem Irrtum, und ist dieser rechtsgutsbezogen, dh der Einwilligende ist sich über die Folgen, Bedeutung und die Tragweite seines Tuns für das verletzte Rechtsgut nicht im Klaren, so führt dies zur Unwirksamkeit.[174] Dies wäre der Fall, wenn der Einwilligende über die Art und Schwere der Verletzung oder einer damit in Verbindung stehenden Gefährdung irrt. **187**

> **Beispiel:** Der Patient hält bei einem nicht ganz ungefährlichen Eingriff den Behandelnden für einen Arzt oder zugelassenen Heilkundigen.[175] **188**

Verneint wurde dies allerdings bei einem „zweifelsfrei" geringfügigem Eingriff.[176] **189**

Irrelevant sind jedoch solche Fehlvorstellungen, die nicht rechtsgutsbezogen sind, sondern lediglich Begleitumstände betreffen.[177] Ein nicht rechtsgutsbezogener Irrtum liegt zB in einer Täuschung über die angemessene Höhe des ärztlichen Honorars für einem Heileingriff.[178] Eine Täuschung über die Schwere des Eingriffes würde die rechtfertigende Einwilligung allerdings ausschließen, da dann die Rechtsgutsbezogenheit vorliegen würde. **190**

---

173 Vgl. BGH NStZ 2004, 442; Fischer § 228 Rn. 7.
174 Vgl. Schönke/Schröder/Sternberg/Lieben Vor § 32 ff. Rn. 46.
175 BGH NStZ 1987, 174.
176 BGH NJW 1962, 682.
177 Krey/Esser StrafR AT Rn. 661.
178 Schönke/Schröder/Sternberg/Lieben Vor §§ 32 ff. Rn. 47.

§ 4 Rechtswidrigkeit

191 **Hinweis:** Bei einem ärztlichen Heileingriff muss der Patient für die Wirksamkeit der Einwilligung über Art, Umfang, Durchführung, zu erwartende Folgen und Risiken, Erfolgsaussichten usw. der Operation aufgeklärt werden (§ 630e Abs. 1 BGB).[179] Genügt diese Aufklärung nicht der Vorschrift aus § 630e BGB, so kann sich der Behandelnde gem. § 630h Abs. 2 S. 2 BGB jedoch darauf berufen, dass der Patient auch im Falle einer ordnungsgemäßen Aufklärung eingewilligt hätte (sog. hypothetische Einwilligung).

192 Ferner führt ein durch Zwang, dh infolge von Gewalt oder Drohung erzwungene Einwilligung zur Unwirksamkeit. Ausreichend ist hierbei, dass die Grenze zur Nötigung aus § 240 Abs. 1 StGB überschritten wurde.[180]

193 **Beispiel:** O wird unter Androhung von Messergewalt zu einer Blutentnahme gezwungen.

194 Zwar gibt O sein disponibles Rechtsgut auf körperliche Unversehrtheit preis, dies geschieht allerdings durch Zwang und ist daher willensmängelbehaftet. Die rechtfertigende Einwilligung ist unwirksam.

6. Keine Sittenwidrigkeit, § 228 StGB

195 Bei Körperverletzungsdelikten ist die Einwilligung nur dann wirksam, wenn die Tat nicht gegen die guten Sitten verstößt. Sittenwidrig ist die Tat dann, wenn diese dem Anstandsgefühl aller billig und gerecht Denkenden zuwiderlaufen sollte.[181] Damit sind sadistische bzw. die Menschenwürde missachtende Behandlungen, wobei allein das Abstellen auf eine sexuelle, sadomasochistische Motivation nicht ausreichend ist,[182] sowie Körperverletzungen zur Vorbereitung, Vornahme, Verdeckung oder Vortäuschung anderer Straftaten als sittenwidrig einzustufen.[183] Bei lebensgefährdenden Behandlungen ist auf die Schwere der Beeinträchtigung bzw. die Gefährlichkeit der Körperverletzungshandlung abzustellen.[184]

196 **Hinweis:** Die Sittenwidrigkeit bezieht sich nur auf die Tat als solches und nicht auf die Einwilligung. Stimmt zB der Einwilligende einer Blutentnahme zu wucherischen Bedingungen zu, ist die Vornahme des Eingriffes nicht rechtswidrig, da diese keinem strafbaren Zweck dient und auch nicht besonders eingriffsintensiv ist.[185]

197 **Beispiel:** Zwei rivalisierende Jugendbanden verabreden sich zu einer Massenschlägerei. Die Teilnehmenden stimmten hierbei zu, die Auseinandersetzungen mit Faustschlägen und Fußtritten auszutragen. Den Eintritt erheblicher Verletzungen billigten sie jeweils. Im Zuge der anschließenden Schlägerei kam es zu nicht nur unerheblichen Verletzungen.

198 Der BGH hat in diesem Fall die Verurteilungen wegen einer gemeinschaftlichen gefährlichen Körperverletzung bestätigt und die rechtfertigende Einwilligung wegen Sittenwidrigkeit der Tat ausgeschlossen. Diese Entscheidung wurde damit begründet, dass aufgrund von gruppendynamischen Prozessen, die einer solchen Massenschlägerei stets innewohnen, mit einem erheblichen Grad an Gefährdung des Lebens und der

---

179 BGHSt 12, 379 = BeckRS 1959, 105549.
180 Amelung, Grundsätzliches zur Freiwilligkeit der Einwilligung des Verletzten, NStZ 2006, 317.
181 Verwendet durch BayObLG NJW 1999, 372 (373).
182 BGHSt 49, 166 (172) = BeckRS 2004, 6405; Duttge NJW 2005, 260.
183 So auch BGH NJW 2004, 2458.
184 Vgl. nur BGH NJW 2015, 1540 (1542 f.); 2013, 1379.
185 Schönke/Schröder/Sternberg/Lieben Vor §§ 32 ff. Rn. 38.

körperlichen Unversehrtheit der Kontrahenten zu rechnen ist. Gerade auch aufgrund der Eskalationsgefahr sind diese Taten daher als rechtswidrig einzustufen.[186]

Klausurhinweis: Sie können davon ausgehen, dass, je schwerer die Körperverletzungshandlung bzw. die damit einhergehende Gefährdung sein sollte, desto eher die Tat als sittenwidrig zu klassifizieren ist.[187] Wobei (natürlich) dies nicht für lebensgefährliche ärztliche Eingriffe gilt, da das damit verfolgte Ziel der Lebenserhaltung von maßgeblicher Bedeutung ist.[188]

199

Bei Sportarten, wie zB dem Boxen, ist eine Sittenwidrigkeit der Tat abzulehnen, wenn der Kampf regelgerecht geführt und von einem anerkannten Sportverband ausgetragen wird. Eine Sittenwidrigkeit ist erst dann anzunehmen, wenn die Verletzung aus einem absichtlichen oder grob fahrlässigen Verstoß gegen die Wettkampfregeln resultieren sollte.[189] So hat sich Mike Tyson gegenüber seinem Kontrahenten Evander Holyfield rechtswidrig verhalten, als er ihm einen Teil seines Ohres beim Boxkampf abgebissen hat. Auch der Sprung mit ausgestreckten Fuß des damaligen Fußballtorhüters Tim Wiese gegen die linke Schulter von Ivica Olic beim Spiel von Werder Bremen gegen den Hamburger SV ist nicht durch eine Einwilligung zu decken.

200

F. Subjektives Rechtfertigungselement

Der Täter müsste in Kenntnis und aufgrund der Einwilligung handeln. Bei Unkenntnis über das Vorliegen der Rechtfertigung macht sich der Täter wegen einer vollendeten Tat bzw. nach einer anderen Ansicht wegen einer versuchten Tat strafbar. Geht der Täter irrig von dem Vorliegen der Voraussetzungen einer rechtfertigenden Einwilligung aus, so befindet er sich in einem Erlaubnistatbestandsirrtum (→ § 9 Rn. 65 ff.).

201

> **Fall 7 (Übungsfall zur rechtfertigenden Einwilligung)**
>
> **Sachverhalt**
>
> Der T ist Strafgefangener in der JVA. Während seiner Haftzeit nahm er bei mehreren Mitgefangenen Tätowierungen mittels nicht ordnungsgemäßer Tätowierwerkzeuge vor, ohne hierfür eine entsprechende Ausbildung zu haben. Die Mitgefangenen waren zwar jeweils mit der Tätowierung einverstanden bzw. wünschten diese ausdrücklich. Ihnen und dem T war jedoch bewusst, dass gem. der Hausordnung der JVA es verboten ist, sich oder andere zu tätowieren oder zu piercen respektive sich tätowieren oder piercen zu lassen. Ebenso ist der Besitz von entsprechenden Werkzeugen untersagt. Außerdem war dem T bekannt, dass aufgrund mangelnder Hygienebedingungen eine enorme Infektionsgefahr für die Beteiligten bestand. T tätowierte unter anderem den Strafgefangenen O.
>
> Strafbarkeit T? Strafanträge sind gestellt.

---

186 BGH BeckRS 2013, 5413.
187 Vgl. BGH NJW 2004, 2458 ff.
188 BGHSt 49, 166 (171) = BeckRS 2004, 6405.
189 BGHSt 4, 88 (92) = NJW 1953, 912; Matt/Renzikowski/Engländer § 228 Rn. 8.

Lösung

T könnte sich durch die mit einem nicht ordnungsgemäßen Werkzeug durchgeführte Tätowierung des O wegen einer gefährlichen Körperverletzung gem. §§ 223 Abs. 1, 224 Abs. 1 Nr. 2 Var. 2 StGB strafbar gemacht haben.

Hinweis: Der T erfüllt hier das Qualifikationsmerkmal aus § 224 Abs. 1 Nr. 2 Var. 2 StGB, da es sich bei der Tätowiermaschine in den Händen des unausgebildeten T um ein gefährliches Werkzeug handelt. Auch beim Einsatz medizinischer Instrumente durch einen Arzt kann, trotz der Kunstfertigkeit des Arztes, bei *lege artis* durchgeführten Operationen, aufgrund der Schwere des Eingriffes, eine tatbestandsmäßige gefährliche Körperverletzung vorliegen. Auch hier kommt es immer auf die Umstände des Einzelfalls an. Eine Amputation stellt eine gefährliche Körperverletzung dar, während die Extraktion eines Zahnes mithilfe chirurgischer Mittel regelmäßig nicht mit erheblichen Verletzungen verbunden ist, sodass § 224 Abs. 1 Nr. 2 Var. 2 StGB dann ausscheiden würde.[190]

Hinweis: Lange sah die Rechtsprechung in einem von Ärztinnen und Ärzten verwendeten Skalpell kein gefährliches Werkzeug, da diese schließlich damit umzugehen wüssten. Darauf kommt es allerdings heute nicht mehr an, erläutert nun der 4. Strafsenat des BGH.[191]

Hinweis: Auf die gutachterliche Prüfung des Tatbestandes wurde in der Sachverhaltslösung verzichtet.

I. Tatbestand

II. Rechtswidrigkeit

Im vorliegenden Sachverhalt könnte der Rechtfertigungsgrund der rechtfertigenden Einwilligung vorliegen, da der T die Tätowierung mit der Zustimmung des O vorgenommen hat. Die rechtfertigende Einwilligung ist gesetzlich nicht geregelt, sondern gewohnheitsrechtlich anerkannt.

1. Disponibilität des Rechtsgutes

Zunächst müsste es sich um ein Individualrechtsgut handeln, über welches der O frei verfügen kann, also das alleinige Bestimmungsrecht darüber hat. Durch das Einstechen der Nadel im Rahmen der Tätowierung wird auf die Gesundheit bzw. die körperliche Unversehrtheit des O eingewirkt. Über dieses Rechtsgut hat er das alleinige Bestimmungsrecht. Ein disponibles Rechtsgut liegt vor.

2. Einwilligungserteilung vor der Tat und Fortbestehen zum Tatzeitpunkt

202 | Da der O dem T vor der Tätowierung seine Einwilligung erklärt hat, ist diese Voraussetzung erfüllt.

3. (Ausdrückliche oder konkludente) Kundgabe der Einwilligung nach außen

203 | Es ist davon auszugehen, dass der O dem T die Einwilligung in die Tätowierung verbal, und demnach ausdrücklich, mitgeteilt hat.

---

190 Schönke/Schröder/Sternberg/Lieben § 224 Rn. 8.
191 BGH BeckRS 2023, 46571.

4. Einwilligungsfähigkeit des Einwilligenden

O ist volljährig und kann das Wesen, die Tragweite und die Bedeutung des Rechtsgutverzichtes überblicken. Er weiß also, dass eine Tätowierung nicht nur eine temporäre Verzierung der Haut darstellt, sondern vielmehr dauerhaft dort verbleiben wird. Zudem hat er darüber Kenntnis, dass dieser Eingriff mittels Nadelstiche durchgeführt wird. Entsprechend liegt die Einwilligungsfähigkeit vor.

5. Freie Willensbildung und Willensentscheidung

Ferner dürften keine Willensmängel vorliegen. Der O wurde durch T weder getäuscht, noch ging von dem T Gewalt oder eine Drohung hervor, um den Eingriff zu realisieren. Folglich sind keine Willensmängel erkennbar.

6. Sittenwidrigkeit, § 228 StGB

Zudem dürfte die Tat nicht sittenwidrig sein. Sittenwidrig ist eine Tat dann, wenn diese gegen das Anstandsgefühl aller billig und gerecht denkenden Menschen verstoßen sollte.[192] Allgemein gilt, dass, je schwerer der Eingriff in die körperliche Integrität ist, desto eher die Sittenwidrigkeit vorliegt.[193] Aufgrund der erhöhten Infektionsgefahr sind Gefährdungen der Gesundheit des O nicht auszuschließen. Mitunter könnte es zu einer bakteriellen Infektion kommen. Hier ist jedoch zu bedenken, dass auch in unhygienischen Tattoo-Studios eine rechtfertigende Einwilligung der Kunden wirksam ist. Dieser Gedanke muss auf den vorliegenden Fall übertragen werden. Mithin liegt keine Sittenwidrigkeit vor.

7. Subjektives Rechtfertigungselement

T müsste Kenntnis von der Einwilligung haben und aufgrund dessen handeln. T wusste, dass der O das Tattoo wollte und nahm gerade deshalb den Eingriff vor. Das subjektive Rechtfertigungselement ist gegeben.

Somit hat sich T nicht gem. § 224 Abs. 1 Nr. 2 Var. 2 StGB strafbar gemacht.

G. Mutmaßliche rechtfertigende Einwilligung

Neben der (ausdrücklichen) rechtfertigenden Einwilligung ist auch die sog. mutmaßliche Einwilligung gewohnheitsrechtlich anerkannt. Die mutmaßliche Einwilligung ist insbesondere im Arztrecht von Bedeutung, wenn Gefahr im Verzug ist und eine ausdrückliche Einwilligung des Patienten nicht oder nicht mehr rechtzeitig eingeholt werden kann.[194]

> **Beispiele:** Die Operation eines bewusstlosen Opfers; der erweiterte, über die Vereinbarung mit dem Patienten hinausgehende, operative Eingriff nach Öffnung der Bauchdecke.[195]

---

192 Verwendet durch BayObLG NJW 1999, 372 (373).
193 Vgl. BGH NJW 2004, 2458 (2458 ff.).
194 Wessels/Beulke/Satzger StrafR AT Rn. 582.
195 Wessels/Beulke/Satzger StrafR AT Rn. 582.

209 Bei der mutmaßlichen Einwilligung kann nicht auf den ausdrücklich kommunizierten Willen des Behandelnden abgestellt werden. Daher ist ein Wahrscheinlichkeitsurteil über den wahren Willen des Rechtsgutsinhabers zum Zeitpunkt der Tat erforderlich.[196] Abzustellen ist hierbei insbesondere auf individuelle Interessen, Bedürfnisse und Wertevorstellungen des Betroffenen. Allein objektive Kriterien, wie der Maßstab eines vernünftig Handelnden, haben letztendlich nur indizielle Bedeutung.[197] Sollte sich dennoch nachträglich herausstellen, dass trotz pflichtgemäßer Prüfung und gewissenhaften Vorgehens die Behandlung nicht dem wahren Willen des Betroffenen entsprach, bleibt die mutmaßliche Einwilligung dennoch wirksam. Entscheidend hierbei ist, dass das zum Zeitpunkt der Maßnahme zu treffende Wahrscheinlichkeitsurteil in Bezug auf den wahren Willen des Betroffenen den (obigen) Anforderungen entsprach.[198]

210 Die mutmaßliche Einwilligung ist nicht mit der hypothetischen Einwilligung zu verwechseln, bei der sich ein Arzt trotz unterbliebener Aufklärung nicht strafbar macht, wenn der Betroffene bei ordnungsgemäßer Aufklärung eingewilligt hätte.[199] Bei der mutmaßlichen Einwilligung konnte der wahre Wille nicht mehr eingeholt werden. Bei der hypothetischen Einwilligung war dies hingegen noch möglich, wurde jedoch nicht ordnungsgemäß umgesetzt.

211 In der Klausur werden die Prüfungspunkte der Einwilligungserteilung vor der Tat (und Fortbestehen während der Tat) und die ausdrückliche oder konkludente Kundgabe der Einwilligung nach außen durch die mutmaßliche Einwilligung ersetzt, da es hier an der Äußerung eines (aktuellen) Willens fehlt. Entscheidender Zeitpunkt für das Vorliegen des mutmaßlichen Willens ist derjenige des Eingriffs in das jeweilige Rechtsgut. Liegt eine Patientenverfügung vor, so ist der darin formulierte Wille zu berücksichtigen. Weitere Anhaltspunkte für die Ermittlung des wahren Willens können frühere Äußerungen (mündlicher oder schriftlicher Art), religiöse oder ethische Überzeugungen und sonstige Wertvorstellungen des Betroffenen sein.[200]

212 **Hinweis:** Auch in Bezug auf die Sterbehilfe ist eine rechtfertigende Einwilligung möglich. Die Einwilligung (zB durch eine Patientenverfügung) in die Einstellung lebenserhaltener Maßnahmen rechtfertigt jegliche Handlung, die objektiv und subjektiv darauf gerichtet ist, eine medizinisch indizierte, der Lebenserhaltung oder Lebensverlängerung dienende Behandlungsmaßnahme in Fällen lebensbedrohlicher Erkrankung entsprechend dem Willen des Patienten zu verhindern oder zu beenden.[201] Als Handelnder kommen dabei nicht nur Ärzte, Betreuer und Bevollmächtigte in Betracht, sondern auch dritte Personen, die als Hilfspersonen für die Behandlung oder die Betreuung des Patienten hinzugezogen wurden und tätig werden.[202]

H. Festnahmerecht für Jedermann, § 127 Abs. 1 StPO

213 Gemäß § 127 Abs. 1 StPO ist jedermann befugt, eine Person auf frischer Tat festzunehmen, um diese der Strafverfolgung zuzuführen. Jedermann bedeutet jede Privatperson

---

196 GenStA Nürnberg NStZ 2008, 343; Hillenkamp FS Küper, 2007, 123.
197 Wessels/Beulke/Satzger StrafR AT Rn. 583.
198 Zum Verhältnis zwischen mutmaßlicher Einwilligung und Geschäftsführung ohne Auftrag s. Kühl StrafR AT § 9 Rn. 47; Schroth JuS 1992, 476.
199 Wessels/Beulke/Satzger StrafR AT Rn. 593.
200 Wessels/Beulke/Satzger StrafR AT Rn. 585.
201 BGHSt 55, 191 = NJW 2010, 2963 – Putz.
202 Rissing-van Saan ZIS 2011, 544 (550).

sowie auch Polizeibeamte.²⁰³ Bei einem entgegenstehenden Willen der Polizei dürfen Private allerdings nicht tätig werden.²⁰⁴ Auch endet die Befugnis von Privatpersonen, sobald die Polizei selbst gegen den Täter vorgeht. Ein Handeln Privater ist dann überflüssig.²⁰⁵ Ob der Festnehmer der Verletzte der Tat oder ein bloßer Unbeteiligter ist, ist nicht relevant.²⁰⁶

Hinweis: Der § 127 Abs. 1 StPO enthält nur eine Berechtigung zur Festnahme und keine diesbezügliche Verpflichtung.²⁰⁷   214

I. Prüfungsrelevanz

Der § 127 Abs. 1 StPO wird nicht selten abgeprüft, leider jedoch durch die Studierenden oftmals unterschätzt. Sie sollten den § 127 Abs. 1 StPO prüfen, um (insbesondere) eine tatbestandsmäßige Nötigung und/oder Freiheitsberaubung, die mit einem Festnahmewillen aufgrund einer rechtswidrigen Tat vorgenommen wurde, zu rechtfertigen. Auch kleine körperliche Blessuren, die notwendigerweise im Rahmen der Festnahme beim Festgenommenen eintreten, können über § 127 Abs. 1 StPO gerechtfertigt werden. Dies gilt insbesondere dann, wenn der Täter sich gegen die berechtigte Festnahme widersetzen sollte oder sich ihr gewaltsam zu entziehen sucht und sich infolgedessen (zB) Hämatome durch das Festhalten am Arm oder Schürfwunden durch das zu Boden reißen zuzieht.²⁰⁸   215

Hinweis: Sollte der Festnehmer über § 127 Abs. 1 StPO gerechtfertigt handeln, muss der Festgenommene dies erdulden. Ein Gegenangriff durch ihn wäre nicht durch § 32 Abs. 1, 2 StGB gedeckt, da die Festnahme rechtmäßig ist.   216

II. Prüfungsaufbau

I. Tatbestand   217
II. Rechtswidrigkeit
   1. Objektives Rechtfertigungselement
      a) Festnahmelage
         aa) Auf frischer Tat betroffen oder verfolgt
         bb) Fluchtverdacht oder die Identität des Betroffenen ist nicht sofort feststellbar
      b) Festnahmelage
         Erforderlichkeit der Festnahmehandlung/Verhältnismäßigkeit
   2. Subjektives Rechtfertigungselement
      Kenntnis von den rechtfertigenden Umständen und Handeln in Festnahmeabsicht

---

203 Meyer-Goßner/Schmitt/Schmitt StPO § 127 Rn. 7.
204 Meyer-Goßner/Schmitt/Schmitt StPO § 127 Rn. 7.
205 Meyer-Goßner/Schmitt/Schmitt StPO § 127 Rn. 7.
206 RGSt 12, 194 (195); Meyer-Goßner/Schmitt/Schmitt StPO § 127 Rn. 7.
207 Meyer-Goßner/Schmitt/Schmitt StPO § 127 Rn. 1.
208 BGHSt 45, 378 = BeckRS 2000, 30094856.

1. Festnahmelage

218 Zunächst müsste eine Festnahmelage bestehen. Dazu müsste ein Täter auf frischer Tat betroffen sein oder verfolgt werden. Zudem müsste Fluchtverdacht bestehen oder seine Identität darf nicht sofort feststellbar sein.

a) Auf frischer Tat betroffen oder verfolgt

219 Der Festgenommene muss auf frischer Tat betroffen oder verfolgt sein. Auf frischer Tat betroffen wird jemand, wenn er bei Erfüllung des Straftatbestandes oder unmittelbar danach[209] am Tatort oder in dessen unmittelbaren Nähe gestellt wird.[210] Auf frischer Tat verfolgt wird der Täter, wenn unmittelbar nach Entdeckung der kurz zuvor verübten Tat Maßnahmen der Nacheile, die auf seine Ergreifung gerichtet sind, einsetzen.[211] Der Täter muss nicht mehr am Tatort anwesend sein, ausreichend ist insoweit, dass seine Verfolgung aufgrund konkreter auf ihn hinweisender Anhaltspunkte (zB Tatspuren) unverzüglich begonnen wird.[212] Frisch ist die Tat während des Tatvorgangs und kurz danach.[213] Es bedarf also eines räumlich-zeitlichen Zusammenhangs zur begangenen Tat.

220 **Beispiel:** T begeht einen Wohnungseinbruchsdiebstahl. Er stiehlt 2.000 EUR in großen Scheinen und entfernt sich vom Tatort. Wohnungsinhaber O hat T bei der Tat noch beobachten können. Er konnte ihn jedoch nicht aufhalten. O nimmt dennoch die Verfolgung auf. 30 Minuten später entdeckt er T an einer Bushaltestelle und hält ihn am Arm fest, sodass eine Flucht verhindert werden kann.

221 Die Freiheitsberaubung aus § 239 Abs. 1 StGB ist nicht mehr über § 127 Abs. 1 StPO gerechtfertigt, da die Tat ihre „Frische" verloren hat. Auch der § 32 Abs. 1, 2 StGB würde an der Gegenwärtigkeit des Angriffes scheitern. Das Verhalten des O könnte allerdings gem. § 229 BGB gerechtfertigt sein (sog. Selbsthilfe), denn O hat gegen T einen einredefreien zivilrechtlichen Anspruch auf Herausgabe seines Eigentums. Ohne Fluchtverhinderung, wäre der Anspruch gegen den unbekannten T nicht durchsetzbar gewesen. Bis zum Eintreffen obrigkeitlicher Hilfe (Polizei) durfte daher die Festnahme erfolgen (→ § 4 Rn. 239 ff. Selbsthilfe).

222 **Beispiel** (für die Variante des Betroffensein): T befindet sich noch im Haus und stiehlt von O Schmuck. Dieser kann T mittels einfacher körperlicher Gewalt überwältigen und sperrt ihn bis zum Eintreffen der Polizei in das Badezimmer ein.

223 Das Verhalten des O in Bezug auf §§ 223 ff. (soweit erfüllt), 239 Abs. 1, 240 Abs. 1 StGB ist gerechtfertigt über § 32 Abs. 1, 2 StGB und § 127 Abs. 1 StPO.

224 **Hinweis:** Beschränkt sich der Vorsatz des Täters, wie hier geschehen, ausschließlich auf die Nötigung zur Duldung der Freiheitsentziehung, so verdrängt § 239 Abs. 1 StGB den § 240 Abs. 1 StGB.[214]

225 **Beispiel** (für die Verfolgungsvariante): T begeht einen Diebstahl, indem er O die Brieftasche aus der Hose zieht und wegläuft. Der O nimmt die Verfolgung auf und stellt den T in einem nahegelegenen Park. Anschließend ruft O die Polizei.

226 Hier hat O den T unmittelbar nach der Tat verfolgt, da sichere Anhaltspunkte auf T als Täter des Diebstahls hindeuteten.

---

[209] RGSt 65, 392 (394).
[210] Meyer-Goßner/Schmitt/Schmitt StPO § 127 Rn. 5.
[211] KK-StPO/Schultheis StPO § 127 Rn. 12.
[212] OLG Hamburg GA 1964, 341 (342); Meyer-Goßner/Schmitt/Schmitt StPO § 127 Rn. 6.
[213] KK-StPO/Schultheis StPO § 127 Rn. 11.
[214] BGH BeckRS 1981, 782.

Hinweis: Was unter dem Begriff „Tat" (→ § 4 Rn. 218, § 127 Abs. 1 S. 1 StPO) zu verstehen ist, ist **227**
umstritten. Eine Ansicht meint damit eine tatsächlich begangene strafbare Handlung.[215] Nach anderer Ansicht reicht ein dringender Tatverdacht aus.[216] Die erstgenannte Meinung ist hier nachvollziehbarer, da der dringende Tatverdacht bereits für das Eingreifen der Polizei und Staatsanwaltschaft gem. §§ 127 Abs. 2, 112 Abs. 1 StPO gesetzlich formuliert wurde. Einen gleichlautenden Gesetzestext enthält § 127 Abs. 1 StPO nicht. Das Ausreichenlassen eines dringenden Tatverdachtes würde zudem die Eingriffsbefugnisse nichtstaatlich agierender Personen zu Unrecht ausweiten. Diese befinden sich nicht in der gleichen Situation wie zB Polizeibeamte, die aufgrund des Legalitätsprinzips handeln müssen (s. auch §§ 258 Abs. 1, 258a Abs. 1 StGB). Bei einem Irrtum über die vorliegende (vermeintliche) Tat, kommt es zudem nicht zu einer Benachteiligung von „Jedermann", da die irrige Annahme über das Vorliegen eines Rechtfertigungsgrundes als Erlaubnistatbestandsirrtum zu bewerten ist, der zum Wegfall der Vorsatzschuld führt.[217] Übrig bleibt dann, wenn überhaupt, nur noch die fahrlässige Körperverletzung, die jedoch eine Sorgfaltswidrigkeit voraussetzt. Ferner wäre der § 127 Abs. 2 StPO wohl überflüssig, wenn allein ein dringender Tatverdacht ausreichen würde.

Beispiel: T bemerkt nachts den O, wie dieser an einer Fahrzeugtür kräftig rüttelt. T glaubt, dass O **228**
nicht der Besitzer des Fahrzeuges sei, ergreift ihn daher und hält ihn fest. Der O sperrt sich gegen den Griff, kann sich jedoch nicht lösen. Die hinzugerufene Polizei ermittelt, dass O der tatsächliche Eigentümer des Fahrzeuges ist und er nur seinen Schlüssel verloren hat. Daher habe er versucht das Fahrzeug anderweitig zu öffnen.

Lassen Sie einen dringenden Tatverdacht ausreichen, so handelt T nicht rechtswidrig. **229**
Lehnen Sie diese Meinung ab und verlangen eine tatsächlich begangene Straftat, so handelt T rechtswidrig, aber aufgrund des Irrtums nicht schuldhaft. Wichtig hierbei ist, dass sich der O nur nach der zweiten Meinung gem. § 32 Abs. 1, 2 StGB gegen den dann rechtswidrigen Angriff zur Wehr setzen darf.

Hinweis: Das Begehen einer bloßen Ordnungswidrigkeit reicht für die „Tat" aus § 127 Abs. 1 StPO **230**
nicht aus. Auch das Festhalten von Kindern ist nicht unter § 127 Abs. 1 StPO zu subsumieren, da das Betreiben strafverfolgender Maßnahmen maßgebliches Leitmotiv bei § 127 Abs. 1 StPO ist. Gegen Strafunmündige kann ein Strafverfahren allerdings nicht betrieben werden.[218]

b) Fluchtverdacht oder die Identität ist nicht sofort feststellbar

Ferner müsste der Täter der Flucht verdächtig oder seine Identität nicht sofort fest- **231**
stellbar sein. Flucht ist jedes Verhalten, das zwecks Entziehung der Strafverfolgung zum Verlassen des Tatortes führt. Fluchtverdacht besteht bei begründeter Annahme einer Flucht.[219] Die Unmöglichkeit der Identitätsfeststellung liegt vor, wenn der Betroffene die Angaben zur Person verweigert oder sich nicht ausweisen kann, sodass die Personalien vor Ort nicht aufgenommen werden können.[220]

Hinweis: Das Festnahmerecht aus § 127 Abs. 1 StPO gilt nicht, wenn dem Festnehmenden die Person **232**
des Täters bekannt ist. Eine Festnahme wäre dann nicht mit Verhältnismäßigkeitserwägungen in Einklang zu bringen. Das Strafverfahren kann gegen den bekannten Täter auch ohne Festnahme angestrengt werden.

---

215 Wessels/Beulke/Satzger StrafR AT Rn. 614; LK-StGB/Rönnau Vor § 32 Rn. 266.
216 BGH NJW 1981, 745; OLG Zweibrücken NJW 1981, 2016.
217 Wessels/Beulke/Satzger StrafR AT Rn. 614; Fischer § 16 Rn. 38.
218 Schmidt StrafR AT Rn. 484.
219 Meyer-Goßner/Schmitt/Schmitt StPO § 127 Rn. 10; vgl. auch AG Grevenbroich NJW 2002, 1060 (1061).
220 Meyer-Goßner/Schmitt/Schmitt StPO § 127 Rn. 11.

2. Festnahmehandlung

233 Die Festnahme des Täters müsste erforderlich sein und den Grundsätzen der Verhältnismäßigkeit entsprechen.

a) Erforderlichkeit der Festnahmehandlung/Verhältnismäßigkeit

234 Der § 127 Abs. 1 StPO knüpft nicht an die Schwere der Tat an, kann also bei der Begehung von Verbrechen und Vergehen erfolgen. Jedoch muss auch bei § 127 Abs. 1 StPO der Verhältnismäßigkeitsgrundsatz beachtet werden, dh die Maßnahme der Festnahme muss erforderlich sein. Es sind nur solche Maßnahmen erlaubt, welche zur Erreichung der Festnahme unbedingt erforderlich sind. Es besteht keine Befugnis zur Festnahme, wenn diese zu der Bedeutung der Sache außer Verhältnis steht. Daher sind Handlungen zur Fluchtverhinderung bei Straftaten von einem geringen Gewicht, die zu einer ernsthaften Gesundheitsschädigung oder zu einer unmittelbaren Lebensgefährdung führen, nicht gerechtfertigt.[221] Der Einsatz von Schusswaffen zum Zwecke der Festnahme ist nur in Form von Warnschüssen zulässig. Dies gilt selbst bei besonders schwerwiegenden Rechtsgutsverletzungen durch den Täter.[222] Unzulässig sind auch lebensgefährliche Würgegriffe zur Festnahme.[223]

235 **Hinweis:** Ob es sich bei der begangenen Tat um eine solche von einem „geringen Gewicht" handelt, kann auf Grundlage des jeweiligen Strafrahmens bewertet werden.

236 Jedoch ist das Festnahmerecht für Private nur bei einem **offensichtlichen** Missverhältnis zwischen der Festnahmehandlung und der begangenen Tat ausgeschlossen.[224]

237 **Beispiele** (für Festnahmehandlungen): einfache körperliche Gewalt, die Wegnahme des Personalausweises oder des Zündschlüssels, um die Weiterfahrt zu verhindern, das Ansichbringen des Täterhandys, um ihn zum Stehenbleiben zu bewegen usw.

b) Subjektives Rechtfertigungselement

238 Der Festnehmer muss von der frischen Tat Kenntnis haben und mit einem Festnahmewillen agieren.[225]

Fall 8 (Übungsfall zur vorläufigen Festnahme)

Sachverhalt

T ist Werder Bremen-Fan. Er hasst den Hamburger SV. Daher begibt er sich zu dem HSV-Fan O und besprüht die zur Straße liegende Hauswand des O mit dem Wort „Absteiger". O konnte T bei der Tat wahrnehmen und nimmt unmittelbar danach die Verfolgung des nunmehr fliehenden Täters auf. Nach 100 Metern kann O den T ergreifen und packt ihn fest am Arm. T schreit vor Schmerzen auf. O verständigt die Polizei, um gegen den T strafrechtlich vorzugehen. T erleidet durch das Festhalten Hämatome am Arm.

Strafbarkeit des O wegen einer einfachen Körperverletzung gem. § 223 Abs. 1 StGB? Strafanträge sind gestellt.

---

221 BGH NStZ-RR 2007, 303.
222 Krey/Esser StrafR AT Rn. 652.
223 BGH NStZ 2000, 603.
224 BayObLG MDR 1986, 956.
225 Schmidt StrafR AT Rn. 489.

Lösung

I. Tatbestand

Hinweis: O erfüllt tatbestandsmäßig eine Körperverletzung. Zudem liegt in seinem Verhalten eine (nicht zu prüfende) Freiheitsberaubung und (wohl) auch eine Nötigung, die jedoch durch § 239 Abs. 1 StGB verdrängt wird (→ § 4 Rn. 41 ff.). Gutachterlich wird hier nur der § 127 Abs. 1 StPO abgebildet.

II. Rechtswidrigkeit

Die Körperverletzung durch O könnte gem. § 127 Abs. 1 StPO gerechtfertigt sein.

Hinweis: Der § 32 Abs. 1, 2 StGB würde hier an der Gegenwärtigkeit des Angriffes scheitern, da es sich bei § 303 Abs. 2 StGB um ein Zustandsdelikt handelt,[226] welches mit der unbefugten Veränderung des äußeren Erscheinungsbildes der fremden Sache vollendet und zugleich beendet wurde.

1. Festnahmelage

T müsste auf frischer Tat betroffen sein oder verfolgt werden. Zudem müsste Fluchtverdacht bestehen oder seine Identität darf nicht sofort feststellbar sein.

a) Auf frischer Tat betroffen oder verfolgt

Hier könnte eine Verfolgung stattgefunden haben. Auf frischer Tat verfolgt wird der Täter, wenn unmittelbar nach Entdeckung der kurz zuvor verübten Tat Maßnahmen der Nacheile, die auf seine Ergreifung gerichtet sind, einsetzen.[227] Der Täter muss nicht mehr am Tatort anwesend sein, ausreichend ist insoweit, dass seine Verfolgung auf Grund konkret auf ihn hinweisende Anhaltspunkte unverzüglich begonnen wird.[228] „Frisch" ist die Tat während des Tatvorgangs und kurz danach.[229] T entfernt sich kurz nach Tatbegehung räumlich vom Ereignisort. Die Tat hat somit noch nicht ihre „Frische" verloren. O nimmt unmittelbar die Verfolgung des T auf, da er ihn bei der Tatbegehung beobachtet hat und somit sichere Anhaltspunkte auf ihn als Täter des § 303 Abs. 2 StGB hindeuten. Mithin wird der T auf frischer Tat verfolgt.

Klausurhinweis: Da der T eine Straftat tatsächlich begangen hat, ist eine Diskussion, ob auch ein dringender Tatverdacht ausreichend sein könnte, hier obsolet.

b) Fluchtverdacht oder die Identität ist nicht sofort feststellbar

Weiterhin müsste bei dem T Fluchtverdacht vorliegen oder seine Identität darf nicht sofort feststellbar sein. Der T könnte der Flucht verdächtig sein. Flucht ist jedes Verhalten, das zwecks Entziehung der Strafverfolgung zum Verlassen des Tatortes führt. Fluchtverdacht besteht bei begründeter Annahme einer Flucht.[230] T entfernt sich vom Ereignisort, um sich so einem Strafverfahren zu entziehen. Erst

---

226 Vgl. Kindhäuser/Zimmermann StrafR AT § 8 Rn. 27.
227 KK-StPO/Schultheis StPO § 127 Rn. 12.
228 OLG Hamburg GA 1964, 341 (342); Meyer-Goßner/Schmitt/Schmitt StPO § 127 Rn. 6.
229 KK-StPO/Schultheis StPO § 127 Rn. 11.
230 Meyer-Goßner/Schmitt/Schmitt StPO § 127 Rn. 10; vgl. auch AG Grevenbroich NJW 2002, 1060 (1061).

nach ca. hundert Metern gelingt es O, den T einzuholen und festzusetzen. Ein Fluchtverdacht besteht.

2. Festnahmehandlung

Die Festnahmehandlung müsste erforderlich sein und dem Grundsatz der Verhältnismäßigkeit entsprechen.

a) Erforderlichkeit der Festnahmehandlung/Verhältnismäßigkeit

Es sind nur solche Maßnahmen erlaubt, welche zur Erreichung der Festnahme unbedingt erforderlich sind. Es besteht keine Befugnis zur Festnahme, wenn diese zu der Bedeutung der Sache außer Verhältnis steht.[231] T hat auf die Hauswand des O „Absteiger" gesprayt. Eine derartige Sprühfarbe ist nicht ohne weiteres abwaschbar, dh diese wird dauerhaft dort verbleiben, wenn keine professionelle Reinigung erfolgen wird. Zudem ist das Zeichen für jedermann sichtbar, da die beeinträchtigte Hauswand angrenzend zur Straße liegt. Die Veränderung des äußeren Erscheinungsbildes stellt demnach eine nicht nur unerhebliche Beeinträchtigung des Eigentums von O dar. Daher sind die physischen Verletzungen des T, er erleidet lediglich kurzzeitig Schmerzen sowie Hämatome am Arm, im Hinblick auf die Beschädigung der Hauswand als weniger einschneidend zu bewerten. Andere, schonendere Maßnahmen sind nicht erfolgsversprechend. Eine zulässige Festnahmehandlung besteht demnach.

b) Subjektives Rechtfertigungselement

Der O müsste von der frischen Tat Kenntnis haben und mit einem Festnahmewillen agieren.[232] Ihm müsste es also darauf ankommen, den T einem ordnungsgemäßen Strafverfahren zuzuführen. Der O hat den T bei der Tat beobachtet und anschließend festgenommen, um ihn der Polizei zu übergeben. Ein Festnahmewille liegt vor.

Die körperliche Misshandlung durch O ist gem. § 127 Abs. 1 StPO gerechtfertigt.

I. Selbsthilfe, §§ 229, 230 BGB

239   In §§ 229, 230 BGB ist die sog. Selbsthilfe geregelt. Aufgrund der geringen Klausurrelevanz wird hier nur kurz darauf eingegangen. Zum Zwecke der Selbsthilfe darf der Anspruchsinhaber eine Sache wegnehmen, zerstören oder beschädigen oder einen Verpflichteten, welcher der Flucht verdächtig ist, festnehmen oder den Widerstand des Verpflichteten, den dieser zu dulden verpflichtet ist, beseitigen. §§ 229, 230 BGB dienen damit der Sicherung von zivilrechtlichen Ansprüchen durch eigenmächtige private Gewalt.[233]

---

231 BGH NStZ 2000, 603.
232 Schmidt StrafR AT Rn. 489.
233 Vgl. MüKoBGB/Grothe § 229 Rn. 1.

Es müsste hierzu zunächst eine Selbsthilfelage vorliegen, also die Gefährdung eines 240
Anspruches. Ansprüche können sich zB aus § 985 BGB (Herausgabeanspruch des
Eigentümers gegenüber dem Besitzer), aus § 812 (Herausgabeanspruch bei Leistung
ohne Rechtsgrund) oder § 823 (Schadensersatzanspruch) ergeben. Der zivilrechtliche
Anspruch muss durchsetzbar sein, dh dem anderen darf unter anderem kein Zurückbehaltungsrecht zustehen. Zudem darf obrigkeitliche Hilfe nicht erreichbar sein. Die
Selbsthilfehandlung besteht in den im Gesetz formulierten, zulässigen Verhaltensweisen. Gerechtfertigt nach §§ 229, 230 BGB kann nur der Anspruchsinhaber sein. Eine
Rechtfertigung für Dritte sieht die Vorschrift, mit der Ausnahme, dass der Berechtigte einen Dritten mit der Ausübung der Selbsthilfe beauftragen kann, nicht vor.[234]

> **Beispiel:** Kind K tritt wuchtig gegen den Holzzaun des Nachbarn von T. Dadurch löst sich knir- 241
> schend ein Holzbrett und fällt irreparabel zu Boden. T will K zur Rechenschaft ziehen und hält
> ihn bis zum Eintreffen der Polizei fest.

Hier kann sich keine Rechtfertigung für die Freiheitsberaubung aufgrund einer 242
Selbsthilfe ergeben. Zwar ist das Festhalten eine zulässige Verhaltensweise gem. § 229
BGB, jedoch ist T nicht der Anspruchsinhaber. Der § 823 Abs. 1 BGB steht dem
Nachbarn zu, von dem jedoch der T nicht beauftragt wurde, um seine Ansprüche zu
sicheRn. Auch § 127 Abs. 1 StPO scheitert, da gegen ein Kind kein Strafverfahren
betrieben werden kann.[235] Der § 32 Abs. 1, 2 StGB scheitert an der Gegenwärtigkeit,
da die Sachbeschädigung bereits beendet ist (Zustandsdelikt). Der T macht sich wegen Freiheitsberaubung gem. § 239 Abs. 1 StGB strafbar.

> **Klausurhinweis:** Dass gegen strafunmündige Kinder die Anwendung des § 127 Abs. 1 StPO versperrt 243
> ist, kann auch anders gesehen werden.[236] Die Ausweitung der Anwendbarkeit des § 127 Abs. 1 StPO
> auch auf Kinder, würde das obige Ergebnis abändern.

> **Beispiel:** T ist gerade mit dem Bus in die Innenstadt von Oldenburg unterwegs. Während der 244
> Fahrt tippt er eine WhatsApp an seine Freundin, als O ihn im Vorbeigehen fahrlässig anrempelt
> und an der Haltestelle aussteigt. Durch den Stoß fiel das Handy des T zu Boden und zersplitterte.
> Als T dem O hinterherlief, machte dieser keine Anstalten stehenzubleiben. Weil keine staatliche
> Hilfe unmittelbar erreichbar ist, packt T den O am Arm, um seine zivilrechtlichen Ansprüche zu
> sichern.

Das Verhalten des T (§ 239 Abs. 1 StGB) ist nicht über § 127 Abs. 1 StPO zu recht- 245
fertigen, da die fahrlässige Sachbeschädigung nicht strafbar ist (Ausnahme: § 306d
StGB). Jedoch greift § 229 BGB, da T gegen O einen zivilrechtlichen Schadensersatzanspruch gem. § 823 Abs. 1 BGB hat. Diesem Anspruch drohte die Vereitelung, da O
sich vom Ereignisort entfernen wollte. Zudem war obrigkeitliche Hilfe (zB Polizei)
nicht zugegen. Die Freiheitsberaubung ist gerechtfertigt.

J. Besitzwehr, § 859 BGB

Ein weiterer, für die Prüfung weniger relevanter, zivilrechtlicher Rechtfertigungs- 246
grund kann sich aus § 859 Abs. 1 BGB ergeben. Hier darf sich der Besitzer mit Gewalt gegen eine verbotene Eigenmacht erwehren.

---

234 Schmidt StrafR AT Rn. 491a.
235 Schmidt StrafR AT Rn. 484.
236 Verrel NStZ 2001, 286; Streng FS Gössel, 2002, 503.

§ 4 Rechtswidrigkeit

247 Die Besitzwehr aus § 859 Abs. 1 BGB gilt, wenn die Entziehung des Besitzes droht oder noch andauert. Das Recht zur Besitzkehr (§ 859 Abs. 2, 3 BGB) gilt dann, wenn die Besitzentziehung bereits vollendet ist. Der Begriff der Gewalt aus § 859 BGB kann auch eine Körperverletzung umfassen.[237] Diese muss jedoch maßvoll sein. Sie ist als *ultima ratio* nur dann zulässig, wenn mildere Mittel erfolglos ausgeschöpft wurden.[238] Die Besitzkehr ist zeitlich begrenzt und knüpft an eine frische Tat an, ist also nur unmittelbar im Anschluss an die Tat zulässig. Im Gegensatz zu § 229 BGB ist es bei § 859 BGB unerheblich, ob obrigkeitliche Hilfe erlangt werden kann.[239]

248 **Beispiel:** T fährt früh morgens zu einem regionalen Supermarkt, um dort ein unschlagbares Angebot für einen Laptop wahrzunehmen. T schafft es und sichert sich das letzte Produkt. Freudig verstaut er es im Einkaufswagen. Der O will dem T den Laptop entziehen und greift danach. Auch er ist wegen des Angebotes früh morgens aufgestanden und zum Supermarkt gefahren, hatte jedoch leider weniger Glück. Der aufmerksame T reißt den Laptop ruckartig wieder an sich. Dadurch gerät O etwas ins Straucheln und stößt sich schmerzhaft das Knie am Einkaufswagen.

249 Die mittels Gewalt herbeigeführte Wiedererlangung der Sachherrschaft durch T an dem Laptop ist gem. § 859 BGB gerechtfertigt.

---

237 HK-BGB/Schulte-Nölke § 859 Rn. 1.
238 OLG Dresden NJOZ 2020, 1115.
239 HK-BGB/Schulte-Nölke § 859 Rn. 2.

§ 5 Schuld

Die Schuld stellt die dritte Wertungsebene dar und ist damit einer der Voraussetzungen für die Strafbarkeit des Täters. Gemäß § 46 Abs. 1 StGB ist die Schuld Grundlage für die Zumessung der Strafe. Hier wird festgestellt, ob dem Täter die Tat persönlich vorzuwerfen ist. Gegenstand des Schuldvorwurfs ist die in der begangenen rechtswidrigen Tat zum Ausdruck gebrachte fehlerhafte Einstellung des Täters zu den Verhaltensanforderungen der Rechtsordnung.[1] Der Begriff der sog. Strafrechtsschuld umfasst die Bereiche der Schuldfähigkeit, das Unrechtsbewusstsein, die Schuldform und das Fehlen von Entschuldigungsgründen.[2]

Klausurhinweis: Nach dem Koinzidenzprinzip müssen für eine Straftat die Tatbestandsmäßigkeit, die Rechtswidrigkeit und die Schuld zum Tatzeitpunkt zugleich vorliegen. Die Schuldfähigkeit des Täters ist im Zeitpunkt der Begehung der Tat von Bedeutung. Handelt der Täter nach Eintritt der Versuchsphase schuldhaft und tritt die Schuldunfähigkeit erst danach ein, so bleibt er wegen einer vollendeten Tat strafbar, wenn der Tatablauf im Wesentlichen dem entspricht, was sich der Täter bereits im schuldfähigen Zustand vorgestellt hat.[3]

A. Altersgrenzen

Im Rahmen der Schuld wird ermittelt, ob der Täter bei Begehung der Tat das Unrecht der Tat einsehen konnte und auch die Fähigkeit besaß nach dieser Einsicht zu handeln. Die mangelnde Reife wird bei Kindern (Personen bis zum vollendeten 14. Lebensjahr) unwiderlegbar vermutet (§ 19 StGB)[4] und ist als Schuldausschließungsgrund zu bewerten.[5] Bei Jugendlichen, also Personen zwischen 14 und 18 Lebensjahren, ist die Schuldfähigkeit nach § 3 JGG positiv festzustellen. Es muss dargelegt werden, ob der Jugendliche zur Zeit der Tatbegehung nach seiner sittlichen und geistigen Entwicklung reif genug ist, um das Unrecht der Tat einzusehen und nach dieser Einsicht zu handeln. Sollte dies nicht der Fall sein, so kommt eine Bestrafung nicht in Betracht. Bei Vorliegen der Einsichtsfähigkeit richtet sich die Bestrafung nach den Tatbeständen des StGB und die Rechtsfolgen nach denen des JGG (§§ 9, 13, 17 ff. JGG). Bei Heranwachsenden (Personen zwischen 18 und 21 Lebensjahren) wird die Schuldfähigkeit gesetzlich vermutet, §§ 105, 106 JGG. Falls der Heranwachsende jedoch aufgrund seiner geistigen und sittlichen Entwicklung mit Jugendlichen vergleichbar ist, so gelten die Rechtsfolgen des JGG. Bei Erwachsenen (über 21 Lebensjahre) wird das Vorliegen der Schuldfähigkeit vermutet, soweit sich keine Anhaltspunkte für das Gegenteil (zB erhöhte Blutalkoholkonzentration) ergeben.[6] Das StGB mit seinen Tatbeständen und Rechtsfolgen ist (vollständig) anwendbar.

---

1 Wessels/Beulke/Satzger StrafR AT Rn. 635.
2 Momsen FS Jung, 2007, 569; LK-StGB/Walter Vor § 13 Rn. 163 ff.
3 Wessels/Beulke/Satzger StrafR AT Rn. 641.
4 LK-StGB/Verrel/Linke/Koranyi § 19 Rn. 1; Schönke/Schröder/Perron/Weißer § 19 Rn. 1.
5 Schönke/Schröder/Perron/Weißer § 19 Rn. 3 ff.
6 RGSt 21, 131.

B. Schuldunfähigkeit wegen seelischer Störung, § 20 StGB/Verminderte Schuldfähigkeit, 21 StGB

4 Eine Schuldunfähigkeit kann aber nicht nur an Altersgrenzen anknüpfen. Es ist auch möglich, dass der Täter aufgrund einer dauerhaften Erkrankung, einer Intelligenzschwäche oder aufgrund seines Drogen- oder Alkoholkonsums nicht in der Lage war, das Unrecht der Tat einzusehen bzw. nach dieser Einsicht zu handeln. Diese Form der Schuldunfähigkeit bzw. der verminderten Schuldfähigkeit wird in §§ 20, 21 StGB umschrieben. Ist die Schuldfähigkeit gem. § 20 StGB ausgeschlossen, so hat sich der Täter nicht strafbar gemacht.

5 **Klausurhinweis:** Eine Bestrafung wegen § 323a Abs. 1 StGB ist dennoch möglich. Zudem sollten Sie gerade im Zusammenhang mit der Schuldunfähigkeit aufgrund erhöhten Alkoholkonsums die Regelungen der *actio libera in causa* beachten.

6 Bei der Prüfung des § 20 StGB ist in einem ersten Schritt darzustellen, ob bei dem Täter eine krankhaft seelische Störung (zB traumatische Psychosen, hirnorganische Verletzungen (Alzheimer etc), Schizophrenie, manische Depression, schwere Trunkenheit infolge Alkoholgenusses etc), eine tiefgehende Bewusstseinsstörung (schweres Fieber, Hypnose, Schlaftrunkenheit, Erschöpfungszustände etc), eine Intelligenzminderung (angeborene Intelligenzschwäche)[7] oder eine andere seelische Störung (Psychopathien, Neurosen, sonstige Triebstörungen etc) vorliegen sollte. In einem zweiten Schritt ist zu überprüfen, ob der Täter aufgrund dieser Faktoren unfähig war, das Unrecht der Tat einzusehen oder nach dieser Einsicht zu handeln.[8] Schuldunfähige Personen machen sich, unabhängig davon, ob sie diesen Zustand selbst hervorgerufen haben, nicht strafbar. Eine Ausnahme bildet hier der Vollrausch und die *actio libera in causa* (→ § 5 Rn. 11 ff.).[9]

7 Der Schuldfähigkeit wegen Trunkenheit hat besonders praktische Bedeutung.[10] Zeitweise hatte sich in der Rechtsprechung die Ansicht durchgesetzt,[11] dass dem BAK mit einem Schwellenwert von 3,0‰ im Hinblick auf die Schuldunfähigkeit gem. § 20 StGB und 2,0‰ in Bezug auf die verminderte Schuldfähigkeit gem. § 21 StGB maßgebliche Bedeutung zukomme. Von dieser einseitigen Betrachtung ist die Rechtsprechung nunmehr abgerückt.[12] Zurzeit gilt, dass ab einem BAK von 3‰ die Schuldunfähigkeit so nahe liegt, dass sie von den Tatrichtern unter Hinzuziehung eines Sachverständigen eingehend zu prüfen ist.[13] Bei alkoholgewöhnten Personen ist die indizielle Wirkung des BAK-Wertes jedoch wesentlich geringer ausgeprägt als bei Gelegenheitskonsumenten. Die Schuldunfähigkeit ist bei diesen Personen nur aufgrund einer umfassenden Würdigung sämtlicher Umstände des Einzelfalls anzunehmen.[14] Ab 2,0‰ muss das Tatgericht die Voraussetzungen des § 21 StGB prüfen und

---

7 Lackner/Kühl/Kühl § 20 Rn. 10; MüKoStGB/Streng § 20 Rn. 38 f.
8 Vgl. BGH NStZ-RR 2015, 137.
9 Fischer § 20 Rn. 68.
10 Schönke/Schröder/Perron/Weißer § 20 Rn. 16.
11 BGHSt 37, 233 = BeckRS 1990, 4797.
12 Vgl. BGH NJW 2012, 2672; Fischer § 20 Rn. 19; Lackner/Kühl/Kühl § 21 Rn. 3.
13 Vgl. BGH NStZ-RR 2003, 71; OLG Düsseldorf NStZ-RR 1998, 86; OLG Karlsruhe NJW 2004, 3356.
14 BGH NJW 2015, 3525; NStZ 1997, 591; NStZ-RR 1999, 359; NStZ 2003, 71.

im Urteil erörtern.[15] Der BAK-Wert bildet dann nur eine widerlegbare Vermutung.[16] Zum Teil wird bei alkoholgewöhnten Personen trotz hoher BAK-Werte die Anwendung des § 21 StGB verneint.[17]

Problematisch kann die Ermittlung des Blutalkoholgehalts zum Zeitpunkt der Tat sein. Es ist hierbei zu berücksichtigen, dass sich der Wert bis zur Entnahme der Blutprobe verändert hat. Das Gericht muss in diesen Fällen den BAK-Wert auf den Zeitpunkt der Tatbegehung zurückrechnen. Hier ist der Wert zu ermitteln, der für den Täter am „vorteilhaftesten" ist (*in dubio pro reo*). Bei der Berechnung des BAK-Wertes in Bezug auf Trunkenheitsfahrten (§§ 315c Abs. 1 Nr. 1a Var. 1, 316 StGB) muss ein möglichst niedriger Abbauwert die Berechnungsgrundlage darstellen. Der niedrigste Abbauwert liegt bei 0,1‰ je Stunde. Zudem werden hier die ersten beiden Stunden nach Trinkende für die Rückrechnung nicht einbezogen. In Bezug auf die Ermittlung der Schuldfähigkeit ist hingegen der höchste Abbauwert, dieser liegt bei 0,2‰ je Stunde, zu veranschlagen. Hinzukommt hier noch ein Sicherheitszuschlag von 0,2‰.[18] Die ersten beiden Stunden nach Trinkende werden, im Gegensatz zu der Bewertung nach §§ 315c Abs. 1 Nr. 1a Var. 1, 316 StGB, nicht abgezogen.[19]

8

> **Beispiel:** Kraftfahrzeugführer T fällt um 1.00 Uhr aufgrund seiner unsicheren Fahrweise einer Polizeistreife auf. Diese nehmen die Verfolgung auf, T kann jedoch fliehen. Anhand des Nummernschildes konnte die Wohnanschrift des T ermittelt werden. Um 5.00 Uhr wird T zur Wache verbracht. Eine BAK ergibt um 7.00 Uhr 1,3‰. Es stellt sich die Frage, wie hoch der BAK-Wert um 1.00 Uhr lag.

9

Die absolute Fahruntüchtigkeit liegt in Bezug auf § 316 StGB bei einem Wert von 1,1‰.[20] Ein besonders niedriger Wert wäre hier für den Täter am „vorteilhaftesten". Für die Bemessung der Schuld hingegen müsste der Wert möglichst hoch liegen. In einer Klausur müssen Sie in der Prüfung zwei verschiedene Alkoholwerte darstellen. Einen auf der Ebene des Tatbestandes (§ 316 StGB) und den anderen auf der Ebene der Schuld (§§ 20, 21 StGB). Der T hatte um 7.00 Uhr einen BAK-Wert von 1,3‰. Festzustellen ist jedoch der Wert, den der T bei Begehung der Tat um 1.00 Uhr aufwies. Für die Berechnung des Promillewertes zum Zeitpunkt der Tat ist zunächst der besonders niedrige Wert zu berechnen. In Bezug auf § 316 StGB lag der Wert maximal bei 1,7‰ (6 Stunden x 0,1‰ abzüglich 0,2‰). Bei der Ermittlung der Schuld gem. §§ 20, 21 StGB sind 0,2‰ als Abbauwert zu berechnen, zzgl. eines Sicherheitszuschlages von 0,2‰. Damit lag dieser Wert bei 2,7‰. Der T erfüllt den Tatbestand § 316 StGB, ist jedoch vermindert schuldfähig.

10

---

15 BGH NJW 2015, 3525; s. auch BayObLG NJW 2003, 2397; OLG Hamm NStZ-RR 2007, 194.
16 BGH NStZ-RR 1997, 162; vgl. NStZ-RR 2016, 103; LG Kleve BeckRS 2012, 06296: (verminderte) Schuldfähigkeit bei BAK über 3,0‰ bzw. 3,8‰; BGH NJW 2012, 2672: volle Schuldfähigkeit bei BAK über 3‰.
17 BGH NStZ 1998, 457 (458); 2005, 330 (2,8‰ bzw. 2,9‰).
18 Vgl. BGH NStZ 2000, 193; vgl. auch Himmelreich/Halm NStZ 2013, 454 (459).
19 Vgl. Schmidt StrafR AT Rn. 507a.
20 BGHSt 37, 89 = BeckRS 2008, 17605.

C. Actio libera in causa (a.l.i.c.)

11 Aufgrund der nach gewohnheitsrechtlich entwickelten Grundsätzen der *actio libera in causa* („in der Ursache freie Handlung") ist es möglich, einen Täter trotz Schuldunfähigkeit wegen einer Tat zu bestrafen, wenn dieser den Defekt, welcher zur Schuldunfähigkeit geführt hat, selbst verschuldet haben sollte. Der Täter muss dabei eine Ursachenreihe zur Begehung einer bestimmten Tat, mit deren Ausführung er erst nach Erreichen der Schuldunfähigkeit beginnt, im Zustand der Schuldfähigkeit bewusst in Gang gesetzt haben. In diesem Fall knüpft der Schuldvorwurf an das Vorverhalten an, bei dem sich der Täter bewusst in den Defektzustand versetzt hat, um später im Zuge der Schuldunfähigkeit eine bereits hinreichend bestimmte Tat zu begehen.[21]

12 **Beispiel:** T will seine Ehefrau O töten. Um sich einem späteren Strafverfahren wegen Totschlags zu entziehen und um Mut zu schöpfen, trinkt T zwei Flaschen Whisky. Im Zustand der Schuldunfähigkeit (ca. 3,5‰) tötet er die O mit mehreren Messerstichen.

Eine Bestrafung des T wegen Totschlags gem. § 212 Abs. 1 StGB ist hier nicht möglich, da er sich bei Begehung der Tat in einem schuldunfähigen Zustand befand. Der Täter erfüllt jedoch den § 323a Abs. 1 StGB, da er eine rechtswidrige Tat begangen hat und ihretwegen nicht bestraft werden kann, weil er infolge des Rausches schuldunfähig war. Allein die Bestrafung wegen einer unterlassenen Hilfeleistung gem. § 323a Abs. 1 StGB (Vergehenstatbestand) wäre in Anbetracht des rechtswidrigen Totschlages unbillig, da der Täter das Delikt bereits im Vorfeld geplant hat. Gemäß den Grundsätzen zur *actio libera in causa* kann dem T jedoch die im Zustand der Schuldunfähigkeit begangene rechtswidrige Tat als schuldhafte Tat zugerechnet werden, wenn er vor Beginn der Schuldunfähigkeit den Vorsatz sowohl auf die Defektherbeiführung als auch hinsichtlich der Tatdurchführung selbst hatte. In beiden Fällen genügt der Eventualvorsatz.[22] Somit macht sich der T wegen § 212 Abs. 1 StGB in Verbindung mit den Grundsätzen der *actio libera in causa* strafbar.

13 **Hinweis:** Für die vorsätzliche *actio libera in causa* ist daher ein Doppelvorsatz erforderlich. Der Täter muss sich vorsätzlich in den Defektzustand versetzen und zu diesem Zeitpunkt bereits Vorsatz auf die spätere Tat besitzen.[23] Der Tatvorsatz und der spätere Tatablauf müssen sich in den wesentlichen Grundzügen decken. Plant der Täter nur irgendeine Gewalttat und gibt sich danach dem Alkoholgenuss hin, so besteht kein hinreichender Tatvorsatz.[24] Eine Bestrafung nach den Grundsätzen der *actio libera in causa* wäre auch nicht möglich, wenn der Täter einen Raub gem. § 249 Abs. 1 StGB anfänglich plant, im schuldunfähigen Zustand jedoch ein Sexualdelikt gem. § 177 Abs. 1 StGB begehen sollte.

14 Problematisch sind Fälle, in denen eine *actio libera in causa* mit einem *error in persona vel objecto* zusammentrifft.

15 **Beispiel:** T betrinkt sich, um später im schuldunfähigen Zustand seine Ehefrau O zu erschießen. Durch den Alkohol stark benebelt, betritt er das gemeinsame Wohnzimmer und schießt auf die Schwester S der Ehefrau O, die tödlich getroffen zu Boden sinkt. Er hatte beide in seinem Rauschzustand verwechselt.

---

21 Näher BGHSt 21, 381 = BeckRS 1967, 30376834.
22 BGH NStZ 2002, 28; Schönke/Schröder/Perron/Weißer § 20 Rn. 37; Fischer § 20 Rn. 50.
23 Wessels/Beulke/Satzger StrafR AT Rn. 666.
24 Vgl. BGH StV 1993, 356.

Nach einer Ansicht soll der *error in persona vel objecto*, wie bei einer nüchternen Person sonst auch, unbeachtlich sein.[25] T kann demnach wegen Totschlages gem. § 212 Abs. 1 StGB in Verbindung mit den Grundsätzen der *actio libera in causa* bestraft werden. Nach anderer Ansicht liegt ein *aberratio ictus* vor.[26] Der Täter macht sich wegen Versuchs bezüglich des im schuldfähigen Zustand anvisierten Objekts in Verbindung mit einer Fahrlässigkeitstat bezüglich des im schuldunfähigen Zustand verletzten Rechtsgutes strafbar (→ § 9 Rn. 12 Irrtumslehre).[27]

16

Sollte der Täter den Defektzustand vorsätzlich oder fahrlässig herbeiführen und dabei (fahrlässig) nicht bedenken, dass er eine bestimmte Tat im Zustand der Schuldunfähigkeit begehen werde und er im Anschluss die Tat im schuldunfähigen Zustand vorsätzlich oder fahrlässig verwirklicht, so liegt eine fahrlässige *actio libera in causa* vor.[28] Im Bereich der Fahrlässigkeit ist die *actio libera in causa* allerdings überflüssig, da auf ein kausales und sorgfaltswidriges Vorverhalten abgestellt werden kann, um einen Fahrlässigkeitsvorwurf zu begründen.[29] Einer fahrlässigen *actio libera in causa* bedarf es hierfür nicht.[30]

17

Beispiel: T trinkt zu Hause erhebliche Mengen an Alkohol, obwohl er weiß, dass er gegen Mitternacht seine Tochter von der Diskothek abholen muss. Im schuldunfähigen Zustand fährt er in Richtung Diskothek. An einer Ampelkreuzung übersieht er aufgrund seiner durch den Alkohol getrübten Wahrnehmung den Passanten O. Es kommt zum Zusammenstoß infolgedessen der O verstirbt.[31]

18

Das sorgfaltswidrige (Vor-)Verhalten liegt hier bereits in der Herbeiführung des Defektzustandes. Auch ist dieses Verhalten kausal für den Erfolg, da es nicht hinweggedacht werden kann, ohne dass der Erfolg in seiner konkreten Gestalt entfiele. Zudem musste T auch damit rechnen, dass er infolge seines erheblichen Alkoholkonsums nicht mehr in der Lage sein wird, das Fahrzeug sicher zu beherrschen und folglich eine Gefahr für andere Verkehrsteilnehmer darstellen wird. T macht sich (unter anderem) gem. § 222 StGB strafbar.

19

Hinweis: Auf verhaltensgebundene Delikte sind die Grundsätze der *actio libera in causa* nicht anwendbar. In einer Entscheidung des BGH wurde der Standpunkt vertreten, dass dies insbesondere für die Straßenverkehrsdelikte aus §§ 315c, 316 StGB und für das Fahren ohne Fahrerlaubnis gem. § 21 StVG gilt. Dies wurde damit begründet, dass derartige Delikte das „Führen" eines Kraftfahrzeuges als tatbestandliche Handlung voraussetzen. Eine Ausdehnung auf zeitlich vorgelagerte Verhaltensweisen muss demnach ausscheiden (→ § 5 Rn. 26).[32] Ansonsten hält der BGH jedoch jenseits der Straßenverkehrsdelikte an der Rechtsfigur der *actio libera in causa* fest.[33]

20

Da die *actio libera in causa* nicht normiert ist, mithin gewohnheitsrechtlich entwickelt wurde, ist fraglich, inwiefern diese hergeleitet werden kann. Hierzu werden vier verschiedene Anknüpfungspunkte diskutiert.

21

---

25 BGHSt 21, 381 (384) = BeckRS 1967, 30376834.
26 Wessels/Beulke/Satzger StrafR AT Rn. 670.
27 Vgl. Schmidt StrafR AT Rn. 529.
28 Vgl. Hruschka JZ 1997, 22.
29 Wessels/Beulke/Satzger StrafR AT Rn. 672.
30 BGHSt 42, 235 (237) = BeckRS 1996, 6381.
31 BGH 42, 235 = BeckRS 1996, 6381.
32 BGHSt 42, 235 = BeckRS 1996, 6381.
33 BGH NStZ 1999, 448; 2000, 584.

I. Ausdehnungsmodell

22 Das Ausdehnungsmodell dehnt den Begriff der „Tatbegehung" gem. § 20 StGB so weit aus, sodass sich der Schuldvorwurf auch auf das vortatbestandliche Verhalten des Sichberauschens im schuldfähigen Zustand beziehen kann.[34] Problematisch ist hierbei allerdings, dass die Ausdehnung des Begriffes der „Tatbegehung" dazu führt, dass kaum noch Sachverhalte vorstellbar sind, bei denen der Täter nicht zu irgendeinem Zeitpunkt schuldfähig war. Damit würde kaum noch Raum für die Anwendbarkeit des § 20 StGB verbleiben.[35]

II. Ausnahmemodell

23 Das Ausnahmemodell stellt eine Ausnahme vom Grundsatz dar, dass die Schuld zum Tatzeitpunkt vorliegen muss (sog. Koinzidenzprinzip).[36] § 20 StGB ist dabei so zu interpretieren, dass der Täter unter den dortigen Voraussetzungen ohne Schuld handelt, soweit es sich nicht um eine *actio libera in causa* handeln sollte.[37] Der Vorteil dieser Ansicht liegt darin, dass zur Begründung der Strafbarkeit an das tatbestandsmäßige Verhalten im Rauschzustand angeknüpft werden kann.[38] Allerdings verstößt eine derartige Interpretation gegen das Bestimmtheitsgebot aus Art. 103 Abs. 2 GG, denn der eindeutige Wortlaut des § 20 StGB bestimmt, dass der Täter ohne Schuld handelt, wenn er *bei Begehung der Tat* schuldunfähig war.

24 **Klausurhinweis:** Da sich das Ausdehnungs- und das Ausnahmemodell an § 20 StGB orientieren, sollten diese Begriffe zur Herleitung der *actio libera in causa* auch innerhalb der Schuld diskutiert werden.

III. Tatbestandsmodell

25 Überwiegend wird die *actio libera in causa* auf der Tatbestandsebene hergeleitet.[39] Anknüpfungspunkt für die Zurechnung tatbestandsmäßigen Verhaltens ist nach diesem Modell das vorangegangene Sichbetrinken. Die deliktsspezifische Prüfung wird also auf den Zeitpunkt der letzten Nüchternheit vorverlegt.[40] Problematisch ist hierbei die willkürliche Vorverlagerung tatbestandsmäßigen Verhaltens auf einen Zeitpunkt, bei dem der Täter noch schuldfähig war. Der § 20 StGB bezieht sich in zeitlicher Hinsicht auf den Zeitpunkt der Tatbegehung, also auf das unmittelbare Ansetzen zur Tat.[41] Der Täter wird wohl kaum mit dem Sichbetrinken als erstes Glied tatbestandsmäßigen Verhaltens die Versuchsschwelle überschreiten, da er noch nicht mit der Ausführungshandlung begonnen hat. So kann ein Täter wohl noch nicht wegen eines versuchten Mordes gem. §§ 211, 22, 23 Abs. 1 StGB sanktioniert werden,

---

34 Streng JuS 2001, 540 (542 f.).
35 Vgl. Gropp/Sinn StrafR AT § 6 Rn. 110.
36 Schönke/Schröder/Perron/Weißer § 20 Rn. 35a f.; LK-StGB/Verrel/Linke/Koranyi § 20 Rn. 194 ff.
37 Vgl. BGHSt 42, 235 (241) = BeckRS 1996, 6381.
38 Wessels/Beulke/Satzger StrafR AT Rn. 654.
39 BGHSt 17, 333 (335) = BeckRS 1962, 105258; Fischer § 20 Rn. 52; Schönke/Schröder/Perron/Weißer § 20 Rn. 35b; Lackner/Kühl/Kühl § 20 Rn. 25; Wessels/Beulke/Satzger StrafR AT Rn. 657 ff.
40 Schmidt StrafR AT Rn. 523.
41 Vgl. BGHSt 42, 235 (240) = BeckRS 1996, 6381.

wenn er sich in Anbetracht der bevorstehenden Tat betrinkt und später auf dem Weg zu seinem Opfer abgefangen wird.

Hinweis: Bei den verhaltensgebundenen Delikten kann die Tatbestandslösung nicht zur Anwendung kommen, da hier das erste tatbestandsmäßige Verhalten nicht das Sichbetrinken sein kann. Dies gilt insbesondere für die Straßenverkehrsdelikte, die mit dem „Führen" eines Fahrzeuges als erstes tatbestandsmäßiges Handeln notwendigerweise beginnen (→ § 5 Rn. 20).

26

IV. Modell der mittelbaren Täterschaft

Nach dem Modell der mittelbaren Täterschaft macht sich der Täter durch das Sichberauschen zu seinem „eigenen Werkzeug".[42] Die *actio libera in causa* stelle somit einen Sonderfall der mittelbaren Täterschaft dar. Dieses Modell ist jedoch nicht mit dem Wortlaut aus § 25 Abs. 1 S. 2 StGB vereinbar. Bei der mittelbaren Täterschaft begeht der Täter die Tat *durch einen anderen*. Eine Personenidentität zwischen mittelbarem Täter und Tatmittler ist nicht möglich.

27

Fall 9 (Übungsfall zur actio libera in causa)

Sachverhalt

T will den O verprügeln. Ihm fehlt jedoch der Mut dazu. Er weiß, dass er unter Alkoholbeeinflussung sehr oft zu Gewalttaten neigt und schnell seine Hemmschwelle verliert. Dies will er ausnutzen. Deshalb begibt er sich in eine Kneipe und betrinkt sich massiv. Als er 3,1‰ erreicht, schlägt er auf den O kräftig ein. O hat einen offenen Nasenbeinbruch.

Strafbarkeit T? Strafanträge sind gestellt.

Lösung

Hinweis: Der Schwerpunkt der Sachverhaltsdarstellung liegt auf der Prüfung der *actio libera in causa*. Auf den Gutachterstil wurde daher bewusst (weitestgehend) verzichtet.

A. Strafbarkeit des T wegen einer einfachen Körperverletzung gem. § 223 Abs. 1 StGB

Der T könnte sich gem. § 223 Abs. 1 StGB strafbar gemacht haben, in dem er auf den O einschlug, und ihm so die Nase brach.

I. Tatbestand

Den offenen Nasenbeinbruch hat der T kausal und zurechenbar bewirkt. Diesbezüglich handelte er mit Absicht (*dolus directus I*).

II. Rechtswidrigkeit

Aus dem Sachverhalt gehen keine Rechtfertigungsgründe hervor. Der T handelt rechtswidrig.

---

42 Vgl. RGSt 22, 413 (415).

III. Schuld

28

Der T könnte sich in einem schuldunfähigen Zustand befunden haben. Bei Begehung der Tat hatte der T einen BAK-Wert von 3,1‰. Ab einem BAK von 3‰ liegt die Schuldunfähigkeit so nahe, dass sie von den Tatrichtern unter Hinzuziehung eines Sachverständigen eingehend zu prüfen ist.[43] Aus dem Sachverhalt ergeben sich keinerlei Anhaltspunkte dafür, dass der T an den Konsum von alkoholischen Getränken so sehr gewohnt ist, dass dies die Anwendbarkeit von § 20 StGB ausschließen könnte. Mithin ist von der Schuldunfähigkeit des T auszugehen. Es ist jedoch fraglich, wie der Umstand zu bewerten ist, dass sich der T hier im Vorfeld stark alkoholisiert hat und zu diesem Zeitpunkt bereits die Körperverletzung zum Nachteil des O plante. Ihm könnte die Schuldfähigkeit vor dem Alkoholkonsum im Rahmen der sog. *actio libera in causa* zuzurechnen sein. Nach dem sog. Ausdehnungsmodell wird der Begriff der „Tatbegehung" aus § 20 StGB auf den Zeitpunkt des schuldfähigen Zustandes ausgedehnt.[44] Diese Sichtweise ist jedoch nicht kompatibel mit dem Sinn und Zweck des § 20 StGB, dessen Anwendbarkeit ansonsten sehr stark limitiert werden würde. § 20 StGB ist so zu verstehen, dass die Schuld bei Begehung der Tat, also mit dem Beginn der Ausführungshandlung, vorliegen muss. Auch das Ausnahmemodell,[45] welches die *actio libera in causa* als Ausnahme von § 20 StGB interpretiert, kann nicht überzeugen. Eine Vereinbarkeit mit dem (deutlichen) Wortlaut des § 20 StGB ist nicht erkennbar und somit ein Verstoß gegen das Bestimmtheitsgebot aus Art. 103 Abs. 2 GG naheliegend. Zudem verstößt diese Ansicht gegen das strafrechtliche Koinzidenzprinzip, wonach die Schuld bei Begehung der Tat vorliegen muss.

Der T macht sich nicht gem. § 223 Abs. 1 StGB strafbar.

B. T könnte sich gem. § 223 Abs. 1 StGB in Verbindung mit den Grundsätzen der *actio libera in causa* strafbar gemacht haben, da er sich vorsätzlich in diesen Defektzustand versetzt hat, um später vorsätzlich eine Körperverletzung zu begehen.

I. Tatbestand

Die körperliche Misshandlung und die Gesundheitsschädigung sind auf das Sichbetrinken als erste tatbestandsmäßige Handlung zurückzuführen (sog. Tatbestandsmodell)[46]. Der Genuss von erheblichen Mengen an Alkohol war ursächlich für die spätere Verletzung der Gesundheit, da T hierdurch bereits ein rechtlich relevantes Risiko geschaffen hat. Auch wusste der T bereits zu diesem Zeitpunkt, dass er den O angreifen wird (sog. Doppelvorsatz). Der tatbestandsmäßige Erfolg der Gesundheitsverletzung kann somit auf die Herbeiführung des Defektzustandes zurückverfolgt werden. Mithilfe des Tatbestandsmodells kann eine Zurechnung strafbaren Verhaltens auf T stattfinden. Hierbei kann eine Parallele zur mittelbaren Täterschaft gezogen werden (diese Theorie stützt sich teilweise auf den

---

43 Vgl. BGH NStZ-RR 2003; BeckRS 2010, 02323; OLG Düsseldorf NStZ-RR 1998, 86; OLG Karlsruhe NJW 2004, 3356.
44 Streng JuS 2001, 540 (542 f.).
45 Schönke/Schröder/Perron/Weißer § 20 Rn. 35a f.; LK-StGB/Verrel/Linke/Koranyi § 20 Rn. 194 ff.
46 BGHSt 17, 333 (335) = BeckRS 1962, 105258; Fischer § 20 Rn. 52; Schönke/Schröder/Perron/ Weißer § 20 Rn. 35b; Lackner/Kühl/Kühl § 20 Rn. 25; Wessels/Beulke/Satzger StrafR AT Rn. 657 ff.

bereits erwähnten Gedanken des Modells zur mittelbaren Täterschaft → § 5 Rn. 27)[47]. Der Täter macht sich durch die Defektherbeiführung zu einem schuldlos handelnden „Werkzeug", welches unmittelbar die Tat verwirklicht. Auch der mittelbare Täter setzt zur Tat unmittelbar an, wenn er auf den Tatmittler eingewirkt hat und diesen aus seinem Herrschaftsbereich in der Vorstellung entlässt, dass eine Rechtsgutsverletzung unmittelbar bevorsteht. Entscheidend ist für das unmittelbare Ansetzen des mittelbaren Täters daher der Zeitpunkt der Einwirkung auf den Tatmittler.[48] Die *actio libera in causa* ist demnach eine Fallgruppe, bei der der Versuch früher, ähnlich wie bei der mittelbaren Täterschaft, beginnt.[49]

> **Hinweis:** Dass die strafrechtliche Vorwerfbarkeit bereits mit der Herbeiführung des Defektzustandes beginnt und demnach mit einer Vorverlagerung des Versuchsbeginns einhergeht,[50] kann natürlich auch anders gesehen werden (→ § 5 Rn. 25). Danach hätte sich T bereits mit dem Sichbetrinken in der Kneipe gem. §§ 223 Abs. 1, 2, 22, 23 Abs. 1 StGB strafbar gemacht. Zum Teil wird die Figur der *actio libera in causa* daher wegen Verstoßes gegen das Analogieverbot und gegen das Verbot von Gewohnheitsrecht für verfassungswidrig angesehen.[51]

II. Rechtswidrigkeit

Rechtfertigungsgründe sind nicht erkennbar. Der T handelt rechtswidrig.

III. Schuld

Zum Zeitpunkt des Sichbetrinkens befand sich der T noch in einem schuldfähigen Zustand.

> **Hinweis:** Zugleich verwirklicht der T § 323a Abs. 1 StGB. Der Vollrausch tritt gegenüber der vorsätzlichen *actio libera in causa* subsidiär zurück. Dem § 323a Abs. 1 StGB kommt insoweit kein gegenüber der *actio libera in causa* selbstständiger Unrechtsgehalt zu.[52]

D. Entschuldigender Notstand, § 35 StGB

Im § 35 StGB ist der entschuldigende Notstand normiert. Dieser basiert nicht wie der § 34 StGB auf dem Güterabwägungsprinzip, daher kann bei § 35 StGB die Tötung eines Menschen in Extremfällen entschuldigt sein. Ein weiterer Unterschied zu § 34 StGB stellt die abschließende Aufzählung geschützter Rechtsgüter (Leben, Leib und die Freiheit der Person) dar. Zudem ist der Adressatenkreis bei § 35 StGB im Gegensatz zu den Bestimmungen aus § 34 StGB begrenzt. Da der § 35 StGB in der Schuld geprüft wird, handelt es sich um eine rechtswidrige und teilnahmefähige Tat.[53] Die durch § 34 StGB gerechtfertigte Tat ist hingegen nicht teilnahmefähig, da eine Anstiftung und eine Beihilfe stets eine vorsätzliche und rechtswidrige Tat voraussetzen.

29

---

47 Schmidt StrafR AT Rn. 523.
48 Baumann/Weber/Mitsch/Eisele StrafR AT § 29 Rn. 155; Zaczyk FS Krey, 2010, 485.
49 Jäger StrafR AT Rn. 177.
50 Fischer § 20 Rn. 52.
51 Schmidt StrafR AT Rn. 702.
52 Geppert JURA 2009, 48.
53 Einschränkend hierzu Jäger FS Beulke, 2015, 127.

§ 5 Schuld

Eine irrige Annahme über das Vorliegen eines Rechtfertigungsgrundes wird als Erlaubnistatbestandsirrtum bewertet. Bei einem Irrtum über die Voraussetzungen aus § 35 Abs. 1 StGB greift (speziell) der § 35 Abs. 2 StGB ein. Hier kommt es darauf an, ob dieser Irrtum vermeidbar oder unvermeidbar war.

I. Prüfungsrelevanz

30 Der § 35 StGB kommt eher selten in einer Klausur vor, muss jedoch dennoch durch Sie sicher beherrscht werden. Bevor Sie in der Prüfung auf § 35 StGB abstellen, sollten Sie im Rahmen der Rechtfertigung zunächst überprüfen, ob der Täter für sein Handeln nicht bereits gerechtfertigt ist. Dies liegt (unter anderem) daran, dass hinsichtlich des Gefahrenbegriffes das zu § 34 StGB Gesagte sinngemäß gilt.[54] Es besteht also die Möglichkeit, dass § 34 StGB zuvor greifen sollte. Ferner kann der Ursprung der Gefahr bei § 35 StGB auch einen menschlichen Angriff darstellen.[55] Es ist also fraglich, ob die Verteidigung des rechtswidrigen Angriffes nicht bereits über § 32 Abs. 1, 2 StGB gedeckt ist.

II. Prüfungsschema

31   I. Tatbestand
  II. Rechtswidrigkeit
  III. Schuld
    1. Notstandslage
      a) Gegenwärtige Gefahr für Leben, Leib oder Freiheit
      b) Für sich selbst, einem Angehörigen oder einer anderen nahestehenden Person
    2. Notstandshandlung
      a) Erforderlichkeit, dh Geeignetheit und relativ mildestes Mittel
      b) Kein krasses Missverhältnis zwischen dem Erhaltungsgut und dem Eingriffsgut
    3. Keine Zumutbarkeit, § 35 Abs. 1 S. 2 StGB
    4. Subjektives Entschuldigungselement
    Kenntnis von der Gefahr und Handeln mit Gefahrabwehrwillen

1. Notstandslage

32 Eine Notstandslage umschreibt eine gegenwärtige, nicht anders abwendbare Gefahr für Leben, Leib oder Freiheit des Täters, eines Angehörigen oder einer ihm nahestehenden Person.

a) Gegenwärtige Gefahr für Leben, Leib oder Freiheit

33 Der Begriff der Gefahr ist inhaltsgleich mit dem aus § 34 StGB.[56] Die Ursache der Gefahr ist beliebig (Naturereignisse, Angriffe durch Menschen, gefährliche Zustände

---

[54] Näher RGSt 60, 318; BGHSt 5, 371 = NJW 1954, 1126; teils strenger Matt/Renzikowski/Engländer § 35 Rn. 4.
[55] Wessels/Beulke/Satzger StrafR AT Rn. 686.
[56] NK-StGB/Neumann § 35 Rn. 8 ff., 21.

von Sachen etc). Auch die Dauergefahr fällt unter § 35 StGB.⁵⁷ In Bezug auf die notstandsfähigen Rechtsgüter enthält § 35 StGB eine abschließende Aufzählung. Mit dem Leben ist die körperliche Existenz gemeint. Auch das werdende Leben ist geschützt.⁵⁸ Mit dem Leib ist nur die körperliche Unversehrtheit gemeint (nicht die geistig-seelische).⁵⁹ Da das Leben Bestandteil der Aufzählung bei § 35 StGB ist, fallen unter das Schutzgut Leib nur schwerwiegende Beeinträchtigungen der körperlichen Unversehrtheit.⁶⁰ Mit Freiheit ist ausschließlich die Fortbewegungsfreiheit gemeint, nicht die Willensfreiheit.⁶¹

b) Für sich selbst, einem Angehörigen oder einer anderen nahestehenden Person
Die Abwehr der gegenwärtigen Gefahr darf nur zum Schutz der eigenen Person, eines Angehörigen (s. § 11 Abs. 1 Nr. 1 StGB) oder einer anderen nahestehenden Person erfolgen.

34

Hinweis: Die nahestehende Person setzt ein auf eine gewisse Dauer angelegtes zwischenmenschliches Verhältnis voraus, das ähnliche Solidaritätsgefühle wie bei einem Angehörigen (regelmäßig) hervorruft und welches in der Not auch eine ähnliche Zwangslage herbeiführt.⁶² Diese Verbindung muss zum Zeitpunkt der Tat noch bestehen, daher fällt (zB) der Schutz der ehemaligen Lebenspartnerin nicht unter § 35 StGB. Als nahestehende Personen kommen dabei unter anderem der Onkel, die Tante, der Neffe, die Nichte, eheähnlicher Gemeinschaften, ein naher Freund, eine feste Freundin, die Mitglieder von Großfamilien und eine langjährige Haushälterin als eine Person, die in die Hausgemeinschaft des Täters aufgenommen wurde, in Betracht.⁶³

35

2. Notstandshandlung

Die Notstandshandlung bedeutet die Abwehr der gegenwärtigen Gefahr von sich, einem Angehörigen oder einer anderen nahestehenden Person. Die Gefahr darf nicht anders abwendbar sein als durch die Tathandlung des Täters.

36

a) Erforderlichkeit, dh Geeignetheit und relativ mildestes Mittel
Die Notstandshandlung muss als *ultima ratio* den einzigen und letzten Ausweg aus der Notlage bilden, sie muss zur Abwehr der Gefahr objektiv geeignet und erforderlich sein. Lässt sich die Gefahr auch anders als durch den Verstoß gegen Verhaltensnormen abwenden, so ist das relativ mildeste Mittel zu wählen.⁶⁴ Hierbei gilt, dass je intensiver sich der Eingriff des Notstandstäters darstellt, desto sorgfältiger muss der Täter die Möglichkeit eines anderen Auswegs prüfen.⁶⁵ Wenn allerdings ein sofortiges Eingreifen zur Abwehr der Gefahr angezeigt ist, entfällt diese Prüfungspflicht.⁶⁶

37

---

57 Schönke/Schröder/Perron § 35 Rn. 12.
58 Schönke/Schröder/Perron § 35 Rn. 5.
59 Schönke/Schröder/Perron § 35 Rn. 6 f.
60 Schönke/Schröder/Perron § 35 Rn. 6 f.; Fischer § 35 Rn. 4; NK-StGB/Neumann § 35 Rn. 15.
61 Vgl. Schönke/Schröder/Perron § 35 Rn. 8; für die Einbeziehung der Freiheit der sexuellen Selbstbestimmung: Matt/Renzikowski/Engländer § 35 Rn. 5; dagegen: LK-StGB/Zieschang § 35 Rn. 27.
62 MüKoStGB/Müssig § 35 Rn. 19.
63 Vgl. Schönke/Schröder/Perron § 35 Rn. 15.
64 Wessels/Beulke/Satzger StrafR AT Rn. 689.
65 Hörnle JuS 2009, 873 (880).
66 Vgl. BGH NStZ 1992, 487.

38 **Beispiel:** T und O kentern im eisigen Meer der Nordsee. Um sich zu retten und den unmittelbar drohenden Tod abzuwenden, stößt T den O von der einzig verbliebenen Planke. O kann sich nicht mehr retten und ertrinkt in der See.

39 Das Handeln des T ist nicht gem. § 32 Abs. 1, 2 StGB gerechtfertigt, da von O kein Angriff ausging. Der § 34 StGB scheitert an der Güterabwägung. In der unmittelbaren Gefahrensituation kann ein normgemäßes Verhalten von T allerdings nicht verlangt werden. Er ist entschuldigt über § 35 Abs. 1 StGB.

40 **Hinweis:** Da von T ein rechtswidriger Angriff ausging, könnte sich der O gem. § 32 Abs. 1, 2 StGB dagegen zur Wehr setzen.

b) Kein krasses Missverhältnis zwischen dem Erhaltungsgut und dem Eingriffsgut

41 Der angerichtete Schaden am Eingriffsgut darf zudem nicht in einem offensichtlichen Missverhältnis zur Schwere der Gefahr stehen. Wer zur Abwendung der Gefahr einer lediglich geringfügigen Leibesgefahr oder Freiheitsbeeinträchtigung einen Unbeteiligten schwer verletzt, ist nicht gem. § 35 Abs. 1 StGB entschuldigt.[67]

42 **Beispiel:** T und O kentern mit ihrem Segelboot an der Küste der Nordsee. Es ist Sommer und die See aufgewärmt. Das Ufer ist nah. Dennoch stößt T den Nichtschwimmer O von der letzten verbliebenen Planke, um sich so das schmerzhafte, kräftezerrende Schwimmen an Land zu ersparen. Lieber wartet er auf der Planke auf Hilfe.

43 Dem Schwimmer T drohen kaum Gefahren. Das Töten des O ist nicht verhältnismäßig und daher nicht entschuldigt über § 35 Abs. 1 StGB.

c) Keine Zumutbarkeit, § 35 Abs. 1 S. 2 StGB

44 Gemäß § 35 Abs. 1 S. 2 StGB entfällt der Schuldvorwurf dann nicht, wenn dem Täter zugemutet werden konnte, die Gefahr hinzunehmen. So handelt der Täter schuldhaft, wenn er die Gefahr selbst verursacht hat oder in einem besonderen Rechtsverhältnis (Soldaten, Feuerwehrleute[68], Polizeibeamte, Seeleute oder Bergführer[69]) steht. Bezüglich der Gefahrverursachung muss kein schuldhaftes Verhalten vorliegen,[70] ein objektiv rechtswidriges Verhalten ist ausreichend.[71]

45 **Beispiel:** T setzt durch sein fahrlässiges Handeln eine fremde Scheune in Brand. Auf seiner Flucht versperrte ihm die nichtsahnende Bäuerin O den schmalen Fluchtweg. Infolge eines Handgemenges riss der T die O zu Boden und floh aus der brennenden Scheune. Die O starb aufgrund eines Brandschocks.[72]

d) Subjektives Entschuldigungselement

46 Der Täter muss Kenntnis von der Gefahr haben und mit einem Gefahrabwehrwillen handeln. Die Kenntnis der Gefahr indiziert den Abwehrwillen des Täters.[73] Sollte der

---

67 RGSt 66, 397.
68 BT-Drs. 5/4095, 16.
69 BT-Drs. 4/650, 161.
70 Wessels/Beulke/Satzger StrafR AT Rn. 691.
71 Näher LK-StGB/Zieschang § 35 Rn. 49 ff.
72 Nach BGH NStZ 1989, 431.
73 Gropp/Sinn StrafR AT § 6 Rn. 144; Schönke/Schröder/Perron § 35 Rn. 16.

Täter objektiv entschuldigt sein, diesbezüglich jedoch keine Kenntnis haben, so fehlt ihm das subjektive Entschuldigungselement. Er handelt dann unentschuldigt.[74]

> **Beispiel:** T und Kapitän O kentern mit ihrem Segelboot in der Nordsee. Beide retten sich auf eine Planke. T, der irrig davon ausgeht, dass die Planke beide tragen kann, stößt den O von der Planke, da er ihm als Kapitän die Schuld für die Misere gibt. O ertrinkt in den Fluten. Die Traglast der Planke reichte tatsächlich nur für eine Person aus. 47

T befindet sich objektiv in einer Notstandslage. Die Gefahr war auch nicht anders abwendbar. Jedoch handelt T in Unkenntnis der Notstandssituation, sodass er für den Totschlag an O nicht entschuldigt ist. 48

Anders ist der Fall zu bewerten, wenn der Täter irrig Umstände annimmt, bei deren Vorliegen er nach § 35 Abs. 1 StGB entschuldigt wäre (sog. Putativnotstand). Dies könnte zB darin liegen, dass der Täter irrig von dem Vorliegen einer gegenwärtigen Gefahr ausgeht. 49

> **Beispiel:** T und Kapitän O kentern in der Nordsee mit ihrem Segelboot. Der verzweifelte T, der irrig davon ausgeht, dass die Planke nicht beide tragen kann, stößt O von der Planke. O ertrinkt in den Fluten. Die Planke hätte tatsächlich die ausreichende Traglast für beide Personen gehabt. 50

Gemäß § 35 Abs. 2 StGB kommt es hinsichtlich der Schuldfrage darauf an, ob der Täter den Irrtum über die Voraussetzungen aus § 35 Abs. 1 StGB vermeiden konnte. Bei Unvermeidbarkeit des Irrtums handelt er schuldlos. Sollte der Irrtum vermeidbar gewesen sein, so wird gem. § 49 Abs. 1 StGB (obligatorisch) gemildert. Von § 35 Abs. 2 StGB wird auch das Übersehen oder Nichtbedenken anderer Auswege zur Gefahrenabwehr erfasst. Der Täter ist hierbei zu einer gewissenhaften Prüfung anderer Auswege aus der Gefahr verpflichtet.[75] Die Anforderungen an die Prüfungspflicht sind umso strenger, je schwerer die Notstandshandlung wiegt.[76] Das Unterlassen der Prüfungspflicht kann die Vermeidbarkeit des Irrtums über die Voraussetzungen aus § 35 Abs. 1 StGB begründen.[77] Nichtsdestotrotz kann eine solche Prüfung auch gänzlich entfallen, wenn sofortiges Handeln notwendig ist, um eine Rechtseinbuße zu verhindern und dementsprechend eine Überlegungsfrist nicht zur Verfügung stehen sollte.[78] 51

III. Nötigungsnotstand

Vom § 35 StGB wird auch der sog. Nötigungsnotstand umfasst, bei der eine Person zu einer Tat mittels Gewalt oder Drohung gezwungen wird. 52

> **Beispiel:** Der T droht dem O mit Schlägen, sollte er nicht dem F das Portemonnaie für ihn stehlen. 53

Nach überzeugender Ansicht handelt der Genötigte rechtswidrig, da ansonsten dem F gegen die Entziehung des Portemonnaies keine Abwehrrechte zustehen.[79] Eine Verteidigung gegen gerechtfertigte Angriffe ist nicht zulässig. Der Genötigte handelt jedoch gem. § 35 Abs. 1 StGB entschuldigt. Diesen Defekt des O nutzt der T planmäßig aus und macht sich wegen §§ 242 Abs. 1, 25 Abs. 1 S. 2 StGB strafbar (→ 8 Rn. 77 ff. Täterschaft/Teilnahme). 54

---

74 Schmidt StrafR AT Rn. 617.
75 BGH NStZ 1992, 487; Fischer § 35 Rn. 18.
76 BGHSt 18, 311 = BeckRS 1963, 105101.
77 Lackner/Kühl/Kühl § 35 Rn. 14.
78 BGHSt 48, 255 (262) = BeckRS 2003, 4385 – Haustyrann II.
79 Ebenso Hassemer FS Lenckner, 1998, 115; Schönke/Schröder/Perron § 34 Rn. 41b.

§ 5 Schuld

Fall 10 (Übungsfall zum entschuldigenden Notstand)

Sachverhalt

T ist ein Haustyrann. Er schlägt immer häufiger auf seine, ihm gegenüber körperlich vollkommen unterlegene, Ehefrau O und seine Kinder ein. Auch kommt es wiederholt zu Vergewaltigungshandlungen zum Nachteil der O. Die Misshandlungen werden von Tag zu Tag immer schlimmer. Das aggressive Verhalten des T erträgt die O nicht mehr. Als T seinen Mittagsschlaf hält, findet O den geladenen Revolver des T in einer Schublade im Arbeitszimmer. Weil sie sich nicht anders zu helfen weiß, schießt sie damit sechsmal auf ihn. T verblutet noch auf dem Sofa.[80]

Lösung

Die O könnte sich wegen eines heimtückischen Mordes gem. § 211 StGB (heimtückisch handelt, wer jemanden im Schlaf tötet)[81] strafbar gemacht haben.

Hinweis: Auf eine vollständige Prüfung des tatbestandmäßigen und rechtswidrigen heimtückischen Mordes wird hier verzichtet.

I. Tatbestand

II. Rechtswidrigkeit

Hinweis: Der Mord an dem T war nicht gem. § 32 Abs. 1, 2 StGB gerechtfertigt, da von dem schlafenden T keine unmittelbare Bedrohung für die Individualrechtsgüter der O ausging. Der § 34 StGB scheitert im Rahmen der Güterabwägung, da kein wesentliches Übergewicht der bedrohten Rechtsgüter der O (und deren Kinder) vorlag.

III. Schuld

Die O könnte für den rechtswidrigen Mord gem. § 35 Abs. 1 StGB entschuldigt sein. Dazu müsste zunächst eine Notstandslage vorliegen.

1. Notstandslage

Eine Notstandslage beschreibt eine gegenwärtige, nicht anders abwendbare Gefahr für Leben, Leib oder Freiheit für den Täter selbst, einem Angehörigen oder einer ihm nahestehenden Person.

a) Gegenwärtige Gefahr für Leben, Leib oder Freiheit

Von dem Haustyrannen T könnte eine gegenwärtige Gefahr ausgehen. Unter einer Gefahr ist ein durch eine beliebige Ursache eingetretener ungewöhnlicher Zustand zu verstehen, in welchem nach den konkreten Umständen der Eintritt des Schadens wahrscheinlich ist. Wahrscheinlich ist der Eintritt des Schadens, wenn die Möglichkeit nahe liegt oder begründete Besorgnis besteht.[82] Diese Gefahr müsste ferner gegenwärtig sein. Unter einer gegenwärtigen Gefahr ist ein Zustand zu verstehen, dessen Weiterentwicklung den Eintritt oder die Intensivierung eines Schadens ernstlich befürchten lässt, sofern nicht alsbald Abwehrmaßnahmen getroffen

---

80 Leicht abgewandelt BGHSt 48, 255 = BeckRS 2003, 4385 – Haustyrann II.
81 BGHSt 23, 119 = BeckRS 1969, 106490; Lackner/Kühl/Kühl § 211 Rn. 7.
82 NK-StGB/Neumann § 34 Rn. 39 ff.; Fischer § 34 Rn. 4; Schönke/Schröder/Perron § 34 Rn. 12.

werden.[83] Der T hielt zum Zeitpunkt der Tat seinen Mittagsschlaf. Eine gegenwärtige Gefahr ist daher nicht zu erkennen. Der § 35 Abs. 1 StGB erfasst jedoch auch die sog. Dauergefahr. Gemeint ist damit ein gefahrdrohender Zustand von längerer Dauer, der jederzeit in eine Rechtsgutsbeeinträchtigung umschlagen kann, ohne aber die Möglichkeit auszuschließen, dass der Eintritt des Schadens noch eine Weile auf sich warten lässt. Gegenwärtig ist eine solche Dauergefahr dann, wenn sie so dringend ist, dass sie nur durch unverzügliches Handeln wirksam abgewendet werden kann.[84] Es kam in der Vergangenheit wiederholt zu massiven körperlichen Übergriffen des T zum Nachteil der O und den gemeinsamen Kindern. Das aggressive Verhalten des T steigerte sich in letzter Zeit und nahm von Tag zu Tag zu. Es ist demnach nicht unwahrscheinlich, dass es durch T nach Abhalten des Mittagsschlafes wieder zu körperlichen Misshandlungen kommen wird. Da die O dem T zudem körperlich vollkommen unterlegen ist, ist unverzügliches Handeln angezeigt. Von T geht demzufolge eine gegenwärtige Dauergefahr aus.

b) **Für sich selbst, einem Angehörigen oder einer anderen nahestehenden Person**

Die Gefahr müsste dem Täter selbst, einem Angehörigen oder einer ihm nahestehenden Person drohen. Die O schießt auf den T, um ihr Leben und das Leben der gemeinsamen Kinder zu verteidigen. Die Voraussetzung liegt vor.

2. Notstandshandlung

Die Notstandshandlung bedeutet die Abwehr der gegenwärtigen Gefahr. Die Gefahr darf dabei nicht anders abwendbar sein als durch die Tathandlung des Täters.

a) **Erforderlichkeit, dh Geeignetheit und relativ mildestes Mittel**

Die Notstandshandlung muss als *ultima ratio* den einzigen und letzten Ausweg aus der Notlage bilden, sie muss zur Abwehr der Gefahr objektiv geeignet und erforderlich sein. Lässt sich die Gefahr auch anders als durch den Verstoß gegen Verhaltensnormen abwenden, so ist das relativ mildeste Mittel zu wählen.[85] Andere, schonendere Mittel wären hier die Inanspruchnahme behördlicher oder karitativer Hilfe gewesen. Die staatlichen Stellen sind in diesem Bezug zu einem Einschreiten verpflichtet. Damit bestand eine andere, (wohl) gleich wirksame Alternative, um die Gefahr abzuwehren. Die Tötung des T zur Abwehr der Dauergefahr war daher nicht erforderlich. Die Voraussetzungen des § 35 Abs. 1 StGB liegen nicht vor.

> **Hinweis:** Eine Einschränkung des entschuldigenden Notstandes wegen Zumutbarkeit gem. § 35 Abs. 1 S. 2 Var. 1 StGB ist hier nicht erkennbar, da die O die Gefahr nicht selbst verschuldet hat.

---

83 RGSt 66, 222; BGH NStZ 1988, 554.
84 BGHSt 48, 255 (258) = BeckRS 2003, 4385 – Haustyrann II; BGH NJW 1979, 2053; NStZ-RR 2006, 200.
85 Wessels/Beulke/Satzger StrafR AT Rn. 689.
86 BGHSt 18, 311 = BeckRS 1963, 105101.
87 BGHSt 3, 357 = BeckRS 1952, 103659.
88 MüKoStGB/Joecks/Kulhanek § 17 Rn. 55 ff.; Manso Porto, Normunkenntnis aus belastenden Gründen, 2010; Puppe FS Rudolphi, 2004, 231; Schroth, Vorsatz und Irrtum, 1998.

3. Kein Schuldausschließungsgrund gem. § 35 Abs. 2 StGB

Der § 35 Abs. 2 StGB behandelt die irrige Annahme über die tatsächlichen Voraussetzungen aus § 35 Abs. 1 StGB. Hier hat die O irrig die Voraussetzungen einer nicht anders abwendbaren Notstandshandlung für gegeben gehalten. Sie wusste sich nicht anders zu helfen, als den T im Schlaf zu erschießen. Die Möglichkeit staatlicher Hilfe erkannte sie also nicht. Es ist fraglich, ob dieser Irrtum vermeidbar war. Es ist davon auszugehen, dass die Anforderungen an die Prüfungspflicht anderweitiger Auswege umso strenger sind, je schwerer die Notstandshandlung wiegt.[86] Im Zusammenhang mit der Vermeidbarkeit des Irrtums ist zu bewerten, ob der Täter aufgrund (unter anderem) seiner individuellen Fähigkeiten und dem ihm zumutbaren Erkenntniskräften das Unrecht der Tat hätte einsehen können (sog. Gewissensanspannung).[87] Bei Zweifeln an der rechtlichen Zulässigkeit besteht eine Erkundigungspflicht (zB bei einem Rechtsanwalt).[88] Gerade in Bezug auf die Schwere der Tathandlung, also der Tötung einer schlafenden Person, ist hier von der Vermeidbarkeit des Irrtums auszugehen. Die O hätte sich im Vorfeld Rechtsberatung einholen müssen. Aufgrund der Vermeidbarkeit des Irrtums ist gem. § 49 Abs. 1 StGB die Strafe obligatorisch zu mildern.

Hinweis: Der BGH hat zu dem Mordmerkmal der Heimtücke die sog. „Rechtsfolgenlösung" entwickelt. Danach können besondere, nachvollziehbare Motive bei der Ermordung einer anderen Person auf der Ebene der Strafzumessung gem. § 49 Abs. 1 Nr. 1 StGB analog berücksichtigt und der Strafrahmen dann von lebenslang auf drei bis 15 Jahre herabgesenkt werden.[89] Dies war im obigen Fall wegen der direkten Anwendung des § 49 Abs. 1 StGB nicht notwendig.

E. Übergesetzlicher entschuldigender Notstand

55 Ein weiterer Entschuldigungsgrund ist der übergesetzliche entschuldigende Notstand, der gesetzlich nicht normiert ist. Anlass für die Anerkennung des übergesetzlichen entschuldigenden Notstandes sind die Euthanasie-Prozesse der Nachkriegszeit, in der sich Ärzte von Heilanstalten an den Euthanasie-Aktionen Hitlers durch Auswahl einzelner Geisteskranker beteiligten, um so die Mehrzahl ihrer Patienten zu retten, denn eine Ablehnung der Mitwirkung hätte mutmaßlich zur Folge gehabt, dass sie durch regimetreue Ärzte abgelöst worden wären, die dem Vernichtungsakt freien Lauf gelassen hätten.[90]

56 Unter den übergesetzlichen entschuldigenden Notstand fallen Notsituationen, die nicht über §§ 34, 35 StGB gerechtfertigt bzw. entschuldigt sind. § 34 StGB scheitert an der Interessenabwägung, weil eine Differenzierung Leben gegen Leben weder qualitativ noch quantitativ zulässig ist. Der § 35 StGB scheitert, da der Täter die Gefahr von Dritten abwendet, die nicht von dem in der Vorschrift formulierten Adressatenkreis erfasst werden.[91]

---

89 BGHSt 30, 105 = BeckRS 1981, 416.
90 Vgl. BGH NJW 1953, 513.
91 Schönke/Schröder/Sternberg/Lieben Vor §§ 32 ff. Rn. 115.

E. Übergesetzlicher entschuldigender Notstand

Bei dem übergesetzlichen entschuldigenden Notstand bedarf es einer ungewöhnlichen, nahezu unlösbaren Pflichtenkollision, in dem das von einem Rettungswillen bestimmte Handeln unter den gegebenen Umständen das einzige Mittel darstellen muss, um noch größeres Unheil für Rechtsgüter von höchstem Wert zu verhindern.[92] Die überwiegende Ansicht in Literatur und Rechtsprechung erkennt den übergesetzlichen entschuldigenden Notstand daher an.[93]

57

> **Beispiel:** K und F entführen einen Airbus A350 mit 250 Passagieren an Bord. Sie fliegen in Richtung München, um dort in der vollbesetzten Allianz Arena (75.000 Besucher) das Flugzeug zum Absturz zu bringen. Ziel ist es, möglichst viele Menschen zu töten. Eine vollständige Evakuierung des Stadions ist aufgrund der unmittelbar drohenden Gefahr nicht mehr möglich. Den Aufforderungen den terroristischen Akt sofort zu beenden, kommen die fanatischen K und F nicht nach. Soldat T ist deutscher Bundeswehrsoldat und Pilot eines Abfangjägers. Er verfolgt die entführte Maschine. Als er keinen Ausweg mehr sieht, schießt er die Maschine über ländlichem Raum mittels Raketen ab. Alle Besatzungsmitglieder und die Passagiere kommen durch den Absturz ums Leben.[94]

58

Nur die Tötung der Terroristen zugunsten der Besucher im Stadion ist über § 32 Abs. 1, 2 StGB (sog. Nothilfe) zu rechtfertigen, der Totschlag an den Passagieren hingegen nicht, da von diesen kein Angriff ausging. Der § 34 StGB scheitert an der mangelnden Interessenabwägung. Die Tötung von 250 Menschen zur Rettung von ca. 75.000 Personen im Stadion ist rechtlich nicht zulässig. Dass der Tod aller Insassen des Flugzeugs unausweichlich war, ist für die Bewertung der Tat als Totschlag irrelevant, da bei der Frage nach der Kausalität stets auf den Eintritt des *konkreten* Erfolges abzustellen ist. Etwaige Reserveursachen, die den Erfolg zu einem späteren Zeitpunkt herbeigeführt hätten, sind nicht zu berücksichtigen (sog. Reserveursachen).[95] Der Abschuss ist zudem nicht nach § 35 Abs. 1 StGB zu entschuldigen, da die 75.000 Stadionbesucher nicht unter den dort normierten begrenzten Adressatenkreis fallen. Anwendbar ist jedoch der übergesetzliche entschuldigende Notstand, da es sich um eine außergewöhnliche Konfliktsituation des Piloten handelt. Einerseits würde er sich durch den Abschuss der Passagiermaschine gegebenenfalls strafbar machen, andererseits droht ihm bei einem Nichtabschuss wohl eine etwaige Strafbarkeit wegen Unterlassens. Die Gefahr war auch nicht anders abwendbar. Der Abschuss der Passagiermaschine war die einzige Möglichkeit, um den Absturz im vollbesetzten Stadion zu verhindeRn. Der T ist, soweit die Anwendbarkeit des übergesetzlich entschuldigenden Notstands zulässig ist, entschuldigt.[96]

59

> **Klausurhinweis:** Irrt sich der Täter über die Voraussetzungen des übergesetzlichen Notstandes, weil zB die Notstandshandlung (doch) nicht alternativlos war, so sind die Voraussetzungen aus § 35 Abs. 2 StGB entsprechend anwendbar.[97]

60

> **Beispiel:** Die entführte Maschine hatte nicht genug Treibstoff, um bis nach München zu fliegen. Die Piloten wären daher zu einer Notlandung auf einem freien Feld gezwungen gewesen. Bundeswehrpilot T schätzt die Situation falsch ein und schießt das Flugzeug ab.

61

---

92 Wessels/Beulke/Satzger StrafR AT Rn. 711 ff.
93 Wessels/Beulke/Satzger StrafR AT Rn. 711 ff.; Fischer Vor § 32 Rn. 15; Schönke/Schröder/Sternberg-Lieben Vor § 32 Rn. 115 ff.
94 S. deutscher Fernsehfilm „Terror – Ihr Urteil".
95 Vgl. BGHSt 49, 1 (4) = BeckRS 2003, 10365; Jahn/Ebner JuS 2007, 923 (925).
96 In diesem Sinne auch Jäger JA 2008, 684; Jakobs FS Krey, 2010, 207; Lackner/Kühl/Kühl § 34 Rn. 8.
97 Schönke/Schröder/Perron § 35 Rn. 44.

62 Aus objektiver Sicht bestand keine Gefahr für die Besucher des Stadions. Diese Gefahr nahm der T nur irrig an. Bei entsprechender Anwendung des § 35 Abs. 2 StGB ist fraglich, ob der Irrtum für T vermeidbar war.

63 Anders ist allerdings zu entscheiden, wenn Menschen durch das Täterverhalten geopfert werden, für die zuvor keine Gefährdungslage bestand.[98]

64 **Beispiel:** Weichensteller T lenkt einen auf eine Personengruppe zurasenden Zug auf ein anderes Bahngleis um, auf dem sich gerade drei unbeteiligte Gleisarbeiter befinden. Diese werden vom Zug erfasst und kommen zu Tode.[99]

F. Notwehrüberschreitung, § 33 StGB

65 Gemäß § 33 StGB wird nicht bestraft, wer aus Verwirrung, Furcht oder Schrecken die Grenzen der Notwehr überschreitet. Der Notwehrexzess ist ein Entschuldigungsgrund[100] und muss auf asthenischen (griech.: schwach, matt, kraftlos) Affekten basieren, also auf Gemütsbewegungen, wie Furcht, Verwirrung oder Schrecken.

66 **Klausurhinweis:** Sie müssen, bevor Sie auf einen Notwehrexzess abstellen, zuvor die Notwehr als Rechtfertigungsgrund prüfen.

67 Der Exzess kann in der Überschreitung der erforderlichen Verteidigungsmaßnahmen aus § 32 Abs. 1, 2 StGB liegen (sog. intensiver Notwehrexzess) oder auf die Überschreitung der zeitlichen Grenzen der Notwehr (sog. extensiver Notwehrexzess) zurückzuführen sein.

I. Intensiver Notwehrexzess

68 Bei dem intensiven Notwehrexzess verteidigt sich der Täter intensiver als gem. § 32 Abs. 1, 2 StGB erforderlich. Sein Verhalten ist daher als rechtswidrig einzustufen.[101] Sind für die Überschreitung asthenische Affekte zumindest mitursächlich, so ist der Täter entschuldigt.[102] Bei erheblichen Überschreitungen liegt ein Entschuldigungsgrund umso eher vor, je schwerer der Affekt ist.[103] Bei grober Unverhältnismäßigkeit gilt der § 33 StGB jedoch nicht.[104]

69 **Beispiel:** T bricht bei O ein, um wertvollen Schmuck zu stehlen. Der körperlich leicht überlegene O schlägt aus Furcht dem T eine Vase auf den Kopf. Diese zerschellt und fügt dem T schmerzhafte Schnittwunden an der linken Wange zu. T bricht durch die Wucht des Schlages zusammen. Später stellen Ermittler fest, dass es gar nicht nötig war, den T so massiv zu beeinträchtigen. Der körperlich überlegene O hätte den T auch mittels einfacher körperlicher Gewalt zu Boden bringen können.

---

98 Steinberg/Lachenmaier ZJS 2012, 649 (652).
99 Nach Welzel ZStW 1951, 63 (51).
100 Vgl. BGHSt 3, 194 (198) = BeckRS 1952, 30401639; BGH NJW 1995, 973.
101 RGSt 66, 288.
102 BGH NStZ 2001, 591 mAnm Otto; BGH NJW 2013, 2133 (2136).
103 Schönke/Schröder/Perron/Eisele § 33 Rn. 7.
104 MüKoStGB/Erb § 33 Rn. 24.

Der § 32 Abs. 1, 2 StGB scheitert an der Erforderlichkeit. Der § 33 StGB führt zur 70
Entschuldigung, da die Überschreitung des O auf einen asthenischen Affekt zurückzuführen ist.

Hinweis: Verteidigt sich der Täter intensiver als erlaubt im Zuge einer sog. Absichtsprovokation, so 71
wird ihm neben dem Notwehrrecht auch die Anwendbarkeit der Notwehrüberschreitung versperrt.
Verteidigt sich der Täter aufgrund asthenischer Affekte intensiver als geboten, weil er die Notwehrlage in sonstiger Weise provoziert hat, so ist die Anwendbarkeit des § 33 StGB nicht ausgeschlossen.[105]

II. Extensiver Notwehrexzess

Bei dem extensiven Notwehrexzess verteidigt sich der Täter zu einem Zeitpunkt, in 72
dem der Angriff noch bevorstand (sog. Präventivnotwehr) bzw. bereits abgeschlossen
war. Nach überwiegender Ansicht fällt der extensive Notwehrexzess nicht in den
Anwendungsbereich des § 33 StGB, da der Wortlaut ein *bestehendes* Notwehrrecht
voraussetzt. Ein derartiges Notwehrrecht besteht aber nicht, wenn der Angriff nicht
gegenwärtig ist.[106] Zum Teil wird hierbei eine Differenzierung zwischen der Verteidigung eines *bevorstehenden* Angriffes und eines bereits *abgeschlossenen* Angriffes
vorgenommen. Die auf asthenischen Affekten beruhende Verteidigung im Vorfeld
einer Angriffssituation wird per se nicht entschuldigt (sog. vorzeitiger extensiver
Notwehrexzess).[107] Die Anwendbarkeit des § 33 StGB im Rahmen des sog. nachzeitigen extensiven Notwehrexzesses, bei dem der Täter sich gegen einen bereits abgeschlossen Angriff verteidigt, wird zT zugelassen, da dann die psychische Situation des
Täters der eines intensiven Notwehrexzesses entspricht.[108]

Beispiel: T bricht in die Wohnung des O ein, der schlafend auf dem Sofa liegt. Als T in das Wohn- 73
zimmer gelangt und eine wertvolle Armbanduhr einstecken möchte, wacht O auf. O ist dem T
körperlich überlegen und schlägt ihn nieder. Kampfunfähig stürzt T zu Boden. Vor lauter Schreck
verpasst O ihm noch einmal einen Tritt gegen den Bauch. T krümmt sich vor Schmerzen.

Der erste Schlag des O ist gem. § 32 Abs. 1, 2 StGB gerechtfertigt. Der anschließende 74
Tritt ist nicht über die Notwehr zu rechtfertigen, da der T bereits kampfunfähig am
Boden lag. Jedoch könnte der § 33 StGB als Entschuldigungsgrund greifen. Sollte der
(nachzeitige) extensive Notwehrexzess zugelassen werden, so ist der Tritt gegen den
T gem. § 33 StGB entschuldigt. Bei einem alleinigen Abstellen auf einen intensiven
Notwehrexzess, ist das Verhalten des O als strafbare Körperverletzung zu bewerten.

III. Putativnotwehrexzess (sog. Doppelirrtum)

Bei einem Putativnotwehrexzess irrt der Täter über das Vorliegen einer Notwehrlage 75
und überschreitet zudem die Grenzen der Notwehr (→ § 9 Rn. 120 ff. Irrtumslehre).

Beispiel: Der T wird im Schlaf von einem lauten Geräusch im Badezimmer geweckt. Er holt einen 76
Revolver unter seinem Bettkasten hervor und gibt drei Schüsse in die Badezimmertür ab, weil er
dahinter einen Dieb vermutet. Tödlich getroffen sinkt seine Freundin O zu Boden. Diese hatte
sich nach einer Firmenfeier spät abends im Bad abgeschminkt.

---

105 Kühl StrafR AT § 12 Rn. 151 ff.
106 Schönke/Schröder/Perron/Eisele § 33 Rn. 2.
107 Vgl. Kühl StrafR AT § 12 Rn. 141.
108 Wessels/Beulke/Satzger StrafR AT Rn. 701; Rengier StrafR AT § 27 Rn. 18 f.; aA BGH NStZ
    2002, 141.

§ 5 Schuld

77 Hier lag nur vermeintlich eine Notwehrlage vor, über dessen Bestehen der Täter irrt (sog. Erlaubnistatbestandsirrtum). Wären die Vorstellungen des T zutreffend, so wäre er dennoch nicht gem. § 32 Abs. 1, 2 StGB gerechtfertigt, da er zudem über die Grenzen der Erforderlichkeit irrt. Ein solcher Putativnotwehrexzess wird als Verbotsirrtum (§ 17 StGB) bewertet. Für die Anwendbarkeit des § 33 StGB bleibt kein Raum, da dieser im Wortlaut von einer tatsächlichen Notwehrsituation ausgeht.[109]

G. Verbotsirrtum, § 17 StGB/Erlaubnistatbestandsirrtum, § 16 Abs. 1 S. 1 StGB analog

78 Der Verbotsirrtum (§ 17 StGB) ist ein Irrtum, der innerhalb der Schuld dargestellt wird. Dabei fehlt dem Täter bei Begehung der Tat das Unrechtsbewusstsein. Er irrt über das Verbotensein seines Verhaltens. Der Erlaubnistatbestandsirrtum, der auch innerhalb der Schuld zu prüfen ist, meint die irrige Annahme über die tatsächlichen Voraussetzungen eines anerkannten Rechtfertigungsgrundes.

79 **Hinweis:** Der Verbotsirrtum und der Erlaubnistatbestandsirrtum werden im Detail in der Irrtumslehre dargestellt.

---

109 BGH NJW 1962, 308; NStZ 1983, 453.

§ 6 Versuch

Der strafbare Versuch eines Deliktes ist in §§ 22, 23 StGB geregelt. Bei einem versuchten Delikt scheitert die Vollendung des objektiven Tatbestandes, die der Täter mit seinem Handeln erzielen wollte.

> **Beispiel:** T schlägt auf den O mittels einfacher körperlicher Gewalt ein. O weicht dem Schlag geschickt aus.

Der objektive Tatbestand der Körperverletzung liegt nicht vor, da keine körperliche Misshandlung bzw. keine Gesundheitsschädigung eingetreten sind. Der T wollte den O jedoch verletzen und macht sich gem. §§ 223 Abs. 1, 22, 23 Abs. 1 StGB strafbar.

Nach einer Ansicht liegt jedoch auch dann eine versuchte Tat vor, wenn der Täter objektiv gerechtfertigt handelt, diesbezüglich jedoch keine Kenntnis hat, da die Erfüllung des objektiven Tatbestandes zum Wegfall des Erfolgsunwertes führt, der Handlungsunwert jedoch bestehen bleibt, sodass eine Strukturgleichheit zum Versuch besteht.[1] Nach anderer Ansicht macht sich der Täter mangels subjektiven Rechtfertigungselementes wegen einer vollendeten Tat strafbar.[2]

> **Beispiel:** T wird durch O angegriffen. T erkennt die Notwehrlage nicht und schlägt den O (dennoch) nieder.

Das vorliegende objektive Element der Notwehr negiert den Erfolgsunwert der Tat. Der Handlungsunwert bleibt jedoch bestehen, da dem T das subjektive Rechtfertigungselement fehlt. Nach einer Ansicht macht sich T daher wegen einer versuchten Körperverletzung und nach anderer Ansicht gem. (vollendeten) § 223 Abs. 1 StGB strafbar.

Der Versuch eines Verbrechens ist stets strafbar, der eines Vergehens nur dann, wenn dies im Straftatbestand explizit geregelt sein sollte, § 23 Abs. 1 StGB. In § 23 Abs. 3 StGB ist der sog. untaugliche Versuch für den Fall geregelt, dass der Täter sein Ziel aus grobem Unverstand nicht erreichen sollte.

A. Prüfungsrelevanz

Der Versuch sollte sicher beherrscht werden, da dieser oftmals Gegenstand einer Klausur ist. Neben dem versuchten Grundtatbestand, dem versuchten Qualifikationstatbestand, der versuchten Erfolgsqualifikation, dem, soweit dieser für zulässig erachtet wird, versuchten Regelbeispiel, können auch im Bereich von Täterschaft und Teilnahme Versuchsproblematiken auftreten. Das sichere Beherrschen des Versuchsaufbaus ist jedoch zunächst das Wichtigste.

> **Hinweis:** Im Sachverhalt 11 (Übungsfall Täterschaft/Teilnahme → § 8 Rn. 227) wird der Versuch in einer Prüfung exemplarisch dargestellt.

---

1 Wessels/Beulke/Satzger StrafR AT Rn. 415.
2 BGH NStZ 2005, 332; LK-StGB/Rönnau Vor § 32 Rn. 82 ff.

§ 6 Versuch

B. Prüfungsschema

10   I. **Vorprüfung**
  1. Strafbarkeit des Versuches (§ 23 Abs. 1 StGB)
  2. Keine Vollendung der Tat
  II. **Tatbestand**
  1. Tatentschluss
  2. Unmittelbares Ansetzen
  III. **Rechtswidrigkeit** (hier ergeben sich keine Besonderheiten zum vorsätzlichen vollendeten Begehungsdelikt)
  IV. **Schuld** (hier ergeben sich keine Besonderheiten zum vorsätzlichen vollendeten Begehungsdelikt)
  V. **Rücktritt** § 24 Abs. 1 oder Abs. 2 StGB

I. Vorprüfung

11   Im Rahmen der Vorprüfung ist zu untersuchen, ob der Versuch der Tat strafbar ist. Ferner darf es nicht zur Vollendung der Tat gekommen sein.

1. Strafbarkeit des Versuchs

12   Der Versuch eines Verbrechens ist stets strafbar, der eines Vergehens nur dann, wenn dies im Tatbestand geregelt ist (→ § 1 Rn. 8).

13   **Beispiel:** T versucht der O die Brieftasche zu entwenden. O bemerkt die bevorstehende Wegnahme und kann T abschütteln.

14   Der Diebstahl ist nicht vollendet. Da es sich um ein Vergehenstatbestand handelt, muss die Versuchsstrafbarkeit geregelt sein. Gemäß § 242 Abs. 2 StGB ist der Versuch strafbar.

2. Fehlende Vollendung

15   Das Delikt darf nicht vollendet sein, dh es fehlt an der Erfüllung des objektiven Tatbestandes.

16   **Klausurhinweis:** Sollte der objektive Tatbestand offensichtlich scheitern, so können Sie direkt mit der Versuchsprüfung beginnen. Dies wäre zB der Fall, wenn der T mit Tötungsabsicht auf O schießt, diesen jedoch verfehlt. Ist die Nichtverwirklichung des objektiven Tatbestandes diskussionswürdig, so sollten Sie zunächst das Vollendungsdelikt anprüfen und erst im Anschluss daran mit der Versuchstat beginnen.

17   **Beispiel:** T sticht mit Tötungsabsicht auf O ein und verletzt diesen am rechten Oberarm. Der leicht verletzte O kann fliehen und begibt sich in ein Krankenhaus. Der behandelnde Arzt macht einen groben Operationsfehler infolgedessen O verstirbt.

18   Hier müssen Sie mit der Prüfung eines vollendeten Totschlages durch T beginnen, denn sein Verhalten ist kausal für den späteren Tod des O. Im Rahmen der objektiven Zurechnung ist zu erörtern, ob das Arztverhalten als ein Dazwischentreten eines Dritten den Zurechnungszusammenhang ausschließt. Da der Arzt eine neue, auf den Erfolg zusteuernde Gefahr gesetzt hat und damit auch nicht zu rechnen war (grober

Operationsfehler), kommt es zu einer Durchbrechung des Zurechnungszusammenhanges.[3] T macht sich wegen versuchten Totschlags gem. §§ 212 Abs. 1, 22, 23 Abs. 1 StGB strafbar.

II. Tatentschluss

Im Anschluss an die Vorprüfung stellen Sie den Tatentschluss dar. Hier prüfen Sie den Vorsatz des Täters auf sämtliche Tatbestandsmerkmale des jeweiligen Deliktes. Soweit für die Verwirklichung der Tat der *dolus eventualis* genügen sollte, gilt dies auch für den Versuch.[4] Zu berücksichtigen sind hier ferner eventuelle Absichten oder sonstige subjektive Voraussetzungen der Tat (so zB bei §§ 242, 249, 263, 267, 274, 265, 265a, 211 StGB (nur die 1./3. Gruppe der Mordmerkmale) etc). So müsste der Täter im Rahmen eines versuchten Diebstahls neben dem Vorsatz auf die Wegnahme einer fremden, beweglichen Sache zudem in rechtswidriger Zueignungsabsicht handeln.

> **Klausurhinweis:** In der Klausurprüfung müssen im Tatentschluss sämtliche Merkmale des objektiven Tatbestandes definiert werden, um später den Vorsatz darauf beziehen zu können.

Der Täter muss die Tat und dessen Vollendung zwingend wollen, sein Entschluss muss *endgültig* gefasst sein. Ist er nur tatgeneigt, die Entscheidung über das „Ob" der Tatbegehung ist dann noch nicht gefallen, liegt kein Tatentschluss vor.[5]

> **Beispiel:** T ist sich noch nicht sicher, ob er einen Diebstahl in einem Kaufhaus begehen will oder nicht.

T ist nur tatgeneigt. Ein Tatentschluss ist bei ihm (noch) nicht erkennbar.

Ist der Täter fest entschlossen eine Tat zu verwirklichen, hängt die Tatbegehung jedoch von einer Bedingung ab, die nicht im Einflussbereich des Täters liegt, besteht dennoch ein Tatentschluss.[6]

> **Beispiel:** T hat einen Tag zuvor die Alarmanlage des Kaufhauses ausgeschaltet. Nachts will er in das Gebäude einsteigen. Die Tatbegehung, zu der T fest entschlossen ist, macht er davon abhängig, ob die Alarmanlage tatsächlich nicht mehr funktioniert.

Der Tatentschluss des T ist bereits endgültig gefasst. Dass die konkrete Tatausführung noch von dem Eintritt einer Bedingung abhängt, ist für den Tatentschluss ohne Bedeutung (→ § 6 Rn. 23). Auch Unsicherheiten in Bezug auf das „Wie" der Tat,[7] sowie das Einkalkulieren eines Fehlschlags oder den Vorbehalt, die Tatausführung unter bestimmten Voraussetzungen nicht auszuführen, lassen den Tatentschluss unberührt.[8]

> **Beispiel:** T weiß noch nicht genau, wie er in das Gebäude einsteigen wird. Zur Sicherheit nimmt er eine kleine Leiter mit, obwohl er es auch für möglich hält, mit einem einfachen Sprung durch eine Fensteröffnung hineinzugelangen. Sollte widererwartend der Hausmeister auf ihn aufmerksam werden, will er unverrichteter Dinge sofort fliehen.

---

3 OLG Rostock NStZ 2001, 199.
4 RGSt 61, 159; einschränkend NK-StGB/Zaczyk § 22 Rn. 19.
5 BGH StV 1987, 528; LK-StGB/Murmann § 22 Rn. 57.
6 BGHSt 12, 306 (309 f.) = BeckRS 1958, 104971.
7 Zum Ganzen Heinrich StrafR AT Rn. 663 ff.; Krey/Esser StrafR AT Rn. 1208.
8 Jäger JA 2013, 949.

27 **Hinweis:** Ein Tatbestandsirrtum gem. § 16 Abs. 1 S. 1 StGB schließt neben den Tatbestandsvorsatz auch den Tatentschluss aus.[9]

28 **Beispiel:** Der T will die Jacke des O stehlen. Als er gerade darauf zugreift, wird er von dem F erwischt. Schnell hängt T die Jacke zurück. Später stellt sich heraus, dass es sich um seine eigene Jacke gehandelt hat.

III. Unmittelbares Ansetzen

29 Anschließend prüfen Sie das unmittelbare Ansetzen zur Tat. Das Merkmal dient der Abgrenzung zwischen der grundsätzlich straflosen Vorbereitung und der Überschreitung der Schwelle zum grundsätzlich strafbaren Versuch. Hierbei muss der Täter subjektiv die Schwelle zum „Jetzt-geht-es-los" überschritten und objektiv zur tatbestandsmäßigen Angriffshandlung angesetzt haben.[10] Entscheidend ist hierbei, dass die vom Täter in Gang gesetzte Ursachenreihe nach seiner Vorstellung vom Tatablauf ohne Zäsur und ohne weitere, wesentliche Zwischenakte in die Tatbestandshandlung einmünden soll.[11] Aus Sicht des Täters muss das Angriffsobjekt schon konkret gefährdet sein.[12] Ein tatbestandsmäßiges Verhalten ist nicht zwingend erforderlich.

30 Das unmittelbare Ansetzen zur Tat liegt unproblematisch vor, wenn der Täter das Delikt bereits teilverwirklicht hat.

31 **Beispiel:** T betritt mit vorgehaltener Waffe eine Bank und bedroht damit den Bankangestellten O. Er fordert ihn zur Geldherausgabe auf. Vor lauter Nervosität vergisst O die Zahlenkombination zur Öffnung des Banksafes, sodass T unverrichteter Dinge die Bank verlassen muss.

32 T war zur Begehung der schweren räuberischen Erpressung bereits fest entschlossen. Er handelte in Bezug auf die Verwirklichung des objektiven Tatbestandes vorsätzlich und mit rechtswidriger (stoffgleicher) Bereicherungsabsicht. Mit dem Vorhalten der Waffe und der Aufforderung zur Geldherausgabe hat T zudem bereits das Tatbestandsmerkmal der Drohung mit gegenwärtiger Gefahr für Leib oder Leben erfüllt und zur Verwirklichung der räuberischen Erpressung unmittelbar angesetzt. T macht sich gem. §§ 253, 255, 250 Abs. 2 Nr. 1, 22, 23 Abs. 1 StGB strafbar. Der Hausfriedensbruch, der Verstoß gegen das Waffengesetz und die Bedrohung sind jeweils vollendet. Die versuchte Nötigung (§§ 240 Abs. 1, 3, 22, 23 Abs. 1 StGB) tritt hinter der versuchten schweren räuberischen Erpressung zurück (→ § 10 Rn. 44 f. Konkurrenzlehre).[13]

33 Bei einer (lediglich) vorbereitenden Tathandlung liegt noch kein Versuch vor.

34 **Beispiel:** T und F planen einen Bankraub. Zur Fesselung der Bankangestellten besorgen sie sich in einem Baumarkt Klebeband. Zudem kauft T eine Gaspistole bei einem Waffenhändler. Anschließend fahren T und F damit zur Bank.

35 Hier waren noch weitere wesentliche Zwischenschritte zur Vollendung der räuberischen Erpressung erforderlich. In Bezug auf die Verbrechensverabredung machen sie sich gem. §§ 253, 255, 30 Abs. 2 StGB dennoch strafbar.

---

9 S. zum Ganzen auch Streng ZStW 1997, 109.
10 BGH NStZ 2008, 379 mkritAnm Kretschmer.
11 BGHSt 26, 201 = BeckRS 1975, 107612 – Tankstellenfall; BGH JR 2000, 293 – Entführungsfall; BGH NStZ 2011, 517.
12 Vgl. BGH StV 1989, 526.
13 Vgl. BGH NStZ-RR 2000, 106.

Bei einem Auflauern zur Begehung eines Totschlages oder einer Körperverletzung 36
wird die Grenze zum strafbaren Versuch erst dann überschritten, wenn das Opfer in
den Gefahrenbereich gelangt und der Täter seine Waffe ergreift, um so sein Angriffsmittel in eine tätige Beziehung zu dem Angriffsobjekt zu setzen.[14]

> **Beispiel:** T will den Nebenbuhler O seiner Freundin töten. Er besorgt sich einen Revolver und 37
> legt sich hinter einer Hecke an einem Hauseingang auf die Lauer. Die tödliche Attacke soll direkt
> vor der Haustür stattfinden. Der Wagen des O fährt vor.

In dieser Zeitphase hat T noch nicht die Versuchsschwelle überschritten, da er noch 38
nicht seine Waffe ergriffen hat. Erst wenn der Täter sein Angriffsmittel (zB durch
Ergreifen und Vorhalten des Revolvers) in eine Beziehung zu dem Angriffsobjekt
bringt, überschreitet er die Schwelle zum „Jetzt geht es los". Es ist dabei unbedeutend, ob es sich bei dem späteren Opfer tatsächlich um *den* O handelt. Entscheiden-
des Kriterium ist stets die Vorstellung des Täters. Unterliegt T einem Identitätsirrtum, so ist dieser aufgrund der Gleichwertigkeit der Tatobjekte unbeachtlich.

> **Hinweis:** Sollte der Revolver des T ohne dessen Wissen beschädigt und nicht schussbereit gewesen 39
> sein, so hätte er dennoch zum Versuch angesetzt, da es beim unmittelbaren Ansetzen primär auf das
> subjektive Vorstellungsbild ankommt. Der dann vorliegende untaugliche Versuch ist in § 23 Abs. 3
> StGB geregelt.

> **Beispiel:** T und F wollen den Geldboten O ausrauben. An einer Straßenbahnhaltestelle lauern sie 40
> ihm auf. F hat bereits den Motor des Fluchtfahrzeugs gestartet. Der Plan sieht vor, dem O beim
> Aussteigen aus der Bahn direkt Pfeffer in die Augen zu streuen, um so an das Geld zu gelangen. O
> kam jedoch nicht, sodass T und F sich entfernten.[15]

Allein das Auflauern auf das Opfer bedeutet noch nicht die Überschreitung der Ver- 41
suchsschwelle. Eine konkrete Gefährdung des O lag nicht vor, da dieser nicht in den
Gefahrenbereich der Täter gelangte. In einem umgekehrten Fall, in dem sich die Täter
auf dem Weg zum Opfer machen, wäre die Tat zwingend als Vorbereitungshandlung
einzustufen. Nichts anderes könnte gelten, wenn die Täter erfolglos auf ihr Opfer
warten.

> **Beispiel:** Der T will den O berauben. Er klingelt mit vorgehaltener Waffe an der Eingangstür sei- 42
> nes Hauses. Direkt nach dem Öffnen soll aus Sicht des T der Überfall stattfinden. Als O widerer-
> wartend nicht öffnet, zieht T von dannen.

Hier liegt mit dem Klingeln an der Haustür ein unmittelbares Ansetzen zum Raub
vor, da das Vorhalten der Waffe die Erfüllung des ersten Tatbestandsmerkmals bedeutet hätte. Dass der O nicht öffnet, ist ohne Bedeutung, da maßgebliches Kriterium die
Tätervorstellung ist.

Bei sog. Distanzdelikten (zB Bombe mit Zeitzünder, Bereitstellen vergifteter Geträn- 43
ke etc) wird die Schwelle zum Tötungsversuch bereits dann überschritten, wenn der
Täter, die den Angriff unmittelbar bildende Kausalkette in Gang setzt und den weiteren Geschehensverlauf aus der Hand gibt.[16]

> **Beispiel:** T will seine Ehefrau O töten. Seit Jahren trinkt die O nach der Arbeit zu Hause Tee aus 44
> einer Thermoskanne. An diesem Tag vergiftet T das Getränk und verlässt das gemeinsame Haus.

---

14 Vgl. BGH NJW 1954, 567; NStZ 1997, 83; zu weit BGH NJW 1952, 514 – Pfeffertütenfall.
15 BGH NJW 1952, 514 – Pfeffertütenfall.
16 BGH StV 2013, 632 (636 f.); Frister FS Wolter, 2013, 375 (383 ff.).

45 Mit dem Vergiften des Getränkes hat T bereits zur Tat angesetzt, da aus seiner Sicht das Rechtsgut Leben der O unmittelbar gefährdet wird. Wesentlicher Zwischenschritte bedarf es nicht mehr.

46 **Hinweis:** Anders ist bei Distanzdelikten zu urteilen, wenn sich das Opfer noch nicht im Wirkungskreis des Tatmittels begeben hat und der Täter, der sich über das Erscheinen des Opfers unsicher war, jederzeit den Geschehensablauf stoppen kann.[17] So würde der T im obigen Fall noch nicht zum Versuch ansetzen, wenn er nicht genau weiß, ob O heute nach der Arbeit nach Hause fahren wird oder nicht.

C. Versuch von Qualifikationen

47 Der Versuch eines (unselbstständigen) Qualifikationstatbestandes ist erst dann gegeben, wenn der Täter neben der Verwirklichung der Qualifikation auch zum Grundtatbestand unmittelbar angesetzt hat.[18] Nur der Versuch der Qualifikation ist unzureichend.

48 **Hinweis:** Bei einer unselbstständigen Abwandlung wird durch die darin liegende Veränderung das Grunddelikt nicht aufgehoben, sondern darauf aufgebaut (zB §§ 224, 244, 244a, 250 StGB etc).[19] Bei selbstständigen Abwandlungen besitzen die Veränderungen einen vom Grunddelikt losgelösten Unwert und stellen ein eigenes Delikt dar (zB §§ 249, 252 StGB).[20]

49 **Beispiel:** T will in eine Wohnung einbrechen, um dort Geld und Schmuck zu stehlen. Dazu muss er die schwere Nebeneingangstür aufhebeln. Als er gerade sein Stemmeisen an die Tür ansetzt, wird er auf eine über ihn befindliche Überwachungskamera aufmerksam und flieht vom Tatort.

50 Aus seiner Sicht hat T noch nicht zum Versuch des Diebstahls angesetzt. Für die Wegnahme der fremden Sachen muss er zuerst die *schwere* Nebeneingangstür aufbrechen. Allein das Anlegen des Brecheisens erfüllt nicht das versuchte Qualifikationsdelikt aus §§ 244 Abs. 4, 22, 23 Abs. 1 StGB. Zwingend erforderlich ist das Ansetzen zum § 242 Abs. 1 StGB, da es sich bei § 244 Abs. 4 StGB um eine unselbstständige Abwandlung handelt.

51 Irrt sich der Täter über das Vorliegen eines Qualifikationsmerkmals, so kommt ein Versuch der Qualifikation infrage.

52 **Beispiel:** T bricht in den Kiosk des O ein und stiehlt dort Geld und Zigaretten. Irrtümlich geht T davon aus, dass er in seinem Rucksack eine Schusswaffe mit sich führt. Tatsächlich hat er diese heute zu Hause vergessen.

Hier macht sich T wegen eines Diebstahls in besonders schweren Fall gem. §§ 242 Abs. 1, 243 Abs. 1 S. 2 Nr. 1 StGB strafbar. Der vollendete Diebstahl im besonders schweren Fall steht in Tateinheit zum versuchten Diebstahl mit Waffen aus §§ 244 Abs. 1 Nr. 1a Var. 1, Abs. 2, 22, 23 Abs. 1 StGB.[21]

---

17 Dazu auch BGH NStZ 1998, 294; 2001, 475; Kudlich JuS 1998, 596; Otto NStZ 1998, 243; Wolters NJW 1998, 578.
18 Vgl. BGH NStZ 2017, 86 f.; Fischer § 22 Rn. 36; Schönke/Schröder/Eser/Bosch § 22 Rn. 58; LK-StGB/Murmann § 22 Rn. 155 ff.; Lackner/Kühl/Kühl § 22 Rn. 10.
19 Wessels/Beulke/Satzger StrafR AT Rn. 170.
20 Wessels/Beulke/Satzger StrafR AT Rn. 171.
21 Vgl. Schönke/Schröder/Bosch § 244 Rn. 39.

Es kann auch Fälle geben, in denen zur Verwirklichung einer Qualifikation erst nach dem versuchten Grunddelikt unmittelbar angesetzt werden soll. 53

> **Beispiel:** T ist in den Kiosk des O eingebrochen. Als er Geräusche wahrnimmt, will er gerade zu einem hinter der Kasse befindlichen Schlagstock greifen, als er bemerkt, dass er sich dies nur eingebildet hat. Den Schlagstock nimmt er daher nicht mehr an sich. 54

Der T hat zur Qualifikation aus § 244 Abs. 1 Nr. 1a Var. 1 StGB noch nicht unmittelbar angesetzt. Der versuchte Grundtatbestand im besonders schweren Fall liegt allerdings bereits vor. 55

D. Versuch von Regelbeispielen

Der Versuch eines Regelbeispiels ist nicht möglich, da der § 22 StGB an Tatbestandsmerkmale anknüpft. Ein versuchtes Regelbeispiel kann daher nur zu einem unbenannten besonders schweren Fall führen oder bei der Strafzumessung des Grunddelikts berücksichtigt werden.[22] 56

> **Hinweis:** Bei Regelbeispielen handelt es sich um Vorschriften, die im Vergleich zu Qualifikationen und Privilegierungen keine zwingenden und abschließenden Regelungen treffen („in der Regel"). Da es sich dabei nicht um Tatbestände handelt, indizieren diese nur das Eingreifen der modifizierten Straffolge.[23] 57

In dem unmittelbaren Ansetzen zur Erfüllung eines Regelbeispiels liegt jedoch meistens, aber nicht zwingend, ein unmittelbares Ansetzen zur Verwirklichung des Grundtatbestandes.[24] Sollte der Täter allerdings das Regelbeispiel vollendet haben, und das Grunddelikt ist im Versuch steckengeblieben, so liegt ein versuchtes Delikt im besonders schweren Fall vor. 58

> **Beispiel:** T bricht die Tür des Kiosks auf, findet dort aber keine Wertgegenstände und flieht vom Tatort. 59

Der § 242 Abs. 1 StGB wurde nur versucht. Der besonders schwere Fall liegt allerdings vor, da er in den Geschäftsraum eingebrochen ist. T macht sich gem. §§ 242 Abs. 1, 2, 22, 23 Abs. 1, 243 Abs. 1 Nr. 1 StGB eines versuchten Diebstahls in einem besonders schweren Fall strafbar. 60

> **Klausurhinweis:** Den vollendeten besonders schweren Fall würden Sie in einer Prüfung nach der Schuld darstellen. 61

E. Versuch der Erfolgsqualifikation

Die versuchte (strafbare) Erfolgsqualifikation bedeutet, dass das vorsätzliche Grunddelikt versucht oder vollendet wurde und die besondere Folge aus der Erfolgsqualifikation nicht eingetreten ist, jedoch vom Täter gewollt war (mindestens *dolus even-* 62

---

22 Vgl. BGH NStZ-RR 1997, 293.
23 Wessels/Beulke/Satzger StrafR AT Rn. 172.
24 Näher Degener FS Stree/Wessels, 1993, 305; Wessels FS Maurach, 1972, 295 (305).

tualis).²⁵ Ist das versuchte Grunddelikt Anknüpfungspunkt der Erfolgsqualifikation, so muss dessen Versuch strafbar sein (bei §§ 221, 238 StGB ist dies zB nicht der Fall), denn der § 18 StGB macht die strafverschärfende Wirkung einer Erfolgsqualifikation von dem strafbaren Grundverhalten abhängig.²⁶ Eine Fahrlässigkeit in Bezug auf die Herbeiführung der schweren Folge schließt die Strafbarkeit wegen versuchter Erfolgsqualifikation ebenfalls aus.

63 **Hinweis:** Eine Erfolgsqualifikation setzt sich aus einem vorsätzlichen Grunddelikt und dem Eintritt einer besonders schweren Folge zusammen (sog. uneigentliche Vorsatz-Fahrlässigkeits-Kombination)²⁷. Zwischen dem Grundtatbestand und der schweren Folge muss ein sog. tatbestandsspezifischer Gefahrzusammenhang (bzw. qualifikationsspezifischer Gefahrzusammenhang)²⁸ bestehen. Der Gefahrzusammenhang verlangt, dass sich gerade die dem Grundtatbestand anhaftende spezifische Gefahr in der schweren Folge niedergeschlagen hat²⁹ bzw. sich ein Risiko realisiert, das typischerweise mit dem Grundtatbestand einhergeht.³⁰ Soweit der Grundtatbestand Vorsatz voraussetzt, handelt es sich bei einer Erfolgsqualifikation insgesamt um eine Vorsatztat (§ 11 Abs. 2 StGB). Der Versuch ist daher möglich.

I. Grundtatbestand versucht/schwere Folge bleibt aus

64 In diesem Fall handelt der Täter in Bezug auf die Herbeiführung des Grundtatbestandes und der besonders schweren Folge mit Vorsatz. Beide Delikte bleiben jedoch jeweils im Versuch stecken. Die Strafbarkeit der versuchten Erfolgsqualifikation ist von der Strafbarkeit des versuchten Grundtatbestandes abhängig (→ § 6 Rn. 65).

65 **Beispiel:** T will dem O ein Auge mit einem Bleistift ausstechen (§ 226 Abs. 1 Nr. 1 StGB), verfehlt diesen jedoch.

Der Grundtatbestand der versuchten Körperverletzung ist strafbar (→ § 6 Rn. 12, § 223 Abs. 2 StGB). Die schwere Folge sollte vorsätzlich bewirkt werden. T macht sich wegen einer versuchten Erfolgsqualifikation strafbar.

II. Grundtatbestand vollendet/schwere Folge bleibt aus

66 Ist der vorsätzlich begangene Grundtatbestand vollendet, die schwere Folge, die der Täter zumindest billigend in Kauf genommen hat, tritt jedoch nicht ein, so ist dies als versuchte Erfolgsqualifikation zu sanktionieren.

67 **Beispiel:** T will dem O ein Auge mit einem Bleistift ausstechen. Da der O blitzschnell ausweicht, streift der Bleistift nur die rechte Augenhöhle und hinterlässt einen blutigen Schnitt. Das Auge bleibt unversehrt.

---

25 Vgl. BGH NStZ 2001, 534; Fischer § 18 Rn. 7; Schönke/Schröder/Sternberg-Lieben/Schuster § 18 Rn. 8 f.
26 Wessels/Beulke/Satzger StrafR AT Rn. 998; Schönke/Schröder/Sternberg-Lieben/Schuster § 18 Rn. 9.
27 Wessels/Beulke/Satzger StrafR AT Rn. 1147.
28 Vgl. BGH NJW 2016, 2516 (2518).
29 Vgl. BGH NStZ 2009, 92 (93); BGHSt 48, 34 = BeckRS 2002, 8992 – Gubener Verfolgungsfall; BGHSt 14, 110 (110 ff.) = NJW 1960, 683 – Pistolen-Fall; BGHSt 31, 96 (98 f.) = BeckRS 1982, 666 – Hochsitz-Fall; BGH NJW 1971, 152 – Rötzel-Fall; Fischer § 18 Rn. 2; Schönke/Schröder/Sternberg-Lieben/Schuster § 18 Rn. 4.
30 Vgl. BGH NJW 2016, 2516 (2517).

Hier hat der T den Grundtatbestand des § 223 Abs. 1 StGB (erfüllt wäre hier auch 68 der § 224 Abs. 1 Nr. 2 Var. 2 StGB) vollendet. Die von ihm gewollte schwere Folge ist ausgeblieben. Er macht sich strafbar wegen einer vollendeten gefährlichen Körperverletzung in Tateinheit mit einer versuchten schweren Körperverletzung (sog. Idealkonkurrenz).

Klausurhinweis: In der Klausur müssen Sie zunächst die vollendete gefährliche Körperverletzung 69 prüfen. Im Anschluss stellen Sie auf die versuchte Erfolgsqualifikation ab, die (unter anderem) aufgrund der Vorschriften aus §§ 11 Abs. 2, 18 StGB strafbar ist.[31]

F. Erfolgsqualifizierter Versuch

Bei einem erfolgsqualifizierten Versuch tritt die besonders schwere Folge ein, der 70 Grundtatbestand ist jedoch (zwingend) im Versuch stecken geblieben.

Beispiel: T überfällt Spaziergänger O. Um an sein Geld zu gelangen, schlägt T den O nieder. Als er bemerkt, dass er den O erschlagen hat, flieht er ohne Beute aus Angst vor Entdeckung vom Tatort.

Die Wegnahme des Raubes gem. § 249 Abs. 1 StGB wurde nicht vollendet, da es an 71 der Neubegründung fremden Gewahrsams fehlt. Die besonders schwere Folge aus § 251 StGB ist hingegen leichtfertig eingetreten. Zu beachten ist, dass der Grundtatbestand im Versuch strafbar ist, da es sich bei § 249 Abs. 1 StGB um ein Verbrechen handelt (s. §§ 12 Abs. 1, 23 Abs. 1 StGB).

Hinweis: Gegebenenfalls ist der T jedoch zurückgetreten (→ § 7 Rn. 19 Rücktritt). 72

Beispiel: T will den Nebenbuhler O mit seinem Pistolengriff auf den Kopf schlagen. Bereits beim 73 Ausholen löst sich fahrlässig ein Schuss, der den O mit tödlicher Wirkung im Bauch trifft.

Die gefährliche Körperverletzung aus § 224 Abs. 1 Nr. 2 Var. 2 StGB wurde versucht. 74 Die schwere Folge aus § 227 Abs. 1 StGB ist fahrlässig eingetreten. Auch hier ist der Grundtatbestand im Versuch strafbar (s. §§ 223 Abs. 2, 224 Abs. 2 StGB).

Beispiel: Der T versucht sein Kind O im Wald auszusetzen. Dies gelingt ihm nicht. Dennoch tritt 75 bei O der Tod fahrlässig ein.

Hier wurde der § 221 Abs. 1 StGB nur versucht. Die schwere Folge aus § 221 Abs. 3 76 StGB ist hingegen eingetreten. Problematisch ist im Vergleich zu den obigen Fällen, dass der Grundtatbestand § 221 StGB nicht im Versuch strafbar ist (s. auch § 238 Abs. 3 StGB). Soweit in diesen Fällen die schwere Folge fahrlässig herbeigeführt wurde, wird eine Versuchsstrafbarkeit generell abgelehnt, da ansonsten die Erfolgsqualifikation nicht straf*verschärfenden*, sondern vielmehr straf*begründenden* Charakter hätte.[32] Nach anderer Ansicht kann unabhängig von der Versuchsstrafbarkeit des Grunddeliktes ein erfolgsqualifizierter Versuch vorliegen.[33]

---

31 Zur versuchten Erfolgsqualifikation beim Raub vgl. BGH NStZ 2001, 534; 2001, 371; dazu R. Schmidt StrafR BT II Rn. 445.
32 Schönke/Schröder/Sternberg/Lieben § 18 Rn. 9.
33 Laubenthal JZ 1987, 1069; Rath JuS 1999, 142.

§ 6 Versuch

I. Strafbarkeit des erfolgsqualifizierten Versuchs (insbesondere tatbestandsspezifischer Gefahrzusammenhang)

77 Ein erfolgsqualifizierter Versuch ist dann strafbar, wenn der qualifizierende Erfolg mit der Tathandlung verknüpft ist, so zB bei § 178 StGB[34] oder § 251 StGB[35]. Bei § 227 Abs. 1 StGB ist fraglich, ob der Anknüpfungspunkt für die besonders schwere Folge der Körperverletzungs**erfolg** (sog. Letalitätsthese) oder die Körperverletzungs**handlung** (Lehre von der Handlungsgefahr) darstellt. Wird nur auf den Körperverletzungserfolg abgestellt, der bei einer versuchten Körperverletzung nicht eintritt, so ist ein erfolgsqualifizierter Versuch in Bezug auf § 227 Abs. 1 StGB nicht möglich. Die überwiegende Ansicht geht jedoch davon aus, dass schon die Handlung der Körperverletzung diese besondere Gefährlichkeit erfasst, die typischerweise zu der Todesfolge führt.[36]

78 Trotz Vorliegens der besonders schweren Folge kann jedoch nur wegen des versuchten Grunddeliktes bestraft werden, wenn die Erfolgsqualifikation nach der Konzeption des Tatbestandes nur auf den Erfolg des Grunddeliktes aufbaut, dieser jedoch nicht eintreten sollte.[37] So muss sich zB die konkrete Individualgefahr aus § 308 Abs. 2 StGB durch die Gefährlichkeit der Explosion, etwa durch Splittereinwirkungen, realisieren.[38]

79 Bei § 306b Abs. 1 StGB hingegen ist die Kausalität zwischen der Brandstiftungs*handlung* und der schweren Gesundheitsschädigung notwendig.[39] So kann eine erfolgsqualifizierte versuchte schwere Brandstiftung schon dann vorliegen, wenn bei dem Vorgang der Brandlegung an einer Wohnung das Opfer versehentlich mit Benzin übergossen wird und allein dadurch Verletzungen erleidet.[40]

80 **Beispiel:** T zerrt die Joggerin O in einen Wald, um sie zu vergewaltigen. Sein mitgeführtes Messer legt er ihr an die Kehle. O sperrt sich gegen T und verhindert so die Vergewaltigung. Als sie sich aus dem Griff des T zu entziehen versucht, kommt es fahrlässig zu einem tödlichen Stich in die Kehle der O.

81 Der § 178 StGB als erfolgsqualifizierter Versuch liegt vor. Bei § 178 StGB muss der Tod nicht zwangsläufig auf einer erfolgreichen vollendeten sexuellen Nötigung oder Vergewaltigung (s. § 177 StGB) basieren. Dieser kann auch auf die Gefährlichkeit der Täterhandlung zurückzuführen sein.

---

34 RGSt 69, 332; LK-StGB/Hörnle § 178 Rn. 14; MüKoStGB/Renzikowski § 176 Rn. 13.
35 BGHSt 42, 158 = BeckRS 1996, 5282; BGH NStZ 2001, 534.
36 BGHSt 48, 34 = BeckRS 2002, 8992 – Gubener Verfolgungsfall mablAnm Puppe JR 2003, 123 und kritAnm Kühl JZ 2003, 637; Wessels/Hettinger/Engländer StrafR BT I Rn. 262, 301; BGH NStZ 2008, 278 – Fensterbrettfall.
37 Schönke/Schröder/Sternberg-Lieben/Schuster § 18 Rn. 9.
38 Schönke/Schröder/Heine/Bosch § 308 Rn. 10a.
39 Schönke/Schröder/Heine/Bosch § 306b Rn. 3.
40 Vgl. BGHSt 7, 39 zu § 307 Nr. 1 aF = BeckRS 1954, 105767.

F. Erfolgsqualifizierter Versuch

II. (Vorgeschlagenes) Prüfungsschema anhand der § 223 Abs. 1, 2 StGB, §§ 22, 23 Abs. 1, 227 Abs. 1 StGB als erfolgsqualifizierten Versuch

A. § 223 Abs. 1, 2 StGB, §§ 22, 23 Abs. 1 StGB 82
Sie sollten zunächst die versuchte Körperverletzung vollständig (I. TB, II. RWK, III. Schuld) prüfen.

B. § 227 Abs. 1 StGB
Dann gehen Sie zu der Prüfung der Erfolgsqualifikation über.
I. Tatbestand
1. Vorsätzlich versuchtes Grunddelikt (→ § 6 Rn. 70)
2. Eintritt der besonderen Folge (hier der Tod)
3. Kausalität und objektive Zurechnung
Hierbei bedarf es eines Kausalzusammenhanges zwischen dem versuchten Grunddelikt und der besonders schweren Folge. Hier sind zudem die Fallgruppen, die im Rahmen der Fahrlässigkeitstat thematisiert wurden, als Ausschlussmomente für die objektive Zurechnung zu beachten.
4. Tatbestandsspezifischer Gefahrzusammenhang
Der Gefahrzusammenhang muss zwischen dem Grunddelikt und der Todesfolge vorliegen (→ § 6 Rn. 77). Bei dem erfolgsqualifizierten Versuch aus § 227 StGB ist hier zu diskutieren, ob der Körperverletzungs*erfolg* den Anknüpfungspunkt für den Gefahrzusammenhang darstellen muss oder ob auch auf die Körperverletzungs*handlung* abgestellt werden kann (→ § 6 Rn. 77). Wird die zweite Ansicht befolgt, so ist der erfolgsqualifizierte Versuch möglich, ansonsten verbleibt die Strafbarkeit wegen einer versuchten Körperverletzung.
5. Wenigstens Fahrlässigkeit, § 18 StGB
In Bezug auf die objektive Sorgfaltspflichtverletzung kann auf die Verwirklichung des Grunddeliktes verwiesen werden. Alleiniges Merkmal der Fahrlässigkeitsprüfung ist somit die objektive Vorhersehbarkeit.[41]
Klausurhinweis: Hier sollten Sie sich nicht widersprechen. Mangelt es an der objektiven Vorhersehbarkeit aufgrund eines atypischen Kausalverlaufes, so liegt bereits die objektive Erfolgszurechnung nicht vor.
II. Rechtswidrigkeit
Klausurhinweis: Sollte ein Rechtfertigungsgrund vorliegen, so müssten Sie die Rechtswidrigkeit für den Grundtatbestand und die Erfolgsqualifikation gemeinsam prüfen.
III. Schuld
Insbesondere ist hier neben den Entschuldigungs- und Schuldausschließungsgründen der subjektive Fahrlässigkeitsvorwurf zu prüfen.

---

41 BGH NStZ 2001, 478 f.; 1997, 82; vgl. auch Fischer § 227 Rn. 7a.

G. Unmittelbares Ansetzen bei der actio libera in causa

83 Es stellt sich die Frage, wann bei einer *actio libera in causa* der Täter unmittelbar zum Delikt ansetzt. Wird im Rahmen der Herleitung der *actio libera in causa* auf das Tatbestandsmodell abgestellt, so müsste der Täter mit dem Sichbetrinken, also der Herbeiführung des Defektzustandes, unmittelbar zum Delikt ansetzen (→ § 5 Rn. 25 *actio libera in causa*). Dies erscheint nicht sachgerecht, da der Versuch der Tat gem. § 22 StGB stets mit dem unmittelbaren Ansetzen zur tatbestandlichen Ausführungshandlung beginnt. Durch die Konstruktion der *actio libera in causa* wird die Versuchsstrafbarkeit nicht „vorverlegt".[42] So setzt der Täter nicht zum Versuch an, wenn er sich mit zwei Flaschen Whisky Mut antrinkt, um drei Stunden später das Opfer zu töten.

H. Untauglicher Versuch, § 23 Abs. 3 StGB/Strafloses Wahndelikt

84 Untauglich ist ein Versuch dann, wenn die Verwirklichung des gesetzlichen Tatbestandes entgegen der Vorstellung des Täters aus rechtlichen oder tatsächlichen Gründen nicht eintreten kann.[43] Dies kann unter anderem an einem untauglichen Tatmittel oder an einem untauglichen Tatobjekt liegen.

85 **Beispiel:** T will seine Ehefrau mit einem alten Revolver seines Großvaters erschießen. Was T nicht weiß: Die Waffe wurde bereits vor vielen Jahren verplombt und damit ungefährlich gemacht. Er drückt ab und es löst sich kein Schuss.

86 Das Tatmittel des T war hier untauglich. Der T macht sich wegen versuchten Mordes strafbar.

87 **Beispiel:** T will seine Ehefrau O töten. Sein Revolver ist funktionstüchtig. Er schießt auf die vermeintlich schlafende O und trifft sie zweimal im Bauch. Die Schüsse wären tödlich gewesen, jedoch hat die O gar nicht geschlafen, sondern ist aufgrund eines unerwarteten Herzstillstandes bereits in der Nacht verstorben. T hat auf eine Leiche eingeschossen.

Hier betrifft die Untauglichkeit nicht das Tatmittel, sondern das Tatobjekt. Der T ist wegen versuchten Mordes strafbar.

88 **Hinweis:** Hinsichtlich einer möglichen Erfüllung des § 168 Abs. 1 StGB handelt der T infolge eines Tatbestandsirrtums (§ 16 Abs. 1 S. 1 StGB) vorsatzlos.

89 Von einem untauglichen Versuch ist das straflose Wahndelikt zu unterscheiden. Der untaugliche Versuch ist ein umgekehrter Tatbestandsirrtum, da der Täter irrig Umstände annimmt, die bei dessen wirklichen Vorliegen den Tatbestand erfüllen würden.[44] Bei einem Wahndelikt hält der Täter sein in Wirklichkeit strafloses Verhalten irrtümlich für strafbar.[45] Die vorgestellte Verbotsnorm existiert hierbei nur in seiner Einbildung bzw. überdehnt er diese infolge falscher Auslegung zu seinen Ungunsten.[46]

---

42 Wessels/Beulke/Satzger StrafR AT Rn. 663.
43 Vgl. Gropp/Sinn StrafR AT § 9 Rn. 28; Fischer § 22 Rn. 43; Schönke/Schröder/Eser/Bosch § 22 Rn. 60.
44 BGHSt 42, 268 = BeckRS 1996, 7477 mAnm Arzt JR 1997, 469 und Kudlich NStZ 1997, 432.
45 Vgl. Koblenz NJW 2001, 1364; Fischer § 22 Rn. 49.
46 Vgl. OLG Stuttgart NStZ-RR 2001, 370.

Das Wahndelikt ist somit ein umgekehrter Verbotsirrtum, denn bei einem Verbotsirrtum nach § 17 StGB begeht der Täter Unrecht, erkennt dies jedoch nicht (→ § 9 Rn. 90 Irrtumslehre).

> **Beispiel:** T hat neben seiner Frau noch drei Geliebte. Er denkt, dass dies strafbar sei.

90

Hier nimmt der Täter irrig eine Verbotsnorm an, die nicht existiert. Er ist straflos.

91

> **Beispiel:** T wird zuhause von einem Dieb bestohlen. Zur Verteidigung seiner Sachwerte schlägt er den Dieb nieder, geht jedoch irrig davon aus, dass er dies zur Verteidigung von Sachwerten gar nicht darf.

92

Der Täter denkt, dass sein Verhalten rechtswidrig sei, da er die Grenzen des objektiv vorliegenden Rechtfertigungsgrund zu seinen Ungunsten überdehnt. Er macht sich nicht strafbar.

93

> **Hinweis:** Ein Wahndelikt ist in diesem Zusammenhang auch möglich, wenn der Täter objektiv gerechtfertigt handelt, jedoch den Rechtfertigungsgrund nicht kennt. Dies ist nicht zu verwechseln mit dem fehlenden subjektiven Rechtfertigungselement bei objektiv gerechtfertigter Lage. Dann macht sich der Täter wegen eines Versuchs bzw. wegen einer Vollendung strafbar.[47]

94

Sollte der Täter den Tatbestand zwar kennen, jedoch zu seinen Ungunsten ein Tatbestandsmerkmal fehlerhaft auslegen, kann dies auch ein Wahndelikt bedeuten.

95

> **Beispiel:** Der T verkehrt mit einer 19-jährigen. Er denkt, dies erfülle den Tatbestand aus § 176 Abs. 1 Nr. 1 StGB, weil er meint, dass die Grenze bei 21 Jahren liegt.

96

I. Versuch bei mehreren Beteiligten

Sollten an einem Delikt mehrere Personen beteiligt sein, so ist gegebenenfalls zu erörtern, wann die Schwelle zum Versuch überschritten wurde.

97

I. Versuch bei der Mittäterschaft, § 25 Abs. 2 StGB

Nach einer Ansicht wird das unmittelbare Ansetzen für die Mittäter getrennt voneinander bewertet (sog. Einzellösung). Es wird dabei für jeden einzelnen Mittäter bestimmt, ob er entsprechend dem Tatplan zu seinem eigenen Tatbeitrag unmittelbar angesetzt hat.[48]

98

> **Beispiel:** T und F planen gemeinsam einen Wohnungseinbruchsdiebstahl. T soll in das Gebäude einsteigen, um dort nach Geld und Schmuck zu suchen. Der F soll im Anschluss an die Tat den T vom Ereignisort abholen.

99

Werden beide Tatbeiträge hinsichtlich der Versuchsstrafbarkeit getrennt voneinander beurteilt, so setzt F erst nach Vollendung der Tat des T zur Deliktsverwirklichung an. Dies erscheint nicht sachgerecht, da T mit dem Einsteigen in das Gebäude die Versuchsschwelle bereits überschritten hat.

100

---

47 Vgl. dazu BGH NStZ 2001, 143 (144); 1996, 29 (30); Schönke/Schröder/Eser/Bosch § 22 Rn. 81; Fischer § 32 Rn. 27; Wessels/Beulke/Satzger StrafR AT Rn. 415.
48 LK-StGB/Schünemann/Greco § 25 Rn. 227.

101 **Beispiel:** F soll nur die Tat vorbereiten, indem er die Planungen übernimmt und Einbruchswerkzeug besorgt. Am Tatort selbst soll F nicht mitwirken. Bevor Mittäter T planmäßig in das Gebäude einbrechen konnte, wurde er vor dem Haus von der Polizei entdeckt.

102 Hier zeigt sich eine weitere Schwäche der Einzellösung. Würde der Tatbeitrag des F isoliert bewertet werden, so wäre er wegen eines versuchten Wohnungseinbruchdiebstahls strafbar, weil er seinen Tatbeitrag geleistet hat, obwohl das Delikt insgesamt im (eigentlich straflosen) Vorbereitungsstadium stecken geblieben ist.[49]

103 Die überwiegende Ansicht favorisiert daher die sog. Gesamtlösung. Danach beginnt bei der Mittäterschaft das unmittelbare Ansetzen zur Tat für alle gleichermaßen, wenn einer der Beteiligten entsprechend dem Tatplan eine Handlung vornimmt und mit dieser die Tat nach der Vorstellung aller in das Versuchsstadium bringt.[50] Für diese Lösung spricht, dass die Mittäter im Zuge eines bewussten und gewollten Zusammenwirkens eine gemeinsame Tat begehen, deren Versuch und Vollendung sich gemeinsam vollzieht. Jedem Mittäter ist zudem nicht nur sein eigener Tatbeitrag zuzurechnen, sondern auch das, was die übrigen Beteiligten im Rahmen der Deliktsverwirklichung tun.[51]

104 **Beispiel:** T und F planen einen Wohnungseinbruchsdiebstahl. F wartet im Fluchtwagen. Als T absprachegemäß versucht, die Wohnungstür aufzuhebeln, ertönt die hauseigene Alarmanlage. T und F flüchten vom Tatort.

105 Obwohl hier nur T zur Deliktsverwirklichung unmittelbar angesetzt hat, wird dem F dieser Tatbeitrag zugerechnet. Wird der Gesamtlösung gefolgt, machen sich beide gem. §§ 244 Abs. 4, 22, 23 Abs. 1, 25 Abs. 2 StGB strafbar.

II. Versuch bei der mittelbaren Täterschaft, § 25 Abs. 1 S. 2 StGB

106 Bei der mittelbaren Täterschaft beginnt der Versuch, sobald der Tatmittler zur Deliktsverwirklichung unmittelbar ansetzt.

107 **Beispiel:** T will seinen Bruder O umbringen, will sich jedoch selbst nicht die Hände schmutzig machen. Daher gibt er seiner Frau F ein tödliches Gift in einer kleinen Ampulle. Er sagt ihr, dass es sich hierbei um ein flüssiges Aroma handelt, welches sie ihrem Schwager in den Kaffee einfüllen solle. Die gutgläubige F schüttet das Gift in den Kaffee des Schwagers und überreicht ihm das Getränk. Der Schwager will gerade daran nippen, als er einen bitteren Geruch wahrnimmt und den Kaffee daraufhin wegstellt.

108 Spätestens mit dem Überreichen des vergifteten Kaffees hat F unmittelbar zur Tat angesetzt. Dies wird dem mittelbaren Täter T zugerechnet. Er macht sich wegen eines versuchten Mordes in mittelbarer Täterschaft gem. §§ 211, 22, 23 Abs. 1, 25 Abs. 1 Var. 2 StGB strafbar. F hingegen handelt in Bezug auf den versuchten Mord tatbestandslos, da sie gutgläubig war.

109 Teilweise wird vertreten, dass der Versuch für den mittelbaren Täter *stets* davon abhänge, dass der Tatmittler zur Tat unmittelbar ansetzt.[52] Diese (strenge) Ansicht ist nicht vorzugswürdig, da der Versuch bei dem mittelbaren Täter dann so lange ausgeschlossen ist, wie sich der Tatmittler noch im Vorbereitungsstadium befindet. Nach

---

49 Vgl. BGH NStZ 1981, 99.
50 BGHSt 36, 249 = BeckRS 1989, 2344; Wessels/Beulke/Satzger StrafR AT Rn. 962.
51 Wessels/Beulke/Satzger StrafR AT Rn. 811.
52 Lackner/Kühl/Kühl § 22 Rn. 9.

anderer Ansicht setzt der mittelbare Täter bereits zur Verwirklichung des gesetzlichen Tatbestandes an, wenn er den Tatmittler zur Tatausführung bestimmt hat und ihn aus seinen Einwirkungsbereich in der Vorstellung entlässt, dass er die tatbestandsmäßige Handlung nunmehr vornehmen werde.[53] Er muss also das von ihm in Gang gesetzte Geschehen in der Weise aus der Hand gegeben haben, dass der daraus resultierende Angriff auf das Opfer nach seiner Vorstellung von der Tat ohne weitere wesentliche Zwischenschritte und ohne längere Unterbrechung im nachfolgenden Geschehensablauf unmittelbar in die Tatbestandsverwirklichung einmünden soll.[54]

Beispiel: T übergibt der gutgläubigen F eine Ampulle mit Gift. Sie solle es seinem Bruder in den Kaffee mischen. Bevor F den Kaffee vergiftet, nimmt sie einen bitteren, mandelartigen Geruch wahr und schüttet das Serum weg. 110

Hier hat die F (wohl) noch nicht zum Delikt unmittelbar angesetzt. Dennoch ist nach vorzugswürdiger Ansicht (→ § 6 Rn. 45) der T wegen §§ 211, 22, 23 Abs. 1, 25 Abs. 1 S. 2 StGB zu bestrafen, denn seine Einwirkung auf F war bereits abgeschlossen. Mit der Übergabe des Giftes und der Beauftragung, den Kaffee zu manipulieren, hat der T aus seiner Sicht alles Erforderliche getan, um den Mord zu vollenden. Mit dem Entlassen der F aus seinem Herrschaftsbereich hat er das Rechtsgut des Bruders in unmittelbare Gefahr gebracht. 111

III. Versuchte Anstiftung, § 30 Abs. 1 StGB

In § 30 Abs. 1 StGB ist die versuchte Anstiftung normiert. Voraussetzung ist, dass zu einem Verbrechen angestiftet wird, der Haupttäter jedoch bereits diesbezüglich *omnimodo facturus* (→ § 8 Rn. 117) ist oder die Haupttat nicht das Versuchsstadium erreicht. Der Vorsatz des Anstifters muss sich dabei auf das Hervorrufen eines Tatentschlusses beim Haupttäter beziehen und auf die Ausführung und Vollendung der Haupttat gerichtet sein.[55] Die Tat, zu der angestiftet wird, muss sich zumindest nach der Vorstellung des Anstifters als ein Verbrechen darstellen.[56] Bei der versuchten Anstiftung gelten die allgemeinen Regeln des Versuchs. Im Rahmen des Tatentschlusses muss dargestellt werden, ob der Anstifter Vorsatz auf die objektiven Merkmale der Anstiftung hatte. Ferner ist zu prüfen, ob der Anstifter nach seiner Vorstellung zur Tat unmittelbar angesetzt hat. 112

Hinweis: Der § 30 Abs. 1 StGB bildet keinen eigenständigen Straftatbestand, sondern muss stets mit der Strafnorm zitiert werden. 113

Beispiel: T will sich an seiner Freundin O rächen, da diese ihm fremdgegangen ist. Er will, dass sie ihre Schönheit verliert und nimmt Kontakt zu seinem Freund F auf. F solle der O ätzende Säure ins Gesicht spritzen, um sie so zu verunstalten. F lehnt ab. Diese Form der Rache ist ihm zu grausam. 114

T hat sich gem. §§ 226 Abs. 1, 2, 30 Abs. 1 StGB strafbar gemacht, da es sich bei § 226 StGB um ein Verbrechen handelt und die Haupttat, deren Vollendung aus Sicht des T erzielt werden sollte, nicht in das Versuchsstadium gelangt ist. 115

---

53 Schmidt StrafR AT Rn. 683.
54 Vgl. BGHSt 30, 363 = BeckRS 1982, 156; LK-StGB/Schünemann/Greco § 25 Rn. 170 ff.
55 OLG Hamm JR 1992, 521.
56 BGHSt 4, 254 = NJW 1953, 1760.

116 **Hinweis:** Die versuchte Anstiftung darf nicht mit der Anstiftung zu einem Versuch verwechselt werden. Die Anstiftung zu einer versuchten Tat bedeutet, dass der Anstifter einen Haupttäter zu einer Tat bestimmt hat, die Tat jedoch nur versucht wurde. Die Anstiftung richtet sich dann nach § 26 StGB und ist unabhängig von der Deliktsnatur (Verbrechen/Vergehen) der Haupttat zu sanktionieren. Jedoch muss auch hier der Anstifter Vorsatz auf die Vollendung der Haupttat besitzen.

117 **Beispiel:** T stiftet den F zu einer Körperverletzung an der O an. Dem Faustschlag des F konnte die O geschickt ausweichen.

118 Der T macht sich wegen einer Anstiftung zu einer versuchten Körperverletzung gem. §§ 223 Abs. 1, 2, 22, 23 Abs. 1, 26 StGB strafbar.

119 Ist der Haupttäter bereits zur Tat fest entschlossen (sog. *omnimodo facturus*), kann dazu nicht mehr angestiftet werden.[57] Es verbleibt dann nur die versuchte Anstiftung.[58]

120 **Beispiel:** T verlangt von F, dass dieser seiner Freundin O ätzende Salzsäure in das Gesicht spritzen solle. F teilt dem erstaunten T mit, dass er dies bereits im Vorfeld geplant habe. F setzt die Tat um.

121 T macht sich gem. §§ 226 Abs. 1, 2, 30 Abs. 1 StGB strafbar. Wäre F allerdings nur tatgeneigt, so wäre wiederum eine Anstiftung nach § 26 StGB möglich.[59] Hätte der T dem zur Tat fest entschlossenen F Hinweise zur Tatbegehung (zB wo die Säure erhältlich ist) gegeben, dann wäre der T wegen psychischer Beihilfe zur schweren Körperverletzung gem. §§ 226 Abs. 1, 2, 27 Abs. 1 StGB zu bestrafen.

IV. Verbrechensverabredung, § 30 Abs. 2 StGB

122 In § 30 Abs. 2 StGB ist unter anderem die sog. Verbrechensverabredung geregelt. Diese besteht in der Willenseinigung von mindestens zwei Personen über die gemeinsame mittäterschaftliche Verwirklichung eines Verbrechens.[60] § 30 Abs. 2 StGB ist damit eine Vorstufe zur Mittäterschaft.[61] Sollten mehrere Täter eine Verabredung treffen, so kann die Bestrafung des Anstifters zum verabredeten Verbrechen nur über § 30 Abs. 1 StGB erfasst werden. Ein Gehilfe hierzu bleibt straflos.[62] Die geplante Tat muss im Hinblick auf die arbeitsteilige Durchführung bereits rechtlich relevante Konturen angenommen haben.[63] So genügt die Verabredung, eine bestimme Person bei nächster Gelegenheit zu töten, nicht.[64] Zudem muss die Verabredung von beiden Seiten ernst gemeint sein.[65] § 30 Abs. 2 StGB ist daher nicht erfüllt, wenn auch nur bei einem der Beteiligten der innere Vorbehalt bestehen sollte, sich tatsächlich nicht an der Tat beteiligen zu wollen.[66]

123 **Beispiel:** T und F planen am nächsten Tag den Juwelierhändler O zu überfallen. Mit vorgehaltener Schusswaffe wollen sie ihn zur Herausgabe seiner Barschaften zwingen.

---

57 Wessels/Beulke/Satzger StrafR AT Rn. 883.
58 Vgl. dazu auch BGH NJW 2005, 2867; 2013, 1106 f.
59 BGHSt 45, 373 (374) = BeckRS 2000, 30091581.
60 BGHSt 54, 174 = BeckRS 2009, 29886.
61 BGH NJW 2017, 2134.
62 Schönke/Schröder/Heine/Weißer § 30 Rn. 24.
63 BGH BeckRS 2016, 112031.
64 BGH StV 1994, 528.
65 BGH NJW 2017, 2134.
66 BGH NJW 2017, 2134.

Die schwere räuberische Erpressung ist noch nicht in das Versuchsstadium gelangt. T und F machen sich daher gem. §§ 253, 255, 250 Abs. 2 Nr. 1 Var. 1, 30 Abs. 2 StGB strafbar.

> **Hinweis:** Wird das Verbrechen begangen, so tritt die Verbrechensverabredung als Vorstufe der Tat zurück.

J. Versuch bei unechten Unterlassungsdelikten

Bei dem Versuch eines unechten Unterlassungsdeliktes wird teilweise auf das Verstreichenlassen der ersten Rettungsmöglichkeit[67] und zum Teil auf das Verstreichenlassen der letzten Rettungsmöglichkeit[68] abgestellt. Vorzugswürdig erscheint es den Versuch eines unechten Unterlassungsdeliktes bereits dann anzunehmen, wenn nach der Vorstellung des Garanten (§ 13 StGB) das geschützte Objekt bereits unmittelbar in Gefahr geraten ist und der Eintritt des tatbestandlichen Erfolges so nahe gerückt ist, sodass eine sofortige Erfüllung der Rettungspflicht notwendig erscheint. Sobald der Unterlassungstäter dann die erste Rettungsmöglichkeit verstreichen lässt, ist der Versuch zu bejahen, da sich jede weitere Rettungsmöglichkeit dann als zufällig darstellt.[69]

> **Beispiel:** T geht mit seinem dreijährigen Kind O ins Freibad. O fällt ohne Schwimmflügel in das Nichtschwimmerbecken und droht zu ertrinken. Es kann sich strampelnder Weise noch gerade über Wasser halten. T sieht das Geschehen, könnte sofort eingreifen, macht jedoch nichts und nimmt den Tod des Kindes billigend in Kauf. Nur das beherzte Eingreifen des Bademeisters kann das Leben des Kindes retten.

T macht sich wegen eines versuchten Totschlages durch ein Unterlassen gem. §§ 212 Abs. 1, 22, 23 Abs. 1, 13 Abs. 1 StGB strafbar. Er hat das gesamte Geschehen verfolgen können und erkannte die akute Lebensgefahr, als sein Sohn in das Wasser stürzte. Diese erste (und wohl auch letzte) Rettungsmöglichkeit hat er trotz der Gefahrensituation nicht wahrgenommen. Er hat durch sein Untätigbleiben die Schwelle zum strafbaren Versuch überschritten.

---

67 Schröder JuS 1962, 81.
68 So Kaufmann, Die Dogmatik der Unterlassungsdelikte, 2. Aufl. 1988, S. 210 ff.
69 Wessels/Beulke/Satzger StrafR AT Rn. 1223.

§ 7 Rücktritt

Der Rücktritt ist ein persönlicher Strafaufhebungsgrund[1] und in § 24 Abs. 1, 2 StGB geregelt. Gemäß § 24 StGB kann nur von einer *versuchten* Tat zurückgetreten werden. Bei Vollendung der Tat ist die (deliktsabhängige) tätige Reue (s. zB § 306e StGB) möglich. 1

> **Hinweis:** Für § 30 StGB existiert eine eigene Rücktrittsregelung in § 31 StGB. 2

Der § 24 Abs. 1, 2 StGB unterscheidet sich in seinen Absätzen dadurch, dass der § 24 Abs. 1 StGB nur bei Alleintätern und der § 24 Abs. 2 StGB bei mehreren Beteiligten zur Anwendung kommt. In § 24 Abs. 1 StGB gibt es insgesamt drei Rücktrittsmöglichkeiten. Bei § 24 Abs. 1 S. 1 Var. 1 StGB kann der Täter die Tat aufgeben oder gem. § 24 Abs. 1 S. 1 Var. 2 StGB die Tatvollendung durch einen zumindest mitursächlichen Gegenakt verhindeRn. Bei § 24 Abs. 1 S. 2 StGB bedarf es keines kausalen Gegenaktes zur Erfolgsabwendung, ausreichend ist ein ernsthaftes und freiwilliges Bemühen, den Erfolg zu verhindeRn. Bei § 24 Abs. 1 StGB wird ferner zwischen dem unbeendeten und dem beendeten Versuch differenziert. Bei § 24 Abs. 2 StGB erfolgt diese Unterscheidung nicht. 3

> **Hinweis:** Die Strafbefreiung infolge eines Rücktritts vom Versuch ist nur zu erlangen, wenn die Tat nicht vollendet wurde. Tritt der Erfolg trotz der Rücktrittsbemühungen des Täters ein, so bleibt für den § 24 Abs. 1 StGB grundsätzlich keinen Raum.[2] Etwas anderes könnte zB dann gelten, wenn der T das zuvor vorsätzlich verletzte Opfer mit Rettungsabsicht in ein Krankenhaus fährt, der Arzt im Rahmen Operation jedoch einen grob fahrlässigen Behandlungsfehler begeht, der den O infolgedessen tötet (→ § 1 Rn. 350). Ein strafbefreiender Rücktritt ist hier trotz Erfolgsherbeiführung möglich. 4

A. Prüfungsrelevanz

Da der Versuch sehr prüfungsrelevant ist, muss dies auch für den Rücktritt aus § 24 Abs. 1 StGB gelten. Nach der Versuchsprüfung ist es ratsam, auf einen möglichen Rücktritt abzustellen bzw. diesen zumindest negativ abzugrenzen. Allerdings wird der § 24 Abs. 1 StGB wohl häufiger Gegenstand einer Klausur sein, als die Rücktrittsvoraussetzungen aus § 24 Abs. 2 StGB bei mehreren Beteiligten. 5

B. Prüfungsschema

I. Vorprüfung (Versuch) 6
II. Tatbestand (Versuch)
III. Rechtswidrigkeit

---

1 BGH StV 1982, 1; Schönke/Schröder/Eser/Bosch § 24 Rn. 4.
2 Wessels/Beulke/Satzger StrafR AT Rn. 1006.

IV. **Schuld**
V. **Rücktritt, § 24 Abs. 1 StGB**
   1. Kein fehlgeschlagener Versuch
   2. Abgrenzung unbeendeter/beendeter Versuch
      a) Bei einem unbeendeten Versuch, § 24 Abs. 1 S. 1 Var. 1 StGB – Freiwillige Aufgabe der weiteren Tatausführung
      b) Bei einem beendeten Versuch nach § 24 Abs. 1 S. 1 Var. 2 StGB – Freiwillige Verhinderung der Tatvollendung
      c) Bei einem beendeten Versuch nach § 24 Abs. 1 S. 2 StGB – Freiwilliges, ernsthaftes Bemühen, die Vollendung der Tat zu verhindern

I. Kein fehlgeschlagener Versuch

7 Der Rücktritt erfasst nicht den fehlgeschlagenen Versuch, da für § 24 StGB kein Raum ist, wenn der Täter die Vollendung der Tat gar nicht mehr für möglich hält.[3] Ein fehlgeschlagener Versuch liegt immer dann vor, wenn die zum Zwecke der Tatbegehung vorgenommenen Handlungen ihr Ziel nicht erreicht haben und der Täter erkannt hat, dass er mit dem ihm zur Verfügung stehenden Mitteln den tatbestandlichen Erfolg entweder gar nicht oder zumindest nicht ohne zeitlich relevante Zäsur erreichen wird.[4]

8 **Beispiel:** T will in eine Bank einbrechen und die dortige Panzertür zum Tresorraum mittels Schneidbrenner öffnen. Als T vor der massiven Metalltür angelangt ist, fällt der Brenner funktionsuntüchtig aus. T hat zwar einen Ersatzschneidbrenner zuhause, er müsste aber erst einmal 30 Minuten dorthin fahren, um diesen zu holen. Daher bricht er die weitere Tatbegehung ab und fährt unverrichteter Dinge nach Hause.

9 Der Diebstahl ist im Versuch stecken geblieben. Der § 24 Abs. 1 StGB ist ausgeschlossen, da der Täter sein Ziel nicht erreicht hat bzw. nicht ohne zeitlich relevante Zäsur erreichen wird.

10 Nach überwiegender Ansicht ist ein Versuch auch dann fehlgeschlagen, wenn das Weiterhandeln des Täters sinnlos erscheint.[5]

11 **Beispiel:** T schweißt den hauseigenen Tresor der Familie O auf. Er findet darin statt des erhofften Schmucks nur wertlose Papiere und einen 50 EUR-Schein. Auf die Mitnahme der fremden Sachen verzichtet er.

1. Einzelaktstheorie

12 Die sog. Einzelaktstheorie erfasst jede einzelne Ausführungshandlung des Täters gesondert, die dieser bei Tatbeginn für erfolgsgeeignet gehalten hat. Scheitert eine Ausführungshandlung, so liegt ein selbstständiger fehlgeschlagener Versuch vor.[6]

13 **Beispiel:** T stößt den O von einer Brücke, um ihn so zu töten. O bricht sich durch den Sturz das Bein, lebt jedoch noch. T hat die Möglichkeit, den verletzten und am Boden liegenden O zu erwürgen oder zu erschlagen, sieht jedoch aus Mitleid davon ab.

---

3 Wessels/Beulke/Satzger StrafR AT Rn. 1008; Kudlich JuS 1999, 240 (242).
4 BGHSt 34, 53 = BeckRS 1986, 4152; BGH NStZ 2008, 393; 2010, 690 – Benzinfall.
5 Wessels/Beulke/Satzger StrafR AT Rn. 1027.
6 Schönke/Schröder/Eser/Bosch § 24 Rn. 21; Herzberg NJW 1989, 197.

Das Hinabstoßen als fehlgeschlagenen Versuch zu bewerten, hätte zur Folge, dass 14
T nicht mehr von dem versuchten Totschlag zurücktreten könnte. Es ist wenig
nachvollziehbar, ein einheitliches Geschehen künstlich in verschiedene Ausführungsakte auseinanderzureißen und diese unterschiedlich zu bewerten. Zudem wird
im Rahmen der Einzelaktstheorie die Rücktrittsmöglichkeit des Täters zu sehr eingeschränkt.[7] Dies widerspricht ferner dem Opferschutzgedanken. Erkennt der Täter, dass er nicht mehr strafbefreiend zurücktreten kann, wird (gegebenenfalls) auch
davon absehen.

2. Gesamtbetrachtungslehre

Nach überwiegender Ansicht ist der Versuch noch nicht fehlgeschlagen, wenn nur 15
das zunächst ins Auge gefasste Tatmittel scheitert, der Täter jedoch, wie er weiß, erneut zum Angriff ausholen oder ein neues bereitstehendes Mittel zur Vollendung der
Tat einsetzen kann (sog. Gesamtbetrachtungslehre).[8] In der Verwendung des neuen
Mittels liegt nur die Aufrechterhaltung und Weiterführung des ursprünglichen Tatentschlusses, auf dessen Verwirklichung die nacheinander zum Einsatz gebrachten
Mittel mit dem Ziel gerichtet sind, den tatbestandlichen Erfolg herbeizuführen.[9]

> Beispiel: Mit einem Messer bewaffnet sticht T mit Tötungswillen auf die O ein. Der Messerstich 16
> war nicht tödlich. Durch die Wucht des Angriffes stürzt T nach vorne. Die Klinge des Messers
> bricht an der Wand ab. T nimmt daher eine schwere Vase und zerschlägt diese auf dem Kopf der
> O, die daraufhin bewusstlos zusammenbricht. T könnte die O nun ohne Probleme erwürgen,
> sieht jedoch davon ab. Er verständigt einen Notarzt. Die Verletzungen der O konnten behandelt
> werden.

Nach der Einzelaktstheorie ist der Versuch fehlgeschlagen, da T den Messerstich für 17
erfolgstauglich hielt, dieser jedoch nicht den Erfolg herbeigeführt hat. Nach der vorzugswürdigen Gesamtbetrachtungslehre ist das Geschehen einheitlich zu bewerten,
da es von einem durchgängigen Tötungswillen umfasst wurde. T ist mit strafbefreiender Wirkung zurückgetreten, da er freiwillig von seinem Opfer abgelassen hat und
so auf die Erfolgsherbeiführung verzichtete.

II. Abgrenzung unbeendeter/beendeter Versuch

Nachdem Sie den fehlgeschlagenen Versuch ausgeschlossen haben, müssen Sie zwi- 18
schen dem unbeendeten und dem beendeten Versuch differenzieren. Die Abgrenzung
zwischen diesen beiden Erscheinungsformen richtet sich allein nach der Tätervorstellung.[10] Liegt ein unbeendeter Versuch vor, so richten sich die Rücktrittsvoraussetzungen nach § 24 Abs. 1 S. 1 Var. 1 StGB.

1. Unbeendeter Versuch, § 24 Abs. 1 S. 1 Var. 1 StGB

Ein Versuch gilt als unbeendet, wenn der Täter glaubt, noch nicht alles Erforderliche 19
getan zu haben, um den Erfolg zu bewirken.[11] Für einen strafbefreienden Rücktritt

---

7 LK-StGB/Murmann § 24 Rn. 83 ff.
8 Wessels/Beulke/Satzger StrafR AT Rn. 1018.
9 BGH NStZ 2009, 688; 2014, 569.
10 BGHSt 31, 170 = BeckRS 1982, 1049; BGH NStZ 2015, 261.
11 Vgl. auch BGH NStZ-RR 2014, 9 f.

§ 7 Rücktritt

muss der Täter hierbei freiwillig die weitere Ausführung der Tat aufgeben. Das heißt, dass der Täter von der weiteren Realisierung des gesetzlichen Tatbestandes aufgrund eines „Gegenentschlusses" ganz und endgültig Abstand nehmen muss.[12]

20 **Beispiel:** T schießt mit Tötungswillen auf O, der sich noch rechtzeitig wegdrehen konnte. Es kommt zu einem Durchschuss des linken Oberarms. Der T erkennt die nur leichte Verletzung des O. Er hat zwar noch ein volles Magazin dabei, nimmt aber aus Mitleid Abstand von der weiteren Tatbegehung.

21 Ein fehlgeschlagener Versuch liegt nicht vor, da der T den Erfolg noch bewirken kann. Es handelt sich um einen unbeendeten Versuch, da T nach der Schussabgabe weiß, dass er noch nicht alles Erforderliche getan hat, um den Erfolg zu bewirken. Gemäß § 24 Abs. 1 S. 1 StGB reicht es aus, dass T von der weiteren Tatbegehung freiwillig Abstand nimmt. Der T ist nach § 24 Abs. 1 S. 1 Var. 1 StGB vom versuchten Totschlag strafbefreiend zurückgetreten. Die gefährliche Körperverletzung gem. §§ 223 Abs. 1, 224 Abs. 1 Nr. 2 Var. 2, 5 StGB wurde vollendet, ein Rücktritt ist demnach ausgeschlossen.

22 **Hinweis:** Bei der Bewertung eines unbeendeten oder beendeten Versuches wird auf die Tätersicht nach Abschluss der letzten Ausführungshandlung abgestellt[13] und somit nicht mehr auf die Vorstellung des Täters zu Beginn der Tat (sog. **Tatplantheorie**).[14] Geht der Täter nach Abschluss der letzten Ausführungshandlung irrig von einem beendeten Versuch aus, da er glaubt, alles Erforderliche getan zu haben, um den Erfolg zu bewirken, so ist er mit Aufgabe der weiteren Tathandlung dennoch vom unbeendeten Versuch zurückgetreten, wenn er in einem engen zeitlichen und räumlichen Zusammenhang zur letzten Ausführungshandlung den Irrtum bemerkt hat und erkennt, dass er noch nicht alles Erforderliche zur Tatbestandsherbeiführung getan hat (sog. **korrigierter Rücktrittshorizont**).[15]

23 **Beispiel:** T sticht auf O mit einem Messer ein. T glaubt, den O lebensgefährlich verletzt zu haben. Tatsächlich hat der Messerstich alle lebensnotwendigen Organe verfehlt. O ist nur leicht verletzt. Nachdem der O sich wieder aufrichtet, erkennt der T seinen Irrtum. Er hätte noch die Möglichkeit, den O mit weiteren Messerstichen zu töten, sieht davon jedoch ab.

24 Anfänglich lag ein beendeter Versuch vor. Gemäß § 24 Abs. 1 S. 1 Var. 2 StGB hätte der T die Vollendung der Tat verhindern müssen. Da er seinen Irrtum unmittelbar nach der letzten Ausführungshandlung erkannt hat, ändert sich der beendete in einen unbeendeten Versuch. Ausreichend für die strafbefreiende Wirkung ist es, die weitere Tatausführung aufzugeben.

25 **Hinweis:** Die Erreichung eines außertatbestandlichen Ziels schließen die Bewertung als unbeendeten Versuch nicht aus. Sollte der Täter zB mit bedingtem Tötungsvorsatz auf den O einwirken, um ihm einen Denkzettel zu verpassen, so liegt ein unbeendeter Versuch auch dann vor, wenn der O nicht versterben sollte und aus Sicht des T noch nicht alles Erforderliche getan wurde, um den Tod herbeizuführen. Allein das Erreichen des außertatbestandlichen Handlungsziels (den Denkzettel) schließt nicht die Möglichkeit eines strafbefreienden Rücktritts vom unbeendeten Versuch aus.[16] Der Entschluss, die weitere Tatbegehung aufzugeben, bezieht sich allein auf die Verwirklichung der geset-

---

12 BGH NStZ 2009, 501 (502); 2005, 263 (263).
13 BGHSt 33, 295 = BeckRS 1985, 548 – Schläfenschussfall; BGHSt 35, 90 = BeckRS 1987, 3132 – Nackenstichfall; BGH NStZ 1999, 299 ff.; 2002, 427; 2003, 369 und NStZ 2005, 331 – Messerstichfälle; BGH NStZ 2007, 91 – Pumpgununfall.
14 BGHSt 22, 330 = BeckRS 1969, 106679.
15 BGHSt 31, 170 = BeckRS 1982, 1049.
16 Wessels/Beulke/Satzger StrafR AT Rn. 1047; BGH NStZ 2009, 86 – Samenergussfall; BGH NStZ 2011, 90; 2014, 450.

zlichen Tatbestandsmerkmale und nicht auf das Erreichen außertatbestandlicher Handlungsziele. Aufgeben muss der Täter also nur das, was im gesetzlichen Tatbestand normiert ist.[17]

> **Beispiel:** Der T hasst die O, da sie ihm untreu war. Er will ihr einen Denkzettel verpassen und schießt mit einem Revolver auf sie. Den Tod nimmt er dabei billigend in Kauf. O wird nur leicht verletzt. Zur Befriedigung seiner Rachegelüste reicht dem T die Schussverletzung aus. Er nimmt von weiteren Misshandlungen daher Abstand.

26

Der T ist vom versuchten Totschlag (bzw. Mord) strafbefreiend zurückgetreten.

27

2. Beendeter Versuch, § 24 Abs. 1 Var. 2 StGB

Um einem beendeten Versuch handelt es sich, wenn der Täter alles getan hat, was nach seiner Vorstellung von der Tat zur Herbeiführung des tatbestandlichen Erfolges notwendig oder zumindest ausreichend ist.[18] Macht sich der Täter im Augenblick des Verzichts auf eine mögliche Weiterführung der Tat keine Vorstellung von den Folgen seines bisherigen Handelns, so liegt auch ein beendeter Versuch vor.[19]

28

> **Beispiel:** T sticht mit einem Messer auf O ein und fügt ihm eine oberfläche Verletzung zu. Er glaubt, den O tödlich getroffen zu haben und entfernt sich zufrieden vom Tatort.

29

Es handelt sich um den beendeten Versuch, da die Tätervorstellung nach Abschluss der letzten Ausführungshandlung entscheidend ist. Für einen strafbefreienden Rücktritt ist gem. § 24 Abs. 1 S. 1 Var. 2 StGB ein zumindest mitursächlicher Verhinderungsakt des Täters erforderlich (zB Krankenwagen verständigen, Vornahme der Erstversorgung etc).

30

> **Hinweis:** Für die Vollendungsverhinderung ist es ausreichend, dass der zum Rücktritt entschlossene Täter bewusst und gewollt eine neue Kausalkette in Gang setzt, die für das Ausbleiben des Erfolges wenigstens mitursächlich wird.[20] Er muss seinen Tatentschluss freiwillig endgültig aufgeben und eine solche Rettungsmöglichkeit wählen, die er nach seiner Vorstellung für geeignet hält, um den Erfolg zu verhindern.[21] Dass der Täter die sicherste oder optimalste erfolgsverhindernde Möglichkeit ergreift, ist somit nicht erforderlich.[22] Die Mitursächlichkeit der Verhinderung bedeutet also, dass dem Täter auch bei der Inanspruchnahme fremder Hilfe die Verhinderung der Tat auch als „sein Werk" zugerechnet werden kann.[23]

31

3. Beendeter Versuch, § 24 Abs. 1 S. 2 StGB

Bei § 24 Abs. 1 S. 2 StGB muss der Versuch auch beendet sein. Im Unterschied zu § 24 Abs. 1 S. 1 Var. 2 StGB ist jedoch die Gegenmaßnahme nicht ursächlich für die Erfolgsverhinderung. Gemäß § 24 Abs. 1 S. 2 StGB reicht für den strafbefreienden Rücktritt das ernsthafte Bemühen den Erfolg zu verhindern aus. Der Täter muss aus seiner Sicht alles Erforderliche getan haben, was notwendig und geeignet ist, um den Erfolg zu verhindeRn. Bemüht der Täter Dritte zur Erfolgsverhinderung, so muss er sich vergewissern, dass die Hilfspersonen das Notwendige und Geeignete veranlas-

32

---

17 LK-StGB/Murmann § 24 Rn. 213 ff.
18 BGH NStZ 2015, 331; 2014, 569 f.
19 BGH NStZ 2017, 459; 2015, 331.
20 Wessels/Beulke/Satzger StrafR AT Rn. 1054.
21 BGHSt 48, 147 = BeckRS 2003, 1234; LK-StGB/Murmann § 24 Rn. 314.
22 Wessels/Beulke/Satzger StrafR AT Rn. 1057 f.; dafür aber BGH NStZ 2008, 329.
23 Wessels/Beulke/Satzger StrafR AT Rn. 1058; Engländer JuS 2003, 641.

sen.²⁴ Der § 24 Abs. 1 S. 2 StGB hat insbesondere Bedeutung für den untauglichen Versuch, den objektiv fehlgeschlagenen Versuch, soweit der Täter diesen noch nicht erkannt hat, sowie für Fälle, in denen Dritte unabhängig vom Täter den Erfolg verhindert haben.²⁵

33 **Beispiel:** T will die O töten und schüttet ihr (vermeintliches) Gift in den Kaffee. T geht davon aus, dass das Gift absolut tödlich sei, dabei handelt es sich lediglich um ein harmloses Medikament. Als O den Kaffee zu sich nimmt, überlegt es sich T anders und verständigt einen Krankenwagen. Zudem gibt er der O Brechmittel. Später konnte die Harmlosigkeit des Mittels festgestellt werden.

34 Es handelt sich um einen untauglichen Versuch gem. § 23 Abs. 3 StGB. Aus Sicht des T war der Versuch beendet. Er konnte jedoch keinen kausalen Verhinderungsakt setzen, da der Erfolg (Tod der O) auch ohne sein Zutun nicht eingetreten wäre. Da § 24 Abs. 1 S. 2 StGB ein ernsthaftes Bemühen zur Erfolgsverhinderung ausreichen lässt, ist T strafbefreiend nach dieser Vorschrift zurückgetreten.

35 Die Vorschrift aus § 24 Abs. 1 S. 2 StGB kann auch dann anwendbar sein, wenn der Erfolg aufgrund eines atypischen Geschehensverlaufes dem Ausgangstäter nicht zugerechnet werden kann.

36 **Beispiel:** T sticht mit Tötungsvorsatz auf den O ein. Aus Mitleid ruft er für den schwer verletzten O einen Krankenwagen und leistet bis zu dessen Eintreffen vor Ort Erste Hilfe. Infolge eines Verkehrsunfalls auf dem Weg zum Krankenhaus verstirbt der O.

37 Der Tod ist kausal auf das Täterverhalten zurückzuführen. Eine Zurechnung kann dennoch nicht erfolgen, da T mit dem Messerstich nicht die Gefahr eines Verkehrsunfalls hervorgerufen hat (→ § 1 Rn. 288 objektive Zurechnung). Es handelt sich somit trotz Eintritt des Todes (nur) um einen versuchten Totschlag. Von diesem ist T gem. § 24 Abs. 1 S. 2 StGB strafbefreiend zurückgetreten, da er sich ernsthaft und freiwillig um die Verhinderung des tatbestandlichen Erfolges bemüht hat.

III. Freiwilligkeit

38 Bei allen Rücktrittsmöglichkeiten aus § 24 StGB muss der Täter freiwillig die weitere Tatausführung aufgeben (zB Reue, Gewissensbisse, Scheu, Mitleid, Angst vor Sanktionierung). Freiwillig handelt der Täter, wenn er nicht durch zwingende Hinderungsgründe veranlasst wird, sondern der Entschluss zum Rücktritt der eigenen autonomen Entscheidung entspringt. Als Beweggründe kommen unter anderem Reue, Gewissensbisse, Scheu, Mitleid, Angst vor Sanktionierung in Betracht.²⁶ Die Beweggründe für einen Rücktritt müssen nicht auf einem sittlich hochwertigen Motiv beruhen.²⁷

39 **Beispiel:** T bricht in die Wohnung des O ein, um dort wertvollen Schmuck zu stehlen. Als er in der Wohnung bemerkt, dass O in armseligen Verhältnissen lebt, sieht er von der Wegnahme ab und entfernt sich.

40 Die Aufgabe von dem unbeendeten Versuch beruht auf einem freiwilligen Entschluss. T ist vom §§ 244 Abs. 4, 22, 23 Abs. 1 StGB gem. § 24 Abs. 1 S. 1 Var. 1 StGB straf-

---

24 Vgl. BGH NStZ 2012, 28 f.
25 BGH NStZ-RR 2005, 70.
26 Vgl. BGHSt 7, 296 = BeckRS 1955, 104526; OLG Düsseldorf NJW 1999, 2911.
27 BGHSt 35, 184 = BeckRS 1988, 2813; Rengier StrafR AT § 37 Rn. 94.

befreiend zurückgetreten. Der § 123 Abs. 1 Var. 1 StGB und der (vermutlich vorliegende) § 303 Abs. 1 StGB sind jeweils vollendet.

Klausurhinweis: Da § 244 Abs. 4 StGB entfällt, werden die Sachbeschädigung und der Hausfriedensbruch nicht verdrängt.

41

Hinweis: Die Frage nach dem Konkurrenzverhältnis zwischen einem Wohnungseinbruchsdiebstahl und der Sachbeschädigung wurde durch den BGH 2018 neu beantwortet. So steht der Wohnungseinbruchsdiebstahl nach § 244 Abs. 1 Nr. 3 StGB mit der zugleich begangenen Sachbeschädigung gem. § 303 Abs. 1 StGB im Verhältnis der Tateinheit (§ 52 Abs. 1 StGB) zueinander. Die Sachbeschädigung tritt also nicht im Rahmen der Konsumtion dahinter zurück. Gleiches gilt auch für das Verhältnis der Sachbeschädigung zum schweren Bandendiebstahl gem. §§ 244a Abs. 1, 244 Abs. 1 Nr. 3, 243 Abs. 1 S. 2 Nr. 1 Var. 1 StGB.[28]

Unfreiwillig ist der Rücktritt, wenn für den Täter Hinderungsgründe eintreten, die von seinem Willen unabhängig sind, unüberwindliche Hemmungen in ihm auslösen oder die Sachlage zu seinen Ungunsten so wesentlich verändern, dass er die damit verbundenen Risiken oder Nachteile nicht mehr für tragbar hält oder sie nicht in Kauf nehmen will.[29]

42

Beispiel: T will gerade in die Wohnung des O einbrechen, als eine Polizeistreife auftaucht. Der T gibt die Tat auf und flieht vom Tatort.

43

Ein freiwilliger Rücktritt wäre zudem ausgeschlossen, wenn der Täter eines versuchten Wohnungseinbruchsdiebstahls von einer Alarmanlage überrascht wird oder die Tür nicht aufbrechen kann, da sein Einbruchswerkzeug mangelhaft ist (→ § 7 Rn. 7 fehlgeschlagener Versuch). Zudem handelt der Täter unfreiwillig, wenn er von dem Versuch einer Vergewaltigung nur deshalb Abstand nimmt, da ihn das Opfer identifiziert hat.[30]

44

Hinweis: Früher wurde die Freiwilligkeit mit der sog. Frank'schen Formel entwickelt:
- Freiwillig: Ich will nicht, selbst wenn ich noch könnte.
- Unfreiwillig: Ich kann nicht, selbst wenn ich wollte.[31]

45

C. Rücktritt bei mehreren Beteiligten, § 24 Abs. 2 StGB

Bei einem Rücktritt bei mehreren Beteiligten (Täter und Teilnehmer) wird nicht zwischen unbeendeten und beendeten Versuch unterschieden, sodass grundsätzlich ein Gegenakt erforderlich ist. Zudem darf der Versuch nicht fehlgeschlagen sein (→ § 7 Rn. 7). Die Ausführungshandlungen dürfen zudem nicht die Vollendung der Tat bewirkt haben. Die Vorschrift aus § 24 Abs. 2 S. 2 Var. 2 StGB bildet hierzu eine Ausnahme. Eine gegenseitige Zurechnung des Rücktritts ist nicht möglich, da es sich um einen *persönlichen* Strafaufhebungsgrund handelt. Daher muss jeder Beteiligte in

46

---

28 BGH NJW 2019, 1086.
29 Vgl. BGH NJW 1965, 2410; NStZ 2014, 202.
30 BGHSt 9, 48 = NJW 1956, 718 – Lilo-Fall; dazu Fahl JA 2003, 757.
31 Sog. Frank'sche Formel; aus heutiger Sicht charakterisiert diese Formel eher den fehlgeschlagenen Versuch.

§ 7 Rücktritt

eigener Person zurücktreten.³² Der Grund für diese verschärften Rücktrittsregeln liegt darin, dass der Gesetzgeber den Versuch mehrerer Beteiligter für gefährlicher hält als den Versuch des Alleintäters und er deshalb Rücktrittsregelungen treffen wollte, die einer Vollendung der Tat möglichst entgegenwirken.³³

47 **Hinweis:** Bei einer versuchten Teilnahme (s. § 30 Abs. 1 StGB) gelten nicht die Rücktrittsvoraussetzungen aus § 24 Abs. 2 StGB, sondern aus § 31 StGB. Bei einer Teilnahme zu einer versuchten Tat hingegen kann der Rücktritt des Teilnehmers über § 24 Abs. 2 StGB erfolgen. Ein Alleintäter, an dessen Tat Anstifter und Gehilfen mitwirken, kann über § 24 Abs. 1 StGB zurücktreten, da sich insoweit die Voraussetzungen aus § 24 Abs. 1 StGB und § 24 Abs. 2 StGB decken.³⁴

I. Rücktritt im Vorbereitungsstadium

48 Die Anwendbarkeit des § 24 Abs. 2 StGB setzt voraus, dass die Tat in das Versuchsstadium gelangt ist und noch nicht vollendet wurde. Nimmt der Beteiligte seinen Tatbeitrag restlos vor Beginn der Versuchsphase zurück und sagt sich los, kann er nicht bestraft werden. § 24 Abs. 2 StGB spielt dann keine Rolle.³⁵

49 **Beispiel:** T ist fest entschlossen, einen Diebstahl mit Waffen zu begehen. F will ihn dabei unterstützen und leiht ihm seinen Revolver. Bevor der T zum Tatobjekt fährt, packt F die Reue. Er fordert seine Waffe zurück. Der T übergibt ihm die Waffe und steigt in das Objekt ein.

50 Zum Zeitpunkt der Rückgabe der Waffe hat T noch nicht das Versuchsstadium erreicht. Da der Rücktritt des F nicht über § 24 Abs. 2 StGB erfolgt, kommt es auf die Freiwilligkeit seines Handelns nicht an. F macht sich nicht wegen einer Beihilfe zum qualifizierten Diebstahl gem. §§ 244, 27 Abs. 1 StGB strafbar, da er seinen gesamten Beitrag zurückgenommen hat.

51 **Beispiel:** F will T bei einem Diebstahl unterstützen und übergibt ihm seinen Revolver. Bevor T zum Tatobjekt fährt, packt F die Reue. Er verlangt den Revolver von T heraus. Dieser entgegnet, dass er die Waffe zu Hause vergessen habe. F ist beruhigt und entfernt sich. Tatsächlich hat der T die Waffe dabei und begeht damit den Diebstahl.

52 Hier erlangt der F keine Strafbefreiung gem. § 24 Abs. 2 StGB, da der T für die geplante Tat Nutzen aus dem fortwirkenden Beitrag des F ziehen konnte. Der rücktrittswillige F hat seinen Beitrag nicht vollständig rückgängig gemacht. Sein bereits geleisteter Tatbeitrag bildet eine zurechenbare Ursache für die Vollendung der Tat, sodass er als Gehilfe für die vollendete Tat mit einstehen muss.³⁶ Dass der F die Tat nicht mehr will, ist irrelevant, da er zum Zeitpunkt seiner Beihilfehandlung den Vorsatz auf die Vollendung der Haupttat hatte (→ § 8 Rn. 204 Vorsatz).

53 **Hinweis:** Bleibt die Haupttat im Versuch stecken, so macht sich der Teilnehmer wegen Beteiligung am Versuch strafbar, soweit er seinen Tatbeitrag nicht zuvor gänzlich annulliert haben sollte.³⁷

54 Auch ohne ein Rücktrittsverhalten kann der Teilnehmer straflos sein, wenn sich sein Verhalten nicht mehr in der Tatbegehung ausgewirkt haben sollte.

---

32 Schmidt StrafR AT Rn. 738.
33 Wessels/Beulke/Satzger StrafR AT Rn. 1072.
34 Hoven JuS 2013, 305 (308); Lackner/Kühl/Kühl § 24 Rn. 25.
35 Wessels/Beulke/Satzger StrafR AT Rn. 1081.
36 Vgl. BGHSt 28, 346 = NJW 1979, 1721.
37 Wessels/Beulke/Satzger StrafR AT Rn. 1083.

> **Beispiel:** F übergibt dem T für die Tatbegehung seinen Revolver, den der T jedoch auf dem Weg zum Tatort verliert. Er muss sich daher eine andere Waffe besorgen.

Die Unterstützungsleistung des F hat sich nicht in der Tat ausgewirkt. Die versuchte Beihilfe ist im Gegensatz zur versuchten Anstiftung aus § 30 Abs. 1 StGB nicht strafbar.

II. Rücktritt, § 24 Abs. 2 S. 1 StGB

Gemäß § 24 Abs. 2 S. 1 StGB wird nicht wegen Versuchs bestraft, wer die Vollendung der Tat verhindert. Die Verhinderung der Tat muss dabei nicht immer in einem aktiven Gegensteuern liegen, wenn auch das bloße Nichtweiterhandeln zur Verhinderung der Tat führt. Dies ist regelmäßig dann der Fall, wenn die Vollendung der Tat ausschließlich von dem Tatbeitrag des rücktrittswilligen Tatbeteiligten abhängt.[38]

> **Beispiel:** T und F planen einen Einbruchsdiebstahl in einen Geschäftsraum. Den darin befindlichen Safe soll F aufschweißen. Dazu führt er ein Schweißgerät mit sich. Planmäßig bricht T zunächst die Nebeneingangstür auf und gelangt so in den Verkaufsraum. Zu dieser Zeit befindet sich der F noch im Fluchtfahrzeug. Als T den Safe findet, informiert er den F. F hingegen ergreift die Panik. Er sieht von der Tatbegehung ab und entfernt sich. Ohne das Schweißgerät ist T aufgeschmissen. Auch er flüchtet unverrichteter Dinge.

T macht sich wegen eines versuchten Diebstahls in einem besonders schweren Fall gem. §§ 242 Abs. 1, 2, 22, 23 Abs. 1, 243 Abs. 1 S. 2 Nr. 1 StGB strafbar. Der Rücktritt des F kann ihm nicht zugerechnet werden. Sein eigenes Entfernen vom Tatort ist nicht als Rücktritt vom Versuch zu bewerten, da ein fehlgeschlagener Versuch vorliegt. Ohne das Schweißgerät konnte der Erfolg nicht bewirkt werden. Daneben liegen bei ihm §§ 123 Abs. 1 Var. 1, 303 Abs. 1 StGB vor. Durch sein Lossagen von der Tat und der vollständigen Beseitigung seines Tatbeitrages ist F gem. § 24 Abs. 2 S. 1 StGB strafbefreiend vom Diebstahl zurückgetreten. Der Hausfriedensbruch und die Sachbeschädigung des T werden dem F gem. § 25 Abs. 2 StGB zugerechnet.

Entgegen dem Wortlaut aus § 24 Abs. 2 S. 1 StGB kann die erforderliche Verhinderungsleistung auch darin gesehen werden, dass die Beteiligten sich einvernehmlich und freiwillig auf ein Nichtweiterhandeln einigen und so die tatbestandliche Vollendung verhindern.[39]

> **Beispiel:** T und F sind in den Geschäftsraum eingebrochen. Als F gerade mit dem Schweißen beginnen will, packt beide die Reue und sie sehen von der weiteren Tatbegehung ab.

Eigentlich ist bei § 24 Abs. 2 StGB stets ein Gegenakt erforderlich. Hier reicht die Abstandnahme von der weiteren Tatbegehung jedoch aus, da dadurch der Taterfolg verhindert werden konnte. §§ 123 Abs. 1 Var. 1, 303 Abs. 1 StGB sind vollendet.

III. § 24 Abs. 2 S. 2 Var. 1 StGB

Wie bei § 24 Abs. 1 S. 2 StGB darf die Vollendung der Tat nicht eintreten, der Beteiligte muss sich ernsthaft und freiwillig um die Verhinderung des Erfolges durch die Vornahme eines Gegenaktes bemühen, wobei die Rücktrittshandlung des Täters das Ausbleiben des Erfolges nicht kausal bewirkt hat.

---

38 Schönke/Schröder/Eser/Bosch § 24 Rn. 89; Fischer § 24 Rn. 40.
39 BGH BeckRS 2016, 7305.

§ 7 Rücktritt

64 **Beispiel:** T und F brechen in den Geschäftsraum ein, um dort wertvolle Dinge zu stehlen. F kommen Bedenken. Er versucht den T umzustimmen. Dieser lässt sich jedoch nicht überzeugen und will weitermachen. F verständigt daher die Polizei, um die Tat zu verhindeRn. Die Polizei allerdings wurde bereits durch einen stillen Alarm alarmiert und trifft kurze Zeit später ein. Zur Tatverwirklichung kam es daher nicht mehr.

65 Die Rücktrittsbemühungen des F haben sich nicht in der Verhinderung der Tat widergespiegelt. Aufgrund seines ernsthaften Bemühens ist F gem. § 24 Abs. 2 S. 1 StGB zurückgetreten.

IV. § 24 Abs. 2 S. 2 Var. 2 StGB

66 Bei § 24 Abs. 2 StGB kommt es trotz ernsthaften und freiwilligen Bemühens des rücktrittswilligen Täters zur Vollendung der Tat. Sein geleisteter Tatbeitrag darf allerdings dafür nicht kausal sein.

67 **Beispiel:** T will in einen Geschäftsraum einbrechen, um dort wertvolle Computeranlagen zu stehlen. Dazu bittet er den C, ihm seinen VW Bulli für den Abtransport der Beute zur Verfügung zu stellen. Der C willigt ein. C kommen am Tattag jedoch Gewissensbisse. Aus Angst vor Strafe begibt er sich zum Tatort und versucht T, welcher sich bereits im Tatobjekt befindet, zur Tataufgabe zu bewegen. T lässt sich nicht überzeugen. Schließlich nimmt C seinen VW Bulli und fährt damit nach Hause. Auf dem Rückweg verständigt C die Polizei. T konnte währenddessen F für das Gelingen der Tat gewinnen. Gegen eine Gewinnbeteiligung organisierte F den Abtransport der Computeranlagen mit seinem Fahrzeug. Die Polizei kam zu spät.

68 T und F machen sich wegen eines mittäterschaftlichen Diebstahls in einem besonders schweren Fall gem. §§ 242 Abs. 1, 243 Abs. 1 S. 2 Nr. 1, 25 Abs. 2 StGB strafbar. §§ 123 Abs. 1 Var. 1, 303 Abs. 1 StGB können F nicht zugerechnet werden, da diese bereits beendet sind, als F die Tat unterstützt hat. Der C ist, trotz der Vollendung der Tat, strafbefreiend nach § 24 Abs. 2 S. 2 Var. 2 StGB zurückgetreten, da er sein Tatbeitrag gänzlich neutralisiert hat. Zudem hat er sich durch das Einreden auf T und der Verständigung der Polizei ernsthaft und freiwillig bemüht, die weitere Tatbegehung zu verhindeRn.

69 **Hinweis:** Nicht ausreichend für § 24 Abs. 2 S. 2 Var. 2 StGB ist es, seinen eigenen Tatbeitrag zurückzunehmen. Der rücktrittswillige Täter muss sich auch stets ernsthaft und freiwillig bemühen, die Vollendung der Tat zu verhindern.

D. Rücktritt von Qualifikationen

70 Sollte der Täter nach dem Erreichen des Versuchsstadiums freiwillig auf die Verwirklichung qualifizierender Umstände verzichten, so könnte ein Teilrücktritt der Qualifikation möglich sein.

71 **Beispiel:** T bricht in einen Geschäftsraum ein. Zur Sicherheit führt er ein Küchenmesser bei sich. Um eine Eskalation zu vermeiden, entschließt er sich, das Messer kurzerhand aus dem Fenster zu werfen. Anschließend begeht er den Diebstahl.

72 T macht sich zunächst gem. §§ 242 Abs. 1, 243 Abs. 1 S. 2 Nr. 1 StGB strafbar. Fraglich ist, ob er von der Qualifikation aus § 244 Abs. 1 Nr. 1a Var. 2 StGB strafbefreiend zurücktreten konnte. Sofern die Qualifikation verwirklicht wurde, wird dies

teilweise verneint.⁴⁰ Da T das Messer bei Versuchsbeginn bei sich führte, ist die Qualifikation bereits vollendet und ein Teilrücktritt somit ausgeschlossen. T macht sich gem. § 244 Abs. 1 Nr. 1a Var. 2 StGB strafbar. Nach anderer Ansicht wird der Teilrücktritt von bereits verwirklichten Qualifikationen vor Vollendung des Grunddeliktes zugelassen, da der Verzicht auf eine Qualifikation eine rechtlich erhebliche Unrechtsreduzierung darstelle. Zwar würden die Rücktrittsvorschriften, angesichts der Vollendung der Qualifikation, nicht passen, jedoch entspreche es dem Grundgedanken der tätigen Reue, den Abbruch qualifizierender, gefahrerhöhender Umstände als Teilrücktritt anzuerkennen.⁴¹ Nach dieser Sichtweise hat der T sich somit nicht nach § 244 Abs. 1 Nr. 1a Var. 2 StGB strafbar gemacht.

E. Rücktritt bei einem erfolgsqualifizierten Versuch

Nach überwiegender Ansicht ist ein Rücktritt von einer Erfolgsqualifikation auch dann möglich, wenn die schwere Folge bereits durch den Versuch des Grundtatbestandes fahrlässig oder leichtfertig (s. insbesondere § 251 StGB) eingetreten sein sollte (→ § 6 Rn. 70 ff. erfolgsqualifizierter Versuch).⁴² 73

> **Beispiel:** Der mit einem Revolver bewaffnete T überfällt den O in seiner Wohnung, um wertvollen Schmuck an sich zu bringen. Damit O keinen Widerstand leisten kann, fesselt T ihn an eine Heizung. Dabei löst sich leichtfertig ein Schuss, der O tödlich am Kopf trifft. Aus Reue gibt T die Wegnahme auf und flieht aus dem Tatobjekt. 74

Da T von dem versuchten Raub gem. § 24 Abs. 1 S. 1 Var. 1 StGB strafbefreiend zurückgetreten ist, fehlt es am Anknüpfungspunkt für § 251 StGB.⁴³ Der vollendete § 222 StGB bleibt hingegen bestehen. 75

> **Hinweis:** Nach anderer Ansicht ist ein Rücktritt von dem erfolgsqualifizierten Versuch ausgeschlossen, da der Grundtatbestand und die Erfolgsqualifikation als materielle Einheit angesehen wird.⁴⁴ 76

---

40 BGH NStZ 1984, 216 (217).
41 Schönke/Schröder/Eser/Bosch § 24 Rn. 113; NK-StGB/Zaczyk § 24 Rn. 79; Fischer § 24 Rn. 27.
42 BGHSt 42, 158 = BeckRS 1996, 5282.
43 Wessels/Beulke/Satzger StrafR AT Rn. 1086; NK-StGB/Paeffgen § 18 Rn. 131.
44 LK-StGB/Vogel/Burchard § 251 Rn. 27; Jäger JuS 1998, 161 (163 f.).

§ 8 Täterschaft/Teilnahme

Das Gesetz unterscheidet in §§ 25 ff. StGB zwischen den Beteiligungsformen Täterschaft und Teilnahme. In § 25 Abs. 1 Var. 1, 2 ist die Alleintäterschaft sowie die mittelbare Täterschaft geregelt. § 25 Abs. 2 StGB normiert die Mittäterschaft. Die Teilnahmeformen Beihilfe und Anstiftung finden sich in §§ 26, 27 StGB. 1

A. Abgrenzung Täterschaft/Teilnahme

In einer Klausur müssen Sie die einzelnen Beteiligungsformen voneinander abgrenzen können. Schwierigkeiten kann hierbei insbesondere die Differenzierung zwischen der Mittäterschaft und der Beihilfe sowie der mittelbaren Täterschaft und der Anstiftung bereiten. 2

I. Subjektive Theorie

Mit der in der heutigen Rechtsprechung vertretenen subjektiven Theorie erfolgt die Abgrenzung zwischen Täterschaft und Teilnahme anhand von subjektiven Abgrenzungskriterien. Anknüpfungspunkt ist dabei die Willensrichtung und die innere Einstellung der Tatbeteiligten. Zusätzlich sind auch objektivierende Elemente zu berücksichtigen. Neben 3

(1) dem Grad des eigenen Interesses am Erfolg der Tat,
(2) dem Umfang der Tatbeteiligung, ist
(3) die Tatherrschaft oder zumindest der Wille zur Tatherrschaft bei einer Bewertung zu berücksichtigen (sog. Subjektive Theorie auf objektiv-tatbestandlicher Grundlage).[1]

II. Tatherrschaftslehre

In der Literatur hat sich die sog. Tatherrschaftslehre durchgesetzt, die die Abgrenzung in erster Linie anhand von Tatherrschaftskriterien vornimmt. Tatherrschaft bedeutet danach „das vom Vorsatz umfasste in den Händenhalten des tatbestandsmäßigen Geschehensablaufs".[2] Täter ist derjenige, der aufgrund seiner Willensbetätigung und seines Tatbeitrages das *Ob* und das *Wie* der Tat beherrscht und auch einen entsprechenden Tatherrschaftswillen besitzt. Täter sind daher Zentralgestalten der Tat, Teilnehmer hingegen bloße Randfiguren, die die Begehung der Tat lediglich veranlassen oder sonst wie fördern.[3] Die Tatherrschaft ist bei allen drei Täterschaftsformen unterschiedlich ausgeprägt: 4

Der Alleintäter gem. § 25 Abs. 1 Var. 1 StGB besitzt die Handlungsherrschaft über das Tatgeschehen, der mittelbare Täter gem. § 25 Abs. 1 Var. 2 StGB übt die Wissens-, 5

---
1 BGH NJW 1999, 3131; NStZ-RR 2001, 148.
2 Wessels/Beulke/Satzger StrafR AT Rn. 806; Schönke/Schröder/Heine/Weißer Vor § 25 Rn. 61 ff.
3 Wessels/Beulke/Satzger StrafR AT Rn. 806.

§ 8 Täterschaft/Teilnahme

Willens- oder Organisationsherrschaft aus und der Mittäter gem. § 25 Abs. 2 StGB verfügt über die sog. funktionelle Tatherrschaft, die ein gemeinschaftliches Vorgehen bedeutet.

6 **Hinweis:** Da die subjektive Theorie neben subjektiven Erwägungen nunmehr auch objektive Kriterien (Tatherrschaft, Bedeutung des Tatbeitrages) in die Gesamtabwägung mit einbezieht, kommen die subjektive Theorie und die Tatherrschaftslehre zumeist zum gleichen Ergebnis, sodass sich eine Stellungnahme in der Klausur erübrigt. Lediglich innerhalb der Tatherrschaftslehre kann ein Meinungsstreit zu diskutieren sein (→ § 8 Rn. 24 strenge Tatherrschaftslehre/funktionale Tatherrschaftslehre).

7 **Beispiel:** Ehefrau T will ihren Ehemann O beseitigen lassen und beauftragt den Berufskiller K für 200.000 EUR zur Begehung des Mordes. Die Art und Weise der Tat wird allein durch K bestimmt. Auf dem Weg zur Arbeit wird O durch K erschossen.

8 Der K ist wegen eines habgierigen, heimtückischen Mordes gem. § 211 StGB zu bestrafen. Da er alle Tatbestandsmerkmale in eigener Person erfüllt, ist er Alleintäter des Mordes. Eine Zurechnung der Tat auf T gem. § 25 Abs. 2 StGB kann weder nach der subjektiven Theorie noch nach der Tatherrschaftslehre erfolgen, da die T insbesondere das **Wie** der Tat nicht mitbestimmen konnte. Zudem fehlte ihr auch der Tatherrschaftswille. Die Art und Weise der Tatausführung sollte allein durch K bestimmt werden. Als Randfigur der Tat ist die T daher als Anstifterin zum Mord zu klassifizieren.

9 **Hinweis:** Die Rechtsprechung sieht den Mord als eigenständigen Tatbestand an.[4] Die Mordmerkmale der ersten und der dritten Gruppe aus § 211 StGB sind daher strafbegründender Natur. Gemäß § 28 Abs. 1 StGB reicht daher der Vorsatz des Teilnehmers auf die Mordmerkmale des Haupttäters aus, um ihn wegen Teilnahme zum Mord zu bestrafen. Fehlt dem Teilnehmer ein eigenes persönliches Mordmerkmal aus der ersten oder der dritten Gruppe des § 211 StGB, so ist seine Strafe zu mildern. Nach einer anderen Ansicht wird der Mord als Qualifikation zum Totschlag gesehen.[5] Die Mordmerkmale der ersten und dritten Gruppe sind demnach strafverschärfende Elemente. Gemäß § 28 Abs. 2 StGB kommt es für die Bestrafung des Beteiligten wegen Mordes darauf an, ob er selbst ein Mordmerkmal in sich trägt oder nicht. Sollte der Beteiligte kein Mordmerkmal aufweisen, kommt es bei ihm zu einer Akzessorietätsverschiebung (→ § 8 Rn. 217 ff. Akzessorietätslockerung).

III. Eigenhändige Delikte/Sonderdelikte/Pflichtdelikte

10 Die Abgrenzungstheorien sind ohne Bedeutung, wenn die Straftat an eine bestimmte Subjektsqualität des Täters anknüpfen sollte. Fehlt die Subjektsqualität bei der zu prüfenden Person, so kommt für die (vollendete) Straftat nur eine Teilnahme in Betracht. Unterschieden wird hier zwischen den Deliktsarten eigenhändige Delikte, Sonderdelikte und Pflichtdelikte (→ § 1 Rn. 100 ff. Allgemeindelikte/Sonderdelikte/ eigenhändige Delikte/Pflichtdelikte).

11 **Hinweis:** Die Bestrafung wegen eines untauglichen Versuchs gem. § 23 Abs. 3 StGB ist weiterhin möglich, wenn dem Täter die Subjektsqualität fehlen sollte, er jedoch davon ausgeht, diese zu besitzen.

---

4 BGHSt 1, 368 = BeckRS 1951, 102885.
5 Wessels/Hettinger/Engländer StrafR BT I Rn. 84 ff.

1. Eigenhändige Delikte

Die Falschaussage aus § 153 StGB ist ein eigenhändiges Delikt, da Täter nur derjenige sein kann, der die Falschaussage selbst trifft. Zu den eigenhändigen Delikten gehört zudem die Trunkenheitsfahrt aus § 316 StGB. Täter kann nur der Führer des Fahrzeuges sein. Die Beihilfe und die Anstiftung zu den Delikten sind weiterhin möglich. So wird eine Person, die einen anderen zur Falschaussage oder zu einer Trunkenheitsfahrt bestimmt, trotz möglicher Willensherrschaft (s. § 25 Abs. 1 Var. 2 StGB) stets Anstifter sein.

2. Sonderdelikte

Bei Sonderdelikten ist eine Täterschaft ausgeschlossen, sollte der Handelnde die besondere Subjektsqualität nicht besitzen. So ist zB die Verletzung von Privatgeheimnissen gem. § 203 StGB nur bei Berufsgeheimnisträgern möglich. Bei §§ 331 ff. StGB kann nur der Amtsträger, bei § 142 StGB nur der Unfallbeteiligte und bei § 121 StGB nur der Gefangene Täter (anders bei § 120 StGB!) sein. Diese Delikte sind echte Sonderdelikte, da die besondere Täterqualität strafbegründenden Charakter aufweist. Bei den unechten Sonderdelikten (zB §§ 340, 258a StGB) beinhaltet die besondere Täterqualität hingegen strafverschärfende Wirkung.

> **Beispiel:** Bürger T stiftet den Polizist P zu einer Körperverletzung an. P begeht daraufhin eine Körperverletzung.

P macht sich wegen einer Körperverletzung im Amt gem. §§ 223 Abs. 1, 340 Abs. 1 StGB strafbar. Die Amtsträgerschaft bei § 340 Abs. 1 StGB hat strafverschärfende Wirkung, da es sich um ein Qualifikationsdelikt handelt. § 340 Abs. 1 StGB geht dem § 223 Abs. 1 StGB als *lex specialis* vor (→ § 10 Rn. 44 f. Konkurrenzlehre).[6] T, der die Amtsträgereigenschaft nicht aufweist, kann sich nicht als Täter des § 340 Abs. 1 StGB strafbar machen. Aufgrund der Regelung des § 28 Abs. 2 StGB kommt es bei T zu einer Akzessorietätsverschiebung. T macht sich wegen §§ 223 Abs. 1, 26 StGB strafbar.

3. Pflichtdelikte

Zu den Pflichtdelikten gehören unter anderem die unechten Unterlassungsdelikte gem. § 13 StGB, die Untreue gem. § 266 StGB und das unerlaubte Entfernen vom Unfallort gem. § 142 StGB (insoweit ist § 142 StGB ein echtes Sonderdelikt und ein Pflichtdelikt). Bei den unechten Unterlassungsdelikten ergibt sich die Pflichtenstellung des Täters aus der Garantenpflicht. Bei der Untreue muss der Täter eine Vermögensbetreuungspflicht aufweisen. Bei § 142 StGB muss der Täter Unfallbeteiligter sein.

> **Beispiel:** T begeht einen Unfall und wird von der Beifahrerin F angestiftet weiterzufahren.

Der T macht sich gem. § 142 Abs. 1 StGB strafbar. Bei F ist eine Mittäterschaft und eine mittelbare Täterschaft ausgeschlossen, da sie nicht selbst Unfallbeteiligte ist. Sie macht sich gem. §§ 142 Abs. 1, 26 StGB strafbar.

---

6 Schönke/Schröder/Hecker § 340 Rn. 14.

§ 8 Täterschaft/Teilnahme

B. Mittäterschaft, § 25 Abs. 2 StGB

19 In § 25 Abs. 2 SGB ist die Mittäterschaft geregelt. Die Mittäterschaft basiert auf dem Prinzip der Arbeitsteilung und setzt ein bewusstes und gewolltes Zusammenwirken zwischen den Einzeltätern voraus.[7] Bestimmende Merkmale der Mittäterschaft sind der gemeinsame Tatplan und die gemeinsame Tatausführung. Erforderlich ist hierbei das gegenseitige, auf einem gemeinsamen Wollen beruhende Einverständnis, eine bestimmte Straftat durch ein gemeinsames, arbeitsteiliges Zusammenwirken zu begehen.[8]

20 **Beispiel:** Bei einem Raub hält T dem O eine Schusswaffe an den Kopf, während der F ihm die Geldbörse aus der Jackentasche zieht.

21 Tatbestandlich begeht T eine (qualifizierte) Nötigung und F einen Diebstahl. Erst in der Zusammensetzung liegt insgesamt ein mittäterschaftlich begangener schwerer Raub vor, §§ 250 Abs. 2 Nr. 1, 25 Abs. 2 StGB (der qualifizierte Raub verdrängt im Rahmen der Spezialität den einfachen Raub). T und F sind hier zusammen zu prüfen (sog. Kombinationsmodell).

22 **Beispiel:** T, F und der K wollen eine Bank überfallen. T plant die Tat. Zudem beschafft er einen Revolver und eine Sturmmaske. IT-Spezialist F kann vor der Tat die Überwachungskameras der Bank sabotieren. Außerdem ist er der Fahrer des Fluchtwagens. Die schwere räuberische Erpressung begeht der K in der Bank allein. Mit vorgehaltener Waffe zwingt K die Bankangestellte O zur Übergabe von 200.000 EUR. K und F fliehen vom Tatort. Das Geld wurde später aufgeteilt.

23 K, mit dem Sie in einer Klausur zwingend beginnen müssen, macht sich gem. §§ 253, 255, 250 Abs. 2 Nr. 1 Var. 1 StGB (§ 250 Abs. 1 Nr. 1 Var. 1 StGB tritt dahinter zurück,[9] der Grundtatbestand aus § 253 StGB wird durch die qualifizierende Vorschrift aus § 255 StGB verdrängt[10]) strafbar. In Tateinheit hierzu stehen der § 123 Abs. 1 Var. 1 StGB und der Verstoß gegen das WaffG. Dem F ist die Tathandlung des K gem. § 25 Abs. 2 StGB nach beiden Abgrenzungstheorien zuzurechnen, denn seine Tatbeiträge (Sabotage der Überwachungskameras und Fahren des Fluchtfahrzeuges) waren wesentlich für das Gelingen der Tat. Zudem hatte F ein großes Interesse am Taterfolg, da er ein Drittel der Beute für sich beanspruchte. Fraglich ist, inwiefern auch dem tatortabwesenden T die Taten zuzurechnen sind. Die Abwesenheit des T bei Tatausführung ist nach der subjektiven Abgrenzungstheorie nicht ausschlaggebend, denn hierfür reicht, neben den weiteren Voraussetzungen, der Wille zur Tatherrschaft aus. Als Planer der Tat ist T der eigentliche Organisator und damit Zentralgestalt des Tatgeschehens. Als planvoll lenkende Figur und Bestimmer über das **Ob** und das **Wie** der Tat ist T auch nach der sog. funktionalen Tatherrschaftslehre als Mittäter zu klassifizieren. Für die funktionale Tatherrschaft kann auch die Vornahme von Vorbereitungs- und Unterstützungsleistungen genügen, soweit sich der zuvor geleistete Beitrag während des nachfolgenden Tatgeschehens fortwirkt und dieses wesentlich mitbestimmt.[11] Danach wird das „Minus bei Tatausführung" durch das „Plus bei Tat-

---

7 Vgl. BGH NStZ 2016, 400 (401); NStZ-RR 2016, 6 f.; Schönke/Schröder/Heine/Weißer Vor § 25 Rn. 77 ff.
8 BGH NStZ 2013, 462; 2012, 379 (380); 2002, 145 (146); Schönke/Schröder/Heine/Weißer § 25 Rn. 71; Lackner/Kühl/Kühl § 25 Rn. 10.
9 BGH BeckRS 2013, 21138.
10 MüKoStGB/Sander § 255 Rn. 12.
11 BGHSt 37, 289 (292) = BeckRS 1991, 3071; BGHSt 40, 299 (301) = BeckRS 1994, 6655; Wessels/Beulke/Satzger StrafR AT Rn. 819 ff.

planung" ausgeglichen. Der T macht sich gem. §§ 253, 255, 250 Abs. 2 Nr. 1 Var. 1, 25 Abs. 2 StGB strafbar. Der Hausfriedensbruch und der Verstoß gegen das WaffG werden ihm auch zugerechnet.

> **Hinweis:** Nach der strengen Tatherrschaftslehre wird von jedem Mittäter eine für den Erfolg der Tat wesentliche Mitwirkung *im Ausführungsstadium* verlangt.[12] Teilweise wird gefordert, dass der Tatortabwesende zumindest per Funk oder Telefon mit seinen Mittätern im Rahmen des unmittelbaren Tatgeschehens verbunden sein muss und so den Einsatz leitet.[13] Diese Ansicht ist nicht nachvollziehbar, da der tatortabwesende Planer der Tat, welcher sich bei Tatausführung ein Alibi verschaffen konnte, gegebenenfalls dann nur als bloßer Anstifter oder Gehilfe zu sanktionieren wäre.

I. Mittäterschaftlicher Exzess

Ein mittäterschaftlicher Exzess bedeutet eine Handlung, die über den gemeinschaftlichen Tatentschluss bzw. Tatplan hinausgeht. Exzesshandlungen der anderen Mittäter fallen dem Täter grundsätzlich nicht zur Last.[14] Nur solche Überschreitungen, mit denen nach den Umständen gerechnet werden musste, werden vom Willen des Mittäters auch dann umfasst, wenn er diese sich nicht besonders vorgestellt hat. Zudem werden Abweichungen zugerechnet, bei denen die verabredete Tatausführung in eine durch ihre Schwere und Gefährlichkeit gleichwertige ersetzt wurde.[15]

> **Beispiel:** T und F planen einen Wohnungseinsteigediebstahl. Sie legen fest, dass ein auf Kipp stehendes Fenster zuvor möglichst geräuschlos geöffnet werden soll, um so in das Tatobjekt zu gelangen. F fehlt bei der Tat jedoch jegliche Geschicklichkeit. Daher bricht er das Fenster auf.

T wird die Sachbeschädigung des F zugerechnet, da damit gerechnet werden musste, dass im Rahmen der Tat das Fenster zu Bruch gehen könnte. Insoweit handelt es sich lediglich um eine unwesentliche Abweichung.

> **Beispiel:** T und F planen einen Raub. Es soll dabei nur gedroht werden. Jegliche physische Gewalt ist zwingend zu vermeiden. Entgegen dem Tatplan erschießt der F sein Opfer. T ist entsetzt. Beide fliehen mit der Beute.

Es handelt sich um einen für den T nicht zurechenbaren Mord, da die Abweichung in diesem Fall wesentlich ist. Fällt dem T jedoch Leichtfertigkeit in Bezug auf die Todesfolge zur Last, so kann gegen ihn gem. § 251 StGB ermittelt werden.

II. Sukzessive Mittäterschaft

Die sukzessive Mittäterschaft bedeutet, dass ein Mittäter erst nachträglich in das Geschehen eingreift. Soweit das Delikt dann noch nicht vollendet ist, ist eine sukzessive Mittäterschaft unstreitig möglich.[16]

> **Beispiel:** T wird während der Tat durch F verständigt und hilft ihm anschließend beim Entwenden schwerer Fernseher aus einem Elektronikfachgeschäft.

---

12 Wessels/Beulke/Satzger StrafR AT Rn. 821; Becker, Das gemeinschaftliche Begehen und die sogenannte additive Mittäterschaft, 2009, S. 54.
13 Roxin JA 1979, 519 (522); LK-StGB/Schünemann/Greco § 25 Rn. 176.
14 BGH NJW 2003, 1541 (1542); NStZ 2013, 462.
15 Vgl. BGH NStZ 2010, 33 f.; NJW 2003, 1541 (1542); Schönke/Schröder/Heine/Weißer § 25 Rn. 95.
16 BGHSt 2, 344 = BeckRS 1952, 104127; BGH NStZ 2016, 524 (525); Lackner/Kühl/Kühl § 25 Rn. 10.

32 Hier hat T die Tat noch nicht vollendet, da er sich mit den schweren Fernsehgeräten noch im Tatobjekt befindet. Da der F ihn in der Versuchsphase zur Hilfe kam, ist er als Mittäter (soweit seine Tatherrschaft vorlag) zu klassifizieren.

33 Umstritten ist die sukzessive Mittäterschaft nach Vollendung aber vor Beendigung der Tat. Nach Ansicht der Rechtsprechung ist eine sukzessive Mittäterschaft auch in dieser Zeitphase möglich, da sich das Einverständnis des hinzukommenden Mittäters auf den verbrecherischen Gesamtplan bezieht. Nur bereits abgeschlossene Delikte sind nicht mehr zuzurechnen.[17] Aus Sicht der Tatherrschaftslehre wird die sukzessive Mittäterschaft bei Taten zwischen der Vollendungs- und Beendigungsphase abgelehnt, da der Täter darüber keine Tatherrschaft ausüben konnte. Zudem wird ansonsten ein nachträglicher Vorsatz sanktioniert.[18]

34 **Klausurhinweis:** Bei der sukzessiven Mittäterschaft sind Delikte mit überschießender Innentendenz (insbesondere §§ 242 ff., 249 ff. StGB) klausurrelevant, da hier zwischen den beiden Zeitphasen der Vollendung und Beendigung unterschieden wird. Gerade im Hinblick auf den Diebstahl und den Raub sollten Sie sich mit der Vollendung der Wegnahme gut auskennen.

35 **Beispiel:** F ist nachts in das Haus der O eingebrochen. Dabei wurde die Nebeneingangstür erheblich beschädigt. F gelang es, den hauseigenen Safe aus der Wand mittels Seitenschneider herauszutrennen. Den schweren Safe verstaut er draußen in seinem Fahrzeug, welches jedoch zum Entsetzen des F nicht mehr anspringt. Daher verständigt er den T, der ihn bereitwillig gegen eine Beuteteiligung abholt.

36 Dem T kann nach Ansicht der Rechtsprechung der § 244 Abs. 4 StGB als Mittäter zugerechnet werden, da die Tat zwar vollendet, aber noch nicht beendet wurde. Nach der Tatherrschaftslehre kann eine Zurechnung nicht mehr erfolgen, da T den Wohnungseinbruchsdiebstahl nicht mitbeherrschte. Die Sachbeschädigung wurde bereits beendet als T informiert wurde. Eine diesbezügliche Zurechnung findet unstrittig nicht statt.

37 **Hinweis:** Die Tatherrschaftslehre kann überzeugen, da der Hinzukommende das Tatgeschehen nicht mehr beeinflussen kann. Allein die nachträgliche Billigung kann nur schwer eine Täterschaft begründen.

III. Prüfung der Mittäterschaft Trennungsmodell/Kombinationsmodell

38 Die Darstellung der Mittäterschaft kann über das sog. Trennungsmodell oder das sog. Kombinationsmodell erfolgen. Beim Trennungsmodell werden die Mittäter isoliert voneinander geprüft. Beim Kombinationsmodell erfolgt eine gemeinsame Prüfung.

1. Prüfungsaufbau Trennungsmodell

39 A. Strafbarkeit des Tatnächsten (zB §§ 242 Abs. 1, 243 Abs. 1 S. 2 Nr. 1 StGB)
Hinweis: Soweit der Tatnächste das Delikt vollständig in eigener Person verwirklicht, wird bei ihm nicht der § 25 Abs. 2 StGB zitiert. Sie prüfen diesen als Alleintäter.

---

17 Grundlegend BGHSt 2, 344 (346) = BeckRS 1952, 104127; fortführend BGH NJW 1992, 2103 (2104); NStZ 1997, 272.
18 Lackner/Kühl/Kühl § 25 Rn. 12; Schönke/Schröder/Heine/Weißer § 25 Rn. 91.

B. Strafbarkeit des Beteiligten (zB §§ 242 Abs. 1, 243 Abs. 1 S. 2 Nr. 1, 25 Abs. 1 StGB)
I. Tatbestand
  1. Objektiver Tatbestand
     a) Gegebenenfalls deliktsspezifische Merkmale (zB Fremdheitsbegriff aus § 242 Abs. 1 StGB)
     b) Zurechnung der fehlenden Tathandlung über § 25 Abs. 2 StGB
        aa) Definition Mittäterschaft
        bb) Bewertung des geleisteten Tatbeitrages anhand der subjektiven Theorie und der Tatherrschaftslehre (gegebenenfalls Stellungnahme)
  2. Subjektiver Tatbestand
     a) Allgemeiner Tatbestandsvorsatz, § 15 StGB
     b) Tatherrschaftswille (Tatentschluss auf das gemeinschaftliche Handeln, entsprechender Zurechnungswille)
     c) Gegebenenfalls deliktsspezifische Absichten (zB die Zueignungsabsicht aus § 242 Abs. 1 StGB)
  3. Gegebenenfalls Akzessorietätsverschiebung gem. § 28 Abs. 2 StGB
II. Rechtswidrigkeit
III. Schuld
IV. Gegebenenfalls Regelbeispiel (zB § 243 Abs. 1 S. 2 Nr. 1 StGB)

Klausurhinweis: Sollten Sie bei den Abgrenzungstheorien zu dem Ergebnis kommen, dass es sich um einen (bloßen) Gehilfen handelt, prüfen Sie für diesen Beteiligten im Anschluss die Beihilfe zu dem Delikt. Eine Mittäterschaft kommt dann nicht mehr infrage.

40

2. Anwendbarkeit Trennungsmodell

Auf das Trennungsmodell müssen Sie zurückgreifen, wenn der Tatnächste alle Tatbestandsmerkmale in der eigenen Person erfüllt hat und der andere Mittäter die Tat geplant oder nur unterstützende Dienste geleistet hat.

41

Beispiel: T überfällt einen Supermarkt. Den Plan dazu hat F ausgearbeitet. F selbst ist bei Tatausführung nicht vor Ort. Er steht jedoch per Funk im ständigen Kontakt zum T. Das Fluchtfahrzeug fährt K. T begeht den Raub.

42

Der T ist zunächst als Alleintäter des Raubes zu prüfen. Im Anschluss erfolgt die separate Prüfung der F und K.

43

Auch bei einem mittäterschaftlichen Exzess muss auf das Trennungsmodell zurückgegriffen werden.

44

Beispiel: T und F planen einen Raub in einem Supermarkt. Beide fahren zum Tatort. T bedroht die Kassiererin O mit einer Schusswaffe und verlangt das Geld aus der Kasse. F verstaut das übergebende Geld in einen mitgeführten Müllsack. Nach Übergabe des Geldes schießt T außerplanmäßig auf die O und verletzt sie dadurch schwer.

45

§§ 253, 255, 250 Abs. 2 Nr. 1 Var. 1 StGB kann dem F zugerechnet werden. Die Prüfung kann mit dem T gemeinsam im Kombinationsmodell erfolgen. T und F sind im Obersatz zu zitieren und gemeinsam zu prüfen. Eine gegenseitige Zurechnung der Merkmale des Grundtatbestandes § 253 Abs. 1 StGB und der Qualifikationen aus §§ 255, 250 Abs. 2 Nr. 1 Var. 1 StGB kann erfolgen, da dies Teil der Tatplanung war. Eine Zurechnung der Qualifikation aus § 250 Abs. 2 Nr. 3a StGB, des versuchten

46

Totschlages aus §§ 212 Abs. 1, 22, 23 Abs. 1 StGB (gegebenenfalls versuchten Mordes) und der (vollendeten) gefährlichen Körperverletzung findet nicht statt, da es sich um eine Exzesshandlung des T handelt. Hier muss eine getrennte Prüfung erfolgen.

47 Das Trennungsmodell bietet sich auch bei der sukzessiven Mittäterschaft an (→ § 8 Rn. 30 ff.).

48 Das Trennungsmodell ist ferner zwingend, wenn es sich um einen Fall der Akzessorietätsverschiebung handeln sollte.

49 **Beispiel:** T, F und K begehen als Bande einen Einbruchsdiebstahl in einem Elektronikfachgeschäft. Sie bekommen dabei einmalig Unterstützung durch den Kraftfahrer C, der alle zum Tatort fährt und wieder abholt. C bekommt dafür ein Viertel der Beute.

50 T, F und K machen sich gem. § 244a Abs. 1, 25 Abs. 2 StGB strafbar. C hat die Bande nur einmal unterstützt. Da das Bandenmerkmal ein täterbezogenes, strafverschärfendes Merkmal gem. § 28 Abs. 2 StGB darstellt, kommt es bei C zu einer Akzessorietätsverschiebung. C macht sich daher „nur" wegen §§ 242 Abs. 1, 243 Abs. 1 S. 2 Nr. 1, 25 Abs. 2 StGB strafbar. Daher hat seine Prüfung isoliert zu erfolgen.

3. Prüfungsaufbau Kombinationsmodell

51 A. Strafbarkeit der Tatbeteiligten (zB §§ 242 Abs. 1, 25 Abs. 2 StGB)
   I. Tatbestand
      1. Objektiver Tatbestand
         a) Gegebenenfalls deliktsspezifische Merkmale (zB fremd aus § 242 Abs. 1 StGB für jeden Mittäter)
         b) Gemeinsame Tatausführung und/oder
         c) Gegenseitige Zurechnung der Tatbeiträge
            aa) Definition Mittäterschaft
            bb) Bewertung des geleisteten Tatbeitrages anhand der subjektiven Theorie und der (funktionalen) Tatherrschaftslehre
            Klausurhinweis: Sollten Sie zu dem Ergebnis kommen, dass es sich nur um einen Gehilfen der Tat handelt, müssen Sie anschließend für diesen Beteiligten eine Beihilfe gem. § 27 Abs. 1StGB zum Delikt prüfen.
      2. Subjektiver Tatbestand
         a) Allgemeiner Tatbestandsvorsatz, § 15 StGB
         b) Tatherrschaftswille (Tatentschluss auf das gemeinschaftliche Handeln, entsprechender Zurechnungswille)
         c) Gegebenenfalls deliktsspezifische Absichten (zB die Zueignungsabsicht aus § 242 Abs. 1 StGB bei jedem Mittäter)
      3. Gegebenenfalls Akzessorietätsverschiebung gem. § 28 Abs. 2 StGB
   II. Rechtswidrigkeit
   III. Schuld

4. Anwendbarkeit Kombinationsmodell

52 Das Kombinationsmodell bietet sich an, wenn beide Mittäter erst in der Zusammensetzung alle Merkmale des Tatbestandes begehen.

Beispiel: T und F begehen gemeinsam einen schweren Raub, indem T auf die Passantin O einschlägt und der F ihr die Brieftasche entreißt. 53

Der Aufbau des Raubes von T und F erfolgt hier im Kombinationsmodell. Eine gegenseitige Zurechnung der Gewalt als qualifiziertes Nötigungsmittel und der Wegnahme für die Beteiligten T und F findet statt. Würde die Prüfung getrennt erfolgen, wäre die Darstellung des Raubes unmöglich, da T eine Körperverletzung und eine Nötigung begeht und der F einen Diebstahl. Entsprechend muss die Prüfung kombiniert werden. 54

Auch bietet sich das Kombinationsmodell an, wenn jeder der Beteiligten für sich die Merkmale des gesetzlichen Tatbestandes verwirklicht. Eine Zurechnung ist dann zwangsläufig ohne Bedeutung. 55

Beispiel: T und F brechen zusammen in die Wohnung der Familie O ein. Beide stehlen Geld und Schmuck. Anschließend flüchten T und F vom Tatort. 56

Hier wäre es mühsam beide Täter getrennt voneinander darzustellen. Daher sollte die Prüfung kombiniert werden. 57

Klausurhinweis: Sollten Sie im Vorfeld bereits erkennen, dass einer der Beteiligten kein Mittäter, sondern ein Gehilfe der Tat ist, so sollten Sie diesen nicht im Kombinationsmodell darstellen. Eine getrennte Prüfung ist hier sinnvoller. 58

C. Mittelbare Täterschaft

Die mittelbare Täterschaft ist in § 25 Abs. 1 Var. 2 StGB geregelt. Mittelbarer Täter ist, wer die Tat *durch* einen anderen begeht. Dabei steuert der mittelbare Täter den Vordermann, bei dem (grundsätzlich) ein Defekt innerhalb der drei Wertungsebenen vorliegt, kraft überlegenen Wissens- und/oder Willensherrschaft, sodass das Handeln des Tatmittlers dem mittelbaren Täter zugerechnet werden kann. 59

I. Vordermann handelt tatbestandslos

Der Defekt des Vordermanns kann in einem tatbestandslosen Handeln liegen. 60

Beispiel: T überzeugt die leicht beeinflussbare und psychisch angeschlagene O, sich selbst in einer Badewanne mittels Stromzufuhr zu töten, um sich so von ihrer körperlichen Hülle zu trennen und in einem anderen Köper weiterzuleben. O überlebt.[19] 61

Ein versuchter Totschlag der O liegt nicht vor, da der § 212 Abs. 1 StGB nur vor Fremdtötungen schützt. O handelt tatbestandslos. Der Hintermann T ist wegen versuchter Tötung in mittelbarer Täterschaft strafbar, da er O kraft überlegenen Wissens steuert und sie zum Werkzeug gegen sich selbst macht. Eine eigenverantwortliche, nicht zurechenbare Selbstgefährdung der O ist abzulehnen, da ihr infolge der Täuschung durch T nicht bewusst ist, dass sie tatsächlich sterben könne (sog. Einwilligungslösung)[20]. Sie geht vielmehr davon aus, nur die körperliche Hülle zu wechseln. 62

---

19 BGHSt 32, 38 = BeckRS 1983, 915.
20 BGH NStZ 2009, 148 (150).

63 **Hinweis:** In diesem Zusammenhang ist der sog. „vorgetäuschte Doppelmord" diskussionswürdig. Hierbei überredet der Täter eine andere Person zu einem gemeinsamen Selbstmord, will sich in Wahrheit jedoch selbst nicht das Leben nehmen. Begeht die andere Person Suizid, unterliegt sie nur einem Motivirrtum, der die Schwelle zur mittelbaren Täterschaft nicht überschreitet.[21] Sollte allerdings erheblicher Druck auf das Opfer ausgeübt werden, so wird auch in diesen Fällen eine mittelbare Täterschaft angenommen.[22]

II. Vordermann handelt unvorsätzlich/ohne Absicht

64 Der Defekt kann ferner auf einem unvorsätzlichen Handeln des Tatmittlers beruhen.

Beispiel: T will gerade in den ICE einsteigen, als er den Passanten F bittet, ihm beim Koffertragen zu helfen. F solle ihm seinen roten Koffer anreichen, der noch auf dem Bahnsteig steht. Der hilfsbereite F kommt der Bitte nach und reicht dem T den Koffer. Der rote Koffer gehört allerdings dem nichtsahnenden O. T wollte sich einen vermögenswerten Vorteil verschaffen.

65 F unterliegt in Bezug auf das Tatbestandsmerkmal „fremd" bei § 242 Abs. 1 StGB einem Tatbestandsirrtum gem. § 16 Abs. 1 S. 1 StGB, der den Vorsatz entfallen lässt. Diesen Irrtum nutzte der T als mittelbarer Täter kraft überlegenden Wissens aus. Er macht sich gem. §§ 242 Abs. 1, 25 Abs. 1 S. 2 StGB strafbar.

66 **Hinweis:** Ein Dreiecksbetrug gem. § 263 Abs. 1 StGB des T zulasten des O kommt mangels Nähebeziehung (sog. Lagertheorie) zwischen F und O nicht in Betracht.

67 Der Defekt des Vordermanns kann auch auf eine fehlende Absicht zurückzuführen sein.

68 **Beispiel:** T veranlasst den F, ihm den Laptop des O zu geben. T wolle diesen nur einen Tag lang nutzen, um damit seine Seminararbeit fertigzustellen. F kommt dem nach. Tatsächlich hatte T keinen Rückführungswillen.

69 Hier fehlt dem F die (Dritt-)Zueignungsabsicht gem. § 242 Abs. 1 StGB. T benutzt den F als absichtslos-doloses Werkzeug.[23]

III. Irrige Annahme eines Rechtfertigungsgrundes durch den Vordermann

70 Der Defekt des Vordermanns kann auch in der irrigen Annahme eines Rechtfertigungsgrundes liegen.

71 **Beispiel:** T will dem verhassten O eine Lektion erteilen. Er teilt dem F mit, dass O ihm gerade die Brieftasche gestohlen habe. F solle ihn aufhalten, da er selbst dafür zu langsam sei. F jagt dem O hinterher und kann ihn überwältigen. Infolge der Festnahme erleidet O eine Schürfwunde am rechten Oberschenkel.

72 F macht sich aufgrund der irrigen Annahme über die tatsächlichen Voraussetzungen des § 127 Abs. 1 StPO nicht gem. §§ 239 Abs. 1, 223 Abs. 1 StGB strafbar. Nach überwiegender Ansicht entfällt seine Vorsatzschuld,[24] sodass die Tat als rechtswidrig, aber nicht schuldhaft zu bewerten ist (sog. Erlaubnistatbestandsirrtum). T hat den F kraft überlegenen Wissens gesteuert und macht sich wegen einer Körperverletzung

---

21 Schmidt StrafR AT Rn. 964.
22 BGH GA 1986, 509.
23 Wessels/Beulke/Satzger StrafR AT Rn. 844.
24 Vgl. Wessels/Beulke/Satzger StrafR AT Rn. 755; Lackner/Kühl/Kühl § 17 Rn. 5, 9; Fischer § 16 Rn. 20 ff.

und einer Freiheitsberaubung in mittelbarer Täterschaft gem. §§ 223 Abs. 1, 25 Abs. 1 S. 2 StGB, §§ 239 Abs. 1, 25 Abs. 1 S. 2 StGB strafbar.

IV. Vordermann handelt schuldlos

Der Vordermann könnte zudem schuldlos handeln. Ein Schuldausschließungsgrund könnte sich aus §§ 19, 20 StGB ergeben. 73

> **Beispiel:** T schickt seinen fünfjährigen Sohn K mit einer Briefbombe zu dem Briefkasten des Nachbarn O. Er solle diesen vorsichtig in den Briefkasten werfen. Als O nachmittags seine Post kontrolliert, wird er durch die Explosion getötet. 74

T steuert den schuldunfähigen K kraft überlegenden Willens. Er macht sich gem. §§ 211, 25 Abs. 1 S. 2 StGB strafbar. 75

> **Hinweis:** Allein die Schuldunfähigkeit von Kindern führt bei der Prüfung von § 25 Abs. 1 S. 2 StGB nicht immer zur Bejahung einer mittelbaren Täterschaft.[25] In § 19 StGB ist lediglich die Schuldunfähigkeit geregelt. Dies bedeutet jedoch keineswegs, dass ein Kind die Tatherrschaft nicht ausüben kann. Daher ist insbesondere auch auf die Einsichtsfähigkeit des Kindes abzustellen. Bei einem fünfjährigen Kind liegt diese allerdings nicht vor (→ § 4 Rn. 74 ff.). 76

Weiterhin ist der sog. Nötigungsnotstand zu beachten. 77

> **Beispiel:** T will den O körperlich schädigen. Er will sich nicht selbst die Hände schmutzig machen. Er bedroht daher den F mit einer Schusswaffe und zwingt ihn dazu, den O zusammenzuschlagen. 78

F handelt rechtswidrig, da der O sich ansonsten nicht über § 32 Abs. 1, 2 StGB zur Wehr setzen dürfte. F befindet sich jedoch in einem Nötigungsnotstand und ist gem. § 35 Abs. 1 StGB entschuldigt.[26] Der T steuert den F durch die Herbeiführung der Zwangslage kraft überlegenden Willens und macht sich gem. §§ 223 Abs. 1, 25 Abs. 1 S. 2 StGB strafbar. 79

V. Täter-hinter-dem-Täter

Sollte der Hintermann infolge seiner Überlegenheit den Eintritt des konkreten tatbestandsmäßigen Erfolges steuern, so ist eine mittelbare Täterschaft trotz *voller* strafrechtlicher Verantwortlichkeit des Vordermanns möglich.[27] Hier sind insbesondere der vermeidbare Verbotsirrtum, die Organisationsherrschaft und der manipulierte *error in persona vel objecto* zu nennen. 80

1. Vermeidbarer Verbotsirrtum beim Vordermann

> **Beispiel:** T und F brachten den leichtgläubigen K dazu, an den sog. Katzenkönig zu glauben, der das Böse verkörpere und die gesamte Menschheit bedrohe. Sie entschlossen sich dazu, den K als Werkzeug zur Tötung der O zu missbrauchen. T und F spiegelten dem K vor, dass die O als Menschenopfer fungieren muss, um so den Katzenkönig zu besänftigen. K solle sie daher töten. K stach daraufhin mit einem Messer mehrfach auf die O ein und verletzte sie dadurch schwer.[28] 81

---

25 Schmidt StrafR AT Rn. 971; So aber Schönke/Schröder/Heine/Weißer § 25 Rn. 39.
26 Wessels/Beulke/Satzger StrafR AT Rn. 695.
27 BGHSt 40, 218 ff. = BeckRS 1994, 5063; BGHSt 45, 270 ff. = BeckRS 1999, 9935; BGHSt 42, 65 ff. = BeckRS 1996, 30390888; BGH NStZ 2001, 475 (476); Lackner/Kühl/Kühl § 25 Rn. 2; Wessels/Beulke/Satzger StrafR AT 851 ff.; Gropp/Sinn StrafR AT § 10 Rn. 100 ff.
28 BGHSt 35, 347 = BeckRS 1988, 04914 – Katzenkönigfall.

82 K macht sich gem. § 211 StGB strafbar. Der bei ihm vorliegende (indirekte) Verbotsirrtum, er hatte die Grenzen des § 34 StGB irrig zu weit gezogen, war vermeidbar, da er eine gewissenhafte Überprüfung der rechtlichen Grenzen des Rechtfertigungsgrundes nicht vorgenommen hat. K handelt daher schuldhaft, jedoch kann seine Strafe gem. § 49 Abs. 1 StGB gemildert werden. T und F hingegen machen sich wegen versuchten Mordes in mittelbarer Täterschaft strafbar, da sie den K bewusst manipuliert und bei ihm die Wahnvorstellung hervorgerufen haben. Dies ist nur konsequent, da K den beiden Tätern aufgrund seines Irrtums im Hinblick auf das Verbotensein seiner Handlung unterlegen war.

83 **Hinweis:** Nach einer anderen Ansicht ist die mittelbare Täterschaft zu verneinen, da der Vordermann strafbar handelt (Lehre vom Verantwortungsprinzip).[29] Übrig bliebe demnach nur die Anstiftung zur Haupttat.

2. Organisationsherrschaft

84 Innerhalb streng hierarchischer Machtstrukturen können Taten trotz voller Verantwortlichkeit des Vordermanns den leitenden Funktionären gem. § 25 Abs. 1 S. 2 StGB zugerechnet werden, die aufgrund ihrer faktischen Autorität die ausführenden Befehls- und Weisungsempfänger reibungslos und austauschbar ersetzen können.[30] In diesem Zusammenhang sind die sog. Mauerschützen-Fälle zu nennen, bei denen Soldaten in der ehemaligen DDR auf flüchtige Personen geschossen haben.[31] Gleiches gilt für Soldaten des NS-Regimes, welche Exekutionen an Häftlingen durchgeführt haben. Trotz des Mangels an einem Defekt können die Tötungshandlungen den abwesenden Schreibtischtätern zugerechnet werden. Auch bei mafiaähnlichen Verbrecherorganisationen kann die mittelbare Täterschaft kraft Organisationsherrschaft von Bedeutung sein.[32]

3. Manipulierter error in persona vel objecto

85 **Beispiel:** T weiß, dass F ihn heute Abend auf dem Weg zum Fußballtraining verprügeln will. Er schickt daher seinen Freund K zum Training. K hat die gleiche Statur wie T. T selbst meldet sich an diesem Tag für das Training ab. Aufgrund eines Identitätsirrtums schlägt F den K zusammen.

86 F macht sich gem. § 223 Abs. 1 StGB strafbar. Der *error in persona vel objecto* ist aufgrund der Gleichwertigkeit der Tatobjekte für den tatbestandlichen Vorsatz ohne Bedeutung, da die Fehlvorstellung über die Identität als bloßer Motivirrtum unbeachtlich ist (→ § 9 Rn. 7 Irrtumslehre).[33] T hat den Identitätsirrtum kraft Wissensüberlegenheit hervorgerufen und ist nach einer Ansicht daher als mittelbarer Täter zu sanktionieren.[34] Nach einer anderen Ansicht ist T Anstifter zur Körperverletzung.[35]

---

29 Jakobs NStZ 1995, 26.
30 So BGHSt 40, 218 (236) = BeckRS 1994, 5063; BGH NStZ 2001, 364 (365); NJW 2001, 3060 (3061); Schönke/Schröder/Heine/Weißer § 25 Rn. 25 f.; LK-StGB/Schünemann/Greco § 25 Rn. 122; Fischer § 25 Rn. 11 f.
31 BGHSt 40, 218 = BeckRS 1994, 5063.
32 BGHSt 40, 218 (236 f.) = BeckRS 1994, 5063; BGH NJW 1998, 767 (769); NStZ 2008, 89 (90); Lackner/Kühl/Kühl § 25 Rn. 2; kritisch Schönke/Schröder/Heine/Weißer § 25 Rn. 25a.
33 Rengier StrafR AT § 15 Rn. 22.
34 Lackner/Kühl/Kühl § 25 Rn. 4; Schönke/Schröder/Heine/Weißer § 25 Rn. 23.

Dieser Sichtweise ist jedoch entgegenzuhalten, dass eine vollendete Anstiftung bei einem zur Tat bereits entschlossenen Täter nicht möglich ist.

VI. Irrtümern bei der mittelbaren Täterschaft

Bei der mittelbaren Täterschaft kann es zu komplexen Irrtumssituationen kommen. Zu unterscheiden sind hier insgesamt drei Fallkonstellationen. 87

1. Auswirkung des error in persona vel objecto des Vordermanns auf den Hintermann

Bei der mittelbaren Täterschaft ist es umstritten, wie sich eine Objektsverwechselung des Vordermanns auf die Strafbarkeit des Hintermanns auswirkt. 88

> **Beispiel:** Der T sagt zu dem fünfjährigen K, dass er in das Patientenzimmer 115 gehen soll, um dort die Patientin O zu bestehlen. K verwechselt die Zimmer und bestiehlt die falsche Person. 89

Nach einer Ansicht ist der *error in persona vel objecto* des Vordermanns stets als ein *aberratio ictus* des Hintermanns zu bewerten, da es gleichgültig sei, ob der Hintermann sich eines menschlichen oder eines mechanischen Werkzeugs bedient und sein Ziel verfehlt.[36] Dies hätte zur Folge, dass sich der T wegen eines versuchten Diebstahls in mittelbarer Täterschaft strafbar gemacht hätte. 90

> **Hinweis:** Eine Bestrafung wegen einer fahrlässigen Tat bleibt hier aus, da der Diebstahl nur vorsätzlich strafbar ist. 91

Nach anderer Ansicht liegt auch beim Hintermann ein unbeachtlicher *error in persona vel objecto* vor.[37] Danach ist der T gem. §§ 242 Abs. 1, 25 Abs. 1 S. 2 StGB zu bestrafen. Eine Gegenmeinung differenziert. Habe der Hintermann die Individualisierung des Opfers dem Vordermann überlassen, so müsse er sich den Auswahlfehler zurechnen lassen, wenn dieser sich im allgemein Voraussehbaren bewegt. Dann liegt für den Hintermann ein unbeachtlicher *error in persona* vor. Hat der Hintermann die Individualisierung allerdings selbst vorgenommen, so sei die weisungswidrige Ausführung als *aberratio ictus* einzustufen.[38] Danach wäre auch nach dieser Ansicht bei T ein *aberratio ictus* anzunehmen, da er die Individualisierung durch Bekanntgabe des Zimmers selbst vorgenommen hat. 92

2. Irrtum des mittelbaren Täters über die Werkzeugqualität

Sollte der Hintermann irrig von seiner Tatherrschaft ausgehen, so ist die Rechtsfolge umstritten. 93

> **Beispiel:** Arzt T will den Patienten O töten. Er übergibt der Krankenschwester K eine Spritze mit tödlichem Serum. Sie soll dem O diese verabreichen. T geht dabei davon aus, dass K die wahren Absichten des T nicht erkennt, sondern von einer normalen Vitaminspritze ausgeht. Tatsächlich hat die K das tödliche Serum identifizieren können. Damit tötet sie den O. 94

---

35 Wessels/Beulke/Satzger StrafR AT Rn. 854.
36 LK-StGB/Schünemann/Greco § 25 Rn. 169.
37 Gropp/Sinn StrafR AT § 10 Rn. 165.
38 Wessels/Beulke/Satzger StrafR AT Rn. 862; Schönke/Schröder/Heine/Weißer § 25 Rn. 54.

95 Aus objektiver Sicht ist der T nicht als mittelbarer Täter einzustufen, da er aufgrund der Bösgläubigkeit der K die Tat nicht kraft überlegenen Wissens steuert. Da T jedoch Vorsatz auf die mittelbare Täterschaft hat (→ § 6 Rn. 19 Strukturgleichheit zum Versuch), macht er sich nach einer Ansicht wegen versuchten Mordes in mittelbarer Täterschaft strafbar.[39]

96 **Hinweis:** Der Mordversuch liegt dann in Form des untauglichen Versuches vor, der in mittelbarer Täterschaft begangen wird. Dies ist nicht mit einer versuchten mittelbaren Täterschaft zu verwechseln, bei dem die Einwirkung des Hintermanns auf den Vordermann bereits gescheitert ist. Die hM lehnt eine Bestrafung im Falle einer versuchten mittelbaren Täterschaft ab, da das Bestimmen nur im Zusammenhang mit einer Anstiftung zu interpretieren sei.[40] Die Wertungswidersprüche, die zwischen einer strafbaren versuchten Anstiftung und einer straflosen versuchten mittelbaren Täterschaft einhergehen, werden dabei akzeptiert.

Eine andere Ansicht geht im obigen Beispiel indes von einer vollendeten Anstiftung aus, obwohl der Hintermann keinen Vorsatz auf eine vorsätzliche und rechtswidrige Haupttat hatte. Der weitergehende Vorsatz auf eine mittelbare Täterschaft schließe jedoch den Anstiftervorsatz mit ein.[41]

97 **Hinweis:** Nach der subjektiven Theorie ist der T als mittelbarer Täter des Mordes einzustufen, da hierbei neben dem Grad des Interesses am Taterfolg und der Wesentlichkeit des Tatbeitrages, der *Wille zur Tatherrschaft* ausreichend ist.

98 Sollte der Täter allerdings keine Kenntnis von der Werkzeugqualität des Tatmittlers besitzen, so ist eine mittelbare Täterschaft abzulehnen, da ihm der Tatherrschaftswille fehlt.

99 **Beispiel:** Arzt T will den Patienten O töten lassen. Er übergibt der Krankenschwester K eine Spritze mit tödlichem Inhalt. Sie solle dem O diese verabreichen. T glaubt, dass K seine kriminellen Absichten erkenne. In Wirklichkeit handelt die K in Unkenntnis des tödlichen Serums und ist somit gutgläubig. Sie kommt der Bitte des T nach und tötet den O.

100 Mangels Kenntnis über seine Tatherrschaft ist T nicht gem. §§ 211, 25 Abs. 1 S. 2 StGB zu bestrafen. Eine Anstiftung gem. § 26 StGB ist ferner nicht möglich, da diese objektiv eine vorsätzliche und rechtswidrige Haupttat verlangt. Die K handelt jedoch unvorsätzlich. T macht sich gem. §§ 211, 30 Abs. 1 StGB wegen einer versuchten Anstiftung strafbar.

101 **Hinweis:** Sollte die versuchte Anstiftung nicht strafbar sein, so kommt lediglich eine fahrlässige Erfolgsherbeiführung in Betracht.[42]

VII. Prüfungsaufbau

102 A. Strafbarkeit Tatmittler
Hinweis: Beim Tatmittler liegt grundsätzlich ein Defekt auf einer der drei Wertungsebenen vor (Ausnahme: Täter-hinter-dem-Täter-Figur).

---

39 Gropp/Sinn StrafR AT § 10 Rn. 161; Fahl JuS 1998, 24 (26).
40 Ensenbach JURA 2011, 787 (794).
41 Wessels/Beulke/Satzger StrafR AT Rn. 860; Lackner/Kühl/Kühl § 25 Rn. 5; Schönke/Schröder/Heiner/Weißer Vor § 25 Rn. 79.
42 So Lackner/Kühl/Kühl Vor § 25 Rn. 10; Schönke/Schröder/Heine/Weißer Vor § 25 Rn. 79.

B. Strafbarkeit mittelbarer Täter
I. Tatbestand
  1. Objektiver Tatbestand
    a) Gegebenenfalls deliktsspezifische Merkmale (zB Fremdheitsbegriff aus § 242 Abs. 1 StGB)
    b) Fehlende Tathandlung des Hintermanns/Zurechnung der fehlenden Tathandlung über § 25 Abs. 1 S. 2 StGB
      aa) Definition der mittelbaren Täterschaft
      bb) Bewertung des Verursachungsbeitrages anhand der subjektiven Theorie und der Tatherrschaftslehre (gegebenenfalls Stellungnahme)
  2. Subjektiver Tatbestand
    a) Allgemeiner Tatbestandsvorsatz, § 15 StGB
    b) Tatherrschaftsbewusstsein in Bezug auf den Werkzeugeinsatz
    c) Gegebenenfalls deliktsspezifische Absichten (zB die Zueignungsabsicht aus § 242 Abs. 1 StGB)
II. Rechtswidrigkeit
III. Schuld

Klausurhinweis: Sollten Sie bei den Abgrenzungstheorien zu dem Ergebnis kommen, dass es sich um einen Teilnehmer handelt, so beenden Sie die Prüfung der mittelbaren Täterschaft und stellen im Anschluss die Anstiftung dar.

D. Teilnahme

Weitere Beteiligungsformen sind die Anstiftung und die Beihilfe gem. §§ 26, 27 StGB. Bei der Teilnahme muss zunächst immer auf die Haupttat (eine Ordnungswidrigkeit ist unzureichend) abgestellt werden, an deren Verwirklichung die Anstifter und Gehilfen lediglich teilnehmen. Die Haupttat muss dabei vorsätzlich und rechtswidrig sein. Eine Teilnahme an einer fahrlässigen Tat ist nicht möglich (gegebenenfalls jedoch eine mittelbare Täterschaft). Bei der fremden Haupttat kann es sich auch um ein eigenhändiges Delikt oder ein Sonderdelikt handeln, denn der Teilnehmer muss die Sondereigenschaft nicht erfüllen (s. jedoch Akzessorietätsverschiebung aus § 28 Abs. 2 StGB bei strafverschärfenden persönlichen Merkmalen). Verlangt die Haupttat besondere Absichten (zB die Bereicherungsabsicht aus § 263 Abs. 1 StGB), so muss diese nur bei dem Täter vorliegen. Für den Teilnehmer reicht diesbezügliche Kenntnis aus. Die Haupttat muss ferner mindestens in das Versuchsstadium gelangt sein. Sollte dies nicht der Fall sein, ist bei einem Verbrechen eine versuchte Anstiftung möglich. Eine Teilnahme zu einer versuchten Tat ist strafbar. Findet die Beihilfe zwischen Vollendung und Beendigung der Tat statt, so ist die sukzessive Beihilfe zu diskutieren. Eine Unterstützung nach beendeter Haupttat ist nicht als Beihilfe zu bewerten (s. jedoch § 257 Abs. 1 StGB).

Klausurhinweis: Aufgrund der Subsidiarität der Teilnahme zur Täterschaft sollten Sie sich im Vorfeld der Teilnahmeprüfung stets die Frage stellen, ob nicht eine Täterschaft in Frage kommen könnte. Gegebenenfalls ist hier eine Negativabgrenzung erforderlich (→ § 8 Rn. 2 ff. Täterschaft/Teilnahme).

I. Anstiftung

106 Die Anstiftung ist in § 26 StGB geregelt. In objektiver Hinsicht muss der Anstifter den Haupttäter zu einer vorsätzlichen und rechtswidrigen Haupttat bestimmen. In subjektiver Hinsicht muss der Anstifter mit doppelten Teilnahmewillen agieren.

1. Prüfungsrelevanz

107 Die Anstiftung ist häufig Prüfungsgegenstand von Klausuren. Insbesondere ist hier der sichere Umgang mit den Abgrenzungstheorien notwendig, um die Anstiftung von der mittelbaren Täterschaft vernünftig abgrenzen zu können.

108 **Hinweis:** Überschneidungen zwischen der mittelbaren Täterschaft und der Anstiftung kann es insbesondere dann geben, wenn der angestiftete Täter schuldlos handelt, da für die Anstiftung die Haupttat nicht zwingend schuldhaft sein muss (sog. limitierte Akzessorietät). Zugleich kommt durch den Defekt in der Schuld des Vordermanns eine mittelbare Täterschaft infrage. Sollte der Täter diesen Defekt allerdings kennen und bewusst für sein Vorhaben ausnutzen, so übt er Tatherrschaft aus und ist als mittelbarer Täter anzusehen.

2. Prüfungsaufbau

109 A. Prüfung des Haupttäters
   Klausurhinweis: Die Haupttat muss immer zuerst dargestellt werden. Sollte der Bearbeitungshinweis nicht nach der Strafbarkeit des Haupttäters fragen, so ist im Rahmen der Teilnahme eine inzidente Prüfung des Haupttäters angezeigt.
B. Prüfung des Anstifters
I. Tatbestand
   1. Objektiver Tatbestand
      a) Vorsätzliche und rechtswidrige Haupttat eines anderen
      b) Bestimmen zur Tat (→ § 8 Rn. 118 ff. insbesondere Aufstiftung, Abstiftung, Umstiftung)
   2. Subjektiver Tatbestand
      a) Vorsatz auf die Vollendung der vorsätzlichen und rechtswidrigen Haupttat
      b) Vorsatz auf das Bestimmen
   3. Gegebenenfalls Akzessorietätsverschiebung gem. § 28 Abs. 2 StGB
II. Rechtswidrigkeit
III. Schuld
IV. Gegebenenfalls Strafmilderung gem. § 28 Abs. 1 StGB

a) Objektiver Tatbestand der Anstiftung

110 Der Anstifter muss eine andere Person zu dessen vorsätzlicher und rechtswidriger Tat bestimmt haben. Bestimmen bedeutet das Hervorrufen des Tatentschlusses.[43] Es muss hierbei eine Willensbeeinflussung im Wege des offenen geistigen Kontakts stattfinden (sog. Kommunikationstheorie). Allein das Schaffen einer zur Tat anreizenden Situation ist nicht ausreichend.[44]

---

43 Wessels/Beulke/Satzger StrafR AT Rn. 881.
44 Wessels/Beulke/Satzger StrafR AT Rn. 881.

D. Teilnahme

Beispiel: T möchte dem O eine Lektion erteilen. Als er bei ihm zu Besuch ist, öffnet er das zur Straße gelegene Wohnzimmerfenster und hofft, dass ein Passant in einem unbemerkten Augenblick durch das Fenster in das Wohnzimmer gelangt, um die neue PlayStation 5 des O an sich zu nehmen. Als O in der Küche Essen zubereitet, gelingt es so dem Passant F die PlayStation 5 wegzunehmen. 111

Hier schafft der T lediglich eine zur Tat anreizende Situation. Eine geistige Willensbeeinflussung des Haupttäters F hat nicht stattgefunden. In Betracht kommt allerdings eine Beihilfe durch T, bei der es nicht auf einen geistigen Kontakt zwischen Haupttäter und Gehilfen ankommt.[45] 112

Die Willensbeeinflussung erfolgt regelmäßig durch einen kommunikativen Akt (zB Überreden, Wünsche und Anregungen, eine Belohnung in Aussicht stellen, Drohung, Missbrauch von Überordnungsverhältnissen etc).[46] Eine Anstiftung durch Unterlassen ist nicht möglich.[47] Dies ist jedoch mit einer strafbaren (aktiven) Anstiftung zu einem Unterlassungsdelikt zu verwechseln. 113

Beispiel: Die Mutter O des T rutscht vor ihm auf dem eisigen Gehweg aus und verletzt sich schwer am Kopf. T will ihr helfen. Seine Freundin A rät ihm davon ab. T kommt dem nach und lässt die O verbluten. 114

T macht sich gem. §§ 212 Abs. 1, 13 Abs. 1 StGB (§ 323c Abs. 1 StGB wird verdrängt)[48] strafbar. Gegenüber seiner Mutter ist er Beschützergarant. Die A macht sich gem. §§ 212 Abs. 1, 13, 26 StGB strafbar. Ihre fehlende Garantenstellung ist im Rahmen der Strafzumessung zu berücksichtigen (s. §§ 28 Abs. 1, 49 Abs. 1 StGB). 115

Neben dem Bestimmen zur Begehung der Tat muss eine (fremde) vorsätzliche und rechtswidrige Haupttat eines anderen vorliegen. Die Haupttat muss nicht schuldhaft sein (sog. limitierte Akzessorietät). 116

Hinweis: Ein zur Tat bereits Entschlossener (sog. *omnimodo facturus*) kann nicht mehr angestiftet werden (s. jedoch § 30 Abs. 1 StGB).[49] Ist der Täter nur zur Tat geneigt, ist eine Anstiftung allerdings möglich.[50] 117

aa) Aufstiftung (Hochstiftung)

Bei der Aufstiftung ist der Haupttäter bereits zur Begehung des Grunddeliktes fest entschlossen, wird jedoch durch den Teilnehmer zu einer strafverschärfenden Qualifikation „hochgestiftet". 118

Beispiel: T will in ein Juweliergeschäft einbrechen. Er erzählt seiner Frau A von seinem Vorhaben. A empfiehlt ihm eine Waffe mitzunehmen. T folgt dem Rat. 119

A könnte sich gem. §§ 244 Abs. 1 Nr. 2, 26 StGB strafbar gemacht haben. Im Unterschied zu der „normalen" Anstiftung war der Haupttäter allerdings bereits fest zur Verwirklichung des Grundtatbestandes entschlossen. Nach einer Ansicht liegt daher nur eine psychische Beihilfe vor, da der T durch den Rat der A in seinem Willen bestärkt wurde.[51] Nach überwiegender Ansicht wird indes eine Anstiftung zum qualifi- 120

---

45 Vgl. LK-StGB/Schünemann/Greco § 27 Rn. 10; Lackner/Kühl/Kühl § 27 Rn. 4.
46 Wessels/Beulke/Satzger StrafR AT Rn. 882.
47 Schönke/Schröder/Heine/Weißer § 26 Rn. 4.
48 BGHSt 39, 164 (166) = BeckRS 1993, 1685.
49 Wessels/Beulke/Satzger StrafR AT Rn. 883.
50 BGHSt 45, 373 (374) = BeckRS 2000, 30091581.
51 Schönke/Schröder/Heine/Weißer § 26 Rn. 8; Kühl StrafR AT § 20 Rn. 183.

zierten Delikt angenommen, da mit der Aufstiftung eine wesentliche Erhöhung des Unrechtsgehaltes der Ausgangstat erfolgt.[52]

121 Eine Anstiftung ist unstrittig für Delikte anzunehmen, zu denen der Haupttäter im Vorfeld noch nicht entschlossen war.

122 **Beispiel:** Der T will einen Raub mittels qualifizierter Drohung begehen. Seine Frau A erfährt davon und rät ihm, eine Waffe mitzunehmen und das Raubopfer zusätzlich körperlich zu misshandeln, um so seinem Begehren Nachdruck zu verleihen. T folgt dem Rat.

123 Zu §§ 249 Abs. 1, 250 Abs. 2 Nr. 1 Var. 1 StGB ist A entweder Anstifterin oder Gehilfin (→ § 8 Rn. 106 ff. und → § 8 Rn. 164). In Bezug auf die Körperverletzung ist A gem. §§ 223 Abs. 1, 26 StGB zu bestrafen, da der Körperverletzungsvorsatz bei T erst durch ihre Willensbeeinflussung hervorgerufen wurde.

Klausurhinweis: Die Aufstiftung, Abstiftung und Umstiftung sollte im Rahmen der Anstifterhandlung (Bestimmen zur Haupttat) diskutiert werden.

bb) Abstiftung (Abwiegeln)

124 Bei der Abstiftung ist der Haupttäter bereits fest entschlossen, eine qualifizierte Tat zu begehen. Dem Anstifter gelingt es, den Täter davon zu überzeugen, zumindest von der Qualifikation Abstand zu nehmen.

125 **Beispiel:** T will den O mit einem Messer verletzen. Als seine Frau A davon erfährt, will sie ihn von der Tat abbringen. Da T sich nicht überzeugen lässt, verlangt sie von ihm, zumindest das Messer wegzulassen. T folgt der Aufforderung und misshandelt den O nur mit einfacher körperlicher Gewalt.

126 In Bezug auf den Grundtatbestand kommt eine Anstiftung nicht infrage, da T hierzu bereits fest entschlossen war. Durch ihr Verlangen wurde die Tat im Unrechtsgehalt abgeschwächt, sodass ihre Handlung ein Fall der sog. Risikoverringerung darstellt (→ § 1 Rn. 280 ff. Objektive Zurechnung). Dies führt zum Ausschluss der objektiven Zurechnung. A macht sich nicht strafbar.

127 **Hinweis:** Sollte die Lehre der objektiven Zurechnung abgelehnt werden, so ist die A gem. § 34 StGB gerechtfertigt, wenn davon ausgegangen wird, dass das Überzeugen das einzige Mittel zur Gefahrenabwehr darstellte.[53] Im Einzelfall bleibt noch die Bestrafung wegen psychischer Beihilfe.[54]

cc) Umstiftung

128 Die Umstiftung bedeutet, dass der fest zur Tat entschlossene Haupttäter zur Begehung einer anderen Tat (*„aliud"*) angestiftet wird. Sollte der Täter zu dem anderen Delikt noch nicht entschlossen gewesen sein, so liegt unproblematisch eine Anstiftung dazu vor.[55]

129 **Beispiel:** T will das Fahrzeug des O beschädigen. A rät ihm davon ab, fordert T jedoch dazu auf, den O zu schlagen.

130 Hier macht sich A unstrittig gem. §§ 223 Abs. 1, 26 StGB strafbar.

---

52 BGHSt 19, 339 (341) = BeckRS 1964, 105363; Wessels/Beulke/Satzger StrafR AT Rn. 885; Fischer § 26 Rn. 5.
53 Vgl. LK-StGB/Schünemann/Greco § 26 Rn. 29; Schönke/Schröder/Heine/Weißer § 26 Rn. 6–8.
54 Kudlich JuS 2005, 592.
55 Vgl. LK-StGB/Schünemann/Greco § 26 Rn. 21 ff.

Soweit die Umstiftung jedoch keine wesentliche Veränderung der Tat auslösen sollte, kommt keine Anstiftung, sondern nur eine psychische Beihilfe in Betracht.

> **Beispiel:** T will bei einem geplanten Diebstahl einen Revolver mitführen. A überzeugt den T, den Revolver durch eine Scheinwaffe zu ersetzen. T lässt sich überzeugen und nimmt eine Scheinwaffe mit, um möglichem Widerstand entgegenzutreten.

Zu § 242 Abs. 1 StGB kommt keine Anstiftung durch A in Betracht, da T hierzu bereits fest entschlossen war. Da T innerhalb des gleichen Tatbestandes von § 244 Abs. 1 Nr. 1a Var. 1 StGB auf § 244 Abs. 1 Nr. 1b StGB umgestiftet wurde, ist dies als psychische Beihilfe zu bewerten. A macht sich gem. §§ 244 Abs. 1 Nr. 1b, 27 Abs. 1 StGB strafbar.

> **Hinweis:** Eine Hochstiftung und eine Abstiftung sind hier nicht vorliegend, da durch die Willensbeeinflussung der A kein strafverschärfendes Element hinzukam bzw. die bereits geplante qualifizierte Tat nicht abgeschwächt wurde.

b) Subjektiver Anstiftervorsatz

Beim subjektiven Tatbestand ist ein doppelter Anstiftervorsatz notwendig.[56] Dieser bezieht sich (*dolus eventualis* ist jeweils ausreichend) auf die vorsätzliche und rechtswidrige Haupttat und auf das Bestimmen zur Tat. Der Vorsatz des Anstifters muss sich in Bezug auf die fremde Haupttat nicht auf alle Einzelheiten (Tatort, Tatzeit, Umstände der Tatbegehung usw) beziehen, die Tat muss jedoch als konkret-individualisierbares Geschehen erkennbar sein (s. Unterschied zu § 111 StGB).[57]

> **Hinweis:** Geht der Anstifter von einer gerechtfertigten Haupttat aus, so liegt bei ihm ein vorsatzausschließender Tatbestandsirrtum gem. § 16 Abs. 1 S. 1 StGB vor.

Der Anstifter muss die *Vollendung* der Tat wollen. Eine Person, die den Täter zu einer Tat verleitet, um ihn wegen dieser Tat zu überführen, handelt daher straflos, wenn das Delikt nur in das Versuchsstadium gelangen soll (sog. *agent provocateur*).[58]

> **Beispiel:** Lockspitzel A überredet den Kriminellen T zur Begehung eines Wohnungseinbruchsdiebstahls bei dem (eingeweihten) O. Nachdem T das Haus des O betreten hat, erfolgt absprachegemäß der polizeiliche Zugriff.

Hier wollte der A lediglich, dass das Delikt die Versuchsschwelle überschreitet. Zu einer Vollendung sollte es nicht kommen. Ihm fehlt daher der Anstiftervorsatz. Er macht sich nicht gem. §§ 244 Abs. 4, 22, 23 Abs. 1, 26 StGB strafbar.

Jedoch liegt ein Anstiftervorsatz auch dann nicht vor, wenn der Anstifter die Vollendung der Tat in Kauf nimmt, aber durch rechtzeitiges Eingreifen die Beendigung der Tat verhindert[59] bzw. eine tatsächliche Verletzung des geschützten Rechtsgutes vom Willen des Anstifters nicht erfasst ist.[60]

> **Beispiel:** Lockspitzel A überredet T, einen Einbruchsdiebstahl in einem Warenlager zu begehen. Nachdem T die Beute an sich gebracht hat, erfolgt draußen absprachegemäß der polizeiliche Zugriff.

---

56 Lackner/Kühl/Kühl § 26 Rn. 4; Wessels/Beulke/Satzger StrafR AT Rn. 888.
57 BGH NJW 2005, 996 (997); Lackner/Kühl/Kühl § 26 Rn. 5; Wessels/Beulke/Satzger StrafR AT Rn. 891.
58 Vgl. BGHSt 45, 321 (324) = BeckRS 1999, 30082817.
59 OLG Oldenburg NJW 1999, 2751; LK-StGB/Schünemann/Greco § 25 Rn. 60 ff.; Fischer § 26 Rn. 12; Schönke/Schröder/Heine/Weißer § 26 Rn. 21; Kühl StrafR AT § 29 Rn. 205.
60 Schönke/Schröder/Heine/Weißer § 26 Rn. 23.

§ 8 Täterschaft/Teilnahme

142 Da der Anstifter nur die Vollendung der Tat erzielen wollte, aber die Rechtsgutsverletzung im Sinne der materiellen Beendigung verhindert werden sollte, macht er sich nicht strafbar.

143 Unzulässiger Druck darf durch den verdeckten Ermittler allerdings nicht ausgeübt werden.

144 **Beispiel:** T und F handelten in kleinem Stil mit Drogen. Die Polizei setzte auf beide einen verdeckten Ermittler an. Nachdem dieser mehrfach kleinere Mengen an Drogen erwarb (zB zehn Gramm Marihuana für 100 EUR), verlangte er nach größeren Mengen. Er wolle drei Kilogramm Marihuana im Wert von 20.000 EUR erwerben. T und F sagten zu, hatten bei der Beschaffung dieser großen Menge jedoch Probleme. Als es ihnen dennoch gelang, kam es bei der Übergabe zur Festnahme von T und F.[61]

Hinweis: Bitte beachten Sie, dass seit dem 1.4.2024 das Konsumcannabisgesetz (KCanG) gilt. Danach sind in der Öffentlichkeit für Personen ab 18 Jahren der Besitz von bis zu 25 Gramm und am Wohnsitz bzw. am gewöhnlichen Aufenthaltsort der Besitz von bis zu 50 Gramm Cannabis erlaubt (s. § 3 I, II Nr. 1 KCanG). Allerdings sind andere Umgangsformen – zB auch das Handeltreiben – unabhängig von der Menge strafbar (s. §§ 34 Abs. 1, 2 Abs. 1 KCanG).

145 Das LG Freiburg sah die Provokation durch den verdeckten Ermittler für T und F lediglich als strafmildernd an. Der BGH hob das Urteil hingegen auf und verwies den Fall zurück an eine andere Strafkammer des Landgerichts. Zwar dürfen Lockspitzel als Scheinkäufer auftreten, um Dealer auf frischer Tat festzunehmen, soweit diese bereits tatgeneigt sind. Problematisch seien allerdings Fälle, bei denen Personen zu Taten angestiftet werden, die diese ansonsten gar nicht oder nicht in diesem Umfang begangen hätten. Unzulässiger Druck darf durch den Lockspitzel nicht zum Einsatz gebracht werden. Sollten Klein-Dealer dazu angestiftet werden, größere Drogen-Mengen zu besorgen, so sei von einer „Aufstiftung" auszugehen.[62]

aa) Abweichungen des Haupttäters

146 Abweichungen des Haupttäters meint, dass der Haupttäter mehr macht als er soll (Exzess), weniger macht als er soll (Minus) oder etwas anders macht als er soll (*aliud*).

(1) Der Haupttäter macht mehr als er soll (Exzess)

147 Exzesshandlungen des Haupttäters sind dem Anstifter nicht zuzurechnen. Unwesentliche Abweichungen, mit denen zu rechnen war, sind jedoch vom Anstiftervorsatz mit umfasst.

148 **Beispiel:** A stiftet den T zu einem Diebstahl an. Bei der Tat führt T zur Sicherheit ein Küchenmesser bei sich.

149 Der A macht sich gem. §§ 242 Abs. 1, 26 StGB strafbar. Die Qualifikation aus § 244 Abs. 1 Nr. 1a Var. 2 StGB kann ihm nicht zugerechnet werden, da es sich um eine wesentliche Abweichung handelt.

(2) Der Haupttäter macht weniger als er soll (Minus)

150 Anders verhält es sich, wenn der Anstifter den Haupttäter zu einem Totschlag anstiften sollte, dieser daraufhin jedoch nur eine Körperverletzung begeht. Die Körperver-

---

61 BGH BeckRS 2021, 42005.
62 BGH, Urteil zu Lockspitzeln: Aus Klein-Dealern keine Groß-Dealer machen, in Legal Tribune Online, 16.12.2021, https://www.lto.de/persistent/a_id/46964/ (abgerufen am 4.1.2022).

letzung ist notwendige Begleittat eines Totschlages.⁶³ Der A würde sich gem. §§ 223 Abs. 1, 26 StGB strafbar machen. Nicht zu vergessen ist hier noch die versuchte Anstiftung zu einem Totschlag gem. §§ 212 Abs. 1, 30 Abs. 1 StGB.

(3) Der Haupttäter macht etwas anderes als er soll (aliud)
Macht der Haupttäter allerdings etwas vollkommen anderes als vom Anstifter gewollt, so kommt eine Anstiftung nicht in Betracht. 151

> **Beispiel:** A stiftet den T zu einem einfachen Diebstahl an. T begeht jedoch eine Körperverletzung. 152

A macht sich nicht nach §§ 223 Abs. 1, 26 StGB strafbar, da ihr hierzu der Vorsatz fehlte. Die versuchte Anstiftung zum Diebstahl ist nicht strafbar, da es sich bei § 242 StGB um ein Vergehen handelt. 153

Anders ist zu entscheiden, wenn eine Anstiftung zu einem Raub erfolgt, der Haupttäter jedoch eine räuberische Erpressung begeht. Beide Delikte unterscheiden sich nicht wesentlich voneinander. Der Strafrahmen ist zudem identisch. Daher würde sich der Anstifter gem. §§ 253, 255, 26 StGB strafbar machen. 154

Hinsichtlich der Begehung von erfolgsqualifizierten Delikten muss der Anstifter im Hinblick auf die Herbeiführung der schweren Folge wenigstens fahrlässig (bzw. bei §§ 178, 251 StGB leichtfertig) handeln. 155

> **Beispiel:** A stiftet den T zu einer gewaltsamen Vergewaltigung der O an. Zur Einschüchterung der O solle er sie mit einem Messer bedrohen. Im Zuge der Misshandlung kommt es durch T zu einem tödlichen Stich in den Hals der O. 156

T ist gem. §§ 178 StGB strafbar (§ 177 StGB tritt dahinter zurück)⁶⁴. A macht sich gem. §§ 177, 26 StGB strafbar. Hinsichtlich der Herbeiführung der Todesfolge müsste A mit Leichtfertigkeit gehandelt haben (§ 18 StGB). Aufgrund der Gefährlichkeit der Tathandlung kann dies hier wohl angenommen werden. A ist gem. §§ 178, 26 StGB zu bestrafen.

> **Hinweis:** Aufgrund der Regelung aus § 11 Abs. 2 StGB gibt es die Anstiftung und Beihilfe auch bei erfolgsqualifizierten Delikten⁶⁵ und bei Delikten, die bezüglich der Tathandlung einen Vorsatz voraussetzen, hinsichtlich der besonderen Tatfolge Fahrlässigkeit genügen lassen (s. zB § 315c Abs. 3 Nr. 1 StGB).⁶⁶ 157

bb) Irrtümer im Rahmen der Anstiftung
Es ist fraglich, wie sich ein *error in persona vel objecto* des Haupttäters auf die Strafbarkeit des Anstifters auswirkt. 158

> **Beispiel:** A stiftet T zu einer Körperverletzung an O an. Er zeigt ihm zur Identifikation ein Foto des O. In der Dunkelheit verwechselt T den O mit X und verletzt die falsche Person. 159

T macht sich gem. § 223 Abs. 1 StGB strafbar. Aufgrund der Gleichwertigkeit der Tatobjekte ist der Identitätsirrtum für die Bewertung des Vorsatzes ohne Bedeutung. Fraglich ist die strafrechtliche Behandlung des A. Nach einer Ansicht wird der *error in persona vel objecto* des Haupttäters stets als *aberratio ictus* für den Anstifter eingestuft.⁶⁷ 160

---
63 Vgl. BGH NJW 1962, 115; Lackner/Kühl/Kühl § 212 Rn. 8.
64 Schönke/Schröder/Eisele § 178 Rn. 6.
65 Vgl. BGH NJW 1987, 77; Kudlich JA 2000, 511.
66 Vgl. LK-StGB/Schünemann/Greco § 26 Rn. 95 f.
67 LK-StGB/Schünemann/Greco § 26 Rn. 88.

Der A würde sich entsprechend wegen fahrlässiger Körperverletzung an X strafbar machen. Die versuchte Anstiftung zur Körperverletzung ist nicht strafbar (§ 30 Abs. 1 StGB). Nach anderer Ansicht ist der Identitätsirrtum auch für den Anstifter unbeachtlich, soweit es sich um eine unwesentliche Abweichung handeln sollte, die sich noch im Rahmen des nach allgemeiner Lebenserfahrung Vorhersehbaren bewegt.[68] T hat O in der Dunkelheit mit X verwechselt. Dieser Irrtum bewegt sich im allgemein Voraussehbaren. A würde sich demnach gem. §§ 223 Abs. 1, 26 StGB strafbar machen. Andere wiederum halten den *error in persona vel objecto* des Haupttäters für den Anstifter, unabhängig von der Frage, ob sich die Verwechselung im Bereich des Voraussehbaren bewegt, für stets unbeachtlich.[69]

II. Beihilfe

161 Die Beihilfe ist in § 27 StGB geregelt. Der Gehilfe muss die vorsätzliche und rechtswidrige Haupttat objektiv unterstützen. In subjektiver Hinsicht ist ein doppelter Gehilfenvorsatz nötig.[70] Im Gegensatz zur Anstiftung wird der Gehilfe nicht gleich einem Täter bestraft. Bei ihm kommt es zu einer obligatorischen Strafmilderung, §§ 27 Abs. 2 S. 2, 49 Abs. 1 StGB. Eine versuchte Beihilfe ist, anders als die Beihilfe zur versuchten Tat, nicht strafbar. Die Beihilfehandlung kann auch durch ein Unterlassen begangen werden, wenn dem Gehilfen eine Garantenpflicht obliegt.[71] Bei der Anstiftung war dies nicht möglich.

1. Prüfungsrelevanz

162 Insbesondere die Abgrenzung zwischen Mittäterschaft und Beihilfe wird immer wieder in Klausuren abgeprüft. Prüfungsrelevant ist zudem die Differenzierung zwischen einer sukzessiven Beihilfe und einer Begünstigung gem. § 257 Abs. 1 StGB. Im Hinblick auf eine mögliche Akzessorietätsverschiebung sollten Ihnen zudem der § 28 Abs. 2 StGB bekannt sein. Seltener sind Fragen nach der Kausalität der Unterstützungsleistung für den tatbestandlichen Erfolg.

2. Prüfungsaufbau

163 A. Prüfung des Haupttäters
B. Prüfung des Gehilfen
I. Tatbestand
  1. Objektiver Tatbestand
    a) Vorsätzliche und rechtswidrige Haupttat eines anderen
    b) Hilfeleisten
  2. Subjektiver Tatbestand
    a) Vorsatz auf die Vollendung der vorsätzlichen und rechtswidrigen Haupttat
    b) Vorsatz auf das Hilfeleisten

---

68 BGHSt 37, 214 (218 f.) = BeckRS 1990, 5415 – Hoferben-Fall; BGH NStZ 1998, 294 (295) – Autobomben-Fall.
69 Preußisches Obertribunal GA 7, 322 (337) – Rose-Rosahl-Fall; Fischer § 26 Rn. 14a.
70 BayObLG NJW 1991, 2582.
71 BGHSt 14, 229 = BeckRS 1960, 105277; BGH NStZ 1985, 24; NStZ-RR 2012, 58.

3. Gegebenenfalls Akzessorietätsverschiebung gem. § 28 Abs. 2 StGB
II. Rechtswidrigkeit
III. Schuld
IV. Gegebenenfalls Strafmilderung gem. § 28 Abs. 1 StGB

a) **Objektiver Tatbestand der Beihilfe**

Im objektiven Tatbestand ist zunächst eine vorsätzliche und rechtswidrige Haupttat eines anderen erforderlich. Zu dieser Haupttat muss der Teilnehmer Hilfe leisten. Ein Hilfeleisten kann in jedem Tatbeitrag gesehen werden, der die Haupttat ermöglicht, erleichtert oder die vom Haupttäter begangene Rechtsgutsverletzung verstärkt.[72] Neben der physischen Beihilfe (zB Schmiere stehen, Überreichen einer Waffe, Fahren des Fluchtfahrzeugs, Abtransport der Beute, Herstellung eines Nachschlüssels etc) ist die psychische Beihilfe möglich. Als psychische Beihilfe ist jede geistige Unterstützung anzusehen, die nicht bereits die Schwelle zur Anstiftung überschritten hat (zB Ratschläge).[73] Auch die Vermittlung eines erhöhten Sicherheitsgefühls durch Bestärken des Tatentschlusses (zB durch Ermutigungen) kann als psychische Beihilfe gesehen werden.[74] Eine Beihilfe scheidet allerdings bei bloßer Kenntnisnahme und Billigung aus. Auch Handlungen, die für das Gelingen der Tat nicht erforderlich oder dafür nutzlos waren, reichen nicht aus.[75]

Hinweis: Ob der Haupttäter Kenntnis von der Beihilfe hat, ist zumindest bei der physischen Beihilfe ohne Bedeutung.[76] 165

Beispiel: T bricht in eine Wohnung ein und stiehlt teuren Schmuck. Polizist G beobachtet den T bei der Tatbegehung. Er könnte den T von der Tat abhalten, entscheidet sich jedoch dazu, untätig zu bleiben. T kann daraufhin ungestört mit seiner Beute fliehen. 166

Durch das Nichteinschreiten hat sich G (neben § 258a Abs. 1 StGB) gem. § 244 Abs. 4 StGB, §§ 13, 27 Abs. 1 StGB strafbar gemacht, obwohl T davon keine Kenntnis hatte. Die Garantenstellung (§ 13 StGB) des G ergibt sich aus dem Strafverfolgungszwang gem. §§ 163, 152 Abs. 2 StPO (sog. Legalitätsprinzip). 167

Anders ist zu entscheiden, wenn der Haupttäter keine Kenntnis von der Beihilfe hat und durch diese die Haupttat auch nicht gefördert wurde. 168

Beispiel: T bricht nachts in einen Supermarkt ein. Ohne seine Kenntnis achtet der zufällig vorbeikommende G darauf, dass T bei seiner Tat ungestört agieren kann. Durch seine Hilfe wurde die Tat allerdings nicht gefördert, da der Diebstahl zu dieser Zeit eh unbemerkt blieb. 169

Hier wurde die Tat weder objektiv gefördert noch wurde T in seinem Tatentschluss bestärkt. Es handelt sich um eine straflose versuchte Beihilfe.[77] 170

---

72 Vgl. BGH NStZ 2012, 316; Wessels/Beulke/Satzger StrafR AT Rn. 900; Lackner/Kühl/Kühl § 27 Rn. 2.
73 Schönke/Schröder/Heine/Weißer § 27 Rn. 15.
74 BayObLG NStZ 1999, 627; OLG Karlsruhe NJW-RR 2013, 1181; OLG Naumburg NJW 2001, 2034.
75 BGH NStZ 1995, 122.
76 BGH NStZ 2004, 499; Lackner/Kühl/Kühl § 27 Rn. 4; LK-StGB/Schünemann/Greco § 27 Rn. 10.
77 Vgl. BGH NStZ 2012, 347.

aa) Beihilfe durch neutrales Verhalten

171 Bei der Beihilfe sind Unterstützungsleistungen auch durch neutrale, alltägliche Verhaltensweisen denkbar. Es ist fraglich, wann ein solcher Tatbeitrag die Schwelle zur strafbaren Beihilfe überschreitet.

172 **Beispiel:** Waffenhändler G verkauft dem Jäger T eine Jagdbüchse. G weiß, da ihm T persönlich bekannt ist, von Ehestreitigkeiten zwischen T und seiner Ehefrau O. Er vertraut jedoch auf die Redlichkeit des T und händigt ihm die Schusswaffe aus. Am Abend erschießt T damit, wie von Anfang an geplant, die O.

173 Objektiv hat G den Totschlag des T gefördert. Ohne den Verkauf der Waffe wäre es nicht zum konkreten Erfolg des Totschlages gekommen (*conditio sine qua non*).

174 **Hinweis:** Dass der T die O ansonsten auf anderem Wege umgebracht hätte, ist als bloße Reservursache unbeachtlich.

175 Problematisch ist allerdings, dass es sich bei dem Verkauf der Waffe um eine neutrale, berufstypische Handlung des G gehandelt hat. Zum Teil wird daher eine besonders kritische Vorsatzprüfung des *dolus eventualis* bei § 27 StGB vorgenommen.[78] Andere nehmen eine Begrenzung bereits im objektiven Tatbestand vor und nehmen einen Kreis an sozialadäquaten[79] Verhaltensweisen aus der Beihilfestrafbarkeit aus.[80] Die Rechtsprechung hingegen differenziert im subjektiven Tatbestand der Beihilfe. Eine Beihilfe sei (erst) dann zu bejahen, wenn der Gehilfe weiß (*dolus directus II*), dass das Handeln des Haupttäters ausschließlich auf die Begehung einer Straftat abziele. Seine Hilfeleistung verliere dann den „Alltagscharakter". Halte der Gehilfe die Begehung einer Straftat durch den Haupttäter allerdings nur für möglich, so liegt eine Beihilfe regelmäßig nicht vor bzw. wird von zusätzlichen objektiven Kriterien abhängig gemacht, die darauf hindeuten, dass der Gehilfe das Risiko erkannt hat, einen Tatgeneigten zu unterstützen.[81] Dieser Sichtweise ist insofern zuzustimmen, da der „wissende Gehilfe" die Grenze zur straflosen Handlung verlässt und ihm der Hilfeleistungserfolg auch bei alltäglichen, berufstypischen Verhaltensweisen zuzurechnen ist.[82] Nach Ansicht der Rechtsprechung hätte sich G somit nicht gem. §§ 212 Abs. 1, 27 StGB strafbar gemacht, da er weder um die Tatbegehung **sicher** wusste, noch ein erhöhtes Risiko der bevorstehenden Tat oder eine Tatgeneigtheit des T für ihn erkennbar waren.

176 Anders ist das folgende Beispiel zu bewerten.

177 **Beispiel:** Jäger T betritt sichtlich aufgewühlt und schweißgebadet den Verkaufsraum des Waffenhändlers G. Hektisch fordert T ihn zum Verkauf irgendeines Gewehrs auf. Zahlen werde er später, da er „jetzt erst einmal etwas zu Ende bringen müsse". G übergibt ihm zitternd eine Jagdbüchse. T läuft damit hinaus und erschießt seinen Widersacher O.

178 Hier war es für den G eindeutig erkennbar, dass der T nichts Gutes im Schilde führte. Die Übergabe der Waffe ist nicht mehr als sozialadäquates Verhalten einzustufen. Der G macht sich gem. §§ 212 Abs. 1, 27 StGB strafbar.

---

78 Vgl. Beckemper JURA 2001, 163 (169); Krey/Esser StrafR AT Rn. 1087.
79 NK-StGB/Schild § 27 Rn. 11.
80 Wessels/Beulke/Satzger StrafR AT Rn. 908.
81 BGHSt 46, 107 (112) = BeckRS 2000, 7256; Putzke ZJS 2014, 635.
82 Wessels/Beulke/Satzger StrafR AT Rn. 908.

Klausurhinweis: In einer Klausur empfiehlt es sich, die Problematik neutraler Verhaltensweisen des Gehilfen beim objektiven Tatbestandsmerkmal der Hilfeleistung zu diskutieren. Eine inzidente Prüfung des Gehilfenvorsatzes im objektiven Tatbestand ist hierbei unkritisch.

bb) Kausalität der Beihilfe

Umstritten ist, ob die Beihilfe für den Erfolg der Tat nach den Kausalitätsregeln ursächlich gewesen sein muss.

> **Beispiel:** T will in einen Kiosk mittels falschen Schlüssels eindringen. G besorgt ihm hierzu einen Nachschlüssel. Als der T damit gerade die Tür öffnen möchte, bemerkt er, dass diese offen steht. Er begibt sich in den Kiosk und stiehlt die Kasse.

Nach der Rechtsprechung kommt es auf die Kausalität der Beihilfe für den Erfolg der Tat nicht an. Vielmehr ist es erforderlich, dass die Beihilfe die Handlung des Haupttäters in *irgendeiner Weise* gefördert hat (→ § 8 Rn. 164 Verstärker- oder Förderkausalität)[83]. Allein die Kenntnisnahme und Billigung der Tat, sowie die bloße Anwesenheit sind allerdings unzureichend.[84] Nach anderer Ansicht wird zwar keine Kausalität gefordert, jedoch muss durch die Unterstützungsleistung das Risiko für das angegriffene Rechtsgut erhöht werden.[85] Es wird hierbei darauf abgestellt, ob der Gehilfenbeitrag für das bedrohte Rechtsgut konkret gefährlich ist.[86] Ein Hilfeleisten scheidet danach aus, wenn ein an sich kausaler Beitrag das Risiko der Rechtsgutsverletzung nicht erhöht, sondern die Chancen der Haupttat nur verringert hat.[87]

Auf die Kausalität zwischen Beihilfe und der Haupttat kann es im Ergebnis nicht ankommen, da der § 27 StGB nur ein Hilfeleisten fordert. Bei der Begünstigung aus § 257 Abs. 1 StGB, die nicht als Erfolgs-, sondern als ein abstraktes Gefährdungsdelikt konzipiert ist, wird auch das Hilfeleisten unter Strafe gestellt. Hier erhält der Vortäter jedoch bereits mit einer Handlung Hilfe, die objektiv **geeignet** ist und subjektiv mit einer Vorteilssicherungsabsicht vorgenommen wird.[88] Auf eine tatsächlich herbeigeführte Sicherung der Vorteile kommt es somit nicht an.

Im Beispielsfall war das Verhalten des G zwar nicht kausal für den Erfolg, jedoch hat er das Risiko der Rechtsgutsverletzung zumindest erhöht. Der G macht sich gem. §§ 242 Abs. 1, 27 Abs. 1 StGB strafbar.

> **Beispiel:** T will die Hecke zum Nachbarsgarten mithilfe einer Leiter übersteigen, um dort ein auf dem Terrassentisch befindliches iPad zu stehlen. Unterstützt wird er von G, der ihm seine Leiter leiht. T konnte so die Hecke überwinden und in den Garten gelangen. Dem sportlichen T wäre es auch ohne die Leiter gelungen, die niedrige Hecke mit einem Sprung zu überwinden.

In diesem Beispiel wirkt sich die Diskussion nach der Kausalität nicht aus, denn das Verhalten des G kann nicht hinweggedacht werden, ohne dass der konkrete Erfolg entfiele. Etwaige Reserveursachen sind unbeachtlich.

---

83 Wessels/Beulke/Satzger StrafR AT Rn. 901.
84 BGH StV 2012, 287; 2013, 214.
85 Kretschmer JURA 2008, 265 (269); Murmann JuS 1999, 548; Otto JuS 1982, 557 (562).
86 Zieschang FS Küper, 2007, 733.
87 Geppert JURA 1999, 266 (269); Kühl StrafR AT § 20 Rn. 221; Schönke/Schröder/Eisele Vor § 13 Rn. 94; Lackner/Kühl/Kühl § 27 Rn. 2a.
88 Schönke/Schröder/Hecker § 257 Rn. 11.

cc) Zeitpunkt der Beihilfe

187 Es ist fraglich, zu welchem Zeitpunkt die Unterstützungsleistung des Gehilfen erbracht werden muss.

(1) Unterstützung bei der Vorbereitung der Haupttat

188 Die Unterstützungshandlung des Gehilfen muss nicht unbedingt zum Zeitpunkt der Tatausführung erfolgen. Eine Hilfe im Rahmen der **Vorbereitung** der Tat ist ausreichend.[89] Voraussetzung dabei ist allerdings, dass die Haupttat das Versuchsstadium erreicht.

189 **Beispiel:** G überprüft im Vorfeld der Haupttat die Tatwerkzeuge des T auf deren Brauchbarkeit. Später begeht der T damit einen Einbruchsdiebstahl in einem Supermarkt.[90]

190 G hat die Tat im Vorbereitungsstadium unterstützt. Da die Tat vollendet wurde, macht er sich gem. §§ 242 Abs. 1, 243 Abs. 1 S. 2 Nr. 1, 27 StGB strafbar.

191 **Hinweis:** Hätte der T die Tat nur versucht, hätte sich G gem. §§ 242 Abs. 1, 22, 23 Abs. 1, 243 Abs. 1 S. 2 Nr. 1, 27 Abs. 1 StGB strafbar gemacht.

(2) Unterstützung nach Versuchsbeginn der Haupttat

192 Unterstützt der Gehilfe die Tat ab Versuchsbeginn, so ist eine Beihilfe unproblematisch möglich.

193 **Beispiel:** T und G befinden sich in der Getränkeabteilung im Supermarkt. Kurzerhand entschließt sich T, eine Flasche Whisky zu entwenden. G will T dabei helfen und lenkt den Mitarbeiter O ab. So gelingt es dem T, den Whisky in seinem Rucksack verschwinden zu lassen.

194 G hat den T in der Phase zwischen Versuch und Vollendung unterstützt. Mit dem Einstecken des Whiskys in den Rucksack ist die Tat vollendet (sog. Gewahrsamsenklave).

195 **Hinweis:** Eine Begünstigung gem. § 257 Abs. 1 StGB ist frühestens ab Vollendung der Tat möglich.

(3) Unterstützung zwischen Voll- und Beendigung der Haupttat (sog. sukzessive Beihilfe)

196 Leistet der Beteiligte in der Beendigungsphase der Haupttat Hilfe, so ist fraglich, ob dies noch als Beihilfe gem. § 27 StGB zu werten ist. Da das geschützte Rechtsgut mit der Vollendung des Tatbestandes noch nicht endgültig beeinträchtigt zu sein braucht, kommt nach überwiegender Ansicht[91] die sukzessive Beihilfe bis zum endgültigen Eintritt der Rechtsgutsverletzung in Betracht, sofern der Rechtsgutsangriff noch andauert und durch die Handlung des Gehilfen gefördert, unterstützt oder intensiviert werden kann.[92] Die sukzessive Beihilfe ist bei Delikten von Bedeutung, bei denen die Voll- und die Beendigung zeitlich auseinanderfallen können. Dies ist unter anderem beim Diebstahl der Fall.

197 **Beispiel:** T stiehlt in der Getränkeabteilung eine Flasche Whisky. Diese versteckt er in seinem Rucksack. Er bittet nun G, den Kassierer abzulenken, damit er unbehelligt das Geschäft verlassen kann. Zur Belohnung bekommt G später ein Glas Whisky ab.

---

89 Lackner/Kühl/Kühl § 27 Rn. 3.
90 Vgl. RGSt 71, 188.
91 BGH NJW 1985, 814; NStZ 1999, 609.
92 Schönke/Schröder/Heine/Weißer § 27 Rn. 20.

D. Teilnahme

Mit dem Einstecken der Ware hat T den Diebstahl in einem fremden Herrschaftsbereich vollendet. Die Unterstützung durch G erfolgt in der Beendigungsphase. In der Phase der Beutesicherung kommen nach einer Ansicht sowohl die Beihilfe gem. § 27 StGB als auch die Begünstigung gem. § 257 Abs. 1 StGB in Betracht.[93] Da beides zusammen nicht möglich ist, wird die Abgrenzung nach der Willensrichtung des Täters bzw. des Gehilfen vorgenommen. Will der Gehilfe die **Vorteile** aus der Tat **sichern**, so ist er gem. § 257 Abs. 1 StGB zu bestrafen. Will er hingegen die Tat **beenden**, so kommt eine Beihilfe zur Haupttat infrage. Problematisch ist hierbei stets die Ermittlung des wahren Willens des Beteiligten. Nach einer anderen Ansicht wird daher der sukzessiven Beihilfe stets der Vorrang eingeräumt, denn gem. § 257 Abs. 3 StGB ist wegen Begünstigung nicht zu bestrafen, wer wegen Beteiligung an der Vortat strafbar ist.[94] Die Begünstigung sei erst nach Beendigung der Tat möglich. Diese letzte Ansicht ist vorzugswürdig, da hiermit eine klare (objektive) Abgrenzung möglich ist. 198

Klausurhinweis: Folgen Sie der ersten Meinung, so sollten Sie in einer Klausur zunächst die Beihilfe zur Haupttat darstellen und im subjektiven Tatbestand den Streit anbringen. Handelt der Beteiligte ausschließlich mit einer Vorteilssicherungsabsicht, beenden Sie die Prüfung der Beihilfe und machen mit § 257 Abs. 1 StGB weiter. 199

Nach Beendigung der Tat kann eine Unterstützung nur noch als Begünstigung bewertet werden. 200

Beispiel: T begeht einen Wohnungseinbruchsdiebstahl. Die Beute versteckt er in seinem Haus. Die Polizei ermittelt gegen den T. T befürchtet eine Wohnungsdurchsuchung und händigt übergangsweise seine Beute an seinen Nachbarn G aus. Dieser versteckt in Kenntnis der begangenen Tat die Beute des T in seinem Keller. 201

Für G kommt nur eine Begünstigung in Betracht, da die Tat bereits beendet ist. 202

Hinweis: § 259 Abs. 1 StGB durch G kommt nicht infrage, da er weder die Verfügungsgewalt an der Beute erlangen sollte noch dem T bei dessen Absatzbemühungen unterstützte. 203

b) Subjektiver Tatbestand der Beihilfe

Wie bei der Anstiftung, muss der Gehilfe mit doppeltem Teilnahmevorsatz handeln (→ § 8 Rn. 135). Der Vorsatz muss sich dabei auf die Vollendung der vorsätzlichen und rechtswidrigen Haupttat[95] und auf die Unterstützung (*dolus eventualis* ausreichend) beziehen. Der Eintritt des Erfolgs kann ihm an sich unerwünscht sein.[96] Die Anforderungen an die Konkretisierung der Haupttat sind für den Gehilfen geringer als für den Anstifter. Einzelheiten der Tat (zB Person des Täters[97] bzw. wann, wo, zu wessen Nachteil und unter welchen besonderen Umständen die Tat ausgeführt wird[98]) muss der Gehilfe nicht kennen.[99] Erforderlich ist jedoch, dass sein Vorstellungsbild den wesentlichen Unrechtsgehalt der Haupttat erfasst.[100] 204

---

93 BGH NStZ 2012, 316 (317); 2013, 463 (464); zustimmend Schönke/Schröder/Heine/Weißer § 27 Rn. 17; Fischer § 27 Rn. 6 f.
94 Schönke/Schröder/Hecker § 257 Rn. 8.
95 BGH BeckRS 2016, 04215; VGH München NJW 2012, 2293.
96 BGH NStZ 2016, 40.
97 BGH NStZ 2002, 146.
98 Vgl. BayObLG NJW 1991, 2582.
99 BGH NStZ 2011, 399.
100 BGH NStZ 2011, 399; zurückhaltender BGH NJW 2007, 384 – Al Motassadeq.

205 **Beispiel:** G übergibt dem T eine Waffe in der Kenntnis, dass dieser alsbald einen Mord damit begehen wird.

206 **Hinweis:** Unterliegt der Haupttäter einem *error in persona*, so gelten die innerhalb der Anstiftung entwickelten Grundsätze entsprechend.

III. Kettenteilnahme

207 Bei einer Kettenteilnahme handelt es sich um mehrere aufeinander aufbauende Teilnahmehandlungen verschiedener Personen. Hierbei wird zwischen der Anstiftung zur Anstiftung, der Beihilfe zur Beihilfe oder dem Zusammentreffen verschiedener Teilnahmeformen unterschieden.

1. Anstiftung zur Anstiftung (sog. Kettenanstiftung)

208 Eine Anstiftung zur Anstiftung wird als Anstiftung zur Haupttat bestraft.[101]

209 **Beispiel:** A will O töten lassen. Er bittet F, jemanden zu finden, der den Totschlag übernehmen kann. F kann den K für die Tat gewinnen. K tötet den O.

210 A kann hier wegen Anstiftung zum Totschlag bestraft werden. Er braucht dabei den Haupttäter nicht zu kennen. Ausreichend ist die Bestimmung einer konkreten Einzelperson, die die weitere Anstiftung (an dem individualisierten Opfer) begehen soll.[102]

211 **Hinweis:** Anknüpfungspunkt der Anstiftung durch A bleibt hier weiterhin die Haupttat. Es ist bei der Anstiftung durch A also auf die Tat des K und nicht auf die des F abzustellen.

212 Ferner ist noch eine Beihilfe zur Beihilfe oder eine Beihilfe zur Anstiftung möglich. Da eine Teilnahme an einer Teilnahme als Teilnahme an einer Haupttat behandelt wird, liegt jeweils eine mittelbare Beihilfe zur Vortat vor.[103]

2. Anstiftung zur Beihilfe

213 Es stellt sich die Frage, wie der Anstifter zur Beihilfe zu bestrafen ist.

214 **Beispiel:** T will O ermorden. Ihm fehlt jedoch eine Schusswaffe. A will ihm helfen und fordert Waffennarr G auf, dem T einen seiner Revolver für die Tat auszuleihen. G kommt der Aufforderung nach. T erschießt mit dem Revolver den O.

215 G ist strafbar wegen Beihilfe zum Mord. Da die angestiftete Tat (Übergabe des Revolvers) selbst nur eine Beihilfehandlung ist, muss dies auch für die Anstiftung gelten. Somit ist die Anstiftung zur Beihilfe (wie auch die Beihilfe zur Anstiftung → § 8 Rn. 212) nach § 27 StGB zu bewerten.

216 **Hinweis:** Für die Bestrafung bei verschiedenen Teilnahmehandlungen ist demzufolge stets das „schwächste Glied" der Kette entscheidend. Dies ist die Beihilfe, da diese gem. § 27 Abs. 2 S. 2 StGB eine obligatorische Strafmilderung enthält.

---

101 BGHSt 7, 237 = BeckRS 1955, 41.
102 MüKoStGB/Joecks/Scheinfeld § 26 Rn. 110.
103 BGH NStZ 2000, 421 (422).

IV. Akzessorietätslockerung

Bei einer Teilnahme kann es zu einer Akzessorietätslockerung kommen. Entscheidend ist hierbei der § 28 StGB. Dieser ist nur auf besondere persönliche Merkmale anwendbar. Zu den besonderen persönlichen (klausrelevantesten) Merkmalen gehören unter anderem die Bande aus §§ 244 Abs. 1 Nr. 2, 244a Abs. 1 StGB, die Gewerbsmäßigkeit aus § 243 Abs. 1 S. 2 Nr. 3 StGB (§ 28 Abs. 2 StGB analog), das Anvertrautsein aus § 246 Abs. 2 StGB, die Mordmerkmale der ersten und der dritten Gruppe aus § 211 StGB, die Amtsträgereigenschaft aus §§ 331, 258a, 340 StGB, der Berufsgeheimnisträger aus § 203 Abs. 1 StGB, die Garantenstellung bei unechten Unterlassungsdelikten (§ 13 StGB), die Vermögensbetreuungspflicht aus § 266 Abs. 1 StGB. In diesem Zusammenhang muss eine Differenzierung zwischen strafbegründenden (§ 28 Abs. 1 StGB) und strafverschärfenden (§ 28 Abs. 2 StGB) persönlichen Merkmalen erfolgen.

Fehlt beim Teilnehmer ein strafbegründendes besonderes persönliches Merkmal (sog. täterbezogene Merkmale)[104], so ist seine Strafe gem. §§ 28 Abs. 1, 49 Abs. 1 StGB zu mildern.[105]

Beispiel: Bürger A stiftet den Polizisten T zu einer Vorteilsannahme gem. § 331 Abs. 1 StGB an.

A macht sich gem. §§ 331 Abs. 1, 26 StGB strafbar. Da er die Amtsträgereigenschaft nicht aufweist, kommt es bei ihm gem. §§ 28 Abs. 1, 49 Abs. 1 StGB zu einer Strafmilderung.

Hinweis: Bei § 331 StGB handelt es sich um ein echtes Sonderdelikt, sodass Täter nur derjenige sein kann, der die Subjektsqualität erfüllt.

Beispiel: A stiftet T zu einem habgierigen Mord an. A selbst erfüllt kein Mordmerkmal.

Die Rechtsprechung sieht in dem Mord einen selbstständigen Tatbestand[106] und wendet auf die täterbezogenen Merkmale der ersten und dritten Gruppe der Mordmerkmale den § 28 Abs. 1 StGB an, weil es sich (dann) um strafbegründende Merkmale handelt. A macht sich gem. §§ 211, 26 StGB strafbar, soweit er Kenntnis von dem Mordmerkmal des T hatte. Es kommt gem. §§ 28 Abs. 1, 49 Abs. 1 StGB bei ihm zu einer Strafmilderung. Sollte A auch habgierig handeln, ist die Strafmilderung ausgeschlossen. Die Literatur, die in dem § 211 StGB einen Qualifikationstatbestand sieht,[107] würde auf die täterbezogenen Merkmale den § 28 Abs. 2 StGB anwenden, weil es sich (dann) um strafverschärfende Merkmale handelt. Gemäß § 28 Abs. 2 StGB kommt es bei A zu einer Akzessorietätsverschiebung, da er selbst kein Mordmerkmal erfüllt. A macht sich gem. §§ 212 Abs. 1, 26 StGB strafbar.

Beispiel: Bürger A stiftet den Polizisten T zu einer Strafvereitelung gem. § 258a Abs. 1 StGB an.

Die Amtsträgereigenschaft ist ein strafverschärfendes täterbezogenes Element (→ § 1 Rn. 112 f.). Bei A, der kein Amtsträger ist, kommt es zu einer Akzessorietätsverschiebung nach § 28 Abs. 2 StGB. A ist strafbar gem. §§ 258 Abs. 1, 26 StGB. In einem anderen Fall wäre der Nichtamtsträger A nur gem. §§ 223 Abs. 1, 26 StGB zu bestrafen, wenn er einen Polizisten zu einer Körperverletzung im Amt gem. § 340 StGB anstiftet.[108]

---

104 Vgl. dazu BGHSt 22, 375 (378) = BeckRS 1969, 106710; Valerius JURA 2013, 15.
105 Fischer § 331 Rn. 38a; LK-StGB/Sowada Vor § 331 Rn. 9; aA NK-StGB/Puppe §§ 28, 29 Rn. 6 ff.
106 BGHSt 1, 368 = BeckRS 1951, 102885.
107 Wessels/Hettinger/Engländer StrafR BT I Rn. 25.
108 Vgl. BGH NStZ 2007, 526; Fischer § 28 Rn. 8.

226 **Klausurhinweis:** Die Akzessorietätsverschiebung sollten Sie im Rahmen der Teilnahme nach der Prüfung des objektiven und subjektiven Tatbestandes darstellen. So kann es sein, dass Sie den Obersatz der strafbaren Teilnahme mit einer Qualifikation beginnen, im Ergebnissatz jedoch „nur" eine Teilnahme zum Grunddelikt übrigbleibt. Die Strafmilderung aus § 28 Abs. 1 StGB bei strafbegründenden Merkmalen sollten Sie nach der Schuld darstellen (→ § 8 Rn. 109 und → § 8 Rn. 163 Prüfungsschema Anstiftung/Beihilfe).

227

Fall 11 (Täterschaft/Teilnahme)

Sachverhalt

T und F sind seit geraumer Zeit ein Liebespaar. Die Ehefrau O des T ist beiden ein Dorn im Auge, da sie ihrem gemeinsamen Liebesglück im Weg steht. T und F berichten A von ihrer misslichen Lage. A kann T und F davon überzeugen, die O zu töten, da dies der einzige Weg sei, um das „Problem" dauerhaft aus der Welt zu schaffen. T und F sind anfangs noch sehr skeptisch, lassen sich jedoch überzeugen. So könnten sie auch an die Lebensversicherung der O gelangen. Dies wäre in finanzieller Hinsicht für beide ein Neubeginn. A, der von der Lebensversicherung der O weiß, verspricht sich ansonsten keinerlei Vorteile durch die Tat. Auch überlässt er die Details der Tatausführung allein den beiden. Ihm war es nur wichtig, ihnen mit gutem Rat zur Seite zu stehen. Planmäßig lockt die F die O unter dem Vorwand, dass sie beide miteinander reden müssen in ein Waldgebiet. Als O zum Treffen mit ihrem Fahrrad erscheint und auf die F zufährt, wird sie von hinten durch T vom Fahrrad gerissen und mit mehreren Messerstichen traktiert. Infolge der Hilferufe der O wurde Spaziergänger S auf das Geschehen aufmerksam und konnte T und F vertreiben. Die schwerverletzte O konnte durch eine Notoperation gerettet werden.

Strafbarkeit der Beteiligten gem. §§ 212, 211 StGB? Strafanträge sind gestellt.

Lösung

Hinweis: Die Lösung soll Ihnen einen kurzen Überblick über die Prüfung der Täterschaft/Teilnahme und des Versuchs in einer Klausur verschaffen. Auf den Gutachterstil wurde überwiegend verzichtet.

A. T gem. §§ 212 Abs. 1, 211, 22, 23 Abs. 1 StGB

Hinweis: Eine Negativabgrenzung des vollendeten Totschlages erfolgt nicht, da der objektive Tatbestand ganz offensichtlich nicht erfüllt wurde. Da T derjenige ist, der die versuchte Tötungshandlung in eigener Person ausgeführt hat, sollten Sie mit ihm die Prüfung beginnen.

I. Vorprüfung

Im Rahmen der Vorprüfung ist festzustellen, ob der Versuch der Tat strafbar ist und ob die Tat nicht vollendet wurde.

1. Strafbarkeit des Versuchs

Gemäß § 23 Abs. 1 StGB ist der Versuch eines Verbrechens stets strafbar. Der Totschlag wird mit einer Freiheitsstrafe zwischen fünf und fünfzehn Jahren bestraft (§ 38 Abs. 2 StGB) und ist somit ein Verbrechen (§ 12 Abs. 1 StGB). Der Versuch ist strafbar.

2. Nichtvollendung der Tat

Die O hat die Messerattacke überlebt. Der objektive Tatbestand des § 212 Abs. 1 StGB ist nicht erfüllt.

II. Tatbestand

Der T müsste mit Vorsatz auf die Verwirklichung des objektiven Tatbestandes gehandelt haben. Ferner ist ein unmittelbares Ansetzen zur Deliktsverwirklichung durch T erforderlich.

1. Tatentschluss

T wollte seine Ehefrau O gezielt töten, um sich so Freiheit für sein Liebesglück mit F zu verschaffen (*dolus directus I*). Der Angriff erfolgte von hinten und für O vollkommen überraschend. T nutzte demnach bewusst die Arg- und Wehrlosigkeit der O aus und beging die Tat entsprechend heimtückisch.[109] Zudem kam es ihm auf die Vermehrung seines Vermögens durch den Tod der O an, da er sich die Lebensversicherung der O auszahlen lassen wollte. Er handelte somit auch habgierig. Sein Tatentschluss war insgesamt auf die Begehung eines Mordes gerichtet.

2. Unmittelbares Ansetzen

Der T müsste die Schwelle zum „Jetzt-geht-es-los" überschritten und objektiv zur tatbestandsmäßigen Angriffshandlung angesetzt haben.[110] Da T bereits auf die O einstach, waren aus seiner Sicht keine wesentlichen Zwischenschritte mehr erforderlich, um den Tod herbeizuführen. Das Rechtsgut wurde nach seiner Vorstellung von der Tat bereits in unmittelbare Gefahr gebracht. T hat somit die Schwelle zum strafbaren Versuch überschritten.

II. Rechtswidrigkeit

Rechtfertigungsgründe sind nicht erkennbar. Der T handelt rechtswidrig.

III. Schuld

Schuldausschließungsgründe oder Entschuldigungsgründe liegen nicht vor. T handelt schuldhaft.

IV. Rücktritt

Ein Rücktritt aus § 24 StGB erfolgt mangels Freiwilligkeit hier nicht, da der T durch den S vertrieben und somit fremdbestimmt von der weiteren Tatbegehung Abstand genommen hat.

Klausurhinweis: Argumentiert werden könnte hier auch mit einem, den Rücktritt ausschließenden, fehlgeschlagenen Versuch.

Ergebnis: Da der versuchte Mord den versuchten Totschlag verdrängt, macht sich T gem. §§ 211, 22, 23 Abs. 1 StGB strafbar.

Klausurhinweis: Achten Sie auf den Bearbeitungsvermerk. Die tateinheitlich vorliegende vollendete gefährliche Körperverletzung war nicht Prüfungsgegenstand.

---

[109] Vgl. BGH NStZ 2005, 688 (689).
[110] BGH NStZ 2008, 379 mAnm Kretschmer.

B. F gem. §§ 212 Abs. 1, 211, 22, 23 Abs. 1, 25 Abs. 2 StGB

Klausurhinweis: Da die F die Tathandlung selbst nicht vorgenommen hat, sollten Sie diese als zweite prüfen.

I. Vorprüfung (→ § 6 Rn. 11 ff.)

II. Tatbestand

1. Tatentschluss

Es ist fraglich, ob die F mit Tatentschluss auf einen mittäterschaftlichen Mord gehandelt hat. Sie selbst hat die Tathandlung nicht vorgenommen, da die Messerstiche allein durch T erfolgten. Es ist daher fraglich, ob F die fehlende Tathandlung zuzurechnen ist. Eine Zurechnung könnte im Rahmen der Mittäterschaft erfolgen (§ 25 Abs. 2 StGB). Die Mittäterschaft basiert auf dem Prinzip der Arbeitsteilung und setzt ein bewusstes und gewolltes Zusammenwirken zwischen den Einzeltätern voraus.[111] F und T haben die Tat zusammen geplant und ausgeführt. Unter anderem hat die F die O unter einen Vorwand in einen Wald gelockt. Auch sie wollte O beseitigen, damit dem gemeinsamen Liebesglück mit T nichts mehr im Weg steht. Zudem hat sie auch in finanzieller Hinsicht ein großes Interesse am Gelingen der Tat. Als (Mit-)Planerin der Tat hat F ferner einen wesentlichen Beitrag für die Tatausführung geleistet. Als Zentralfigur des versuchten Mordes ist sie daher nach der subjektiven Theorie sowie nach der Tatherrschaftslehre als Mittäterin einzustufen. Ihr werden die Messerstiche des T gem. § 25 Abs. 2 StGB zugerechnet. Ferner wollte auch die F die Arg- und Wehrlosigkeit der O bewusst ausnutzen und nach deren Tod an der Lebensversicherung verdienen. Sie handelte somit auch im Hinblick auf die Mordmerkmale vorsätzlich.

2. Unmittelbares Ansetzen

Nach der sog. Gesamtlösung beginnt bei der Mittäterschaft das unmittelbare Ansetzen zur Tat für alle gleichermaßen, wenn einer der Beteiligten entsprechend dem Tatplan eine Handlung vornimmt und mit dieser die Tat nach der Vorstellung aller in das Versuchsstadium bringt.[112] T und F planten, dass die O nach dem Eintreffen im Wald unmittelbar durch T angegriffen wird. Mit dem unmittelbaren Ansetzen des T überschreitet auch die Mittäterin F die strafbare Versuchsschwelle.

III. Rechtswidrigkeit

Rechtfertigungsgründe sind nicht erkennbar. Die F handelt rechtswidrig.

IV. Schuld

Schuldausschließungsgründe oder Entschuldigungsgründe liegen nicht vor. F handelt schuldhaft.

V. Rücktritt

Ein Rücktritt kommt nicht infrage, da die F nicht freiwillig gehandelt hat.

---

111 Vgl. BGH NStZ 2016, 400 (401); Schönke/Schröder/Heine/Weißer Vor § 25 Rn. 77 ff.
112 BGHSt 36, 249 = BeckRS 1989, 2344; Wessels/Beulke/Satzger StrafR AT Rn. 962.

Ergebnis: F macht sich gem. §§ 211, 22, 23 Abs. 1, 25 Abs. 2 StGB strafbar.

C. A gem. §§ 212 Abs. 1, 211, 22, 23 Abs. 1, 26 StGB

Klausurhinweis: Da für den A mangels Defektes bei den Tatmittlern T und F keine mittelbare Täterschaft vorliegt und er auch in keinerlei Hinsicht Tatherrschaft ausübte, können Sie direkt mit der Anstiftung beginnen. Denken Sie daran, dass hier eine Anstiftung zu einer versuchten Tat und nicht eine versuchte Anstiftung (§ 30 Abs. 1 StGB) vorliegt.

I. Tatbestand

1. Objektiver Tatbestand

Die vorsätzliche und rechtswidrige versuchte Haupttat durch T und F liegt vor. Zu diesem hat der A den T und die F bestimmt und bei ihnen somit den Tatentschluss hervorgerufen.

Hinweis: Achten Sie bitte darauf, dass T und F zuvor noch nicht zur Tat fest entschlossen waren (sog. *omnimodo facturus*). Ansonsten käme für A nur §§ 212 Abs. 1, 30 Abs. 1 StGB in Betracht.

2. Subjektiver Tatbestand

In Bezug auf vorsätzliche und rechtswidrige Haupttat der T und F handelte der A mit Vorsatz. Er wollte auch die Vollendung der Tat. Von der Heimtücke wusste der A nichts, da er die weitere Tatausführung allein T und F überließ.

3. Akzessorietätsverschiebung

Hinweis: Diese Lösung orientiert sich an der Meinung der Literatur, die in dem Mord einen Qualifikationstatbestand des Totschlages sieht (→ § 8 Rn. 217 ff. Akzessorietätslockerung).

A selbst hat nicht habgierig gehandelt. Da es sich bei der Habgier um ein täterbezogenes persönliches strafverschärfendes Merkmal handelt und er selbst auch kein anderes eigenes Mordmerkmal der ersten oder dritten Gruppe aufweist, kommt es bei ihm gem. § 28 Abs. 2 StGB zu einer Tatbestandsverschiebung. Bei ihm liegt demnach nur eine Anstiftung zu einem versuchten Totschlag vor.

Hinweis: Nach Ansicht der Rechtsprechung käme es zur Anwendbarkeit des § 28 Abs. 1 StGB (Prüfung nach der Schuld). Das Fehlen des täterbezogenen Merkmals hätte auf die Bestrafung des A als *Anstifter zum Mord* als solches keine Auswirkung (A hatte Kenntnis über die Habgier), würde jedoch zu einer obligatorischen Strafmilderung gem. § 49 Abs. 1 StGB führen.

II. Rechtswidrigkeit

Rechtfertigungsgründe sind nicht erkennbar.

III. Schuld

Schuldausschließungsgründe oder Entschuldigungsgründe gehen aus dem Sachverhalt nicht hervor.

Ergebnis: A macht sich gem. §§ 212 Abs. 1, 26 StGB strafbar.

§ 9 Irrtumslehre

In diesem Kapitel werden die wichtigsten und klausurrelevantesten Irrtümer im Strafrecht zusammengefasst. Da die Irrtumsproblematik zu dem schwierigsten Gebiet im Strafrecht Allgemeiner Teil zählt, wurden die folgenden Ausführungen bewusst anschaulich gestaltet und mit zahlreichen Beispielen belegt. Es wird dabei nicht jede kleine Meinungsstreitigkeit bis in das letzte Detail aufgegriffen, da ansonsten der Gesamtüberblick allzu schnell verloren geht. Für die Klausurenbearbeitung ist es ferner effizienter, die Irrtumsproblematik insgesamt zu verstehen und sich nicht in einzelne Meinungsstreitigkeiten zu verirren.

A. Formen der Irrtümer

§ 16 StGB und im § 17 StGB sind jeweils gesetzlich normierte Irrtümer. Diese betreffen die Tatbestandsebene (§ 16 StGB) und die Ebene der Schuld (§ 17 StGB). Ferner enthält § 35 Abs. 2 StGB noch eine eigenständige Irrtumsregel. Nicht normiert ist der Irrtum über einen Rechtfertigungsgrund.

B. Irrtümer auf Ebene des Tatbestandes

Auf Tatbestandsebene wird zwischen dem Tatbestandsirrtum, dem umgekehrten Tatbestandsirrtum und dem Irrtum über privilegierende Umstände unterschieden.

I. Tatbestandsirrtum, § 16 Abs. 1 S. 1 StGB

Der § 16 Abs. 1 S. 1 StGB behandelt den Irrtum über einen Umstand des gesetzlichen Tatbestandes (daher wird dieser Irrtum auch teilweise aus Tat*umstands*irrtum bezeichnet). Der Tatbestandsirrtum ist im subjektiven Tatbestand zu prüfen, da hierbei der Vorsatz auf die Verwirklichung des objektiven Tatbestandes berührt wird.

Prüfungsschema eines Tatbestandsirrtums

I. Tatbestand
   1. Objektiver Tatbestand (+)
   2. Subjektiver Tatbestand (-), Rechtsfolge: der Vorsatz entfällt (gegebenenfalls Fahrlässigkeit, § 16 Abs. 1 S. 2 StGB)

1. Irrtum über das Tatobjekt

Beispiel: T will O verletzen. In der Dunkelheit schlägt er aufgrund einer Personenverwechselung jedoch den X.

§ 9 Irrtumslehre

7 Es handelt sich um einen *error in persona vel objecto*, der aufgrund der Gleichwertigkeit der Tatobjekte unbeachtlich ist, da nur die Tatumstände des gesetzlichen Tatbestandes vom Vorsatz erfasst werden müssen. Die mit der Tat verbundenen Beweggründe und Fernziele hingegen nicht.[1] Da T eine *andere Person* verletzen wollte und dies auch tat, macht er sich gem. § 223 Abs. 1 StGB an X strafbar. Eine versuchte Körperverletzung zum Nachteil des O liegt aufgrund eines Vorsatzverbrauches nicht vor.

8 **Beispiel:** T will den Hund des Nachbarn F töten. Als er den Hund in einem Gebüsch wähnt, schießt er darauf mit seinem Jagdgewehr. Von dem Geschoss tödlich getroffen stürzt die Nachbarstochter O zu Boden. Diese hatte sich in dem Gebüsch beim Spielen versteckt.

Bei Ungleichwertigkeit zwischen dem vorgestellten und dem tatsächlich getroffenen Tatobjekt wirkt sich der Irrtum hingegen auf den tatbestandlichen Vorsatz aus.[2] Der Vorsatz auf die Tötung der O ist daher ausgeschlossen, denn der T wollte einer Sache Schaden zufügen und nicht einen Menschen töten. T macht sich aufgrund seines sorgfaltswidrigen Verhaltens jedoch gem. § 222 StGB an O in Tateinheit mit einer versuchten Sachbeschädigung am Hund strafbar.

9 Anders als bei einem *error in persona vel objecto* kommt es bei einem *aberratio ictus* zu einem Fehlgehen der Tat. Das anvisierte und das tatsächlich getroffene Tatobjekt fallen hierbei auseinander.

10 **Hinweis:** Bei einem *error in persona vel objecto* hingegen fallen das anvisierte und das getroffene Tatobjekt zusammen. Der Täter unterliegt nur einem Identitätsirrtum.

11 **Beispiel:** T will O schlagen. Der Schlag trifft allerdings nicht den O, sondern den dahinterstehenden X, der durch den Schlag einen Nasenbeinbruch erleidet.

12 Nach überwiegender Ansicht führt der *aberratio ictus*, unabhängig davon, ob es sich um tatbestandlich gleichwertige oder ungleichwertige Tatobjekte handelt, zu einer versuchten Straftat in Tateinheit mit einem (soweit strafbar) fahrlässigen Verhalten.[3] Im Beispielsfall würde sich der T somit wegen einer versuchten Körperverletzung gem. §§ 223 Abs. 1, 2, 22, 23 Abs. 1 StGB an O in Tateinheit mit einer fahrlässigen Körperverletzung gem. § 229 StGB an X strafbar machen.

13 **Hinweis:** Anders ist zu entscheiden, wenn der Täter mit *dolus eventualis* in Bezug auf beide Tatobjekte gehandelt hat (sog. *dolus alternativus*). Nach einer Ansicht kann er sich dann wegen versuchter Tat am anvisierten Objekt in Tateinheit mit vollendeter Tat am getroffenen Objekt strafbar machen.[4]

14 **Beispiel:** T will seine Ehefrau O töten, da diese ein Verhältnis mit seinem Freund F eingegangen ist. Mit einem Messer sticht er nach ihr. Dabei hält er es auch für möglich, dass er den dahinterstehenden F treffen könnte. Die O erleidet eine tödliche Stichverletzung. F kann indes fliehen.

15 Nach obiger Ansicht macht sich T wegen vollendeten Totschlags an O in Tateinheit mit versuchtem Totschlag an F strafbar (insgesamt umstritten).

---

1 Vgl. BGHSt 11, 268 = NJW 1958, 836; Hettinger JuS 1992, L 65.
2 Wessels/Beulke/Satzger StrafR AT Rn. 370.
3 Wessels/Beulke/Satzger StrafR AT Rn. 375.
4 Vgl. BGHSt 34, 53 (55) = BeckRS 1986, 4152; BGH NStZ 2009, 210 – Schlafsofafall.

2. Irrtum über ein normatives Merkmal

Beispiel: Handballer T ergreift nach dem Training eine Jacke aus dem Spint und glaubt, dass es seine eigene sei. Tatsächlich gehört sie dem O.

16

Bei normativen Merkmalen ist im Unterschied zu deskriptiven Merkmalen eine rechtliche Bewertung vorzunehmen.[5] Diese muss nicht juristisch exakt erfolgen.[6] Ausreichend ist, dass der Täter den rechtlich-sozialen Bedeutungsgehalt des Tatumstandes nach Laienart richtig erfasst (sog. Parallelwertung der Laiensphäre). Bei dem Fremdheitsbegriff genügt daher das Bewusstsein des Täters, dass die Sache einem anderen gehört.[7] Weitere (klausurrelevante) normative Merkmale sind unter anderem die Rechtswidrigkeit der Zueignung aus § 242 Abs. 1 StGB oder § 246 Abs. 1 StGB, die Rechtswidrigkeit der Bereicherung aus § 253 Abs. 1 StGB,[8] der gesundheitsschädliche Stoff aus § 224 Abs. 1 Nr. 2 Var. 2 StGB, die lebensgefährdende Behandlung aus § 224 Abs. 1 Nr. 5 StGB, die Ernstlichkeit des Tötungsverlangens aus § 216 Abs. 1 StGB, der Unfall aus § 142 Abs. 1 StGB.[9]

17

Beispiel: T radiert die Striche auf seinem Bierdeckel in einer Kneipe weg, weil er nicht so viel Geld hat.

18

Bei der Urkunde handelt es sich um ein normatives Merkmal (auch ein Bierdeckel ist eine Urkunde)[10]. Eine rechtlich einwandfreie Subsumtion unter den Urkundenbegriff ist allerdings nicht erforderlich. Da T weiß, dass die Striche auf dem Bierdeckel für die abschließende Rechnung wichtig sind, hat er den Bedeutungsgehalt der Striche richtig (nach Laienart) erfasst und macht sich, neben dem bevorstehenden Betrug gem. § 263 Abs. 1 StGB, gem. § 274 Abs. 1 Nr. 1 StGB strafbar.

19

3 Irrtum über den Kausalverlauf

Beispiel: T will O mit einem Messer töten. Damit O nicht fliehen kann und T genügend Zeit verbleibt, um an ein Messer in der Küche zu gelangen, schlägt er mit massiver Gewalt auf O ein und schleudert seinen Kopf gegen eine Tischkante. Hierdurch erleidet der O einen tödlichen Schädelbasisbruch.

20

Es ist fraglich, wie sich das zu frühe Eintreten des Todes für die Bestrafung des Täters auswirkt, da sich der Tatbestandsvorsatz auch auf die Kausalität beziehen muss. Da der Täter jedoch nicht alle Einzelheiten des Geschehens voraussehen kann, muss der Tatbestandsvorsatz nur den Kausalverlauf in seinen wesentlichen Umrissen erfassen.[11] Das ist immer dann der Fall, wenn sich die Abweichung des wirklichen von dem vorgestellten Kausalverlauf noch in den Grenzen des nach allgemeiner Lebenserfahrung Voraussehbaren hält und keine andere Bewertung der Tat rechtfertigt.[12] Dass die O hier bereits infolge der anfänglichen Misshandlungen verstirbt, ist nicht als un-

21

---

5 OLG Düsseldorf NStZ 2001, 317; Schönke/Schröder/Sternberg-Lieben/Schuster § 15 Rn. 43a.
6 Kühl StrafR AT § 5 Rn. 93.
7 Wessels/Beulke/Satzger StrafR AT Rn. 361.
8 BGH NStZ 2011, 519; MüKoStGB/Sander § 253 Rn. 32.
9 Schmidt StrafR AT Rn. 208.
10 RG DStZ 1916, 77.
11 Wessels/Beulke/Satzger StrafR AT Rn. 383.
12 BGHSt 7, 325 (329) = BeckRS 1955, 103778 – Blutrausch; BGHSt 14, 193 (194) = BeckRS 1960, 105310 – Jauchegrube; BGH NStZ 2001, 29 (30) – Gnadenschuss II; BGH NJW 2011, 2065 (2066); NStZ 2016, 721 (722 f.) – Scheunenmord; Schönke/Schröder/Sternberg-Lieben/Schuster § 15 Rn. 55.

§ 9 Irrtumslehre

gewöhnlich zu bewerten. Es handelt sich somit nicht um eine wesentliche Abweichung zwischen dem wirklichen und dem vorgestellten Kausalgeschehen. T macht sich gem. § 212 Abs. 1 StGB strafbar.

22 **Klausurhinweis:** Von einer unwesentlichen Abweichung können Sie in einer Klausur ausgehen, wenn der Täter schon vor der todesverursachenden Handlung die Versuchsschwelle überschritten hat. Anders sind daher Fälle zu entscheiden, in denen der Tod bereits vor dem unmittelbaren Ansetzen des Täters eingetreten ist. Sollte der Täter sein Opfer zB betäuben und knebeln, um es später in einem Waldstück nach längerer Autofahrt zu erstechen, liegt kein Totschlag vor, wenn das Opfer bereits während der Fahrt im Wagen ersticken sollte.[13] Da der Erfolg dann noch im Vorbereitungsstadium des Totschlages eingetreten ist, und somit ein strafrechtlich relevanter Vorsatz noch nicht vorliegt, kommt nur eine Bestrafung wegen § 227 Abs. 1 StGB (und § 239 Abs. 4 StGB) in Betracht. Mangels Tatbestandsvorsatz stellt sich in diesen Fällen die Frage der Abweichung zwischen dem vorgestellten und eingetretenen Vorsatz gar nicht.[14]

23 **Klausurhinweis:** Bevor Sie im subjektiven Tatbestand den Irrtum über den Kausalverlauf diskutieren, sollten Sie sich die Frage nach dem Vorliegen der objektiven Zurechnung stellen. Handelt es sich um einen sehr ungewöhnlichen, atypischen Geschehensverlauf, so ist zwar die Kausalität gegeben, die Erfolgszurechnung hingegen nicht. Auf die Prüfung des § 16 Abs. 1 S. 1 StGB als Irrtum über den objektiven Tatbestand kommt es dann nicht an. Nichtsdestotrotz ist der Tatbestandsirrtum dann zu diskutieren, wenn der Erfolg zwar objektiv voraussehbar war, der Täter mit dem Geschehensverlauf dennoch nicht gerechnet hat.[15]

4. Irrtum bei echten Unterlassungsdelikten

24 Bei echten Unterlassungsdelikten müssen Sie zwischen einem Tatbestandsirrtum (§ 16 Abs. 1 S. 1 StGB) und einem Gebotsirrtum (§ 17 StGB) unterscheiden können.

25 Von einem Tatbestandsirrtum ist auszugehen, wenn der Täter einen Umstand nicht erkennt, der ihn zu einem Garanten macht.

26 **Beispiel:** T geht mit seinem dreijährigen Sohn O in einen Badepark. In einem unbeobachteten Augenblick fällt O ins Wasser. T erkennt das um sein Leben strampelnde Kind nicht als sein eigenes und bleibt untätig. O stirbt.

27 T erkennt einen Umstand nicht, der ihn zu einem Garanten macht. Mithin irrt er über ein Tatbestandsmerkmal des unechten Unterlassungsdeliktes. Gemäß § 16 Abs. 1 S. 1 StGB entfällt sein Vorsatz. Er macht sich somit nicht gem. §§ 212 Abs. 1, 13 StGB strafbar. Gemäß § 16 Abs. 1 S. 2 StGB bleibt davon fahrlässiges Handeln unberührt. Es ist (wohl) von einem sorgfaltswidrigen Verhalten auszugehen, sodass sich T gem. §§ 222, 13 StGB strafbar macht.

28 Anders ist zu entscheiden, wenn der Täter den Sachverhalt zwar richtig auffasst, aber seiner Garantenpflicht fälschlicherweise ablehnt, weil er über seine Handlungsverpflichtung irrt. Dieser Irrtum wird als ein dem Verbotsirrtum entsprechender Gebotsirrtum nach § 17 StGB behandelt.[16]

---

13 BGH NStZ 2002, 309.
14 Wessels/Beulke/Satzger StrafR AT Rn. 386.
15 Vgl. BGHSt 48, 34 (37) = BeckRS 2002, 8992 – Gubener Verfolgungsfall.
16 BGHSt 16, 155 = BeckRS 1961, 105712.

> **Beispiel:** T und sein dreijähriger Sohn O gehen in einen Badepark. O fällt ins Wasser. T erkennt die Lebensgefahr für seinen Sohn, glaubt jedoch, dass er nicht für ihn verantwortlich sei und bleibt untätig. O ertrinkt.

Im Unterschied zum ersten Beispiel (→ § 9 Rn. 26) erkennt T seinen verunglückten Sohn, lehnt seine Garantenpflicht jedoch (fälschlicherweise) ab. Hierbei handelt es sich um einen vermeidbaren Gebotsirrtum, der in der Schuld gem. § 17 StGB darzustellen ist. T macht sich gem. §§ 212 Abs. 1, 13 StGB mit einer fakultativen Strafmilderung gem. § 17 S. 2 StGB strafbar. § 323c StGB tritt subsidiär zurück.[17]

II. Umgekehrter Tatbestandsirrtum

Der umgekehrte Tatbestandsirrtum beschreibt die irrige Annahme von Merkmalen des objektiven Tatbestandes. Es handelt sich hierbei um einen untauglichen Versuch (§ 23 Abs. 3 StGB).

Prüfungsschema eines umgekehrten Tatbestandsirrtums

1. Objektiver Tatbestand (-)
2. Subjektiver Tatbestand (+)

> **Beispiel:** T nimmt sich mit Diebstahlsvorsatz eine wertvolle Jacke von der Garderobe. Später stellt er verblüfft fest, dass es sich um seine eigene Jacke gehandelt hat.

Hier liegt der objektive Tatbestand des § 242 Abs. 1 StGB nicht vor, da es sich bei der Jacke um keine fremde Sache handelt. T geht jedoch irrig von der Fremdheit aus und macht sich gem. §§ 242 Abs. 1, 22, 23 Abs. 1 StGB (§ 23 Abs. 3 StGB) strafbar.

Der Irrtum kann sich auf ein Qualifikationsmerkmal beziehen.

> **Beispiel:** T begeht einen Einbruchsdiebstahl und glaubt irrig, eine Schusswaffe in seinem Rucksack dabei zu haben.

Der T macht sich gem. § 242 Abs. 1 StGB in Tateinheit zu §§ 244 Abs. 1 Nr. 1a Var. 1, 22, 23 Abs. 1 StGB strafbar.[18]

III. Irrige Annahme eines privilegierenden Umstandes

Die irrige Annahme privilegierender Umstände ist in § 16 Abs. 2 StGB geregelt. Danach wird der Täter nur nach dem milderen Gesetz bestraft, wenn er bei Begehung der Tat irrig Umstände annimmt, welche den Tatbestand eines milderen Gesetzes verwirklichen würden.

> **Beispiel:** O leidet an unheilbarem Krebs. Gegenüber seinem Enkel T hat er schon häufig seine Suizidabsichten geschildert. Eines Tages bittet er den O, ihm sein „letztes Getränk" einzuflößen. T, der irrig davon ausgeht, dass der O nunmehr sterben möchte, verabreicht ihm eine mit Gift versetzte Substanz. O verstirbt kurze Zeit später. Tatsächlich meinte der O das „letzte Getränk" für diesen Abend.

---

17 BGHSt 14, 282 = BeckRS 1960, 105261.
18 Vgl. Schönke/Schröder/Bosch § 244 Rn. 39.

40 Der objektive Tatbestand des § 216 Abs. 1 StGB liegt nicht vor, da es nicht dem ausdrücklichen und ernstlichen Verlangen des O entsprach, getötet zu werden. Gemäß § 16 Abs. 2 StGB ist der T dennoch nur nach dem milderen Gesetz (§ 216 Abs. 1 StGB) zu bestrafen. § 212 Abs. 1 StGB scheidet demnach aus.

C. Irrtümer auf Ebene der Rechtswidrigkeit

41 Bei den Irrtümern über Rechtfertigungsgründe handelt es sich um die schwierigste Thematik. Ein abstraktes Auswendiglernen von Meinungen wird Ihnen hier kaum weiterhelfen. Empfehlenswert ist es daher, sich die verschiedenen Sachverhalte und deren Rechtsfolgen einzuprägen. Sollten Sie in einer Klausur mit einem gleichgelagerten Sachverhalt konfrontiert werden, wird Ihnen die Lösung wenig Schwierigkeiten bereiten.

I. Handeln in Unkenntnis von Rechtfertigungsgründen (sog. umgekehrter Erlaubnistatbestandsirrtum)

42 Hierbei nimmt der Täter in Unkenntnis einer rechtfertigenden Lage eine Verletzungshandlung vor.

43 **Prüfungsschema eines umgekehrten Erlaubnistatbestandsirrtums**
   I. Tatbestand (+)
   II. Rechtswidrigkeit
      1. Objektives Rechtfertigungselement (+)
      2. Subjektives Rechtfertigungselement (-)

44 **Beispiel:** F will ihren Ehemann T von hinten erstechen. Als sie gerade mit dem Messer ausholt, schlägt der T ihr eine Bratpfanne auf den Kopf. Von dem bevorstehenden Angriff der F wusste er nichts. Vielmehr wollte er ihr das nächtliche Fremdgehen mit ihrem Nachbarn heimzahlen.

45 T befand sich in objektiver Hinsicht in einer Notwehrlage gem. § 32 Abs. 1, 2 StGB, handelte jedoch in Unkenntnis der rechtfertigenden Situation. Aufgrund des fehlenden subjektiven Rechtfertigungselementes macht er sich daher nach einer Ansicht wegen einer vollendeten Tat strafbar.[19] Danach erfüllt T den Tatbestand der gefährlichen Körperverletzung gem. §§ 223 Abs. 1, 224 Abs. 1 Nr. 2 Var. 2, 5 StGB. Nach anderer Ansicht sind für die Bewertung die Regeln des Versuchs analog heranzuziehen.[20] T würde sich wegen einer versuchten gefährlichen Körperverletzung gem. §§ 224 Abs. 1 Nr. 2 Var. 2, 5, Abs. 2, 22, 23 Abs. 1 StGB strafbar machen. Diese Ansicht argumentiert mit der Strukturgleichheit zwischen dem umgekehrten Erlaubnistatbestandsirrtum und der versuchten Tat, da bei beiden nur der Handlungsunwert bestehen bleibt.

---
19 BGHSt 2, 111 (114) = BeckRS 1952, 103889; BGH NStZ 2005, 332 (334).
20 OLG Celle BeckRS 2013, 07170; OLG Naumburg NStZ 2013, 718; Matt/Renzikowski/Engländer Vor § 32 Rn. 22; Fischer § 34 Rn. 28; Rengier StrafR AT § 17 Rn. 18.

Hinweis: Bei einem Versuch wird mangels Verwirklichung des objektiven Tatbestandes kein Erfolgsunwert hervorgerufen. Durch das vorsätzliche Handeln besteht nur ein Handlungsunwert. Bei einem umgekehrten Erlaubnistatbestandsirrtum liegt die gleiche Situation vor, da durch das Vorliegen des objektiven Rechtfertigungselementes nur der Erfolgsunwert der Tat negiert wird. Der Handlungsunwert bleibt indes bestehen, da eine Kompensation mangels subjektiver Rechtfertigung nicht stattfinden kann.

46

Trotz der Strukturgleichheit zum Versuch ist dieser Ansicht nicht zuzustimmen, da im Vergleich zu einem „normalen Versuch" hier der Erfolg tatsächlich eingetreten ist und es gegebenenfalls zu Strafbarkeitslücken kommen kann, wenn der Versuch nicht geregelt sein sollte. Daher sollte hier von einer Vollendungstat ausgegangen werden.

II. Irrtum über die rechtlichen Grenzen eines Rechtfertigungsgrundes (sog. umgekehrter Erlaubnisirrtum)

Bei diesem Irrtum fasst der Täter die Grenzen eines Rechtfertigungsgrundes zu eng auf.

47

Beispiel: F bricht in die Wohnung der Familie T ein, um wertvolle Gegenstände an sich zu bringen. Er wird dabei vom Hauseigentümer T erwischt. Mit einem gezielten Schlag setzt T den F außer Gefecht. T war der Meinung, dass zum Schutz von Sachgütern eine Körperverletzung nicht durch Notwehr gerechtfertigt sein kann.

48

T missversteht die Grenzen des § 32 Abs. 1, 2 StGB. Eine Notwehr zur Verteidigung von Sachwerten ist zulässig. T glaubt demnach, dass sein erlaubtes Verhalten verboten sei. Es liegt ein strafloses Wahndelikt vor.[21]

49

III. Irrige Annahme über das Vorliegen von Rechtfertigungsgründen

Bei der irrigen Annahme über das Vorliegen von Rechtfertigungsgründen wird zwischen dem Erlaubnistatbestandsirrtum, dem Erlaubnisgrenzirrtum und dem Erlaubnisnormirrtum unterschieden.

50

Hinweis: Zur besseren Differenzierung sollten Sie sich primär an den hierzu formulierten Sachverhalten orientieren.

51

1. Erlaubnisirrtümer (indirekter Verbotsirrtum)

Bei den Erlaubnisirrtümern ist zwischen dem Erlaubnisgrenzirrtum und dem Erlaubnisnormirrtum zu differenzieren.

52

a) Erlaubnis*grenz*irrtum

Bei einem Erlaubnisirrtum irrt der Täter über die normativen Voraussetzungen eines Erlaubnissatzes und hält sein Handeln daher für gerechtfertigt.[22]

53

Beispiel: T streckt in einer Notwehrlage den O mit einem gezielten Kopfschuss nieder, obwohl die Möglichkeit der vorherigen Androhung der Schusswaffe bestand. T wurde irrig von der Annahme geleitet, dass er zur Verteidigung jedes beliebige Verteidigungsmittel nutzen könne.[23]

54

---

21 Wessels/Beulke/Satzger StrafR AT Rn. 1348.
22 Wessels/Beulke/Satzger StrafR AT Rn. 760.
23 Vgl. BGHSt 45, 378 = BeckRS 2000, 30094856; BGH NStZ 2003, 596.

§ 9 Irrtumslehre

55 T hat die Notwehrlage hier richtig eingeschätzt, jedoch die Erforderlichkeit der Notwehrhandlung zu seinen Gunsten überdehnt. Er irrt sich daher über die Grenzen eines anerkannten Rechtfertigungsgrundes.

56 **Hinweis:** Bei dem Einsatz lebensgefährlicher Mittel muss grundsätzlich (je nach Kampflage) eine vorherige Androhung erfolgen. Der tödlich wirkende Gegenangriff muss *ultima ratio* bleiben (→ § 4 Rn. 48 Notwehr).[24]

b) Erlaubnis*norm*irrtum

57 Bei dem Erlaubnisnormirrtum geht der Täter irrig von dem Vorliegen eines Rechtfertigungsgrundes aus, der in Wirklichkeit nicht existiert.

58 **Beispiel:** Fahrschullehrer T schlägt auf seinen Fahrschulschüler O ein, weil dieser bei Rot über die Ampel gefahren ist. T ging dabei irrig von einem Züchtigungsrecht aus.

59 Ein solches Züchtigungsrecht ist dem Gesetzgeber fremd. Im Unterschied zum Erlaubnisgrenzirrtum überdehnt der T nicht die Grenzen eines anerkannten Rechtfertigungsgrundes, sondern geht irrig von dem Vorliegen eines in Wirklichkeit nicht normierten Rechtfertigungsgrundes aus.

c) Rechtsfolge eines Erlaubnisirrtums

60 Die Erlaubnisirrtümer sind Irrtümer auf Ebene der Rechtswidrigkeit in *rechtlicher* Hinsicht. Im Gegensatz zum Erlaubnistatbestandsirrtum (→ § 9 Rn. 65 ff.) erfasst der Täter bei einem Erlaubnisirrtum die Tatsituation zutreffend, lässt sich jedoch von Vorstellungen leiten, die denen des Gesetzgebers widersprechen.[25]

61 **Hinweis:** Dass der Täter bei § 32 Abs. 1, 2 StGB immer zu einem beliebigen Verteidigungsmittels greifen darf oder sich auf ein allgemein geltendes Züchtigungsrecht bei Verstößen seiner Fahrschüler gegen die Straßenverkehrsordnung berufen kann, entspricht nicht den Wertevorstellungen des Gesetzgebers und ist zwingend als rechtswidrig einzustufen.

62 Die Einstellung des Täters ist am ehesten mit einem Verbotsirrtum gem. § 17 StGB vergleichbar. Demzufolge werden die Erlaubnisirrtümer als indirekte Verbotsirrtümer über § 17 StGB bewertet. Für die Bestrafung kommt es auf die Vermeidbarkeit bzw. Unvermeidbarkeit des Irrtums an. Nur bei Unvermeidbarkeit des Irrtums entfällt der Schuldvorwurf. Vermeidbar ist der Irrtum dann, wenn der Täter aufgrund seiner individuellen Fähigkeiten und dem ihm zumutbaren Einsatz seiner Erkenntniskräfte das Unrecht der Tat hätte einsehen können (sog. Gewissensanspannung).[26] Bei bestehenden Zweifeln über das Verbotensein der Handlung besteht eine Erkundigungspflicht,[27] in der sich der Rechtsunkundige vor dem Eingriff in das geschützte Rechtsgut im Rahmen des Zumutbaren über die Rechtslage vergewissern muss.[28]

63 Bei beiden Beispielen ist von einer Vermeidbarkeit des Irrtums auszugehen, sodass sich der in einer Notwehrlage befindliche T gem. § 212 Abs. 1 StGB (Erlaubnisgrenzirrtum) und der Fahrschullehrer sich gem. § 223 Abs. 1 StGB (Erlaubnisnormirrtum) strafbar machen.

---

24 BGH NStZ 2006, 152; MüKoStGB/Erb § 32 Rn. 165 ff.; Erb NStZ 2011, 186.
25 Vgl. Schönke/Schröder/Sternberg-Lieben/Schuster § 16 Rn. 24.
26 BGH NStZ 2016, 215; NJW 2018, 3467.
27 BGH NJW 2017, 2463; NStZ 2018, 215; NJW 2018, 3467; MüKoStGB/Joecks/Kulhanek § 17 Rn. 49; Manso Porto, Normunkenntnis aus belastenden Gründen, 2010.
28 OLG Hamm NJW 2006, 245; OLG Stuttgart StV 2008, 193.

Klausurhinweis: In einer Klausur prüfen Sie den jeweiligen Rechtfertigungsgrund und lehnen diesen mangels Erforderlichkeit oder mangels Existenz ab. Innerhalb der Schuld prüfen sie dann den § 17 StGB.

2. Erlaubnistatbestandsirrtum

Als Erlaubnistatbestandsirrtum wird die irrige Annahme über die tatsächlichen Voraussetzungen eines anerkannten Rechtfertigungsgrundes bezeichnet. Der Täter nimmt hier irrig Umstände an, die im Fall ihres Vorliegens die Tat tatsächlich rechtfertigen würden.[29]

> **Beispiel:** Bei den Eheleuten T und F kam es in der letzten Zeit immer wieder zu körperlichen Übergriffen und verbalen Anfeindungen. Als eines Tages der F mit hinter dem Rücken verschränkten Armen vor der T erscheint, geht sie irrig von einem bevorstehenden Angriff aus und wähnt hinter seinem Rücken ein Küchenmesser. Zur Verteidigung schlägt sie ihm daher eine Vase auf den Kopf. Benommen geht F zu Boden. Hinter seinem Rücken tritt ein Blumenstrauß hervor. Er wollte sich damit für die Entgleisungen der letzten Tage eigentlich nur entschuldigen.

T nimmt hier irrig eine Notwehrlage gem. § 32 Abs. 1, 2 StGB an. Das objektive Rechtfertigungselement liegt nicht vor. Dennoch handelte sie mit einem subjektiven Verteidigungswillen. Die Bestrafung des Täters bzw. die Herleitung der Rechtsfolge eines Erlaubnistatbestandsirrtums ist äußerst umstritten.

> **Hinweis:** Bei der Putativnotwehr ist der Erlaubnistatbestandsirrtum nicht nur auf Fälle begrenzt, in denen sich der Täter irrig angegriffen fühlt. Um eine irrige Annahme über das Vorliegen eines Rechtfertigungsgrundes handelt es sich auch, wenn der Täter den tatsächlich (oder vermeintlich) vorliegenden Angriff überschätzt bzw. falsch bewertet und sich daher intensiver als erforderlich zur Wehr setzt.[30] Ein Erlaubnistatbestandsirrtum ist ferner denkbar, wenn der Täter den tatsächlich gerechtfertigten Angriff fälschlicherweise als rechtswidrig einstuft.[31] In Abgrenzung zu den Erlaubnisirrtümern irrt der Täter hier über rechtmäßigkeitsbegründende Tatumstände, die ihn bei deren tatsächlichen Vorliegen rechtfertigen würde. Bei den Erlaubnisirrtümern kommt der Täter trotz richtiger Erkenntnis der Sachlage zu einem falschen Bewertungsurteil, weil er zB es für zulässig erachtet, im Rahmen einer (tatsächlich vorliegenden) Festnahmelage nach § 127 Abs. 1 StPO auf den Täter zu schießen.

a) Strenge Vorsatztheorie

Nach dieser Theorie ist der Vorsatz ein Schuldmerkmal, wobei das Unrechtsbewusstsein einen Teil des Vorsatzes darstellt. Daher ist der Erlaubnistatbestandsirrtum nach dieser Ansicht als ein Tatbestandsirrtum zu bewerten, der in direkter Anwendung des § 16 Abs. 1 S. 1 StGB den Tatbestandsvorsatz entfallen lässt.[32] Dieser Meinung ist heutzutage nicht mehr zu folgen, da mit Einführung des § 17 StGB der Gesetzgeber sich gegen die Vorsatz- und für die Schuldtheorie entschieden hat, da das Unrechtsbewusstsein nicht Teil des Vorsatzes, sondern der Schuld ist.

b) Lehre von den negativen Tatbestandsmerkmalen

Nach der Lehre der negativen Tatbestandsmerkmale kommt es bei einem Erlaubnistatbestandsirrtum zum Entfallen des Tatbestandsvorsatzes gem. § 16 Abs. 1 S. 1 StGB, da die Tatbestandsmerkmale und die Merkmale der Rechtfertigungsgründe einen gemeinsamen „Unrechtstatbestand" bilden. Das Nichtvorliegen von Rechtfer-

---

29 Wessels/Beulke/Satzger StrafR AT Rn. 1331.
30 Vgl. BGH NStZ 1996, 29.
31 Wessels/Beulke/Satzger StrafR AT Rn. 764.
32 Wessels/Beulke/Satzger StrafR AT Rn. 742.

§ 9 Irrtumslehre

tigungsvoraussetzungen wird (als negatives Merkmal) in den Tatbestand hineingelesen.[33] Die Vertreter dieser Ansicht gehen daher von einem zweigliedrigen Verbrechensaufbau aus. Der Irrtum über das Vorliegen eines Rechtfertigungsgrundes berührt daher (konsequenterweise) den Tatbestandsvorsatz und schließt diesen gem. § 16 Abs. 1 S. 1 StGB aus.[34] Da der Gesetzgeber in seinen Regelungen (unter anderem) zu §§ 26, 27 StGB, die eine vorsätzliche und rechtswidrige Haupttat verlangen, von einem dreigliedrigen Verbrechensaufbau ausgeht, ist dieser Meinung der Boden entzogen. Ihr sollte daher nicht gefolgt werden.

c) Strenge Schuldtheorie

71 Nach der strengen Schuldtheorie berührt das Fehlen des Unrechtsbewusstseins (der Täter glaubt, dass er nicht verboten handelt) nicht den Tatbestandsvorsatz, sondern lässt die Schuld entfallen. Zwischen einem vorsätzlichen und einem schuldhaften Handeln ist zwingend zu differenzieren, denn bei einem Irrtum über einen Rechtfertigungsgrund verwirklicht der Täter vorsätzlich den gesetzlichen Tatbestand, es fehlt ihm nur das Unrechtsbewusstsein. Die strenge Schuldtheorie behandelt daher alle Irrtümer über das Vorliegen eines Rechtfertigungsgrundes (Erlaubnisgrenzirrtum, Erlaubnisnormirrtum und den Erlaubnistatbestandsirrtum) gleich und wendet auf sie § 17 StGB an. Daher entfällt lediglich bei der Unvermeidbarkeit des Irrtums die Schuld. Da die Tat dennoch als vorsätzlich und rechtswidrig einzustufen ist, ist diese teilnahmefähig.[35]

72 **Klausurhinweis:** Prüfungsstandort der strengen Schuldtheorie ist die Wertungsebene der Schuld.

d) Eingeschränkte Schuldtheorien

73 Nach dieser Theorie werden die Erlaubnisirrtümer (Erlaubnisgrenz- und Erlaubnisnormirrtum) gem. § 17 StGB bewertet. Bei einem Erlaubnistatbestandsirrtum muss jedoch differenziert werden.

74 **Hinweis:** Die strenge und die eingeschränkte Schuldtheorie kommen demnach bei Vorliegen eines Erlaubnisgrenzirrtums und eines Erlaubnisnormirrtums zum gleichen Ergebnis.

75 Nach dieser Ansicht wird der Erlaubnistatbestandsirrtum einem Tatbestandsirrtum gleichgesetzt, da beide strukturgleich sind.

76 **Prüfungsschema eines Tatbestandsirrtums**

1. Objektiver Tatbestand (+), der Erfolgsunwert der Tat liegt vor.
2. Subjektiver Tatbestand (-), der Handlungsunwert der Tat liegt nicht vor.

77 **Beispiel:** T vernichtet eine große Menge an von seiner Tochter bemalten BildeRn. Was er nicht wusste war die Tatsache, dass sich darunter das Abiturzeugnis seines Sohnes befand.

78 T erfüllt objektiv den Tatbestand des § 274 Abs. 1 Nr. 1 StGB. Subjektiv hat er nicht erkannt, dass er eine Urkunde vernichtet hat. Der subjektive Tatbestand ist daher ausgeschlossen.

---

33 Wessels/Beulke/Satzger StrafR AT Rn. 744.
34 Korianth FS E. Müller, 2008, 357; Schünemann/Greco GA 2006, 777 (792).
35 Näher Erb FS Rengier, 2018, 15; NK-StGB/Paeffgen/Zabel Vor §§ 32 ff. Rn. 108 ff.; Paeffgen FS Frisch, 2013, 403.

C. Irrtümer auf Ebene der Rechtswidrigkeit

Prüfungsschema eines Erlaubnistatbestandsirrtums   79
I. Tatbestand
II. Rechtswidrigkeit
  1. Objektives Rechtfertigungselement (-), berührt daher nicht den Erfolgsunwert.
  2. Subjektives Rechtfertigungselement (+), lässt den Handlungsunwert entfallen.

> **Beispiel:** Raucher F fragt den T nach einer Zigarette. T glaubt irrig an einen bevorstehenden Raubüberfall und schlägt F nieder.   80

Das Fehlen des objektiven Rechtfertigungselementes führt dazu, dass der Erfolgsunwert der Tat nicht beseitigt wird. Das Vorliegen des Verteidigungswillens hingegen negiert den Handlungsunwert der Tat.   81

Die Situation eines Erlaubnistatbestandsirrtums ist zudem nicht vergleichbar mit einem Erlaubnisirrtum, bei der der Täter nicht auf *tatsächlicher* Ebene, sondern auf *rechtlicher* Ebene irrt. Wie bei einem Verbotsirrtum liegt die Vorstellung des Täters außerhalb der Rechtsordnung und der Wertevorstellung der Allgemeinheit. Bei einem Erlaubnistatbestandsirrtum ist dies jedoch anders, da der Täter aufgrund mangelnder Aufmerksamkeit oder Nachlässigkeit seinen Sorgfaltsanforderungen nicht gänzlich nachkommt.[36] Ein bewusstes Auflehnen gegen die geltende Rechtsordnung ist bei ihm nicht erkennbar, denn wäre seine Vorstellung zutreffend, so würde er nicht gegen das Gesetz verstoßen. Der sich in einem Erlaubnistatbestandsirrtum befindliche Täter verhält sich also „an sich rechtstreu".[37]   82

Im obigen Beispiel (→ § 9 Rn. 80) hätte sich T nicht strafbar gemacht, wäre von dem F tatsächlich ein Raub ausgegangen. Die Vorstellungen des T entsprechen demnach der Wertevorstellung des Gesetzgebers. Anders wäre zu entscheiden, wenn von dem F tatsächlich ein Überfall ausgegangen wäre und der T sich bewusst mehr als erforderlich gewehrt hätte. Dann setzt sich der Täter bewusst über die geltende Rechtsordnung hinweg. Da er denkt, dass sein Verhalten erlaubt sei, muss dies als § 17 StGB bewertet werden.   83

> **Hinweis:** Der Täter eines Erlaubnistatbestandsirrtum ist also ein „Schussel" und nicht wie bei einem Erlaubnisirrtum ein „Schurke".[38]   84

Innerhalb der eingeschränkten Schuldtheorie gibt es weitere „Verzweigungen", die Ihnen geläufig sein sollten.   85

aa) Rechtsgrundverweisende eingeschränkte Schuldtheorie
Nach dieser Ansicht wird auf den Erlaubnistatbestandsirrtum der § 16 Abs. 1 StGB analog angewendet, wobei im Ergebnis entweder der Vorsatz, das Vorsatzunrecht oder der Handlungsunwert verneint wird.[39] Problematisch hierbei ist, dass dadurch Strafbarkeitslücken im Bereich der Teilnahme entstehen, da es nach Verneinung des   86

---
36 Wessels/Beulke/Satzger StrafR AT Rn. 750.
37 BGHSt 3, 105 (107) = BeckRS 1952, 104052.
38 Wessels/Beulke/Satzger StrafR AT Rn. 750.
39 BGHSt 49, 34 = BeckRS 2004, 00940; BGH NStZ 2012, 205; Kühl StrafR AT § 13 Rn. 71.

§ 9 Irrtumslehre

Vorsatzes bzw. des Vorsatzunrechts an einer teilnahmefähigen vorsätzlichen und rechtswidrigen Haupttat fehle. Gegen die Ablehnung dieser Ansicht kann argumentiert werden, dass sich der Hintermann, der diesen Irrtum bewusst und gezielt hervorgerufen habe, gegebenenfalls als mittelbarer Täter einzustufen sei.

bb) Rechtsfolgenverweisende, eingeschränkte Schuldtheorie

87 Nach dieser Ansicht habe der Vorsatz eine Doppelfunktion im Deliktsystem. Relevant sei dieser im subjektiven Tatbestand und innerhalb der Schuld. Bei einem „normalen" Täter indiziert der Tatbestandsvorsatz die Vorsatzschuld, also die rechtsfeindliche Einstellung des Täters zur Rechtsordnung. Bei Vorliegen des Erlaubnistatbestandsirrtums entfällt diese Indizwirkung. Der Täter lehnt sich nicht gegen die Rechtsordnung auf, da er sich „rechtstreu" verhalten möchte. Mit dem Vorliegen des Erlaubnistatbestandsirrtums bleibt der Tatbestandsvorsatz unberührt. Lediglich die (ansonsten indizierte) Vorsatzschuld wird gem. § 16 Abs. 1 S. 1 StGB analog beseitigt. Der Täter kann dann nicht nach dem Vorsatzdelikt bestraft werden. Der Erlaubnistatbestandsirrtum wird demnach nur in seinen Rechtsfolgen dem Tatbestandsirrtum aus § 16 Abs. 1 S. 1 StGB gleichgestellt. Eine Bestrafung wegen fahrlässiger Tat gem. § 16 Abs. 1 S. 2 StGB analog bleibt weiterhin möglich. Diese Lehre ist insgesamt vorzugswürdig, da durch die Beibehaltung des Tatbestandsvorsatzes die Haupttat teilnahmefähig bleibt. In dem sog. Hells-Angels-Fall musste sich der BGH erst in jüngerer Vergangenheit mit dem Erlaubnistatbestandsirrtum befassen und ließ gem. § 16 Abs. 1 S. 1 StGB analog die Vorsatzschuld entfallen.[40]

88 **Hinweis:** Der Erlaubnistatbestandsirrtum führt dazu, dass sich der Täter nicht nach dem Vorsatzdelikt strafbar macht. Sie sollten dennoch (gerade im Bereich der Körperverletzungsdelikte) an eine mögliche fahrlässige Tat denken, soweit dem Täter der Vorwurf einer Sorgfaltspflichtverletzung gemacht werden kann. Sollte der Teilnehmer an der Haupttat von einem rechtmäßigen Verhalten des Haupttäters ausgehen, so führt dies bei ihm zum Entfallen des Tatbestandsvorsatzes gem. § 16 Abs. 1 S. 1 StGB.

D. Irrtümer auf Ebene der Schuld

89 In § 17 StGB ist der in der Schuld zu prüfende Verbotsirrtum normiert. Neben dem direkten Verbotsirrtum sind die Erlaubnisirrtümer als indirekte Verbotsirrtümer anzusehen (→ § 9 Rn. 52 ff.). Ferner ist ein sog. umgekehrter Verbotsirrtum möglich, der als strafloses Wahndelikt bewertet wird. Daneben gibt es noch den Irrtum über das Eingreifen von Entschuldigungsgründen.

I. Verbotsirrtum, § 17 StGB

90 Bei dem Verbotsirrtum irrt der Täter über das Verbotensein oder Gebotensein (bei Unterlassungsdelikten) seines vorsätzlichen Handelns oder Unterlassens. Der Täter hält Verbotenes für erlaubt, weil er entweder über die Existenz der Verbotsnorm irrt, diese zwar kennt, sie aber für unwirksam hält oder aufgrund eines Subsumtionsirrtums die Grenzen der Verbotsnorm einengt.

---

40 Vgl. BGH NStZ 2012, 272 – Hells-Angels-Fall.

D. Irrtümer auf Ebene der Schuld

1. Handeln in Unkenntnis der Verbots- oder Gebotsnorm

Hier handelt der Täter in Unkenntnis der Existenz der Verbotsnorm.

> **Beispiel:** Der aus dem Nahen Osten stammende T ist erst vor kurzem nach Deutschland eingereist. Auf einer traditionellen Familienfeier schächtet er ohne vorherige Betäubung ein Schaf. Eine verbotene Handlung kam ihm dabei nicht in den Sinn.

Hier wusste der T nicht, dass in Deutschland das Schlachten eines Tieres ohne vorherige Betäubung grundsätzlich verboten ist. Der T unterliegt einem direkten Verbotsirrtum.

2. Täter hält die Verbotsnorm für ungültig

> **Beispiel:** T tötet O aufgrund ihres ernstlichen und ausdrücklichen Verlangens. Er ist dabei irrig davon ausgegangen, dass die Tötung auf Verlangen nunmehr verfassungswidrig sei, da das Selbstbestimmungsrecht des Getöteten akzeptiert werden muss.

Hier kennt der T zwar den § 216 StGB, hält diesen jedoch für unwirksam.

3. Verengung eines Straftatbestandes zu eigenen Gunsten (sog. Subsumtionsirrtum)

> **Beispiel:** T stellt unbefugterweise unter der ihm nicht zustehenden Bezeichnung als Arzt einen Impfpass aus, da er gegen das Coronavirus geimpft wurde. Er denkt dabei, dass dies nicht unter § 277 StGB falle, da der Tatbestand nur einschlägig sei, wenn die Angaben über den Impfstatus nicht der Wahrheit entsprechen würden.

Gemäß § 277 Abs. 1 StGB nF kann jedoch bestraft werden, wer, ohne Arzt zu sein, eine tatsächlich durchgeführte Impfung in einem Impfpass dokumentiert.

4. Rechtsfolge eines Verbotsirrtums

Gemäß § 17 StGB kommt es für einen Schuldausschluss darauf an, ob der Irrtum für den Täter unvermeidbar war. War dieser vermeidbar, so kommt es zu einer fakultativen Strafmilderung. Bezüglich der Beurteilung der Vermeidbarkeit kommt es bei dem Täter auf seine Gewissensanspannung[41] und bei verbleibenden Zweifel über die Zulässigkeit des Verhaltens auf eine Erkundigungspflicht[42] an.

II. Umgekehrter Verbotsirrtum (sog. Wahndelikt)

Bei einem umgekehrten Verbotsirrtum handelt es sich um ein strafloses Wahndelikt. Hierbei hält der Täter sein eigenes Verhalten für strafbar, tatsächlich verstößt er jedoch gegen keine Verbotsnorm. Hierbei gilt es drei Fallkonstellationen voneinander zu unterscheiden.

1. Irrige Annahme der Existenz eines strafbaren Tatbestandes

> **Beispiel:** T hat neben seiner Ehefrau F eine Liebschaft mit der O. T ist dabei davon überzeugt, dass der Ehebruch strafbar sei.

---

[41] BGHSt 3, 357 = BeckRS 1952, 103659.
[42] BGH NJW 2017, 2463; 2018, 3467; MüKoStGB/Joecks/Kulhanek § 17 Rn. 49; Manso Porto, Normunkenntnis aus belastenden Gründen, 2010.

§ 9 Irrtumslehre

101 Der T stellt sich die Existenz einer nicht existierenden Strafnorm vor. Der T handelt schuldlos.

2. Überdehnung eines gesetzlichen Tatbestandes zu seinen Ungunsten

102 **Beispiel:** T nimmt eine auf einer Parkbank liegende Tageszeitung an sich. Diese wurde dort zuvor von O nachdem Lesen bewusst zurückgelassen, um die Zeitung auch anderen zur Verfügung zu stellen. T geht davon aus, dass die Mitnahme herrenloser Gegenstände unter den Tatbestand der Unterschlagung fallen.

103 Die Unterschlagung ist nur bei fremden beweglichen Sachen unter Strafe gestellt. T dehnt den Tatbestand zu seinen Ungunsten aus und handelt ohne Schuld.

104 **Hinweis:** Anders wäre der Fall zu beurteilen, wenn der T von der Fremdheit des Gegenstandes ausgehen würde. Dann würde der T sich wegen eines untauglichen Versuches (§ 23 Abs. 3 StGB) gem. §§ 246 Abs. 1, 3, 22, 23 Abs. 1 StGB strafbar machen.

3. Irrige Annahme des Nichtvorliegens der Voraussetzungen eines Rechtfertigungsgrundes

105 **Beispiel:** T wird wieder einmal von ihrem tyrannischen Ehemann F schwer misshandelt. Als er gerade wieder mit der Faust massiv auf sie einschlagen will, ergreift sie ein Messer und sticht damit dem F in seinen rechten Oberschenkel. Nur durch eine Notoperation konnte F gerettet werden. T war der Meinung, dass eine Verteidigung gegen Misshandlungen innerhalb der Ehe nicht geboten sei (→ § 4 Rn. 75 auch umgekehrter Erlaubnisirrtum).

106 Bei familiären Beziehungen kann die Verteidigung im Rahmen der Gebotenheit zwar abgestuft werden,[43] schwere Misshandlungen müssen jedoch nicht geduldet werden, sodass sogar eine tödlich wirkende Trutzwehr über § 32 Abs. 1, 2 StGB gerechtfertigt werden kann.[44] Demzufolge konnte T sich auch mit einem Messer gegen die massive Gewalt des F zur Wehr setzen. Sie hat zu ihren Ungunsten die Voraussetzungen der Notwehr eingeengt und handelt daher schuldlos.

107 **Hinweis:** Würde T nur irrig von einem Angriff des F ausgehen und sich zur Wehr setzen, würde sie sich in einem die Vorsatzschuld ausschließenden Erlaubnistatbestandsirrtum befinden. Ein in der Schuld zu diskutierender Erlaubnisgrenzirrtum würde wiederum vorliegen, wenn der F nur leicht auf die T eingewirkt hätte und sie sich in der irrigen Annahme, dass jedes Verteidigungsmittel bei der Notwehr stets erlaubt sei, mittels tödlichen Messerstiches unmittelbar gewehrt hätte.

III. Irrtum über das Eingreifen von Entschuldigungsgründen, § 35 StGB

108 Der Irrtum über Entschuldigungsgründe kann in verschiedenen Varianten auftreten.

1. Irrige Annahme der tatsächlichen Voraussetzungen von § 35 Abs. 1 StGB

109 Irrt der Täter über die Voraussetzungen des entschuldigenden Notstandes, so liegt ein Irrtum eigener Art vor, der in § 35 Abs. 2 StGB normiert ist.

---

43 Vgl. BGH NJW 1975, 62; Anmelung/Bosch JuS 2000, 261 (264).
44 Vgl. BGH NStZ 1994, 581.

Beispiel: Bergsteiger T durchtrennt das Seil des sich unter ihm befindlichen Bergsteigers O in der Annahme, dass der Karabinerhaken beide nicht halten wird. Als T später die Felsenklippe erreicht, muss er entsetzt feststellen, dass die Traglast des unbeschädigten Karabiners lange nicht erreicht war. Durch den Sturz verstirbt O. 110

T ging hier von den Voraussetzungen des entschuldigenden Notstandes aus § 35 Abs. 1 StGB aus, da er eine (tatsächlich nicht bestehende) Gefahr für sein Leben abwehren wollte. Aus seiner Sicht gab es keine andere Möglichkeit, als den O abzuschneiden, um sich selbst zu retten. Dieser Irrtum war für den Bergsteiger T zwingend vermeidbar, da er die notwendigen Fachkenntnisse über sein Equipment haben muss. Im Gegensatz zum Verbotsirrtum aus § 17 StGB kommt es bei § 35 Abs. 2 StGB zu einer *obligatorischen* Strafmilderung. 111

Hinweis: Bei irriger Annahme der tatsächlichen Voraussetzungen eines übergesetzlichen entschuldigenden Notstandes oder der Unzumutbarkeit normgemäßen Verhaltens ist § 35 Abs. 2 StGB analog anzuwenden.[45] 112

2. Fehlen des subjektiven Entschuldigungselementes bei objektiv vorliegenden Voraussetzungen von § 35 Abs. 1 StGB

Sollte sich der Täter tatsächlich in einer Notstandslage gem. § 35 Abs. 1 StGB befinden, dies jedoch nicht erkennen, so fehlt ihm das subjektive Entschuldigungselement. Der Täter ist dann nicht entschuldigt. 113

Beispiel: Bergsteiger T durchtrennt das Seil des unter ihm befindlichen Widersachers O, um ihn so zu töten. Dass er damit sein eigenes Leben gerettet hat, da sich der beschädigte Karabinerhaken unter der Last zweier Personen bereits löst, entgeht dem T. 114

Der T handelt ohne Gefahrabwehrwillen und macht sich gem. § 212 Abs. 1 StGB strafbar. 115

3. Fehlerhafte Bewertung der Grenzen des tatsächlich vorliegenden Entschuldigungsgrundes (trotz Kenntnis der Notstandslage)

Dagegen handelt der mit Gefahrabwehrwillen agierende Täter entschuldigt, wenn die Voraussetzungen aus § 35 Abs. 1 StGB zwar vorliegen, er jedoch zu seinen Ungunsten die Anwendbarkeit der Norm einengt. 116

Beispiel: Bergsteiger T durchtrennt das Seil des unter ihm befindlichen O, da sich der Karabinerhaken löst und beide alsbald in die Tiefe stürzen werden. Der T konnte so sein Leben retten. Bei der Tat glaubt T allerdings, dass der § 35 Abs. 1 StGB nicht die Tötung anderer Menschen als *ultima ratio* entschuldigen kann. 117

Der T glaubt hier Erlaubtes sei verboten und ist entschuldigt (Wahndelikt). 118

Hinweis: Das Verhalten des T kann nicht gem. § 32 Abs. 1, 2 StGB gerechtfertigt werden, da von O kein Angriff ausgeht. Der rechtfertigende Notstand aus § 34 StGB scheitert an der Interessenabwägung, denn eine Abwägung von Leben gegen Leben ist unzulässig. 119

---

45 Vgl. Schönke/Schröder/Sternberg-Lieben/Schuster § 16 Rn. 31; differenzierend Lackner/Kühl/Kühl § 35 Rn. 13.

§ 9 Irrtumslehre

E. Doppelirrtum

120 Ein Doppelirrtum beschreibt das Zusammentreffen eines Erlaubnistatbestandsirrtums und eines Erlaubnisirrtums. Der Täter irrt sich also in tatsächlicher und in rechtlicher Sicht. Selbst bei zutreffender Bewertung der Sachlage wäre der Täter nicht gerechtfertigt gewesen, weil er zusätzlich über die Grenzen des Rechtfertigungsgrundes irrt.

121 **Beispiel:** T wacht nachts in seiner Wohnung aufgrund ungewöhnlicher Geräusche auf. Mit einem Revolver in der Hand schleicht er sich zum Bad, aus dem Licht scheint. Dahinter wähnt er einen Einbrecher und gibt ohne Vorwarnung drei hüfthohe Schüsse durch die Tür ab. Die im Badezimmer befindliche Freundin O bricht tödlich getroffen zusammen. Sie kam heute etwas früher von ihrer Nachtschicht nach Hause und wollte sich gerade abschminken.

122 Der Totschlag des T kann nicht gem. § 32 Abs. 1, 2 StGB gerechtfertigt werden, da von O kein Angriff ausging. Ein Erlaubnistatbestandsirrtum liegt nicht vor, da T selbst bei zutreffender Vorstellung nicht gerechtfertigt gewesen wäre, da tödlich wirkende Verteidigungsmittel zunächst anzudrohen sind. Er irrt demnach nicht nur über das Vorliegen der tatsächlichen Voraussetzungen der Notwehr, sondern auch über die Grenzen der Verteidigungshandlung. Es handelt sich somit um einen Doppelirrtum (sog. Putativnotwehrexzess), der nach den Regeln des Verbotsirrtums (§ 17 StGB) zu bewerten ist,[46] da der Täter nicht innerhalb der Wertevorstellung der Rechtsordnung bleibt bzw. sich darüber hinwegsetzt. Er darf daher nicht bessergestellt werden als bei einer tatsächlichen Notwehrlage.

123 **Fall 12 (Irrtumslehre)**

Sachverhalt

Der auf den Zug wartende T raucht in einer düsteren Ecke eines Bahnhofvorplatzes eine Zigarette. Der finster dreinblickende und verwahrlost gekleidete O will den T um Feuer bitten, und tippt ihm energisch auf die Schulter. T glaubt an einen bevorstehenden Raubüberfall und schlägt O unvermittelt nieder. Dieser erleidet durch den schmerzhaften Schlag Nasenbluten und verständigt in der Folge die Polizei.

Strafbarkeit des T gem. § 223 Abs. 1 StGB? Strafanträge sind gestellt!

Lösung

A. T könnte sich durch den Schlag gegen O gem. § 223 Abs. 1 StGB strafbar gemacht haben.

Hinweis: Da es hier nur um die Darstellung von Irrtümern gehen soll, wird auf die Tatbestandsprüfung des § 223 Abs. 1 StGB verzichtet.

I. Tatbestand

II. Rechtswidrigkeit

Der T könnte gem. § 32 Abs. 1, 2 StGB für seinen Schlag gegen den O gerechtfertigt sein.

---

46 Wessels/Beulke/Satzger StrafR AT Rn. 767.

1. Notwehrlage

Dazu müsste zunächst eine Notwehrlage vorliegen. Eine Notwehrlage setzt sich aus einem gegenwärtigen, rechtswidrigen Angriff auf ein notwehrfähiges Rechtsgut zusammen. Zunächst müsste ein Angriff vorliegen. Ein Angriff bedeutet jede unmittelbare Bedrohung rechtlich geschützter Güter durch menschliches (willensgetragenes) Verhalten.[47] Der O wollte nur um Feuer bitten und den T nicht berauben. Mithin liegt kein Angriff vor. Der T handelt rechtswidrig.

III. Schuld

Fraglich ist, wie der Umstand zu bewerten ist, dass sich der T über die Notwehrlage geirrt hat. Hierbei könnte es sich um einen sog. Erlaubnistatbestandsirrtum handeln. Als Erlaubnistatbestandsirrtum wird die irrige Annahme über die tatsächlichen Voraussetzungen eines anerkannten Rechtfertigungsgrundes bezeichnet. Der Täter nimmt hier irrig Umstände an, die im Fall ihres Vorliegens die Tat tatsächlich rechtfertigen würden.[48] Es ist also fraglich, ob der T bei zutreffender Vorstellung gem. § 32 Abs. 1, 2 StGB gerechtfertigt gewesen wäre. Nach Ansicht des T ging von O ein unmittelbar bevorstehender Raubüberfall auf seine Individualrechtsgüter aus. Gründe, die aus Sicht des T gegen die Unmittelbarkeit und Rechtswidrigkeit des Angriffes sprechen, sind nicht erkennbar. Daher war es nach der Vorstellung des T auch erforderlich und geboten, den O sofort niederzuschlagen, da gem. § 32 Abs. 1, 2 StGB „das Recht dem Unrecht nicht weichen muss"[49]. Sein Schlag diente der Beendigung des bevorstehenden Raubüberfalls und wurde von einem natürlichen Verteidigungswillen getragen. Bei zutreffender Vorstellung wäre der T über § 32 Abs. 1, 2 StGB gerechtfertigt. Es handelt sich somit um den Erlaubnistatbestandsirrtum (sog. Putativnotwehr). Die Behandlung des Erlaubnistatbestandsirrtum ist umstritten.

Nach der sog. strengen Vorsatztheorie, wonach das Unrechtsbewusstsein Teil des Vorsatzes ist, entfällt der tatbestandliche Vorsatz. Dann könnte der T allenfalls wegen § 229 StGB zu bestrafen sein. Dieser Meinung ist heutzutage nicht mehr zu folgen, da mit Einführung des § 17 StGB der Gesetzgeber sich gegen die Vorsatz- und für die Schuldtheorie entschieden hat, da das Unrechtsbewusstsein nicht Teil des Vorsatzes, sondern der Schuld ist.

Die Lehre der negativen Tatbestandsmerkmale sieht in dem Tatbestand und der Rechtswidrigkeit einen Gesamtunrechtstatbestand und wendet bei einem Irrtum über die tatsächlichen Voraussetzungen eines Rechtfertigungsrundes den § 16 Abs. 1 StGB direkt an. Der T würde dann vorsatzlos handeln. Diese Ansicht ist jedoch abzulehnen, denn der Verbrechensaufbau ist zwingend dreigliedrig (s. insbesondere §§ 26, 27 StGB, bei denen von einer vorsätzlichen und rechtswidrigen Haupttat ausgegangen wird). Nach der strengen Schuldtheorie wird der Erlaubnistatbestandsirrtum als Verbotsirrtum über § 17 StGB bewertet. Für die Bestrafung nach § 223 Abs. 1 StGB würde es darauf ankommen, ob der Irrtum für den T vermeidbar oder unvermeidbar war. Allein die Tatsache, dass sich T an einem düste-

---

47 Vgl. BGH NJW 2003, 1955 (1956 ff.); NStZ-RR 2002, 73; Gropp/Sinn StrafR AT § 5 Rn. 128.
48 Wessels/Beulke/Satzger StrafR AT Rn. 1331.
49 Vert. Kindhäuser FS Frisch, 2013, 493; krit. Krauß FS Puppe, 2011, 635.
50 BGHSt 3, 105 (107) = BeckRS 1952, 104052.

ren Bahnhofvorplatz aufhält und von einer finster dreinblickenden und verwahrlost aussehenden Person auf die Schulter getippt wird, rechtfertigt noch nicht die Annahme eines bevorstehenden Raubüberfalls. Dafür war noch keine ausreichende Bewertungsgrundlage vorhanden. T hätte sich zunächst einen besseren Überblick über die Situation verschaffen müssen, ohne gleich in einen gewalttätigen Angriff überzugehen. Es handelt sich daher um einen vermeidbaren Irrtum, der, wenn der Erlaubnistatbestandsirrtum über § 17 StGB zu bewerten wäre, zu einer fakultativen Strafmilderung bei T führen würde. Diese Meinung ist jedoch abzulehnen, da sich der in einem Erlaubnistatbestandsirrtum befindliche Täter „an sich rechtstreu"[50] verhalten möchte. Er irrt sich nur über die *tatsächliche* Sachlage. Dieser Irrtum ist somit nicht vergleichbar mit einem Erlaubnisirrtum, bei dem sich der Täter über die normativen Voraussetzungen eines Rechtfertigungsgrundes irrt und sich damit über die Wertevorstellung der Rechtsordnung hinwegsetzt. Die rechtsfolgenverweisende eingeschränkte Schuldtheorie wendet den § 16 Abs. 1 StGB analog an und lässt somit nicht den Tatbestandsvorsatz entfallen, sondern die Vorsatzschuld. Die Bestrafung wegen einer vorsätzlichen Tat findet nicht statt. Der Erlaubnistatbestandsirrtum wird nur in seinen Rechtsfolgen dem Tatbestandsirrtum gleichgestellt. Das ist insoweit konsequent, da T den Tatbestand vorsätzlich erfüllt hat, ihm jedoch seine rechtsfeindliche Einstellung gegenüber der Rechtsordnung fehlt.

Klausurhinweis: Vorteil der letzten Ansicht ist zudem, dass eine teilnahmefähige Straftat vorliegt. Insoweit ist auch die eingeschränkte Schuldtheorie abzulehnen.

Der T macht sich somit nicht gem. § 223 Abs. 1 StGB strafbar.

Klausurhinweis: Beachten Sie den Bearbeitungshinweis. Es war nur nach der Strafbarkeit gem. § 223 Abs. 1 StGB gefragt. Ansonsten hätten Sie noch § 229 StGB darstellen müssen, da gem. § 16 Abs. 1 S. 2 StGB (analog) die fahrlässige Begehung unberührt bleibt.

§ 10 Konkurrenzlehre

Es wird regelmäßig der Fall sein, dass der oder die Täter in einer Klausur mehrere Tatbestände erfüllen bzw. einen Tatbestand mehrfach verletzen. Da eine Addition der einzelnen Strafen nicht erfolgen darf, müssen Sie im Rahmen der Gesetzeskonkurrenz das Verhältnis der Straftaten untereinander klären.

Klausurhinweis: In einer Klausur bietet es sich an, dass die Konkurrenzprüfung als Gesamtbetrachtung am Ende bzw. bei komplexeren Sachverhalten nach den zu prüfenden Handlungsabschnitten dargestellt wird.

Beispiel: T begeht einen Wohnungseinbruchsdiebstahl. Dabei wird die Eingangstür erheblich beschädigt.

T erfüllt neben §§ 242 Abs. 1, 244 Abs. 1 Nr. 3, Abs. 4 StGB die §§ 303 Abs. 1, 123 Abs. 1 Var. 1 StGB.

Klausurhinweis: Sie müssen mit der Diebstahlsprüfung beginnen. Die Tat ist als einheitliches Gesamtgeschehen zu bewerten (Handlungseinheit). § 123 Abs. 1 Var. 1 StGB und § 303 Abs. 1 StGB werden durch § 244 Abs. 1 Nr. 3 StGB verdrängt. Der § 244 Abs. 4 StGB verdrängt wiederum die §§ 242, 244 Abs. 1 Nr. 3 StGB, da dieser spezieller ist. Die Bestrafung erfolgt somit aus § 244 Abs. 4 StGB.

A. Konkurrenzen nach §§ 52–55 StGB

Die Konkurrenzen sind in den §§ 52–55 StGB geregelt. Es wird dabei zwischen Handlungs*einheit* und Handlungs*mehrheit* unterschieden.

Verletzt dieselbe Handlung mehrere Strafgesetze oder das Strafgesetz mehrmals (Handlungseinheit), so liegt, sollte kein Fall der unechten Gesetzeskonkurrenz vorliegen, gem. § 52 Abs. 1 StGB Tateinheit (sog. Idealkonkurrenz) vor.

Verletzen mehrere selbstständige Handlungen (Handlungsmehrheit) mehrere Strafgesetze oder dasselbe Strafgesetz mehrmals, so liegt Tatmehrheit (sog. Realkonkurrenz) vor.

In einer Klausur ist zunächst zu klären, ob eine Handlungseinheit oder eine Handlungsmehrheit vorliegt. Im Zusammenhang mit dieser Unterscheidung sind anschließend die Gesetzeskonkurrenzen zu bilden, um zu ermitteln, welche Tatbestände verdrängt werden. Erst wenn keine Gesetzeskonkurrenz besteht, ist von einer Ideal- (§ 52 StGB) oder Realkonkurrenz (§ 53 StGB) auszugehen.

B. Handlungseinheit/Handlungsmehrheit

Zunächst ist zwischen Handlungseinheit und Handlungsmehrheit zu differenzieren.

§ 10 Konkurrenzlehre

11 Für die Handlungseinheit sind zunächst verschiedene Handlungsbegriffe zu unterscheiden:

I. Handlung im natürlichen Sinn

12 Bei einer Handlung im natürlichen Sinn realisiert sich *ein* Handlungsentschluss in *einer* Willensbetätigung.[1]

13 **Beispiel:** Der T schlägt Brillenträger O mit einem gezielten Faustschlag nieder. Der O erleidet eine Platzwunde am Auge. Zudem wird seine Brille durch den Schlag zerstört.

14 Durch eine Handlung (Schlag gegen O) hat der Täter neben der Körperverletzung eine Sachbeschädigung begangen. Der T macht sich gem. § 223 Abs. 1 StGB in Tateinheit mit § 303 Abs. 1 StGB strafbar (sog. ungleichartige Idealkonkurrenz, da verschiedene Straftatbestände erfüllt wurden).

II. Rechtliche (juristische) Handlungseinheit

15 Eine Handlungseinheit ist auch dann anzunehmen, wenn der gesetzliche Tatbestand mehrere natürliche Willensbetätigungen zu einer rechtlich-sozialen Bewertungseinheit verbindet.[2]

1. Tatbestandliche Handlungseinheit

16 Sollte die Erfüllung der Mindestvoraussetzungen eines Straftatbestandes die Vornahme mehrerer Einzelakte zulassen oder erfordern, wird eine sog. tatbestandliche Handlungseinheit angenommen.[3]

a) Mehraktige Delikte/zusammengesetzte Delikte

17 Eine tatbestandliche Handlungseinheit liegt bei mehraktigen oder zusammengesetzten Delikten vor. So begeht der Täter nur eine Urkundenfälschung gem. § 267 Abs. 1 StGB, wenn er diese herstellt bzw. verfälscht und später, wie von Anfang an geplant, gebraucht.

18 Der Raub § 249 Abs. 1 StGB ist ein zusammengesetztes Delikt, da der Diebstahl und die Nötigung als tatbestandliche Voraussetzungen darin enthalten sind. Begeht der Täter einen Raub, so erfolgt die Bestrafung ausschließlich gem. § 249 Abs. 1 StGB. § 242 Abs. 1 StGB und § 240 Abs. 1 StGB haben keine eigenständige Bedeutung mehr.

19 Eine tatbestandliche Handlungseinheit ist ferner anzunehmen, wenn ein Gehilfe durch mehrere Unterstützungshandlungen eine einzige Haupttat eines Haupttäters unterstützt.[4]

b) Dauerdelikte

20 Auch bei Dauerdelikten werden mehrere Willensbetätigungen zu einer Bewertungseinheit zusammengefasst. So ist das verbotswidrige Einsperren und Aufrechterhalten des

---

1 Wessels/Beulke/Satzger StrafR AT Rn. 1245.
2 BGH NStZ 2003, 366 (367).
3 Vgl. BGH NJW 2003, 1057 (1058); BGHSt 46, 6 (11) = NJW 2000, 2118.
4 Matt/Renzikowski/Bußmann § 52 Rn. 31; MüKoStGB/v. Heintschel-Heinegg § 52 Rn. 17.

rechtswidrigen Zustandes als *eine* Freiheitsberaubung zu sehen. Gleiches gilt für den Hausfriedensbruch. Mit dem Eindringen in den Schutzraum ist der § 123 Abs. 1 Var. 1 StGB vollendet und erst mit dem Verlassen beendet. Insgesamt liegt nur *eine* Tat vor.

c) Unechte Unterlassungsdelikte

Mehrere Willensbetätigungen können auch bei unechten Unterlassungsdelikten zu einer Bewertungseinheit verbunden werden.

> **Beispiel:** T erkennt, dass sein Kind O zu weit in die Nordsee rausgeschwommen ist. Eine Unterströmung zieht O immer wieder unter Wasser. T könnte ihm helfen, lässt jedoch zahlreiche Rettungsmöglichkeiten, in denen O immer wieder nach Atem ringend an die Oberfläche gelangt ist, bewusst verstreichen. Schließlich versagen O die Kräfte und es ertrinkt.

Das Verstreichenlassen der einzelnen Rettungsmöglichkeiten kann als eine Handlung zusammengefasst werden. T macht sich einmal wegen §§ 212 Abs. 1, 13 StGB strafbar.

> **Hinweis:** Gleiches gilt bei echten Unterlassungsdelikten, wenn mehrere Handlungspflichten verletzt werden.[5]

2. Verklammerte Delikte

Von einer Verklammerung ist auszugehen, wenn zwei unabhängig voneinander begangene Delikte jeweils mit einer dritten Handlung (meistens ein Dauerdelikt) in Handlungseinheit stehen und so miteinander rechtlich verbunden werden. Die Annahme der Handlungseinheit ist jedoch davon abhängig, dass die verklammernde Handlungseinheit im konkreten Fall einen größeren Unwert verkörpert als zumindest eines der zu verklammernden Handlungen.[6]

> **Hinweis:** Bei einer Verklammerung werden also zwei an sich selbstständige Delikte durch einen Straftatbestand, der die ganze Zeit vorliegt, zusammengefasst.

> **Beispiel:** T sperrt die O im Keller ein. Im Verlauf der Freiheitsberaubung kommt es zu einer sexuellen Nötigung. Um die Taten zu verdecken, tötet T später die O.

T begeht (unter anderem) eine Freiheitsberaubung gem. § 239 Abs. 1 StGB, eine sexuelle Nötigung gem. § 177 Abs. 1, Abs. 5 Nr. 3 StGB (Ausnutzen einer schutzlosen Lage) und einen Verdeckungsmord gem. § 211 StGB. Der § 239 Abs. 1 StGB „verklammert" die §§ 177, 211 StGB. Die Freiheitsberaubung mit Todesfolge gem. § 239 Abs. 4 StGB (drei bis 15 Jahre, § 38 Abs. 2) wiegt schwerer als die sexuelle Nötigung gem. § 177 Abs. 1, Abs. 5 Nr. 3 StGB (ein bis 15 Jahre, § 38 Abs. 2 StGB). Der Mord und die sexuelle Nötigung können somit zu einer juristischen Handlungseinheit und im Ergebnis zu einer Tateinheit verbunden werden. T macht sich tateinheitlich wegen Mordes, Freiheitsberaubung mit Todesfolge und sexueller Nötigung gem. §§ 211, 239 Abs. 1, Abs. 4 und § 177 Abs. 1, Abs. 5 Nr. 3 StGB strafbar.

> **Hinweis:** Der § 239 StGB ist also die „Klammer", in der sich § 177 StGB und § 211 StGB „befinden". Die Rechtsprechung nimmt in Bezug auf diese Verklammerung einen zunehmend zurückhaltenden Standpunkt ein, da der Täter dadurch nicht „über Gebühr" bessergestellt werden darf, da er zusätzlich zu den (an sich) in Realkonkurrenz stehenden Taten (im Beispielsfall Mord und sexuelle Nötigung) ja gerade noch ein drittes Delikt (§ 239 Abs. 1 StGB) begeht.[7]

---

[5] Wessels/Beulke/Satzger StrafR AT Rn. 1250; näher BGHSt 18, 376 = NJW 1963, 1627.
[6] BGH NStZ 2005, 262 f.; 1999, 26.
[7] Wessels/Beulke/Satzger StrafR AT Rn. 1284.

III. Natürliche Handlungseinheit

29 Von einer natürlichen Handlungseinheit ist auszugehen, wenn mehrere, im Wesentlichen gleichartige Verhaltensweisen von einem einheitlichen Willen getragen werden und aufgrund ihres räumlich-zeitlichen Zusammenhangs derart eng miteinander verbunden sind, dass das gesamte Tätigwerden auch für einen Dritten bei natürlicher Betrachtungsweise als ein einheitliches, zusammenhängendes Tun erscheint.[8] *Ein* Handlungsentschluss realisiert sich hierbei also in *mehreren* Willensbetätigungen, sodass eine Aufspaltung des Tatgeschehens in Einzelhandlungen wegen ihres engen zeitlichen und räumlichen Zusammenhangs willkürlich und gekünstelt erscheint.[9] Mit dieser Rechtsfigur können mehrere Handlungen zu einer juristischen Handlungseinheit zusammengefasst werden.

30 **Beispiel:** Der T schlägt dem O mehrfach ins Gesicht und in den Bauch.

31 Da die Verhaltensweisen des T von einem durchgehenden Handlungsentschluss getragen werden, wäre es wenig nachvollziehbar, dass zeitlich und räumlich eng zusammenhängende Tatgeschehen in Einzelakte aufzuspalten. Somit ist eine natürliche Handlungseinheit anzunehmen. T macht sich gem. § 223 Abs. 1 StGB wegen *einer* Körperverletzung strafbar (sog. iterative Tatbestandserfüllung, da der Täter mehrere Erfolge oder Tätigkeiten im Rahmen eines einheitlichen Deliktes herbeiführt). Eine iterative Tatbestandsverwirklichung würde auch vorliegen, wenn der Täter mit einem allgemeinen Stehlwillen verschiedene Wertgegenstände an sich nimmt. Er macht sich nur einmal wegen § 242 Abs. 1 StGB strafbar, da es sich um ein einheitlich zu bewertendes Tatgeschehen handelt. Gleiches gilt für die mehrmalige rechtswidrige Benutzung einer gestohlenen Kreditkarte an einem Geldautomaten. Hier wird § 263a Abs. 1 Var. 3 StGB nur einmal verwirklicht.[10]

32 **Beispiel:** T will seine Ehefrau O töten und schlägt sie nieder. Anschließend fährt er mit einem Pkw über die benommene O und erdrosselt sie zum Schluss (sog. sukzessive Tatausführung, da der Tatbestand (§ 212 Abs. 1 StGB) schrittweise nur einmal erfüllt wurde).

33 Die verschiedenen Handlungen sind allesamt auf einen Tötungswillen zurückzuführen und stehen in einem engen räumlich-zeitlichen Zusammenhang. T macht sich gem. § 212 Abs. 1 StGB strafbar.

34 Die iterative und sukzessive Tatbestandserfüllung sind klassische Fälle, bei denen die Rechtsprechung von einer natürlichen Handlungseinheit ausgeht.[11]

35 **Hinweis:** Sollte sich die Angriffshandlung auf höchstpersönliche Rechtsgüter verschiedener Personen beziehen, so kann trotz eines einheitlichen Tatentschlusses und eines engen zeitlich-räumlichen Zusammenhangs eine natürliche Handlungseinheit abzulehnen sein. Dies wäre der Fall, wenn der Täter seine Opfer nacheinander angreift, um jeden von ihnen in seiner Individualität zu beeinträchtigen.[12]

36 Durch die Bildung von natürlichen Handlungseinheiten ist es zudem möglich, verschiedenartige Straftatbestände zu einer Handlungseinheit zu verbinden.[13]

---

8 BGH NStZ-RR 2019, 9; 2020, 345.
9 BGH NStZ-RR 2020, 136.
10 BGH wistra 2008, 22; StraFo 2009, 246.
11 Zur sukzessiven Tatbestandserfüllung vgl. BGH NStZ 2000, 30; Jäger JA 2017, 387; zur iterativen Tatbestandserfüllung vgl. BGH NStZ 1999, 406.
12 BGH NStZ 2016, 594 (595).
13 Wessels/Beulke/Satzger StrafR AT Rn. 1254.

Beispiel: Nach einer begangenen Straftat flieht T vor der eintreffenden Polizei. Im Rahmen der Flucht kam es unter anderem zu Körperverletzungsdelikten, zum Widerstand gegen Vollstreckungsbeamte, zu einem gefährlichen Eingriff in den Straßenverkehr und zu einem unerlaubten Entfernen vom Unfallort.

Da die Begehung dieser verschiedenartigen Delikte allesamt von einem einheitlichen Handlungswillen (Fluchtwillen) umfasst wurden, ist eine natürliche Handlungseinheit anzunehmen.[14]

Klausurhinweis: Liegt in einer Klausur eine iterative oder sukzessive Taterfüllung desselben Tatbestandes vor, so prüfen Sie das betreffende Delikt nur einmal, dh die einzelnen Verhaltensweisen sind zusammenzufassen. Sollten hingegen verschiedenartige Delikte verwirklicht worden sein, und basieren diese auf einem einheitlichen Tatentschluss und stehen in einem engen zeitlich-räumlichen Zusammenhang zueinander, so sind die Einzelakte erst auf Konkurrenzebene zu einer Handlungseinheit zusammenzufassen.[15]

IV. Handlungsmehrheit

Sollte eine Handlung im natürlichen Sinn, eine Handlung im juristischen Sinn oder eine natürliche Handlungseinheit nicht vorliegen, so ist automatisch Handlungsmehrheit anzunehmen. Sie gehen somit nach dem Ausschlussprinzip vor.

C. Spezialität/Subsidiarität/Konsumtion (bei Handlungseinheit)

Sollte eine Handlungseinheit angenommen werden, so führt dies zur Tateinheit (echte Konkurrenz), sofern kein Fall der sog. unechten Konkurrenz vorliegen sollte.

Im Bereich der Handlungseinheit ist hierbei die Spezialität, die Subsidiarität und die Konsumtion zu beachten.

Hinweis: Unechte Konkurrenz bedeutet, dass nach dem Gesetzeswortlaut mehrere Straftatbestände erfüllt sind, während in Wirklichkeit das primär anzuwendende Strafgesetz die übrigen verdrängt, da hierdurch bereits der Unrechtsgehalt erschöpfend erfasst wird.[16]

I. Spezialität

Spezialität liegt vor, wenn ein Straftatbestand nicht nur die begrifflich-tatbestandlichen Voraussetzungen eines anderen Deliktes enthält, sondern darüber hinaus noch wenigstens ein zusätzliches Merkmal beinhaltet, sodass der Täter des spezielleren Deliktes zwangsläufig den allgemeineren Tatbestand verwirklicht.[17]

Zwischen Qualifikationstatbeständen und Privilegierungstatbeständen besteht stets ein Spezialitätsverhältnis zum Grunddelikt. So ist § 224 Abs. 1 StGB spezieller als § 223 Abs. 1 StGB und verdrängt diesen. § 258a Abs. 1 StGB verdrängt das Grundde-

---

14 Vgl. BGHSt 22, 67 = BeckRS 1967, 1307.
15 Wessels/Beulke/Satzger StrafR AT Rn. 1260.
16 BGHSt 46, 24 (25) = BeckRS 2000, 30103176; KG NStZ-RR 2013, 173.
17 BGH NJW 1999, 1561; Lackner/Kühl/Kühl Vor § 52 Rn. 25; Wessels/Beulke/Satzger StrafR AT Rn. 1097.

§ 10 Konkurrenzlehre

likt aus § 258 Abs. 1 StGB etc. Der § 249 Abs. 1 StGB enthält notwendigerweise die §§ 242, 240 StGB und ist demzufolge spezieller. Der vollendete § 227 Abs. 1 StGB enthält als Vorsatz-Fahrlässigkeitskombination die §§ 223 ff. StGB und die fahrlässige Tötung aus § 222 StGB. Der Unrechtsgehalt des § 227 StGB erfasst die anderen Tatbestände und verdrängt diese in der Folge. Etwas anderes gilt dann, wenn die Erfolgsqualifikation vorsätzlich herbeigeführt wurde. Aus Klarstellungsgründen steht diese dann in Tateinheit zu dem einschlägigen Vorsatztatbestand (sog. Klarstellungsfunktion bei Tateinheit).[18] So ist zwischen dem vorsätzlich herbeigeführten § 178 StGB und § 211 StGB Tateinheit anzunehmen, da nur so klargestellt werden kann, dass neben dem Mord auch ein Sexualdelikt verwirklicht wurde.[19]

II. Subsidiarität

46 Subsidiarität bedeutet, dass von mehreren verwirklichten Tatbeständen nur einer hilfsweise anwendbar ist, wenn nicht schon eine andere greifen sollte.[20]

47 **Beispiel:** T begeht einen Diebstahl an dem O, indem er ihm die Brieftasche wegnimmt.

48 Die mitverwirklichte Unterschlagung gem. § 246 Abs. 1 StGB tritt aufgrund formeller Subsidiarität hinter § 242 Abs. 1 StGB zurück.

49 **Hinweis:** Zudem würde der § 242 Abs. 1 StGB die unbefugte Ingebrauchnahme von Fahrzeugen aus § 248b Abs. 1 StGB verdrängen.

50 **Beispiel:** T nimmt an der O gegen ihren Willen sexuelle Handlungen vor.

51 § 177 Abs. 1 StGB verdrängt im Rahmen formeller Subsidiarität die sexuelle Belästigung aus § 184i Abs. 1 StGB.

52 Subsidiarität kann ferner außerhalb ausdrücklicher (formeller) Regelung durch Auslegung aus dem Sinnzusammenhang vorliegen.[21] Dies ist der Fall, wenn die verwirklichten Delikte die gleiche Schutzrichtung verfolgen. So ist die Teilnahme zur Täterschaft, der Versuch zur Vollendung, die Beihilfe zur Anstiftung, die Unterlassungsdelikte zu den Begehungsdelikten, die abstrakten zu den konkreten Gefährdungsdelikten,[22] die konkreten Gefährdungsdelikte zu den Verletzungsdelikten[23] subsidiär.

III. Konsumtion

53 Konsumtion bedeutet, dass ein Straftatbestand nicht notwendigerweise in dem anderen Delikt enthalten ist (→ § 10 Rn. 44 f. Spezialität), jedoch regelmäßig und typischerweise mit der Begehung der anderen Tat zusammentrifft, sodass ihr Unrechts- und Schuldgehalt durch das schwere Delikt miterfasst und aufgezehrt wird.[24]

54 **Beispiel:** T bricht in das Haus der Familie O ein und stiehlt wertvollen Schmuck.

---

18 BGHSt 39, 100 = BeckRS 1992, 1966; BGH NStZ 2019, 674.
19 NK-StGB/Frommel § 178 Rn. 3.
20 Wessels/Beulke/Satzger StrafR AT Rn. 1268.
21 Wessels/Beulke/Satzger StrafR AT Rn. 1268.
22 BGH NStZ 2006, 449.
23 Vgl. RGSt 68, 407.
24 Wessels/Beulke/Satzger StrafR AT Rn. 1270.

In der Begehung des § 244 Abs. 4 StGB als Einbruchsvariante steckt notwendigerweise der § 123 Abs. 1 Var. 1 StGB. Zudem wird bei einem Einbruch typischerweise der § 303 Abs. 1 StGB verwirklicht. Nach Ansicht der Rechtsprechung stehen dennoch die Sachbeschädigung unabhängig von dem verursachten Schaden in Tateinheit zur schweren Diebstahlstat.[25]

Hinweis: Von einer Tateinheit zwischen dem Einbruchsdiebstahl und der Sachbeschädigung ist stets auszugehen, wenn im konkreten Fall verschiedene Rechtsgüter betroffen sind (T bricht bei O ein und stiehlt den Laptop des F) oder der vom Täter angerichtete Schaden den Wert der Diebesbeute deutlich übersteigt.[26] Wie bereits zuvor erwähnt, wurde 2018 das Konkurrenzverhältnis zwischen dem Wohnungseinbruchsdiebstahl und der Sachbeschädigung durch den BGH neu beantwortet. Eine diesbezügliche Konsumtion der Sachbeschädigung findet nicht mehr statt. Vielmehr kommt eine Tateinheit zwischen den beiden Delikten gem. § 52 I StGB infrage.[27]

Beispiel: T zerstört nachts die massive hölzerne Pforte einer Kirche aus dem 13. Jahrhundert, um darin an einen Klingelbeutel zu kommen.

Es wäre hier nicht sachgerecht, die Sachbeschädigung an der historisch wertvollen Pforte hinter dem Diebstahl wegfallen zu lassen, denn ansonsten käme die Zerstörungswut und kriminelle Energie des Täters nicht voll zur Geltung.[28]

Bei einem Wohnungseinbruchsdiebstahl ist eine Konsumtion des § 123 Abs. 1 Var. 1 StGB zudem abzulehnen, wenn der Täter über den Zeitraum des Diebstahls hinaus in der Wohnung verbleibt und zB die Wohnungsinhaberin vergewaltigt.[29]

Hinweis: Sollte der Wohnungseinbruchsdiebstahl im Versuch stecken bleiben, so kommt eine Konsumtion zwingend nicht infrage. Die vollendeten §§ 303 Abs. 1, 123 Abs. 1 Var. 1 StGB (Sachbeschädigung und Hausfriedensbruch) stehen dann aus Klarstellungsgründen in Tateinheit zum versuchten Wohnungseinbruchsdiebstahl in eine dauerhaft genutzte Privatwohnung gem. §§ 244 Abs. 4, 22, 23 Abs. 1 StGB. Jedoch würde auch bei einem vollendeten Wohnungseinbruchsdiebstahl in Bezug auf die Sachbeschädigung keine Konsumtion mehr in Betracht kommen (→ § 10 Rn. 56).

D. Die mitbestrafte Vor- und Nachtat (Handlungsmehrheit)

Bei Vorliegen einer Handlungsmehrheit wird im Rahmen der unechten Konkurrenz zwischen mitbestrafter Vor- und Nachtat unterschieden.

I. Mitbestrafte Vortat

Ein verwirklichtes Delikt bleibt dann straflos, weil der überwiegende Unrechtsgehalt bei der Nachtat liegt.

Beispiel: T und F planen eine räuberische Erpressung und begehen diese anschließend in einer Bank.

---

25 BGH NStZ 2014, 40; vgl. auch BGH NJW 2019, 1086.
26 Wessels/Beulke/Satzger StrafR AT Rn. 1271.
27 BGH NJW 2019, 1086.
28 Vgl. auch BGH NJW 2018, 1086.
29 Zum Ganzen Fahl, Zur Bedeutung des Regeltatbildes bei der Bemessung der Strafe, 1996, S. 287.

64 Die Verbrechensverabredung hat keine eigenständige Bedeutung. Die §§ 253, 255, 30 Abs. 2 StGB werden als mitbestrafte Vortat durch das vollendete Verbrechen aus §§ 253, 255, 25 Abs. 2 StGB verdrängt.

II. Mitbestrafte Nachtat

65 Ein verwirklichtes Delikt bleibt dann straflos, weil das maßgebliche Unrecht in der Vortat liegt.

66 **Beispiel:** T stiehlt in einem Kaufhaus einen Pullover. In den folgenden Wochen trägt er diesen mehrfach.

67 Die späteren Unterschlagungstaten (sollte eine erneute Zueignung zulässig sein) treten hinter dem Diebstahl als mitbestrafte Nachtaten zurück.

68 **Beispiel:** T begeht einen Diebstahl und stiftet später den H zu einer Hehlerei an.

69 Hier treten die §§ 259 Abs. 1, 26 StGB als mitbestrafte Nachtat hinter dem Diebstahl zurück.

E. Tateinheit (sog. Idealkonkurrenz)/Tatmehrheit (sog. Realkonkurrenz)

70 Führt eine Handlungseinheit nicht zu einer Gesetzeskonkurrenz, so liegt Tateinheit bzw. Idealkonkurrenz (§ 52 StGB) vor. Werden durch dieselbe Handlung mehrere Strafgesetze verletzt, so besteht eine ungleichartige Idealkonkurrenz.[30]

71 **Beispiel:** T schießt mit Tötungsvorsatz auf den im Fahrzeug sitzenden O und verletzt diesen schwer.

72 Es handelt sich um ein einheitliches Geschehen (Handlungseinheit). Der versuchte Totschlag steht aus Klarstellungsgründen zur vollendeten Körperverletzung in Tateinheit. Bei der Sachbeschädigung ist eine fremde Sache Angriffsobjekt, sodass der § 303 Abs. 1 StGB zu den §§ 212 Abs. 1, 22, 23 Abs. 1 StGB und § 224 Abs. 1 Nr. 2 Var. 1, 5 StGB auch in Tateinheit steht.

73 Verletzt der Täter das Strafgesetz mehrfach, so liegt eine gleichartige Idealkonkurrenz vor.[31]

74 **Beispiel:** T beleidigt in einem Handlungsakt gleich mehrere Personen.[32]

75 Besteht eine Handlungsmehrheit und liegt keine Gesetzeskonkurrenz vor, so ist die Realkonkurrenz bzw. Tatmehrheit (§ 53 StGB) gegeben. Bei gleichartiger Realkonkurrenz verletzen die Handlungen denselben Straftatbestand mehrmals und bei ungleichartiger Realkonkurrenz unterschiedliche Straftatbestände.

76 **Hinweis:** Handlungseinheit und Handlungsmehrheit dürfen nicht mit den Begriffen Tateinheit oder Tatmehrheit verwechselt werden. Nur, wenn eine Handlungseinheit bzw. eine Handlungsmehrheit

---

30 Wessels/Beulke/Satzger StrafR AT Rn. 1280.
31 BGH NJW 2016, 2349 (2350).
32 BGH BeckRS 2008, 24612.

nicht zu einer Gesetzeskonkurrenz führen, liegt ein Fall der Idealkonkurrenz bzw. der Realkonkurrenz vor. So stehen § 303 Abs. 1 StGB und § 223 Abs. 1 StGB in Realkonkurrenz zueinander (beide schützen verschiedene Rechtsgüter), wenn der Täter mit einer Handlung (einem Fausthieb) eine Sache zerstört (zB eine Brille) und zugleich einen Menschen verletzt (Handlungseinheit). Realkonkurrenz ist dagegen anzunehmen, wenn der Täter am Montag die Brille des O bewusst zerstört und drei Tage später den O aufgrund eines neuen Willensimpulses verletzen sollte (Handlungsmehrheit).

F. Vorgehen in einer Klausur

In einer Klausur sollten Sie sich zunächst die Frage stellen, ob die Strafgesetze durch eine oder mehrere Handlungen verletzt wurden. Liegt nur eine Handlung im natürlichen Sinn vor (→ § 10 Rn. 12 ff.), so besteht Handlungseinheit. Bei mehreren Handlungen ist zu erörtern, ob sich diese zu einer Handlungseinheit verbinden lassen können (Natürliche Handlungseinheit, Tatbestandliche Handlungseinheit). Ist dies möglich, so führt dies auch zur Handlungseinheit. Ist dies nicht möglich, da es sich zB nicht um ein einheitliches Geschehen handelt, so liegt Handlungsmehrheit vor. 77

Im Falle der Handlungseinheit ist in einem weiteren Schritt zu prüfen, ob ein Delikt im Rahmen der Gesetzeskonkurrenz verdrängt werden kann. Hierbei ist auf die Spezialität, die Subsidiarität und die Konsumtion abzustellen. Sollten die Delikte nicht in einem Konkurrenzverhältnis zueinanderstehen, so ist Tateinheit (Idealkonkurrenz) gegeben (Idealkonkurrenz). Findet im Rahmen der Konkurrenz hingegen eine Verdrängung statt, so wird aus dem vorrangigen Delikt bestraft. 78

Handelt es sich um einen Fall der Handlungsmehrheit, so kann im Rahmen einer mitbestraften Nach- oder Vortat eine Verdrängung stattfinden. Stehen die Delikte jedoch selbstständig nebeneinander, so liegt ein Fall der Realkonkurrenz (§ 53 StGB) vor. Im Falle der Gesetzeskonkurrenz wird aus dem vorrangigen Delikt bestraft. 79

> **Beispiel:** T bricht in den Kiosk des O ein. Durch den Aufbruch wird der Schließmechanismus der Außentür stark beschädigt. T schlägt den O mit einem Knüppel gezielt nieder, um ungestört Zigarettenpackungen an sich zu nehmen. O erleidet durch den Schlag eine Gehirnerschütterung. Nach erfolgreicher Tat gelingt T die Flucht. 80

T verwirklicht die §§ 242 Abs. 1, 243 Abs. 1 S. 2 Nr. 1, 244 Abs. 1 Nr. 1a, 249 Abs. 1, 250 Abs. 1 Nr. 1a, 250 Abs. 2 Nr. 1, 223 Abs. 1, 224 Abs. 1 Nr. 2, (gegebenenfalls) Nr. 5, 303 Abs. 1, 123 Abs. 1 Var. 1 StGB. Der T kann (natürlich) nicht aus der Addition aller Strafen sanktioniert werden. Da die Taten auf einem einheitlichen Willensentschluss basieren und in einem engen räumlichen Zusammenhang zueinanderstehen, ist Handlungseinheit anzunehmen. Die §§ 242 Abs. 1, 243 Abs. 1 S. 2 Nr. 1 StGB verdrängen im Zuge der Konsumtion § 123 Abs. 1 Var. 1 StGB.[33] Der § 244 StGB ist als Qualifikation spezieller als § 242 StGB. Dem § 243 StGB ist damit die Grundlage entzogen, sodass das Regelbeispiel wegfällt. Der § 244 Abs. 1 Nr. 1a StGB tritt hinter § 249 Abs. 1 StGB zurück, der wiederum der Grundtatbestand zum spezielleren § 250 StGB ist. § 250 Abs. 1 Nr. 1a StGB ist notwendigerweise in dem mit höherer Strafe versehenen § 250 Abs. 2 Nr. 1 StGB enthalten und wird verdrängt. Der § 224 Abs. 1 Nr. 2, 5 StGB verdrängt als Qualifikation den Grundtatbestand der Körperverletzung aus § 223 Abs. 1 StGB. Zwischen den Tatmodalitäten des § 224 81

---

33 Für die Sachbeschädigung aus § 303 I StGB gilt dies so nicht mehr: BGH NJW 2018, 1086.

Abs. 1 Nr. 2, 5 StGB ist keine Idealkonkurrenz möglich, da sie nur *eine* Tat darstellt. Die gefährliche Körperverletzung ist kein notwendiges Begleitdelikt des schweren Raubes, sodass eine Gesetzeskonkurrenz diesbezüglich ausbleibt. § 250 Abs. 2 Nr. 1 StGB steht in Idealkonkurrenz zu § 224 Abs. 1 Nr. 2, 5 StGB.

Nachwort

Ich hoffe, Ihnen gefielen meine Ausführungen zum Strafrecht Allgemeiner Teil. Meiner Meinung nach handelt es sich bei dem Allgemeinen Teil des Strafrechts um den wichtigsten Part, denn dieser bildet die Basis für das Verständnis der Besonderen Teile des Strafgesetzbuches (und deren Nebengesetze). Ich wünsche Ihnen viel Erfolg beim Lernen und Ihren anstehenden Klausuren!

Marc-Philipp Hohagen